Déchiffrer
les inégalités

Alain Bihr et Roland Pfefferkorn

Déchiffrer les inégalités

Nouvelle édition entièrement refondue
et mise à jour

SYROS

Des mêmes auteurs

Alain Bihr et Roland Pfefferkorn

Hommes-Femmes, l'introuvable égalité. École, travail, couple, espace public, collection Points d'appui, Les Éditions de l'Atelier, Paris, 1996.

Dictionnaire des idées reçues en économie, en collaboration, Dominique Sicot (sld), collection Alternatives économiques, Syros, Paris, 1992, 1994 (3e éd. revue et complétée).

Alain Bihr

L'Actualité d'un archaïsme. La pensée d'extrême droite et la crise de la modernité, Éditions Page Deux, Lausanne, 1998.

Le Spectre de l'extrême droite : les Français dans le miroir du Front national, Les Éditions de l'Atelier, Paris, 1998.

Pour en finir avec le Front national, Syros, Paris, 1993 (traduction italienne : Jacabook, Milan, 1997).

Du Grand Soir à l'alternative : le mouvement ouvrier européen en crise, Les Éditions de l'Atelier, Paris, 1991 (traduction italienne : Biblioteca Franco Serantini, Pise, 1995, 1997 ; traduction portugaise : Boitempo, Sao Paulo [Brésil], 1998).

Entre bourgeoisie et prolétariat : l'encadrement capitaliste, collection Logique sociale, L'Harmattan, Paris, 1989.

La Farce tranquille : normalisation à la française, Les Amis de Spartacus, Paris, 1986.

La néo-social-démocratie ou le capitalisme autogéré, en collaboration avec Jean-Marie Heinrich, Le Sycomore, Paris, 1980.

L'économique fétiche, Le Sycomore, Paris, 1979.

Roland Pfefferkorn

La Résistance allemande contre le nazisme, en collaboration, Roland Pfefferkorn (sld), ANACR, Strasbourg, 1998 (traduction allemande en cours).

Maurice Halbwachs 1877-1945, en collaboration, Christian de Montlibert (sld), Presses universitaires de Strasbourg, 1997.

Alexis Carrel cet inconnu. Quand la science prétend justifier le racisme, en collaboration, collectif, Éditions Golias, Villeurbanne, 1996.

Catalogage Électre-Bibliographie

Bihr, Alain et Pfefferkorn, Roland
Déchiffrer les inégalités. – Nouv. éd. – Paris, Syros, 1999. – (Alternatives économiques).
ISBN 2-84146-648-5

Rameau :	Classes sociales : France : histoire : statistiques.
	Inégalité : statistiques.
	Revenu : répartition : France : histoire : statistiques.
Dewey :	339.1 : Macro-économie et sujets connexes.
	Distribution du revenu et de la richesse.
Public concerné :	Tout public.

Sommaire

Introduction

Voici désormais un quart de siècle que la crise économique sévit et accable la société française. Pourtant, pendant ces vingt-cinq ans, mis à part en 1974 et 1993, le produit intérieur brut (PIB) n'a cessé de s'accroître. Sans doute son taux de croissance a-t-il été plus faible que durant les trente glorieuses d'après guerre. Il n'empêche qu'entre 1973 et 1996, déduction faite de l'inflation, le PIB a augmenté de plus de 50 %. La France est donc aujourd'hui, en termes réels, moitié plus riche qu'elle ne l'était avant l'ouverture de la crise.

Et pourtant, dans cette société de plus en plus riche, le nombre des personnes pauvres, munies de ressources insuffisantes ou même démunies de toute ressource, n'a cessé d'augmenter. De ce point de vue, l'information statistique a confirmé, au cours de ces dernières années, ce que l'observation quotidienne peut apprendre à chacun. Ainsi, entre 1970 et 1995, le nombre de prestataires de l'un des huit minima sociaux a augmenté de plus de 40 %, et la population totale couverte par ces dispositifs a doublé, s'élevant à près de 6 millions de personnes, en gros le dixième de la population [1] ; tandis qu'entre 1984 et 1994 le pouvoir d'achat moyen des ménages d'ouvriers non qualifiés a baissé en termes réels, leur valant de connaître une paupérisation absolue [2].

Plus de richesse, et pourtant plus de pauvres. Cette contradiction est directement à l'origine de notre recherche. Elle s'explique en fait aisément par l'aggravation des inégalités de répartition de la richesse nationale. Les historiens futurs de la société française de cette fin de XXe siècle pourront retenir, parmi ses caractéristiques principales, le retournement de la tendance pluridécennale antérieure de réduction des inégalités qui l'a affectée. Ainsi, entre

1. *Cf.* CERC-Association, « Les minima sociaux : 25 ans de transformations », *Les Dossiers de CERC-Association*, n° 2, 1997, p. 80.
2. *Cf.* INSEE, « Revenus et patrimoines des ménages. Édition 1996 », *Synthèses*, n° 5, p. 47.

1984 et 1994, l'écart entre le niveau de vie moyen d'un ménage appartenant à une profession libérale et celui d'un ménage d'ouvrier non qualifié est-il passé de 2,9 à 4,2[3]. Et ce n'est là qu'un exemple parmi tous ceux que nous aurons l'occasion de détailler au fil de cet ouvrage.

Ce retournement ne doit évidemment rien au hasard. Il a été l'œuvre de politiques néo-libérales de gestion de la crise économique qui se sont succédées et aggravées, de manière quasi continue, depuis près d'une vingtaine d'années, qu'elles aient été conduites par de soi-disant gouvernements de gauche ou par d'authentiques gouvernements de droite. Fondées sur l'idée que la crise est essentiellement due à une insuffisance de l'offre, handicapée par un coût salarial trop élevé, ces politiques récessives ont eu sinon pour objectifs du moins pour résultats : le développement du chômage, de la précarité et de la flexibilité de l'emploi, la baisse des salaires réels, un démantèlement rampant des systèmes publics de protection sociale destiné à en alléger le coût ; mais aussi une évolution du partage de la valeur ajoutée plus favorable au capital, un envol des taux d'intérêt réels, des bénéfices spéculatifs fabuleux, une déréglementation progressive ou brutale des différents marchés, tous facteurs propices à cet épanouissement de la liberté des plus « forts » qui a pour contrepartie un asservissement accru des plus « faibles ». Avec pour effet : un ralentissement de la hausse du pouvoir d'achat de la masse salariale globale, coïncidant avec une augmentation souvent importante des revenus non salariaux, notamment des revenus des placements financiers ; le développement de poches de misère dans des banlieues déshéritées, la multiplication des « nouveaux pauvres » vivant de la mendicité et de la charité dispensée par les associations caritatives, faisant pendant à la multiplication des *golden boys*, déployant leur génie spéculatif sur des marchés financiers rendus de ce fait de plus en plus incontrôlables ; un affaiblissement de la capacité régulatrice des États, en même temps qu'un renforcement du pouvoir de l'argent, ou plus exactement du capital.

La mise en œuvre de ces politiques a clairement signifié la rupture du compromis fordiste, qui avait fourni le cadre socio-institutionnel de la croissance économique que nous avons connue au cours des trente glorieuses, compromis dont les termes ont été à la fois imposés par un mouvement ouvrier sous hégémonie social-démocrate et acceptés par la frange éclairée du patronat. Par

3. *Ibid.*

divers mécanismes contractuels ou législatifs, ce compromis avait institué la répartition des gains de productivité entre le capital et le salariat, puis progressivement entre l'ensemble des catégories sociales, que ce soit sous la forme d'une hausse de leur pouvoir d'achat ou d'une généralisation de la protection sociale. En dépit d'inégalités persistantes, cette répartition n'en avait pas moins contribué à réduire les écarts sociaux. C'est à cette dynamique que la rupture de ce compromis a mis fin. Les politiques néo-libérales ont précisément eu pour but d'en démanteler l'armature institutionnelle, opération nécessaire à la liquidation de ses acquis sociaux [4].

L'aggravation récente des inégalités sociales est donc d'abord la conséquence de cette rupture. Mais une telle modification du paysage socio-politique ne pouvait que se répercuter sur le plan idéologique. Tandis que les inégalités sociales s'aggravaient, c'est aussi la perception de ces inégalités et de leur signification qui s'est altérée.

Au cours des années soixante et soixante-dix, dans un contexte culturel dominé par les valeurs de gauche, l'étude critique des inégalités sociales était considérée comme légitime. Depuis, non seulement cette critique a quasiment disparu [5], mais surtout elle a cédé la place à des litanies déclinant sur tous les tons les vertus supposées de l'inégalité.

Reprenant le discours traditionnel de l'extrême droite, qui tient l'inégalité pour une loi ontologique et axiologique fondamentale, c'est-à-dire pour une nécessité naturelle aussi bien que pour une vertu morale et politique [6], la « nouvelle droite » s'est contentée de le remettre au goût du jour, en récupérant le thème du « droit à la différence » : en réinterprétant les inégalités en termes de différences, de manière à pouvoir masquer et justifier l'aggravation des premières au nom du respect des secondes [7]. Au centre de l'offensive,

4. *Cf.* Alain Bihr, *Du grand soir à l'alternative*, Paris, Éditions ouvrières-Éditions de l'Atelier, 1991.

5. En vingt ans, mise à part la précédente version de notre propre ouvrage, on peut compter sur les doigts de la main les études consacrées à ce thème : François Mariet, *La Réduction des inégalités*, Hatier, 1978 ; Denis Clerc et Bernard Chaouat, *Les Inégalités*, Paris, Syros, 1987; Pierre Bourdieu (dir.), *La Misère du monde*, Paris, Seuil, 1993 ; Jean-Paul Fitoussi et Pierre Rosanvallon, *Le Nouvel Âge des inégalités*, Paris, Seuil, 1996, Thomas Piketty, *L'Économie des inégalités*, Paris, La Découverte, 1997. Il convient d'y ajouter la série d'articles parus sous le titre générique « Ces inégalités qui sapent la démocratie » dans *Le Monde diplomatique* entre juillet 1988 et février 1989, et repris dans « Le triomphe des inégalités », *Manières de voir*, n° 5, septembre 1989 ; ainsi que les rapports de feu le Centre d'études des revenus et des coûts (CERC), ne portant cependant que sur les inégalités de revenus.

6. *Cf.* Alain Bihr, « Identité, inégalité, pugnacité. Brève synthèse sur la pensée d'extrême droite » *in L'Actualité d'un archaïsme*, Lausanne, Éditions Page Deux, 1998.

7. *Cf.* Club de l'Horloge, *Le Grand Tabou : l'économie et le mirage égalitaire*, Paris, 1981.

on a retrouvé le discours néo-libéral. Plus subtil que le précédent, il ne se veut pas ouvertement inégalitaire, puisqu'il se soucie au contraire de l'établissement de l'égalité formelle : de l'égalité des citoyens face à la loi, de l'égalité juridique des individus privés face au marché, seules égalités qui vaillent et qui comptent à ses yeux. Quant aux éventuelles inégalités sociales (inégalités de conditions, inégalités des chances, etc.), il les considère ou bien comme inessentielles et négligeables, ou bien comme le prix à payer pour la garantie de la liberté politique et de l'égalité juridique, aussi bien que pour l'efficacité économique[8]. Quant à ce qui restait de la gauche social-démocrate, elle a tenté de justifier son abandon de toute velléité réformiste et son ralliement honteux ou tapageur au paradigme néo-libéral par l'idée, inspirée d'une lecture opportune de John Rawls[9], que toute inégalité est en définitive justifiée du moment qu'elle est censée améliorer le sort des plus défavorisés.

Pour différents qu'ils soient par leur inspiration idéologique et leurs conséquences politiques, ces discours n'en ont pas moins diffusé une argumentation largement convergente. Trois arguments essentiels, qui sont en fait autant de sophismes, ont ainsi été ressassés, dans le but de discréditer définitivement toute revendication d'égalité des conditions sociales, taxée péjorativement d'« égalitarisme ».

Selon le premier de ces arguments, l'égalité serait synonyme d'uniformité : elle coulerait tous les individus dans le même moule, elle les stéréotyperait. L'inégalité est alors défendue au nom du droit à la différence ; mis essentiellement en avant par la « nouvelle droite », l'argument se retrouve à l'occasion sous la plume des libéraux voire des auteurs d'inspiration social-démocrate. Il repose en fait sur une double confusion, spontanée ou intéressée, entre égalité et identité d'une part, entre inégalité et différence de l'autre. Or, pas plus que l'égalité n'implique l'identité (l'uniformité), l'inégalité ne garantit la différence. Bien au contraire : les inégalités de revenus génèrent des strates ou couches sociales au sein desquelles les individus sont prisonniers d'un mode et style de vie, qu'ils sont plus ou moins tenus de suivre, pour « être (et rester) à leur place » ; quant aux inégalités de pouvoir, elles créent des hiérarchies bureaucratiques de places et de fonctions qui, du haut en

8. La littérature dans ce domaine est immense. On peut consulter, dans le genre savant, Friedrich Hayek, *Droit, législation et liberté*, traduction française, Paris, PUF, 1983 ; et, dans le genre vulgaire, Guy Sorman, *La Solution libérale*, Fayard, 1984 et Jacques Julliard, *La Faute à Rousseau*, Paris, Seuil, 1985.
9. *Cf.* John Rawls, *Théorie de la justice*, traduction française, Paris, Seuil, 1987 ; et Philippe van Parijs, *Qu'est-ce qu'une société juste ?*, Paris, Seuil, 1991.

bas, exigent de chaque individu qu'il normalise ses comportements, ses attitudes, ses pensées s'il veut espérer gravir les échelons. Inversement, loin d'uniformiser les individus, l'égalité des conditions sociales peut ouvrir à chacun d'eux de multiples possibilités d'action et d'existence, qui seraient éminemment plus favorables au développement de leur personnalité, et en définitive à l'affirmation des singularités individuelles.

Le second argument est que l'égalité serait synonyme d'inefficacité. En garantissant à chacun une égale condition sociale – dans l'accès aux richesses matérielles, dans la participation au pouvoir politique, dans l'appropriation des biens culturels –, elle démotiverait les individus, ruinerait les bases de l'émulation et de la concurrence qui constituent le facteur premier de tout progrès. L'égalité serait ainsi nécessairement contre-productive, stérilisante, tant pour l'individu que pour la communauté. Certes, reconnaissent les libéraux qui défendent surtout cet argument, la concurrence et le marché sont inévitablement facteurs d'inégalités. Mais, dans la mesure où celles-ci sont la rançon à payer pour l'efficacité globale de l'économie, elles profitent en définitive à tout le monde, aussi bien aux « perdants » qu'aux « gagnants » ! Autant dire qu'elles sont éminemment souhaitables et justifiées...

Cet argument présuppose la « guerre de tous contre tous », caractéristique de l'économie capitaliste, en présentant cette dernière comme un modèle indépassable d'efficacité économique. Or, d'une part, cette efficacité n'a pas pour seule condition la concurrence sur le marché : la forte croissance économique d'après guerre a aussi reposé sur la réglementation de la concurrence et la prise en compte d'impératifs sociaux de réduction des inégalités, précisément. D'autre part et surtout, la prétendue efficacité capitaliste a son prix, de plus en plus lourd : le gaspillage non seulement des ressources naturelles mais aussi des richesses sociales. Les inégalités issues du marché entraînent en effet un incroyable gâchis : elles stérilisent l'initiative, la volonté, l'imagination et l'intelligence, le désir de se réaliser dans une tâche personnelle ou socialement utile, en un mot les talents de tous ceux dont elles aliènent l'autonomie, de tous ceux dont elles font des individus condamnés à obéir, à se soumettre, à subir, ou qu'elles excluent purement et simplement de la vie sociale normale. Mesure-t-on, par exemple, ce formidable gaspillage de richesse sociale (en même temps que la somme de désespoir individuel) que constituent le chômage et la précarité de masse ? L'efficacité économique de la société ne serait-elle pas supérieure si était utilisée la force de travail des sept millions de personnes affectées par ce processus d'exclusion de l'emploi en 1998 ?

Le discours inégalitariste campe, en dernier lieu, sur son argument majeur : l'égalité serait synonyme de contrainte, d'aliénation de la liberté. Liberticide, elle le serait en portant atteinte au « libre fonctionnement du marché » : en bridant la capacité et l'esprit d'entreprise, en déréglant les autorégulations spontanées du marché par la réglementation administrative, en se condamnant du même coup à étendre et complexifier sans cesse cette dernière, jusqu'à enserrer l'économie et la société entière dans les rets d'une bureaucratie tentaculaire. En définitive, entre liberté politique et égalité sociale, il y aurait incompatibilité voire antagonisme, et les atteintes éventuelles que doit supporter la seconde seraient la condition en même temps que la garantie de la pérennité de la première. Inversement, dénoncer les inégalités, remettre en cause leur légitimité, ce serait faire le lit d'un totalitarisme niveleur qui prend la forme fallacieuse de l'utopie révolutionnaire ou même seulement celle du réformisme généreux. Bref, l'enfer totalitaire serait pavé des meilleures intentions égalitaires.

Reprenant en partie les deux précédents, ce dernier argument ne vaut pas mieux qu'eux, tout en en redoublant le cynisme. Qui ne voit qu'en fait c'est l'inégalité qui opprime tous ceux qui la subissent ? Quelle est la liberté du chômeur de longue durée, de l'Os, du smicard, du pauvre, du « sans-logis » ou de l'illettré, de celui qui meurt à 30 ou 40 ans d'un accident du travail ou dont la vie est abrégée par l'usure au travail ? La seule liberté que garantisse l'inégalité, c'est celle d'exploiter et de dominer, c'est la faculté pour une minorité de s'arroger des privilèges matériels, institutionnels et symboliques au détriment de la majorité. C'est au contraire l'égalité de condition qui garantit la liberté, en mettant chacun à l'abri des tentatives d'abus possibles de la liberté d'autrui. Bref, pas de véritable liberté (pas plus d'ailleurs que de fraternité) sans véritable égalité. Le devenir de la démocratie, régime censé garantir la liberté de chacun et de tous, nous le montre bien : pour s'être accommodée d'innombrables inégalités de fait, à quoi s'est-elle réduite en définitive si ce n'est au grimage grossier d'une oligarchie financière qui a trouvé en elle un des plus sûrs moyens de sa pérennité [10] ?

À la lecture de cette brève discussion, on aura compris que, par son objectif même – dresser un état des lieux des inégalités sociales et de leur devenir récent en France, en en embrassant le

10. La plupart des arguments précédents ont été empruntés à Tony Andréani et Marc Feray, *Discours sur l'égalité parmi les hommes*, Paris, L'Harmattan, 1993 (chapitres 1 et 3 notamment).

champ entier sans nous limiter aux seules inégalités de revenus comme on le fait trop souvent encore –, notre propos est éminemment et directement politique. Car traiter d'un pareil sujet dans un pareil contexte revient, qu'on le veuille ou non, à prendre position dans la mêlée sociale, à prendre parti. Le nôtre procède de la volonté de lutter contre la persistance et *a fortiori* l'aggravation des processus générateurs d'inégalités et de hiérarchies sociales ; ainsi que de la conviction qu'un travail minutieux et informé de description et d'analyse de ces processus ne peut que contribuer au renforcement d'une pareille volonté.

Partisan, le présent travail n'entend pas abandonner pour autant les exigences de rigueur et d'objectivité en dehors desquelles toute élaboration intellectuelle déchoit et se condamne elle-même. C'est la raison de notre choix d'aborder l'étude des inégalités sous l'angle de leur connaissance statistique. Sans pour autant nous interdire d'exploiter les résultats d'études fondées sur d'autres méthodes d'analyse (observation directe, entretiens, récits de vie).

Notre idée première était d'élaborer une synthèse des données statistiques disponibles en la matière, en réunissant en un même ouvrage ce qui se présente le plus souvent comme dispersé entre de très nombreuses publications différentes, plus ou moins inconnues du grand public. Il nous a fallu rapidement déchanter et reconnaître à ce projet une certaine naïveté : malgré des qualités indéniables qui en font un matériau irremplaçable, les études statistiques présentent aussi d'évidentes lacunes.

En premier lieu, surabondantes sur certains sujets, les données statistiques sont au contraire extrêmement rares, voire complètement inexistantes, sur d'autres. La connaissance statistique de la réalité socio-économique en général et celle des inégalités sociales en particulier comprend elle aussi ses zones d'ombre et ses trous noirs, quelquefois surprenants. Par exemple, les études sur les pauvres et la pauvreté pourraient remplir une bibliothèque entière, tandis que celles sur les riches et la richesse se comptent sur les doigts d'une seule main.

En second lieu, quand elles existent, les données statistiques sont souvent hétérogènes : produites par des organismes différents, elles résultent d'enquêtes disparates, quant à leurs champs d'étude et quant à leurs méthodologies, et ce en dépit des efforts d'homogénéisation des instruments au sein de l'appareil statistique français. Il en résulte évidemment des difficultés particulières pour un travail qui se propose précisément d'effectuer la synthèse de telles données.

Dispersées dans l'espace institutionnel, les données ne le sont pas moins, quelquefois, dans le temps, parce que produites par des études isolées qui n'ont pas connu de postérité. Ainsi, un certain nombre de celles que nous avons dû retenir datent-elles quelquefois de quinze ou même vingt ans, faute que d'autres plus récentes aient été produites entre-temps.

En troisième lieu, les données disponibles se sont souvent révélées inappropriées ou du moins mal appropriées à notre sujet. Ainsi celles concernant les taux d'accidents du travail par secteurs et branches, établies par la Caisse nationale d'assurance-maladie, ne fournissent-elles des indications approximatives sur l'exposition inégale à ce risque des différentes catégories sociales qu'à la condition de les rapprocher de celles concernant la composition socio-professionnelle des salariés de ces différents secteurs et branches. Ce type de rapprochement ne va évidemment pas sans s'exposer aux difficultés liées à l'hétérogénéité des données qu'évoquait le paragraphe précédent.

Enfin les données disponibles sont quelquefois proprement insignifiantes : elles n'apprennent rien de plus que ce que l'expérience la plus courante de la réalité sociale porte à la connaissance intuitive mais confuse de tout un chacun. Le commentaire qui les accompagne mériterait alors, bien souvent, de figurer dans une anthologie de lapalissades ou de cuistreries.

Ces différentes lacunes (rareté, hétérogénéité, inadaptation, insignifiance) ne sont évidemment pas le fruit du hasard. Elles tiennent tout d'abord au mode de fonctionnement même de l'appareil statistique qui, pour des raisons de coût tant économiques que théoriques, tend à privilégier ce qui est immédiatement dénombrable, autrement dit à s'intéresser d'abord aux éléments de la réalité sociale qui font l'objet d'une objectivation juridique (les données de l'état civil, les titres de propriété), marchande (les revenus et les coûts), administrative (les diplômes).

Mais il faut aussi, par ailleurs, incriminer le manque de curiosité des chercheurs, qui s'explique par la timidité (et c'est un euphémisme) avec laquelle ces derniers abordent le thème, il est vrai explosif, des inégalités sociales. La plupart du temps, quand c'est possible, celles-ci seront oubliées, masquées ou minimisées. Comment comprendre, sinon, que, dans les données qu'il publie, l'INSEE ne distingue qu'exceptionnellement la catégorie des « chefs d'entreprise de dix salariés et plus », qui se situe pourtant la plupart du temps en haut de l'échelle, en la noyant habituellement dans le groupe des « artisans, commerçants et chefs d'entreprise » ?

La prise de conscience de ces multiples lacunes nous a amenés en définitive à infléchir, en le dédoublant, notre projet initial : à la critique de la réalité sociale à partir de l'information statistique disponible s'est ainsi ajoutée la critique de cette information statistique elle-même, de la manière dont elle masque et travestit la réalité sociale, et notamment sa structure inégalitaire, autant et quelquefois plus qu'elle ne la révèle.

Aux lacunes des données statistiques disponibles s'ajoutent les limites liées à la nature même d'une approche statistique des inégalités sociales.

Une telle approche se condamne, en premier lieu, à sous-estimer les inégalités sociales, pour deux raisons essentielles. La première tient à la grille d'analyse la plus couramment utilisée par les études statistiques et dont nous nous sommes servis nous-mêmes pour approcher les inégalités sociales : la nomenclature des professions et catégories socio-professionnelles de l'INSEE [11]. En effet, par le découpage-montage de la réalité sociale (et notamment des classes sociales) qu'elle réalise, cette nomenclature tend notamment à occulter les groupes situés aux deux extrémités de la hiérarchie sociale, soit en les dispersant entre différentes catégories (c'est le cas de la bourgeoisie, éparpillée entre les « agriculteurs exploitants », les « artisans, commerçants, chefs d'entreprise », les « cadres et professions intellectuelles supérieures » mais aussi les « inactifs », parmi lesquels sont classés les rentiers) soit en les fondant dans des catégories plus vastes (c'est le cas des milieux populaires les plus défavorisés, par exemple les invalides inaptes au travail ou les diverses populations du « quart monde », noyées dans la masse hétéroclite des « inactifs ») ; avec évidemment pour effet, dans les deux cas, de réduire les disparités entre les extrêmes. Nous avons dû, la plupart du temps, nous contenter de signaler ce fait, en montrant que cette occultation de l'écart entre les extrêmes était quelquefois délibérée.

La seconde raison tient plus étroitement encore à la nature de l'approche statistique qui calcule et compare des moyennes. Car une moyenne masque par définition la dispersion inhérente à la catégorie dont elle définit la position relativement aux autres catégories [12]. Dispersion qui est d'autant plus importante que l'on s'élève dans la hiérarchie sociale. Or les études existantes ne fournissent que rarement des indications sur la dispersion inhérente aux différentes catégories.

Cette double limite, inhérente à l'approche statistique que nous avons choisie, nous permet du moins d'affirmer, sans aucun doute possible, que les inégalités sociales sont encore plus fortes en réalité que ce que nous en avons établi ici. Du moins ne pourra-t-on

11. Pour une présentation critique de cette nomenclature, *cf.* l'annexe 1.
12. Pour une présentation sommaire des principales notions statistiques utilisées, *cf.* l'annexe 2.

pas ainsi nous accuser d'avoir sollicité les chiffres, puisque de toute façon ceux-ci, par leur construction même, minimisent l'ampleur des inégalités. Tant par ses limites que par sa rigueur, la connaissance statistique nous aura ainsi tenus à l'écart des excès supposés de notre esprit partisan...

L'approche statistique des inégalités sociales tend, en deuxième lieu, à négliger voire tout simplement à occulter un aspect pourtant essentiel de ces dernières : leur systématicité. Car les inégalités forment système : elles s'engendrent réciproquement, en se renforçant plus souvent qu'elles ne s'atténuent, aboutissant en définitive à accumuler les handicaps à l'une des extrémités de la hiérarchie sociale, tandis que les privilèges se concentrent à l'autre extrémité. De ces processus cumulatifs, des études statistiques le plus souvent étroitement spécialisées ne peuvent par définition pas rendre compte. Pour notre part, bien que chacun des douze chapitres consacrés à l'étude analytique d'un certain type d'inégalités puisse être lu indépendamment des autres, nous nous sommes au contraire efforcés de mettre en évidence les relations existant entre ces différentes inégalités, chaque fois que cela a été possible. De plus, nous avons complété cette série d'études analytiques par un dernier chapitre de synthèse qui met en évidence le caractère systémique des inégalités.

Aborder les inégalités sociales par le biais de leur connaissance statistique revient, en dernier lieu, à les soumettre à un filtre réducteur. C'est escamoter le drame social, avec ce qu'il implique de passion : de souffrance, de désespoir ou de révolte chez les uns, d'indifférence satisfaite et de cynisme chez les autres, de violence ouverte ou contenue entre les deux, derrière la froideur et l'impersonnalité du chiffre. « *Que sait-on de l'amertume du chômeur lorsqu'il lit les offres d'emploi, lorsqu'il pointe pour toucher son indemnité ? Que pense un chômeur qui voit à la télévision la retransmission des réceptions fastueuses accordées aux chefs d'État et qui apprend que tel "homme d'affaires" dispose d'un million de centimes chaque jour pour vivre ? (...) Qui dira le sentiment de cette mère de famille contrainte d'acheter pour sa fille le modeste cadeau de Noël à crédit, de celle qui au supermarché hésite devant le prix des pommes ? Qui dira la vie des migrants dans les bidonvilles, le travail harassant dans un pays souvent hostile et parfois raciste, loin de la famille et des amis ? Qui dira les pensées de cet enfant mal habillé, qui n'a pas d'"affaires de gym" et pas de "peinture" pour le dessin, lorsqu'il voit les autres enfiler un survêtement et déballer une boîte de peinture*[13] *?* » Cette mise entre parenthèses du

13. François Mariet, *La Réduction des inégalités*, *op. cit.*, p. 65.

vécu des inégalités, nous l'avons délibérément assumée, en pariant sur le fait que la description et l'analyse distantes, froides, des inégalités sociales, leur connaissance objective et critique, plus encore que leur dénonciation sur le mode pathétique, est de nature à renforcer la volonté de lutter contre elles.

Avant de passer au déchiffrement des inégalités, répondons à une ultime critique qui ne manquera pas de nous être adressée quant aux limites non plus de notre méthode mais de notre champ d'étude. En fait d'inégalités sociales, nous n'avons ici retenu que les inégalités entre catégories sociales, et à travers elles entre classes sociales. Or il en existe bien d'autres qui mériteraient tout autant d'être étudiées : celles entre sexes, entre classes d'âge, entre nationaux et étrangers, entre espaces sociaux (Paris/province, villes/campagnes, centres/périphéries). Notre projet initial était d'ailleurs de traiter de l'ensemble de ces inégalités, en une étude divisée en cinq parties. L'ampleur véritablement encyclopédique de la tâche nous a conduits à la fractionner en différents volets [14].

C'est également pour ne pas gonfler encore davantage une étude déjà fort volumineuse que nous avons exclu de notre champ toute comparaison internationale. De telles comparaisons, confrontant les inégalités sociales en France à ce qu'elles sont dans d'autres pays de structure sociale et de niveau de développement comparables, auraient sans doute été elles aussi fort instructives. Notre espoir est que notre travail incite d'autres chercheurs à se lancer dans cette voie.

14. Sur les inégalités entre sexes, *cf.* notre ouvrage *Hommes-femmes : l'introuvable égalité*, Paris, Éditions de l'Atelier, 1996.

Les inégalités face à l'emploi

1.

Quand on parle des inégalités entre catégories sociales, on pense d'abord aux inégalités de revenus et de patrimoines, tant ces dernières sont visibles et flagrantes. En fait, ces inégalités majeures, dont nous verrons qu'elles déterminent dans une large mesure toutes les autres, sont elles-mêmes le fruit d'une inégalité encore plus fondamentale : la possibilité inégale (allant jusqu'à l'impossibilité) d'accéder à un emploi, de le conserver et de s'assurer, à travers lui, une source de revenu dont le flux plus ou moins régulier permettra de se constituer (ou non) un stock patrimonial plus ou moins important.

Or, dans la société française contemporaine, la situation économique de chacun est potentiellement instable. Elle est en effet médiatisée par des rapports marchands dont le devenir général échappe au contrôle de chacun, voire à tout contrôle global par les institutions politiques. Cette instabilité structurelle ne fait évidemment que s'accroître en période de crise économique. Elle est cependant inégalement distribuée et dépend pour l'essentiel de la situation de chacun au sein des rapports de production et de la division sociale du travail qu'ils engendrent.

Chômage, précarité, sous-emploi : les enjeux de la mesure

Depuis trente ans, le chômage ne cesse de s'aggraver en France. Le nombre croissant des chômeurs nous est connu essentiellement à partir de deux sources : d'une part les enquêtes annuelles sur l'emploi de l'Institut national de la statistique et des études économiques (INSEE) (menées au mois de mars) que nous dénommerons par la suite « Enquêtes Emploi » ; d'autre part les relevés mensuels de l'Agence nationale pour l'emploi (ANPE) (tableau 1.1). Cependant la fiabilité et la signification de ces indicateurs chiffrés sont loin de faire l'unanimité.

L'écart vient du fait que ces deux institutions ne partent pas de la même définition du chômeur et ne mesurent donc pas la même réalité. Pour ses enquêtes annuelles, l'INSEE adopte une définition proche de celle du Bureau international du travail (BIT). Selon cette définition, est chômeur toute personne effectivement dépourvue d'emploi, disponible sous quinzaine pour occuper un emploi, à la recherche d'un emploi salarié, et ayant effectué dans le mois précédent l'enquête au moins un acte effectif de recherche d'un emploi. Cela permet à l'INSEE de déterminer le nombre de « personnes sans emploi à la recherche d'un emploi » (PSERE). Cette

Tableau 1.1

La mesure de l'évolution du chômage par l'INSEE et l'ANPE

(chiffres en milliers)

	1975	1979	1982	1985	1987	1989	1991	1993	1995	1997	1998
INSEE	808	1 318	1 848	2 454	2 594	2 340	2 228	2 781	2 935	3 152	3 050
ANPE	748	1 313	1 962	2 452	2 663	2 534	2 610	3 069	3 022	3 087	3 027

Source : INSEE, Enquêtes emploi, et ANPE.

définition est cependant très restrictive. En effet, lorsque la durée du chômage augmente, les chômeurs peuvent ne pas avoir effectué de démarches de recherche d'emploi, surtout s'ils pensent qu'elles n'aboutiront pas. Leur santé peut se dégrader ou ils peuvent avoir une activité occasionnelle. Ils restent chômeurs à leur yeux comme aux yeux de leur entourage ou des institutions qui leur versent des indemnités, mais pas de l'INSEE. La notion de chômage au sens du BIT ne rend donc pas compte de l'ampleur du drame humain du chômage. C'est pourquoi certains chercheurs proposent de retenir d'autres indicateurs, plus larges, intégrant notamment les travailleurs découragés et le sous-emploi [1].

L'ANPE mesure les « demandeurs d'emploi en fin de mois » (DEFM) inscrits à une agence de l'ANPE. Cette statistique distingue aujourd'hui huit catégories de demandeurs. Mais c'est l'évolution de la seule « catégorie 1 » qui nourrit les commentaires officiels et médiatiques (personnes sans emploi, immédiatement disponibles, à la recherche d'un emploi à durée indéterminée à temps plein). Cette mesure est corrigée des variations saisonnières, pour tenir compte des fluctuations périodiques sur le marché du travail. Mais cette statistique est surtout affectée par les changements qui interviennent dans les comportements d'inscription des demandeurs et dans les règles de gestion des fichiers. Ainsi, pour ne prendre que cet exemple, en 1995, les demandeurs d'emploi exerçant une activité réduite de 78 heures et plus par mois ont été exclus de la catégorie 1. Cette mesure s'est traduite par une baisse brutale du nombre de « DEFM catégorie 1 » comptabilisé par l'ANPE. L'écart entre l'ancienne et la nouvelle manière de compter ces « DEFM catégorie 1 » représente ainsi plus de 450 000 personnes en octobre 1997 [2]. Bref le souci du pouvoir politique de réduire les chiffres, notamment à la veille d'échéances politiques, peut nuire fortement à leur qualité.

1. *Cf.* CERC-Association, « Chiffrer le chômage. Des enjeux de société », *Les Dossiers de CERC-association*, n° 1, 1997.
2. *Premières informations*, n° 49.3, décembre 1997, DARES.

C'est pourquoi de nombreux chercheurs proposent, afin de dépasser la crispation actuelle sur « le » chiffre du chômage, plus ou moins sujet à caution, de sortir de l'alternative chômeur/non chômeur. Les chercheurs regroupés au sein de CERC-Association proposent la mise en place, à partir des statistiques publiques, d'un indicateur permettant de calculer le nombre de « personnes privées d'emploi », dont la définition est plus large que celle des seuls chômeurs au sens du BIT ou des DEFM catégorie 1 (tableau 1.2). Ils montrent notamment par ce biais que la hausse du chômage depuis le début des années quatre-vingt a été sous-estimée par les indicateurs traditionnels.

D'autres chercheurs, dans un rapport rendu public à l'automne 1997[3], proposent de comptabiliser le nombre de « personnes affectées par la pénurie de travail ». Ils ajoutent aux chômeurs au sens du BIT (3 082 000 en 1996), les personnes victimes de la précarité subie (947 000), du temps réduit subit (1 572 000), les personnes en cessation anticipée d'activité (467 000), les demandeurs d'emploi en formation (353 000), les chômeurs découragés (242 000) et ceux qui ne sont pas en mesure de chercher un emploi – en raison d'un problème de santé, etc. – (321 000). Au total, d'après leurs calculs, près de 7 millions de personnes sont affectées par la pénurie de travail en 1996. L'intérêt principal de ce rapport est de montrer que près d'un tiers des actifs est touché directement par la précarisation de la société française et que les inégalités face à l'emploi dépassent largement la seule question du chômage au sens strict du terme telle qu'appréhendée en termes de stock à un moment donné, puisqu'on assiste bien à un effritement général de la situation des travailleurs salariés.

Tableau 1.2

Évolution du nombre de personnes « privées d'emploi »

(hors travailleurs découragés)

	1981	1985	1991	1995
Ensemble des personnes « privées d'emploi » dont :	2 458 479	3 842 103	4 281 592	5 000 811
Chômeurs inscrits (DEFM) et DRE*	2 014 392	2 797 793	3 465 821	4 093 411
Chômeurs en formation et conversion	99 369	213 086	326 715	330 000
Personnes en TUC, CES ou assimilées	–	198 523	244 557	400 000
Préretraités	344 718	632 701	244 499	177 400

Source : CERC-Association, « Chiffrer le chômage. Des enjeux de société », *Les Dossiers de CERC-Association*, n° 1, 1997, p. 40. *Légende :* DRE : Dispensés de recherche d'emploi.

3. *Chômage : le cas français*, Rapport au Premier ministre, Groupe de travail présidé par Henri Guaïno, Commissariat général du Plan, La Documentation française, 1997.

Les inégalités face au chômage

Les inégalités face au risque du chômage

Le risque de se retrouver au chômage reste très inégalement réparti selon les catégories sociales. Le tableau 1.3 fait ainsi apparaître deux clivages très nets. D'abord, entre indépendants (exploitants agricoles, artisans et commerçants, chefs d'entreprise, professions libérales) et salariés (cadres, professions intermédiaires, employés et ouvriers). Le risque de chômage affecte nettement plus les seconds que les premiers. S'il reste marginal chez les agriculteurs, il s'est cependant accru au cours de ces dernières années chez les indépendants non agricoles (en particulier les artisans et petits commerçants), du fait de la dégradation générale de la situation économique.

Tableau 1.3

Évolution du taux de chômage selon la catégorie socio-professionnelle

(en % des actifs de chaque catégorie)

	1975	1979	1982	1985	1987	1989	1991	1993	1995	1997	1998
Agriculteur exploitant	0,2	0,3	0,2	0,5	0,4	0,5	0,7	0,6	0,6	0,5	0,5
ACCE	1,3	1,1	2,0	3,0	3,3	2,6	2,6	4,5	4,1	4,7	4,5
Cadre	1,7	2,2	2,5	2,8	2,9	2,3	3,1	4,9	5,0	5,1	4,5
Profession intermédiaire	2,1	3,0	4,1	4,5	5,1	3,6	4,2	5,8	6,7	7,0	6,8
Employé	4,5	6,7	8,9	10,8	12,4	10,7	11,8	13,9	14,6	14,4	14,4
Ouvrier qualifié	nd	nd	6,2	10,0	10,5	9,1	7,4	10,2	10,2	11,6	10,5
Ouvrier non qualifié	nd	nd	12,3	16,7	18,1	16,4	19,1	21,5	21,2	23,5	21,9
Total	3,7	5,7	7,8	10,2	10,7	8,7	9,0	11,1	11,6	12,3	11,8

Source : INSEE, Enquêtes Emploi. *Légende :* ACCE : Artisan, commerçant, chef d'entreprise.

Ce premier clivage correspond à des situations fort différentes des uns et des autres au sein des rapports de production. Tandis que les indépendants sont propriétaires de leurs moyens de production, qu'ils mettent en œuvre eux-mêmes ou à l'aide d'une main-d'œuvre rémunérée, les salariés, par définition, ne possèdent pas leur outil de travail, d'où une plus grande fragilité de leur situation économique.

Un second clivage passe à l'intérieur même du salariat. Il sépare cadres et professions intermédiaires d'un côté, employés et ouvriers de l'autre. Tout au long de la période, le taux de chômage des seconds a été très nettement supérieur à celui des premiers ; et l'écart entre eux n'a pas cessé de s'élargir : entre 1982 et 1998, l'écart entre les cadres et les ouvriers qualifiés passe de moins de 4 à 6 points, celui entre les cadres et les employés de 6,5 à près de 10 points, celui entre les cadres et les ouvriers non qualifiés de moins de 10 à plus de 17 points. Résultat : en 1998, un cadre sur vingt-deux est au chômage contre plus d'un ouvrier non qualifié sur cinq.

Parmi les travailleurs salariés eux-mêmes, s'est créé tout un dégradé de conditions caractérisées par une plus ou moins grande maîtrise sur les conditions matérielles, institutionnelles ou intellectuelles de leur travail. Plus cette maîtrise est importante, donc plus la fonction exercée est indispensable à l'exploitation des moyens de production et à la réalisation de l'acte collectif de travail, moins l'instabilité inhérente à la condition de travailleur salarié – dont le chômage est la forme extrême – risque de se faire sentir. À l'inverse, plus le travailleur se trouve exproprié de la maîtrise de son travail lui-même, plus il est interchangeable – parce que ses fonctions sont devenues banales et impersonnelles – et, par conséquent, moins son activité est indispensable à la mise en œuvre des moyens de production ou à la bonne marche du procès de travail collectif, et plus il risque de subir les effets de cette instabilité.

On en trouvera une ultime confirmation dans les disparités existant entre le taux de chômage des ouvriers qualifiés et celui des ouvriers non qualifiés, le premier s'élevant à peine à la moitié du second sur l'ensemble de la période, en se rapprochant même de celui de certaines catégories de professions intermédiaires. Le risque de chômage s'accroît donc bien au fur et à mesure que l'on descend dans l'échelle hiérarchique d'une division du travail engendrée par le processus d'expropriation constitutif du rapport salarial.

Depuis le début des années quatre-vingt-dix, on assiste toutefois à une dégradation relative de la situation des cadres. Leur taux de chômage s'est accru de façon très marquée durant la première moitié des années quatre-vingt-dix. Il a plus que doublé entre 1989 et 1993. C'est cette catégorie qui aura enregistré proportionnellement la plus forte hausse. Les raisons essentielles en sont un renouvellement plus fréquent du personnel d'encadrement et un plus grand recours aux promotions internes de la part des entreprises, dans le but essentiellement de contenir leur masse salariale [4]. Hormis les professions de l'information, des arts et des spectacles dont le taux de chômage dépasse les 13 % en 1996, ce sont les cadres

4. *Insee Première*, n° 262, juin 1993.

administratifs et commerciaux d'entreprise qui sont les plus touchés avec un taux de chômage de 7,2 %. Sans y être aussi exposés que les ouvriers et les employés, les cadres ne sont donc plus désormais tout à fait à l'abri du risque de chômage.

L'âge semble être un critère discriminatoire important : les jeunes et les plus âgés des cadres ont été les plus nombreux à être licenciés, les premiers ayant cependant de grandes chances de se reclasser contrairement aux seconds. En témoigne aussi l'augmentation du pourcentage de jeunes diplômés de l'enseignement supérieur pouvant prétendre à des emplois de cadre et qui se retrouvent au chômage ou sur des postes de statut inférieur : ainsi en 1995 et 1996, quand ils travaillent, les jeunes diplômés de moins de 30 ans sont à peine une moitié à occuper un poste de niveau cadre contre plus des deux tiers en 1991 et 1992[5]. Les jeunes de moins de 25 ans, et plus particulièrement les jeunes filles, les moins diplômé(e)s, et ceux (et celles) qui sont issus des catégories populaires, sont fortement exposés au risque de chômage qui touche en 1998 près d'un quart de l'ensemble des jeunes gens et près d'un tiers de l'ensemble des jeunes filles[6].

Les inégalités face à la durée du chômage

Les inégalités face au chômage ne se mesurent pas seulement à la plus ou moins grande probabilité de se retrouver au chômage, mais aussi à la durée plus ou moins longue de la période de chômage que l'on risque de connaître.

Tableau 1.4

Évolution de l'ancienneté moyenne au chômage (en mois)

1975	1979	1982	1985	1987	1989	1991	1993	1995	1997	1998
7,6	11,0	13,3	16,0	16,6	16,3	14,5	12,4	14,6	15,0	16,0

Source : INSEE, Enquêtes Emploi.

Depuis les années 1974-1975, la durée moyenne du chômage a tout d'abord augmenté régulièrement jusque vers 1986-1987, avant de diminuer non moins régulièrement jusqu'en 1993 (tableau 1.4). Il en a été de même pour le pourcentage des chômeurs de longue et de très longue durée – au chômage respectivement depuis plus d'un an et plus de deux ans – (tableau 1.5).

5. *Premières synthèses*, n° 29.2, juillet 1997, DARES.
6. *INSEE Résultats*, série emploi-revenus, n° 141-142, septembre 1998.

Tableau 1.5

Évolution du pourcentage de chômeurs de longue et de très longue durée

(en pourcentage du nombre de chômeurs)

	1975	1979	1982	1985	1987	1989	1991	1993	1995	1997	1998
1 an et plus	17,8	31,5	38,1	45,5	44,0	42,0	34,3	31,4	39,5	38,9	41,1
2 ans et plus	6,7	12,9	17,0	23,8	25,1	23,4	19,8	14,4	21,0	20,0	22,3
3 ans et plus	nd	nd	8,0	12,5	14,5	14,6	10,8	7,8	9,9	11,2	12,3

Source : INSEE, Enquêtes Emploi. *Légende :* nd = non déterminé.

Cette inflexion à partir de la fin des années quatre-vingt résulte des mesures spécifiques de lutte contre le chômage de longue durée, à base essentiellement d'emplois aidés et de stages de formation [7]; mais aussi de la rotation accélérée d'une partie de la population active entre le chômage et des formes d'emploi précaires; enfin du découragement d'un certain nombre de chômeurs qui sont sortis d'eux-mêmes du marché du travail ou ont été considérés comme tels par les services statistiques. Toute augmentation de la précarité conduit en effet à intensifier les flux d'entrée et de sortie du chômage et à diminuer mécaniquement la durée moyenne du stock des chômeurs à un moment donné. Depuis le printemps 1996, la durée moyenne du chômage augmente cependant à nouveau, de même que la part des chômeurs de plus d'un an [8].

Tableau 1.6

Évolution de la composition socio-professionnelle du chômage de longue durée

(en pourcentage de la population des chômeurs)

	Chômeurs de longue durée						Ensemble chômeurs
	1974	1978	1982	1988	1991	1993	1993
50 ans et plus	55,4	37,4	37,0	25,3	22,4	19,2	11,3
Cadres	6,7	5,2	3,6	3,1	3,7	5,8	5,9
Agents de maîtrise, techniciens	3,4	3,6	2,7	3,2	3,7	5,0	6,1
Employés qualifiés	21,3	27,7	27,2	31,5	35,2	34,8	35,1
Employés non qualifiés	15,1	14,3	15,6	16,1	17,7	16,7	17,0
Ouvriers qualifiés	11,0	14,2	18,0	18,8	16,3	18,5	19,1
Manœuvres et Os	41,7	34,4	31,6	26,7	22,7	18,2	15,5

Source : ANPE et INSEE *in* Christine BRUNIAUX, « La politique de lutte contre le chômage de longue durée », *Regards sur l'actualité*, n° 199, La Documentation française, Paris, mars 1994.

7. *Cf.* Christine Bruniaux, « La politique de lutte contre le chômage de longue durée », *Regards sur l'actualité*, n° 199, La Documentation française, mars 1994
8. *Premières informations*, n° 49.2, décembre 1997, DARES.

Les résultats détaillés des « Enquêtes Emploi » indiquent le sexe, l'âge, le niveau de formation mais non l'appartenance socio-professionnelle des chômeurs de longue durée [9]. Cela rend d'autant plus précieuses les données réunies au sein du tableau 1.6. Parmi les chômeurs de longue durée, la proportion des cadres – mais aussi d'agents de maîtrise et de techniciens – reste faible tout au long de la période. Toutefois, alors qu'elle a diminué régulièrement jusque vers la fin des années quatre-vingt, elle a augmenté depuis de manière significative, témoignant de la dégradation de leur situation sur le marché de l'emploi. Autre indicateur allant dans le même sens : de 1993 à 1995, la durée médiane du chômage des cadres d'entreprise est passée de 8 à 15 mois [10]. Cependant l'ensemble des salariés d'exécution (employés, ouvriers, manœuvres) a constamment représenté près des neuf dixièmes des chômeurs de longue durée. Mais la composition interne de cette population s'est sensiblement modifiée au long des années : la part des Os et des manœuvres y a diminué, tandis que celle des ouvriers qualifiés et surtout celle des employés qualifiés y a fortement augmenté.

En effet, au début de la crise, le chômage de longue durée a affecté tout particulièrement les ouvriers les plus déqualifiés (et aussi les plus âgés), employés dans des secteurs en déclin (textile) ou sensibles à la conjoncture (bâtiment). En s'aggravant, il s'est mis à frapper également les ouvriers plus qualifiés et plus jeunes, tandis que les ouvriers déqualifiés plus âgés, souvent chômeurs de longue durée difficiles à reclasser, étaient les principaux bénéficiaires de mesures spécifiques de retrait du marché du travail [11]. Quant à l'augmentation du pourcentage des employés qualifiés, elle s'explique par la proportion plus importante de jeunes et de femmes (deux groupes dont les taux de chômage sont supérieurs à la moyenne) au sein de cette catégorie, qui de surcroît a été frappée de plein fouet par les effets de l'informatisation du tertiaire.

Par conséquent, si la durée du chômage est visiblement fonction de l'âge et du sexe, elle dépend aussi de la situation des agents dans les rapports de production et la division sociale du travail. On peut dès lors la considérer comme le principal facteur à la fois d'une plus grande vulnérabilité face au chômage et de plus grandes difficultés de reclassement, donc en définitive d'une

9. *Cf.* Dominique Rouault-Galdo, « Sortir du chômage : un parcours à handicap », *in Économie et Statistique*, n° 249, décembre 1991.

10. *Premières synthèses*, n° 29.2, juillet 1997, Dares.

11. *Cf.* Jean-Luc Heller, « La retraite anticipée : choix ou contrainte ? » *in Économie et Statistique*, n° 193-194, novembre-décembre 1986. Les dispositifs d'entrée en préretraite ont ainsi servi à masquer une partie du chômage de la main-d'œuvre ouvrière déqualifiée.

plus grande instabilité de la situation économique des agents. Significativement, c'est la catégorie la moins qualifiée, celle des Os et des manœuvres, qui est la seule à être sensiblement surreprésentée parmi les chômeurs de longue durée.

Les inégalités face à la précarité

Le chômage n'est cependant pas le seul facteur d'inégalités face à l'emploi. Le statut juridique de l'emploi aussi bien que sa nature sont autant de sources supplémentaires d'inégalités.

Les emplois précaires

Marginales avant 1984, les formes d'emploi précaire (contrats à durée déterminée et missions d'intérim essentiellement) se sont développées depuis lors passant de 3 % à près de 6 % de l'emploi total (tableau 1.7). Le nombre de CDD enregistrés en mars 1998 atteint dorénavant le chiffre de 906 000, et avec les emplois intérimaires, les emplois aidés et les apprentis, on frôle les 2 millions d'emplois précaires. Ils représentent une fraction de plus en plus grande de l'emploi salarié total : environ 10 % en 1998, et même 14 % pour le seul secteur marchand. Ces emplois répondent à la fois aux exigences de flexibilité d'un appareil productif qui doit faire face à des fluctuations de marché de plus en plus erratiques ; et à des politiques de gestion du chômage destinées à assurer une rotation des chômeurs.

Là encore, cette forme d'instabilité professionnelle n'a pas affecté de manière égale l'ensemble des catégories sociales. Qu'il s'agisse des CDD ou de l'intérim (tableau 1.8), la précarité croît au fur et à mesure que l'on descend dans l'échelle de la division sociale du travail : elle affecte davantage les ouvriers et les employés que les cadres ou les professions intermédiaires, davantage les employé(e)s et les ouvriers non qualifiés que les ouvriers qualifiés. Et l'écart entre ces catégories de salariés est encore plus accentué s'agissant de l'intérim que des CDD : plus la forme de travail est précaire, plus l'écart s'accroît. Notons aussi que l'écart entre les catégories extrêmes (cadres et ouvriers non qualifiés) s'est creusé au long de la période, plus encore pour les intérimaires que pour les salariés en CDD : d'un peu plus d'un point, il est passé à plus de huit points dans le premier cas.

Ces écarts s'expliquent, une fois de plus, essentiellement par les différences de qualification, qui traduisent la manière inégale dont les uns et les autres se trouvent affectés par le processus d'expro-

Tableau 1.7

Évolution du nombre d'emplois précaires

	1985	1992	1995	1998
Contrats à durée déterminée (CDD)	315 000	576 000	752 000	906 000
Intérimaires	113 000	211 000	287 000	413 000
Total 1 (CDD + Intérim.)	428 000	787 000	1 039 000	1 319 000
Total 2 (incluant aussi les apprentis et les contrats aidés*)	752 000	1 289 000	1 675 000	1 978 000

Source : D'après INSEE, Enquêtes emploi. *Légende :* *Les contrats aidés sont considérés comme des emplois par le BIT.

Tableau 1.8

Évolution du taux de salariés affectés par les emplois précaires

(hors État et collectivités locales)

	Pourcentage de contrats à durée déterminée				Pourcentage de salariés intérimaires				CDD + Intérim
	1982	1987	1991	1998	1982	1987	1991	1998	1998
Cadres	1,3	2,0	3,0	2,8	0,3	0,0	0,2	0,1	2,9
Professions intermédiaires	1,6	2,6	2,8	3,3	0,6	0,5	0,6	0,5	3,8
Employés	2,7	4,4	4,8	4,9	1,1	0,8	1,1	0,8	5,7
Ouvriers	2,4	4,2	4,3	5,4	1,1	1,4	2,7	5,8	11,2
Ouvriers qualifiés	1,7	2,6	2,9	3,8	0,9	1,1	1,8	3,7	7,5
Ouvriers non qualifiés	3,1	6,0	6,2	8,8	1,5	1,9	4,5	10,4	19,2
Total	2,2	3,7	4,0	4,0	0,9	1,1	1,6	1,7	5,7

Source : D'après INSEE, Enquêtes Emploi.

priation qui définit le salariat. Pour preuve les disparités existant à l'intérieur même des catégories d'ouvriers et d'employés, au détriment, par exemple, des ouvriers non qualifiés ou des employés de commerce. Les femmes, très nombreuses dans cette dernière catégorie, sont particulièrement touchées par cette précarisation.

Une étude déjà ancienne de l'INSEE a mis en évidence que, parmi les salariés, ce sont les ouvriers (et notamment les ouvriers non qualifiés) et les « personnels de services directs aux particuliers » (dont 43 % représentent des femmes de ménage) qui exercent le plus les différentes catégories de « petits boulots [12] ». Ils (et elles) sont bien les plus précaires parmi les précaires [13].

12. *Cf.* Mireille Elbaum, « Les petits boulots » : plus d'un million d'actifs en 1987 » *in Économie et Statistique*, n° 205, décembre 1987

13. Sur la précarité affectant plus particulièrement les femmes *cf.* notre précédent ouvrage, A. Bihr et R. Pfefferkorn, *Hommes-femmes, l'introuvable égalité*, Paris, Éditions de l'Atelier, 1996, p. 61-67.

Cependant une approche en termes de stocks (nombre d'emplois à un moment donné) est insuffisante. Une approche en termes de flux (nombre d'entrées dans l'emploi et de sorties de l'emploi) permet de mieux cerner le phénomène. Les 291 000 emplois intérimaires (en équivalent temps plein) enregistrés en 1996 correspondent à un total de près de 7 millions de «missions» d'une durée moyenne de deux semaines ; et le nombre de contrats signés varie d'un minimum de 437 000 en février à un maximum de près de 650 000 en juillet [14]. Les données réunies au sein du tableau 1.9 montrent, mieux encore, l'intérêt d'une telle approche. Limité voire marginal dans les années soixante-dix, l'emploi précaire joue un rôle central dans la gestion actuelle de la main-d'œuvre par les entreprises : au cours de l'année 1990 [15], les embauches sur CDD ont représenté à elles seules près des deux tiers des entrées dans les établissements de 50 salariés ou plus !

Là encore les inégalités entre catégories socio-professionnelles sont manifestes. Plus les salariés sont déqualifiés, plus ils apparaissent mobiles, et plus leur situation est par conséquent instable. Ainsi, tandis que les cadres sont *grosso modo* moitié moins nombreux parmi les entrants et les sortants que parmi les salariés employés, c'est exactement l'inverse chez les ouvriers non qualifiés : ils sont deux fois plus nombreux parmi les entrants et les sortants que parmi les salariés employés. Ils se distinguent ainsi fortement des ouvriers qualifiés dont la situation de ce point de vue se rapproche de celle des professions intermédiaires. Quant aux employés, leur situation est ici à peine plus enviable que celle des ouvriers non qualifiés.

C'est essentiellement la fréquence des recours au contrat à durée déterminée qui explique ces disparités de situation. De ce point de vue, le clivage introduit par la division capitaliste du travail entre salariés d'exécution et salariés d'encadrement se confirme pleinement. Alors que le CDD ne concerne qu'un cadre entrant sur cinq et moins de deux membres des professions intermédiaires sur cinq, c'est près de trois ouvriers qualifiés sur cinq, trois employés sur quatre et plus de quatre ouvriers non qualifiés sur cinq qui auront été recrutés au cours de cette année-là sur contrat à durée déterminée. En 1990, pour un ouvrier non qualifié, le retour à l'emploi a signifié dans l'immense majorité des cas un travail précaire... préfigurant pour la plupart le retour rapide au chômage.

14. *Premières informations*, n° 22.1, mai 1997, DARES.
15. Le phénomène s'est probablement accentué depuis lors, mais nous ne disposons malheureusement pas de données précises plus récentes...

Tableau 1.9

Structure des emplois, des entrées et des sorties (en %) selon la catégorie socio-professionnelle dans les établissements de 50 salariés ou plus en 1990

	Cadres	Professions inter-médiaires	Employés	Ouvriers qualifiés	Ouvriers non qualifiés	Ensemble
Structure des emplois	12,4	21,4	21,3	29,6	15,3	100
Structure des entrées	6,7	12,5	34,0	16,7	30,1	100
dont CDD	2,0	7,3	38,0	15,2	37,5	100
dont CDI	14,2	22,3	27,9	19,8	15,7	100
Structure des sorties	6,6	12,8	33,2	17,7	29,6	100
dont fin de CDD	2,0	7,2	40,8	12,4	37,6	100
Part des CDD dans les entrées	19,3	38,1	72,9	59,6	81,4	65,3

Source : INSEE Première, n° 165, septembre 1991.

Les « quasi-emplois »

Durant toutes ces années, les politiques de l'emploi successives ont moins cherché à lutter contre le chômage (leur but pourtant affiché) qu'à en masquer l'inexorable montée et à le rendre supportable par ses victimes, en les retirant momentanément des statistiques du chômage et en leur faisant miroiter l'espoir de retrouver un véritable emploi. On a ainsi vu se développer un véritable maquis de « quasi-emplois », composés pour l'essentiel d'emplois aidés (hier TUC, aujourd'hui CES, CEC ou CIE) et d'innombrables formules de contrats ou de stages (d'insertion, de qualification, de reclassement, d'adaptation, d'orientation, de conversion, etc.). Les jeunes, les femmes et les chômeurs de longue durée, plus récemment les RMIstes, ont été les principales cibles de ce « traitement social » du chômage. Au 31 décembre 1996, ce sont ainsi un peu plus de 2,3 millions de personnes qui sont concernées par l'ensemble de ces formules [16]. Sans compter les « emplois-jeunes » qui viennent d'être mis en place fin 1997 suscitant à la fois quelque espoir et beaucoup d'inquiétudes.

Principales victimes du chômage et de l'emploi précaire, les ouvriers et les employés, et, parmi eux, plus particulièrement les jeunes [17], ont aussi logiquement été les principaux « bénéficiaires » de ces « quasi-emplois ». Quelle qu'en soit la formule, ils

16. *Premières synthèses*, n° 41.2, octobre 1997, DARES.
17. *Cf.* l'ensemble des articles d'*Économie et Statistique*, n° 304-305, 1997, 4/5, (Les trajectoires des jeunes : distances et dépendances entre générations).

constituent entre les deux tiers et la totalité de la population concernée alors qu'ils représentent ensemble 55 % de la population active occupée (tableau 1.10). La seule formule où les pourcentages de cadres et de techniciens réunis dépassent celui des ouvriers ou des employés est, significativement, celle de l'aide aux chômeurs créateurs ou repreneurs d'entreprise. De même les cadres et professions intellectuelles supérieures et, dans une moindre mesure, les professions intermédiaires, sont-ils bien représentés, mais en qualité d'employeurs, parmi les bénéficiaires des mesures d'incitation à la création d'emplois familiaux [18]. La domesticité prolifère à nouveau à la faveur du « traitement social » du chômage...

D'une manière générale, bon nombre des emplois dits « aidés » valent aux entreprises qui y recourent des allégements de charges sociales ainsi que des primes et aides diverses ; en revanche, ils sont généralement très mal payés, dépassant rarement le SMIC pour un plein temps. Ils mettent donc à la disposition des entreprises, mais aussi des administrations publiques, qui profitent de l'aubaine, une main-d'œuvre, à bon prix et sur contrats « atypiques », qui vient souvent se substituer à des emplois ou à des embauches « normaux » qui étaient prévus [19].

De même ces emplois aidés constituent-ils le plus souvent des emplois limités dans le temps, qui ne débouchent généralement que sur une nouvelle période de chômage, au mieux sur un emploi précaire, plus rarement sur une embauche définitive. Par exemple, moins de la moitié des bénéficiaires d'un « contrat de retour à l'emploi » (CRE) – remplacé depuis juillet 1995 par le « contrat initiative emploi » (CIE) – retrouvent un emploi normal au terme du contrat ; encore sont-ils mieux lotis que les bénéficiaires d'un « contrat d'emploi solidarité » (CES) qui ne sont que 12 % dans ce cas, 12 % se retrouvant sur un emploi précaire, 12 % sur un autre emploi aidé et les autres pour l'essentiel au chômage [20]. Les différents types de stages sont aussi peu efficaces ; un tiers seulement des bénéficiaires des « actions d'insertion et de formation » (la formule la plus répandue) trouvent en fait un emploi, de quelque

---

18. Ministère du Travail, de l'Emploi et de la Formation professionnelle, « Bilan de la politique de l'emploi en 1992 », *Dossiers statistiques du travail et de l'emploi*, n° 96-97, septembre 1993, p. 83.
19. Pour un aperçu d'ensemble sur « les aides à l'emploi non marchand », voir le dossier thématique portant ce titre publié par l'INSEE, *Liaisons sociales* et la DARES, n° 7, 1997.
20. *Documents du CERC*, n° 109, « Précarité et risque d'exclusion en France », Paris, La Documentation française, 1994, p. 134-135 ; *Premières synthèses*, n° 33.1, août 1997 ; n° 342, août 1997 ; n° 431, octobre 1997, DARES.

Tableau 1.10

Répartition par catégories socio-professionnelles de la population des bénéficiaires des principales formules de « quasi-emplois » en 1995

	Entrées (en milliers)	dont ouvriers (en %)	dont employés (en %)	dont autres (en %)
Emplois aidés				
Embauche 1er salarié exonérée de cotisations patronales	74	42,9	26,7	30,4
Embauche 2e et 3e salariés exonérée de cotisations patronales	11	60,4	19,7	19,9
Contrat Initiative Emploi	150	34,0	60,4	5,6
Aide au 1er emploi des jeunes	45	nd	nd	nd
Apprentissage	175	nd	nd	nd
Contrat de qualification	100	nd	nd	nd
Contrat d'adaptation	55	43,9	31,1	25,1
Aide aux chômeurs créateurs d'entreprise	88	28,7	29,7	41,6
Association intermédiaire	19	nd	nd	nd
Contrat emploi solidarité + Contrat emploi consolidé	445	33,3	38,8	27,9
Stages				
Stages d'Insertion et de Formation à l'emploi	205	33,7	44,9	21,4
Stages d'accès à l'entreprise	40	35,0	45,0	20,0
Stages du FNE pour les cadres au chômage	8	0,0	0,0	100
Accompagnement des restructurations				
Convention de conversion	120	33,7	39,1	27,2
Convention de cellule de reclassement	17	55,0	20,5	24,5
Convention d'aide au passage à temps partiel	10	43,8	27,8	28,4
Dispositif public de restructuration	205	nd	nd	nd

Source : Ministère du Travail et des Affaires sociales, « Bilan de la politique de l'emploi en 1995 », *Dossiers de la DARES*, n° 8-9, novembre 1996.

type qu'il soit[21]. Ils méritent bien ainsi leur dénomination de « stages parkings », destinés à faire patienter une population essentiellement de jeunes, en lui faisant miroiter la perspective de sortir du chômage et de la précarité en accédant à une meilleure formation. Les jeunes sont au demeurant les principales victimes de la dérégulation du système d'emploi : avant de trouver un emploi « normal », la plupart d'entre eux doivent dorénavant passer par l'emploi précaire, le quasi-emploi, si ce n'est le temps partiel contraint.

21. *Documents du CERC*, n° 109, *op. cit.*, p. 136.

Les inégalités face au sous-emploi

Aux inégalités face au chômage et à la précarité s'ajoutent, en troisième lieu, celles face au sous-emploi, qui recoupent en partie les précédentes. Sont concernées par ce problème essentiellement deux catégories de personnes : celles ayant subi des mesures de chômage technique (ou chômage partiel) ; mais surtout celles travaillant à temps partiel et désirant travailler davantage.

Le chômage partiel

Le nombre de journées indemnisées au titre du chômage partiel varie fortement suivant la conjoncture économique mais aussi suite à la revalorisation de l'indemnisation de ce chômage en 1990 qui a sans doute incité les entreprises à y recourir davantage : le nombre de journées indemnisées est ainsi passé de 1,8 millions en 1989 à 11,8 millions en 1996, avec un pic de 24 millions en 1993 ; et pour 1997 on en attendait 9 millions [22].

Sont ici concernés majoritairement des hommes. Les données disponibles concernant les secteurs et les branches ayant eu recours à cette indemnisation permettent de penser que ce sont surtout les ouvriers et notamment les ouvriers non qualifiés qui ont été victimes de ce chômage partiel. Le secteur industriel a ainsi été à l'origine de 75 % de l'ensemble des journées indemnisées en 1996 ; et, dans ce secteur, ce sont les branches du textile/habillement/cuir (20,7 %) suivies de celle du Btp (14,4 %), de l'automobile (11,3 %) qui ont le plus fait appel à cette formule, soit précisément des branches concentrant un fort pourcentage d'ouvriers non qualifiés. Cependant la formule a également connu une croissance importante dans le tertiaire marchand, dont la part est passée de 16 % à 25 % en quatre ans, indice de ce que des employé(e)s de plus en plus nombreux sont également victimes de cette forme de sous-emploi [23].

Le temps partiel contraint

Mais c'est bien le temps partiel contraint qui est de loin la principale forme de sous-emploi. En 1998, le travail à temps partiel concernait près de 3,9 millions d'actifs. C'est en outre une forme de travail atypique très largement réservée aux femmes : 82 % des

22. Insee *Résultats*, n° 305-306, mai 1994, p. 159 ; *Premières informations*, n° 30.1, juillet 1997, Dares.
23. *Premières informations*, n° 30.1, juillet 1997, Dares.

emplois à temps partiel sont occupés par des femmes. Près d'une femme sur trois travaille aujourd'hui à temps partiel; et l'écart entre les deux sexes n'a fait que croître sous ce rapport au cours des vingt dernières années (*cf.* tableau 1.11).

Tableau 1.11

Évolution du pourcentage des emplois à temps partiel au sein de l'emploi total

	1975	1979	1982	1985	1989	1991	1993	1995	1997	1998
Homme	2,9	2,4	2,5	3,2	3,5	3,3	4,1	5,0	5,4	5,7
Femme	16,3	16,9	18,9	21,8	23,7	23,5	26,3	28,9	30,9	31,6
Total	8,0	8,2	9,2	10,9	11,1	12,0	13,7	15,6	16,6	17,3

Source : INSEE, Enquêtes Emploi.

Pour ceux (et surtout celles) qui l'exercent, cette forme d'emploi peut correspondre à deux types de situations. Pour les unes, il peut s'agir d'une forme d'emploi « librement » choisie, qui leur permet de concilier activité professionnelle et tâches domestiques (notamment la garde des enfants). Mais ce choix se fait en général aussi sous contrainte, vu l'état dominant des rapports entre hommes et femmes [24]. Pour les autres, il s'agit au contraire d'une forme d'emploi ouvertement contrainte, acceptée « faute de mieux », à cause du développement continu du chômage de masse, des stratégies d'embauche des entreprises [25] et des incitations gouvernementales répétées visant à favoriser ce type d'emploi. Les mesures incitatives permettent aux employeurs de bénéficier d'une baisse du coût du travail pouvant aller en 1996 jusqu'à 18,6 % dès lors qu'il s'agit de temps partiel, alors que les deux tiers des salarié(e)s employés à temps partiel avec abattement des charges patronales de Sécurité sociale reçoivent des rémunérations brutes inférieures à 5 000 F [26]. Le pourcentage des personnes employées à temps partiel mais désirant travailler davantage a eu tendance à croître fortement au cours de la période la plus

24. Pour une étude d'ensemble des rapports hommes-femmes dans la société française contemporaine et en particulier pour une présentation plus détaillée du temps partiel imposé aux femmes, voir notre ouvrage, A. Bihr et R. Pfefferkorn, *Hommes-femmes, l'introuvable égalité*, *op. cit.*, p. 67-77.
25. De plus en plus les entreprises substituent des emplois à temps partiel aux emplois à temps plein; ainsi, entre 1982 et 1992, tandis que le nombre des seconds a diminué de 348 000, celui des premiers a augmenté de 815 000. *Cf.* INSEE *Première*, n° 237, décembre 1992.
26. *Premières synthèses*, n° 49.1, décembre 1997, DARES.

récente : près d'une personne sur deux parmi celles travaillant à temps partiel est désormais dans ce cas : 45,1 % des salariés employés dans le secteur privé souhaitent travailler davantage en 1996[27].

Parmi les salariées, ce sont les ouvrières et les employées qui travaillent le plus à temps partiel, et en premier lieu les plus déqualifiées d'entre elles. Au total, en 1997, elles représentent près des trois quarts des femmes qui travaillent à temps partiel. Près de 38 % des employées et 31 % des ouvrières travaillent à temps partiel. Ainsi, pour ne prendre que les catégories les plus touchées, sont concernées par le temps partiel : 68 % des ouvrières non qualifiées travaillant dans des entreprises de moins de 10 salariés, 54,4 % des femmes classées dans les « personnels de services directs aux particuliers » (femmes de ménage, ouvrières du nettoyage, assistantes maternelles) ou 46 % des employées de commerce (caissières, vendeuses)[28].

Tableau 1.12

Évolution du pourcentage des femmes actives employées à temps partiel par catégories socio-professionnelles

	1982 %	1987 %	1991 %	1998 %	1998 Effectif
Agricultrice exploitante	**32,8**	**31,6**	**28,7**	**32,1**	**74 000**
Artisan, commerçante, chef d'entreprise	**18,3**	**21,6**	**17,2**	**20,1**	**99 000**
Cadre	**18,4**	**18,0**	**17,5**	**19,2**	**197 000**
dont profession libérale	35,9	31,7	32,7	29,9	36 000
professeur	22,6	22,0	19,2	21,6	78 000
cadre de la fonction publique	5,2	11,2	13,4	11,3	10 500
cadre d'entreprise	4,1	4,5	7,4	9,9	28 000
Profession intermédiaire	**11,6**	**16,7**	**16,6**	**24,1**	**525 500**
dont technicienne	3,8	13,2	8,0	16,4	18 000
Employée	**20,9**	**26,2**	**28,1**	**38,7**	**1 914 000**
dont personne de service direct aux particuliers	45,1	46,3	45,0	54,5	633 500
Ouvrière	**16,0**	**21,1**	**22,5**	**31,6**	**369 500**
dont ouvrière qualifiée	8,8	10,7	11,3	20,9	88 000
ouvrière non qualifiée	16,8	23,2	26,0	37,4	259 000
Total	**18,9**	**23,1**	**23,5**	**31,6**	**3 178 500**

Source : Insee, Enquêtes Emploi

27. *Premières synthèses*, n° 49.1, décembre 1997, Dares.
28. *Idem*.

Les membres des professions intermédiaires travaillent moins fréquemment à temps partiel. Les métiers où elles sont proportionnellement les plus nombreuses dans ce cas (animatrices socioculturelles, professionnelles du spectacle, bibliothécaires-documentalistes, assistantes sociales) suggèrent qu'il s'agit sans doute plus souvent d'un choix personnel ou d'une pratique courante dans la profession considérée, plutôt que d'une contrainte imposée par la situation générale du marché du travail, sans que cette dernière éventualité puisse néanmoins être exclue.

La situation des femmes « cadres et professions intellectuelles supérieures », notamment de celles exerçant des professions libérales ou enseignant dans le secondaire ou le supérieur, ou pratiquant la recherche, prête moins à discussion. Si elles exercent leur profession à temps partiel, c'est dans leur immense majorité dans le but de « se ménager du temps »... généralement pour s'occuper de leur ménage et de leurs enfants. Dans leur cas la contrainte domestique se substitue à la contrainte purement économique [29].

La preuve *a contrario* en est fournie par le comportement des femmes cadres d'entreprise, qui sont aussi proportionnellement les moins nombreuses à travailler à temps partiel. Dans leur cas, la contrainte économique (les impératifs de la valorisation du capital) joue exactement à l'inverse de ce qui se passe dans le cas des personnels de service et des ouvrières non qualifiées : c'est leur qualification (et ce qu'elle implique de responsabilité dans l'entreprise) qui fait obstacle à un exercice à temps partiel de leur profession, que certaines pourraient au demeurant souhaiter. Le temps partiel est donc ici d'autant plus choisi qu'il est imposé à l'entreprise, au prix souvent d'un renoncement à la carrière à laquelle ces femmes pourraient prétendre.

Quant à la situation des indépendantes (hormis celles exerçant des professions libérales), elle est quelque peu atypique par rapport aux précédentes : s'agissant essentiellement d'aides familiales, leur travail à temps partiel est à la fois « contraint », correspondant aux nécessités et possibilités de l'entreprise familiale, et « choisi » dans la mesure où cette forme d'emploi leur permet de concilier tâches domestiques et tâches professionnelles. Il n'a pourtant correspondu à une situation de sous-emploi que dans 11 % à 12 % des cas au cours de ces dernières années [30].

---

29. Ceci est bien montré par François de Singly, dans *Fortune et infortune de la femme mariée, Sociologie de la vie conjugale*, PUF, Paris, 1990.
30. Sylvie Dumartin, Danièle Guillemot, Olivier Marchand, « Le bilan de l'emploi fin 1992 », *Économie et Statistique*, n° 261, 1993-1, p. 92.

Cette forme d'inégalité face à l'emploi tend à se cumuler avec d'autres. Ainsi, au cours de ces dernières années, c'est près de deux salariés précaires sur trois (contre seulement à peine trois non précaires sur dix) travaillant à temps partiel qui se sont déclarés en situation de sous-emploi ; et « la liaison entre sous-emploi et précarité semble s'être renforcée entre 1991 et 1992, puisque durant cette année (1992) le "sous-emploi précaire" s'est accru de 21 % tandis que le sous-emploi correspondant à des emplois sans limitation de durée augmentait seulement de 7 % [31] ».

Une enquête récente montre que l'emploi reste, surtout s'il fait défaut, la condition du bonheur des individus [32]. L'absence d'emploi, le travail précaire et le sous-emploi sont en effet d'autant plus mal vécus qu'ils empêchent l'accès à un revenu permettant de satisfaire les besoins les plus élémentaires [33]. Ils restent le principal facteur conduisant à la pauvreté. Ainsi les personnes qui ont connu le chômage se retrouvent quatre fois plus souvent dans des ménages à bas niveau de vie que celles qui ont eu un emploi sans interruption [34].

---

31. Sylvie Dumartin, Danièle Guillemot, Olivier Marchand, « Le bilan de l'emploi fin 1992 », *Économie et Statistique*, n° 261, 1993-1, p. 92.
32. Voir l'étude de Christian Baudelot et Michel Gollac, *Insee Première*, n° 560, décembre 1997.
33. Une étude publiée par la Dares en mars 1998 montre ainsi que six femmes au foyer sur dix aimeraient travailler, même si 15 % seulement d'entre elles recherchent effectivement un emploi.
34. Sur une période de 22 mois (en 1993-1994) un quart des ménages comportant des adultes en âge de travailler ont fait l'expérience du chômage, par l'intermédiaire d'un ou plusieurs de leurs membres, et un cinquième a connu un Cdd (un tiers ayant connu les deux à la fois). *Cf. Insee Première*, n° 450, mai 1996.

Les inégalités entre revenus primaires

2.

Les revenus primaires résultent soit de la rémunération d'une activité professionnelle (salariée ou indépendante) soit d'éléments du patrimoine des ménages. Ce n'est qu'après les deux chapitres suivants, où nous nous intéresserons à la manière dont ces revenus se trouvent modifiés par les prélèvements obligatoires (impôts et cotisations sociales) et les prestations sociales, que nous pourrons évaluer les inégalités entre les revenus disponibles des ménages, ceux qu'ils peuvent affecter à leur consommation ou à leur épargne.

Les salaires

De tous les revenus primaires, les salaires, bruts ou nets, sont de loin les mieux connus grâce aux « déclarations annuelles de données sociales » (DADS) auxquelles sont tenus presque tous les employeurs. Elles ne nous renseignent cependant qu'imparfaitement sur les différents compléments éventuels de salaires : primes, participation et intéressement aux bénéfices, avantages en nature, dont le salarié peut éventuellement bénéficier. En 1992, dans le secteur privé, les quatre cinquièmes des salariés ont perçu des primes (treizième mois, primes de vacances, d'ancienneté, de performance), représentant en moyenne 18 % du salaire brut total (19 % pour les ouvriers, 16 % pour les cadres)[1]. La situation est plus confuse dans la fonction publique d'État : tout un maquis de primes et d'indemnités venant compléter le traitement indiciaire s'y est développé, allant en moyenne de 4 % du traitement brut pour les ouvriers non qualifiés de catégorie C à 41 % pour les ingénieurs des grands corps techniques et les administrateurs, en passant par 24 % pour les professeurs agrégés, 13 % pour les professeurs certifiés et les agents techniques, 9 % pour les instituteurs[2]. Ce qui rend la grille indiciaire de rémunération de la fonction publique d'État en partie fictive.

La hiérarchie des salaires dans le secteur privé et semi-public fait nettement apparaître trois groupes (tableau 2.1). Un premier se situe entre 0,8 et 1 fois le montant du salaire moyen d'un ouvrier qualifié : il s'agit des salaires touchés par les différentes catégories d'ouvriers et d'employés. Un deuxième groupe, autour de 1,4 fois le montant du salaire moyen de l'ouvrier qualifié, est constitué par les salaires des différentes catégories de professions

1. *Cf. INSEE Première*, n° 406, octobre 1995.
2. *Cf.* supplément à *Pour*, n° 32, FSU, janvier 1997, p. 19.

Tableau 2.1

Salaires nets annuels moyens des différentes catégories de salariés à temps complet du secteur privé et semi-public

(montants en francs courants)

	1994	1995	1996	1997
Cadres	248 590	251 050	251 660	254 210
TAM	134 700	137 280	138 110	140 440
Autres PI	130 370	132 980	136 850	139 260
Employés	88 820	90 130	94 210	96 170
OQ	94 800	96 670	98 880	101 510
ONQ	75 670	77 400	84 140	86 700
Ensemble	**122 230**	**124 720**	**128 410**	**131 120**
SMIC net*	56 950	58 510	59 700	61 670

* Pour 169 heures par mois. *Source : INSEE Première*, n° 393, juillet 1995 ; n° 471, juillet 1996 ; n° 550, octobre 1997 ; n° 610, octobre 1998. *Légende :* TAM = techniciens et agents de maîtrise ; PI = professions intermédiaires ; OQ = ouvriers qualifiés ; ONQ = ouvriers non qualifiés.

Tableau 2.2

Salaires nets annuels moyens* des différentes catégories de salariés à temps complet de la fonction publique d'État

(montants en francs courants)

	1993	1994	1995	1996
Cadres	182 690	181 410	183 530	183 410
Admini. et techni.	*206 220*	*210 410*	*220 410*	*225 400*
Enseignants	*176 790*	*174 820*	*175 970*	*175 130*
Professions inter.	119 530	120 500	123 390	124 540
Enseignants	*117 220*	*117 910*	*119 710*	*120 200*
Police et prison	*156 410*	*155 840*	*166 620*	*161 270*
Employés et ouvriers	98 490	100 370	103 800	105 330
Employés administratifs	*96 850*	*98 870*	*102 060*	*104 120*
Police et prison	*127 850*	*128 820*	*133 540*	*132 830*
Ouvriers et agents de service	*82 730*	*84 810*	*87 180*	*87 920*
Ensemble	**132 360**	**134 740**	**139 370**	**141 970**

Source : INSEE Première, n° 409, novembre 1995 ; n° 492, octobre 1996 ; n° 555, novembre 1997. * Les salaires indiqués incluent divers compléments (indemnités de résidence, supplément familial, primes et rémunérations annexes).

intermédiaires. Enfin les salaires des cadres, nettement plus élevés, représentent environ 2,5 fois ceux des ouvriers qualifiés.

Au 1er juillet 1997, 11 % des salariés étaient payés au SMIC. Mais cette proportion s'élevait à 13,2 % dans la catégorie des ouvriers, près d'une femme sur quatre (24,7 %) y étant dans ce cas contre à peine un homme sur dix (9,6 %)[3].

Dans la fonction publique[4], pour être plus réduite, la hiérarchie des salaires n'en fait pas moins apparaître la même structure (tableau 2.2). Au bas de l'échelle, on retrouve les salaires des employés, des ouvriers et des personnels de service, classés pour la plupart en catégorie C. Les professions intermédiaires, regroupées pour l'essentiel dans la catégorie B, touchent des salaires en moyenne supérieurs de 20 % à 40 %. Au sein de ces deux catégories, les fonctionnaires de police et de l'administration pénitentiaire sont cependant mieux payés. Quant aux salaires des cadres (personnels de direction, ingénieurs, professeurs, etc.) de la catégorie A, ils sont en moyenne 2,2 fois supérieurs à ceux des ouvriers et des agents de service. S'il n'y pas de différence sensible entre le privé et le public quant aux salaires des ouvriers et des employés, ceux des cadres sont en revanche supérieurs en gros d'un tiers dans le secteur privé par rapport à la fonction publique d'État.

Ces moyennes par catégories sociales cachent cependant d'importantes disparités. Entre les différentes professions regroupées à l'intérieur d'une même catégorie : « Par exemple, les hommes cadres d'état-major des grandes entreprises gagnent 76 % de plus que les cadres d'exploitation des magasins de vente ; le salaire moyen des employées d'assurance est supérieur de 38 % à celui des caissières de magasin. En ce qui concerne les ouvriers, ceux de l'impression gagnent en moyenne 73 % de plus que les ouvrières non qualifiées de la confection et 56 % de plus que les ouvriers non qualifiés du gros œuvre du bâtiment[5]. » Mais aussi à l'intérieur d'une même profession, selon l'âge et le sexe. Les écarts de salaire selon l'âge sont les plus importants parmi les cadres : un homme cadre de plus de 45 ans gagne en moyenne le double de son collègue de moins de 30 ans, alors que l'écart n'est que de 41 % au sein des professions intermédiaires et de 19 % parmi les ouvriers. Et, toutes choses égales par ailleurs, un homme gagne en moyenne 14 % de plus qu'une femme ; écart qui, là encore, est nettement plus élevé parmi les cadres que parmi les ouvriers[6].

Sur longue période, la hiérarchie salariale a été affectée par une suite de mouvements contraires (tableau 2.3). En gros, jus-

3. *Cf.* INSEE, *Tableaux de l'économie française 1998-1999*, p. 91.
4. Il ne s'agit ici que de la fonction publique d'État, les salaires étant mal connus dans les fonctions publiques territoriale et hospitalière.
5. Christel Colin, « L'éventail des salaires par professions », *INSEE Première*, n° 366, mars 1995.
6. *Ibid.*

qu'en 1968, la hiérarchie des salaires s'est considérablement ouverte : en témoignent aussi bien l'augmentation du rapport du salaire moyen au salaire minimum que celle du rapport interdécile D_9/D_1, c'est-à-dire du rapport entre le salaire au-dessus duquel sont payés les 10 % des salariés les mieux rémunérés et le salaire en dessous duquel sont payés les 10 % de salariés du bas de l'échelle.

Tableau 2.3

Évolution de la hiérarchie salariale sur longue période

(montants en francs 1995)

	1951	1967	1978	1985	1995
Salaire moyen (Mo)	35 730	72 610	110 090	111 850	120 010
Salaire minimum (Mi)	19 750	24 600	51 130	57 380	58 510
Mo/Mi	**1,8**	**2,95**	**2,15**	**1,95**	**2,05**
9e décile (D_9)	57 830	120 730	177 730	180 310	193 900
1er décile (D_1)	17 000	29 570	53 890	57 830	58 990
D_9/D_1	**3,4**	**4,1**	**3,3**	**3,1**	**3,3**

Source : Adrien Friess et Martine Julhes, « Séries longues sur les salaires. Édition 1998 », *Insee Résultats*, n° 605, avril 1998, page 16. Champ : salariés du secteur privé et semi-public à temps complet. Il s'agit de salaires nets annuels, tous exprimés en francs 1995.

La tendance s'inverse entre 1968 et 1983. D'une part, le salaire minimum est fortement revalorisé, puisqu'il fait plus que doubler en termes réels en dix ans. Il faut y voir l'effet direct de la grève générale de mai-juin 1968 et de la transformation de Smig en Smic en 1970, ce dernier n'étant pas seulement indexé sur le taux d'inflation comme le premier mais encore sur le taux de salaire horaire ouvrier, et ayant bénéficié de surcroît de nombreux « coups de pousse » gouvernementaux sur cette période. Cette politique de revalorisation du salaire minimum s'est poursuivie entre 1978 et 1983, période pendant laquelle le Smic continue d'augmenter alors que le salaire moyen tend à stagner sous l'effet de l'enclenchement, après 1978, des politiques d'austérité salariale.

D'autre part, le rapport interdécile D_9/D_1 s'est lui aussi réduit après 1968. Outre la revalorisation des bas salaires, différentes évolutions structurelles concernant la composition des catégories sociales expliquent ce phénomène : plus de femmes et plus de jeunes, globalement moins bien payés, parmi les cadres ; et inversement, depuis l'ouverture de la crise, proportionnellement plus de travailleurs âgés ou qualifiés, globalement mieux payés, parmi les ouvriers.

Depuis 1983, au contraire, sous l'effet des politiques d'austérité, l'éventail des salaires a de nouveau tendance à s'ouvrir. Entre

1985 et 1995, le salaire minimum a quasiment stagné en termes réels (déduction faite de l'inflation) et a vu son pouvoir d'achat se dégrader par rapport à celui du salaire moyen. Tandis que le salaire correspondant au premier décile n'a augmenté en termes réels que de 2 % sur cette période, c'est de 7,5 % qu'a progressé celui correspondant au dernier décile. C'est donc visiblement par le haut que la hiérarchie des salaires a eu tendance à s'ouvrir à nouveau au cours de ces dernières années.

On parvient aux mêmes conclusions si l'on mesure la hiérarchie salariale à partir de l'écart des revenus moyens des catégories extrêmes. Ainsi « un cadre gagnait en moyenne quatre fois plus qu'un ouvrier au début des années cinquante, et 4,5 fois plus dans les années soixante. À partir de 1968, le rapport des salaires moyens entre cadres et ouvriers a fortement diminué : il atteignait 2,8 en 1984. Ce rapport a continué à diminuer depuis (il est de 2,7 en 1995), alors que l'éventail des salaires s'est légèrement ouvert. Cette apparence contradictoire vient de ce que la population des cadres s'est rajeunie tandis que celle des ouvriers a vieilli. À âge identique, l'écart entre cadres et ouvriers s'est creusé[7] ». Et, là encore, il s'est creusé par le haut de la hiérarchie : si, entre 1982 et 1992, les 10 % d'ouvriers qui ont connu l'évolution salariale la plus défavorable n'ont pas perdu en moyenne plus que les 10 % de cadres ayant connu la même évolution (respectivement 14 % et 15 %), le décile des cadres qui ont connu l'évolution la plus favorable aura vu son salaire s'élever en moyenne de 92 %, tandis que c'est de moitié moins (42 %) qu'aura crû le salaire moyen du décile des ouvriers qui auront connu la même évolution[8].

La principale limite des données précédentes sur la hiérarchie salariale est d'en occulter les extrêmes. Tout d'abord, les plus bas salaires, dans la mesure où ces données ne concernent que les salariés à temps plein, en présupposant de surcroît qu'ils sont employés de manière continue. Or nous avons vu que, depuis le début des années quatre-vingt, l'emploi à temps partiel aussi bien que les formes d'emploi précaire se sont considérablement développés. Si bien qu'en mars 1997 un salarié sur dix hors apprentissage et assimilé (soit 1 890 000 personnes) percevait moins de la moitié du salaire médian (soit en gros moins de 3 650 F/mois) et près d'un sur six (2 830 000 personnes) moins des

7. Alain Bayet et Dominique Demailly, « La hiérarchie des salaires », *INSEE Première*, n° 48.7, septembre 1996.
8. *Cf.* Alain Bayet et Christel Colin, « Les évolutions individuelles de salaires sur dix ans sont difficiles à prévoir », *Économie et Statistique*, n° 314, 1998-4, p. 14.

deux tiers de ce salaire (moins 4 870 F/mois). Parmi eux, près des trois quarts sont salariés à temps partiel, 80 % sont des femmes, en majorité des employé(e)s du commerce et des services, mais aussi des ouvriers et ouvrières faiblement qualifié(e)s. Notons enfin que la part de ces très bas salaires (moins de la moitié du salaire médian) a doublé entre 1983 et 1997[9] !

À l'autre extrême se trouvent les salaires perçus par les dirigeants d'entreprise : présidents de conseils d'administration, directeurs généraux et gérants de société. Il serait possible d'en donner une idée en précisant le salaire moyen de la catégorie des « chefs d'entreprise de dix salariés ou plus » incluse par l'INSEE dans le groupe socio-professionnel des « artisans, commerçants et chefs d'entreprise » ; ou celui du vingtile ou du centile supérieur (le salaire au-dessus duquel sont payés les 5 % ou les 1 % des salariés les mieux payés). Mais les études publiées par l'INSEE ne le font que rarement : elles préfèrent les noyer dans la masse des « cadres » ou du décile supérieur. Pourtant les salaires perçus par ce groupe social se distinguent nettement de ceux des autres cadres. Ainsi apprend-on à la faveur d'une étude sur le salaire des ingénieurs diplômés que leur salaire net annuel médian était en 1992 de 330 000 F, mais que ceux d'entre eux qui occupaient des fonctions de président-directeur général touchaient en moyenne 679 300 F[10] !

La seule étude d'ensemble sur les rémunérations salariales des dirigeants des entreprises, déjà vieille de quinze ans, a été l'œuvre de feu le CERC[11]. Elle a porté sur un échantillon d'entreprises ayant une structure juridique de sociétés, employant plus de dix salariés et ayant réalisé un chiffre d'affaires supérieur à 1 million de francs en 1977. À l'époque, les seuls salaires et compléments salariaux de ces cadres dirigeants, à l'exclusion de tout autre type de revenus (dividendes d'action, « jetons de présence », compte courant d'associés) généralement liés à leurs fonctions, se situaient en moyenne entre cinq fois (pour les plus petites entreprises du panel) et vingt-cinq fois (pour les plus grandes) le salaire minimum !

Il faut regretter qu'aucune étude ne soit venue entre-temps actualiser ces données. On en est réduit, par conséquent, à s'en

9. *Cf.* Pierre Concialdi et Sophie Pontieux, « Les bas salaires en France 1983-1997, *Documents d'études*, n° 15, DARES, octobre 1997.

10. *Cf.* *INSEE Première*, n° 345, octobre 1994.

11. *La rémunération des dirigeants de sociétés*, Documents du CERC, n° 73, La Documentation française, 1984. Rappelons que le CERC a été supprimé fin 1993 pour être remplacé par le Conseil supérieur de l'emploi, des revenus et des coûts (CSERC), nettement moins critique. Une partie des chercheurs de l'ancien CERC se sont regroupés au sein du CERC-Association, pour poursuivre de manière indépendante leur travail d'information et d'analyse.

remettre aux chiffres régulièrement publiés par certains hebdomadaires. Ainsi, reprenant les résultats d'une enquête menée au printemps 1997 par un cabinet de conseil, *L'Express* nous apprenait-il que, primes et bonus inclus, le salaire annuel net moyen d'un directeur de division variait entre 590 000 F et 1 100 000 F ; celui d'un directeur financier entre 420 000 F et 900 000 F ; celui d'un directeur des ressources humaines entre 360 000 F et 750 000 F ; celui d'un directeur de la communication entre 290 000 F et 650 000 F, etc., selon la taille et le chiffre d'affaires de l'entreprise[12]. Rappelons aussi que Pierre Suard, patron d'Alcatel-Alsthom contraint à la démission en 1995, avait admis percevoir alors un salaire mensuel net de 1,1 million de francs ; et que *Le Canard enchaîné* avait révélé que Jacques Calvet, alors patron de PSA, touchait un salaire mensuel de 1,7 million, alors qu'il refusait à l'automne 1989 une augmentation mensuelle de quelques centaines de francs à « ses » ouvriers en grève[13] !

Les revenus d'activité non salariaux

Les revenus d'activité non salariaux des professions indépendantes se présentent sous la forme de bénéfices d'entreprise : c'est le solde entre, d'une part, les recettes nées de la vente de produits ou de services et, d'autre part, les charges directes (achats, salaires éventuels, cotisations sociales personnelles) et indirectes (intérêts versés pour les capitaux empruntés, amortissements des équipements productifs nécessaires à l'activité, impôts liés à la production). De ce fait, leur comparaison avec les revenus salariaux présente quelques difficultés.

En premier lieu, il est malaisé de faire la part, dans les bénéfices enregistrés, entre ce qui rémunère le travail proprement dit des indépendants et ce qui rémunère leur capital professionnel immobilisé. Nous considérerons ici ces bénéfices comme la rému-

12. *L'Express*, n° 2411, 18-24 septembre 1997.

13. Les salaires ne constituent d'ailleurs, le plus souvent, qu'une partie de la rémunération des dirigeants d'entreprise. Il faut y ajouter, le cas échéant, les primes et bonus liés aux résultats de l'entreprise, les cotisations de retraite surcomplémentaires, sans compter les multiples formes de revenus liés à la possession de parts du capital de l'entreprise (ou d'autres entreprises), dont les fameuses « *stocks options* » (options d'achat à terme d'actions de l'entreprise à un prix très avantageux, permettant de réaliser de somptueuses plus-values). Ainsi, si le salaire perçu par Claude Bebear, patron d'AXA-UAP, n'a été en 1996 que de 12,375 millions de francs (si l'on peut dire !), il aurait pu empocher 309,45 millions de francs en avril 1997 en réalisant ses « *stock options* » (source : service « communication » d'AXA-France).

nération de la seule activité professionnelle des agents. Considérer une partie de ces bénéfices comme une rémunération du capital professionnel ne changerait rien à leur nature de revenus primaires.

En deuxième lieu, ces revenus rétribuent assez fréquemment, en plus de l'actif principal, le travail intermittent ou à temps partiel d'un (ou plusieurs) aide-familial (le plus souvent des femmes). Il faut donc les rapporter au nombre d'actifs à temps plein par entreprise pour pouvoir les comparer aux revenus salariaux. C'est ce qui a été fait dans le tableau 2.4. De ce fait, cependant, les estimations complètes les plus récentes que nous ayons trouvées remontent à 1987.

En troisième lieu, contrairement aux salaires, les revenus professionnels non salariaux peuvent connaître des fluctuations plus ou moins importantes d'une année à l'autre. Les résultats d'une année donnée n'ont donc qu'une valeur indicative. C'est pourquoi, souvent, ces revenus sont appréciés en moyenne pluriannuelle, voire seulement en tendances sur une période donnée.

Last but not least, les revenus d'activité non salariaux restent, dans l'ensemble, très mal connus. Les principales sources disponibles en la matière sont les déclarations fiscales. Or, contrairement à ce qui se passe pour les salariés, les revenus des indépendants ne sont déclarés que par eux-mêmes. Ce qui favorise bien évidemment la fraude fiscale, que ce soit par sous-estimation des recettes ou par surévaluation des charges, comme nous le verrons en détail dans le chapitre suivant. Ces données fiscales peuvent cependant être en partie corrigées par celles de la Comptabilité nationale.

Trois traits essentiels caractérisent les revenus agricoles. Tout d'abord leur grande disparité selon l'orientation technico-économique des exploitations. Ainsi, en 1987, un agriculteur gagnait-il en moyenne trois à quatre fois plus dans le maraîchage ou l'horticulture que dans l'élevage ; et, en 1990, un viticulteur produisant du vin de qualité gagnait en moyenne quatre fois plus qu'un éleveur d'ovins et de caprins. Encore ces moyennes cachent-elles la dispersion souvent importante des revenus entre les exploitations individuelles à l'intérieur de chaque orientation.

La grande instabilité de ces revenus est non moins surprenante, d'autant plus perceptible que les données réunies dans le tableau 2.4 intègrent des moyennes pluriannuelles. Ainsi, alors que les maraîchers et les horticulteurs se situaient dans le haut du tableau en 1987, ils se retrouvent dans le bas du classement en 1990 et même en queue de liste en 1994. Inversement, les éleveurs de bovins qui étaient parmi les moins bien rémunérés en 1987 ont sensiblement amélioré leur situation au cours des sept ans suivants. De pareils mouvements sont tout à fait inconnus au sein du salariat.

Ce qui frappe enfin, c'est la persistance de bas, voire de très bas revenus professionnels parmi les agriculteurs. Ainsi, en 1987, les éleveurs ont en moyenne gagné nettement moins qu'un smicard. Dans un panel d'exploitations agricoles suivies entre 1987 et 1990, le revenu agricole net par actif à temps plein a été, une fois sur deux, inférieur au SMIC en moyenne annuelle ; une fois sur quatre, il a même été inférieur à la moitié du SMIC ; et, dans un cas sur dix, il a été négatif ! C'est parmi les agriculteurs non spécialisés (polyélevage, culture-élevage) ou élevant des herbivores non bovins que les bas revenus sont les plus fréquents (plus de 60 %) ; parmi les viticulteurs produisant du vin de qualité qu'ils sont les moins fréquents (moins de 20 %) [14].

On comprend que, dans ces conditions, bon nombre d'agriculteurs continuent à quitter la terre (le nombre des exploitations a continué à diminuer de 4 % par an au cours de ces dernières années) ou n'exercent plus l'agriculture qu'à temps partiel, en cherchant des revenus complémentaires dans d'autres activités. En 1993, sur quelque 800 000 exploitants agricoles, seul un sur deux était occupé à temps plein par l'agriculture, plus d'un sur trois exerçait son métier d'agriculteur à mi-temps ou même moins. Un sur cinq exerçait à titre secondaire ou même principal une autre activité économique que l'agriculture, près de deux fois sur trois en qualité d'ouvrier ou d'employé [15].

Seuls les revenus de cette seconde activité, auxquels s'ajoutent éventuellement ceux de l'épouse, ceux tirés de la vente directe des produits de la ferme ou encore ceux du tourisme rural, auront permis aux agriculteurs percevant les revenus agricoles les plus bas de ne pas quitter la terre. En 1991, par exemple, ils auront assuré un apport de l'ordre de 50 000 F en moyenne, soit en gros l'équivalent d'un SMIC, aux agriculteurs que leurs revenus agricoles, tous négatifs, plaçaient dans le premier décile de revenu [16].

Si l'on met à part les pharmaciens qui, bien qu'étant commerçants, ont un statut (protégé) et un niveau de rémunération qui les apparentent davantage aux professions libérales, les disparités de revenu sont bien moins importantes parmi les artisans et commerçants que parmi les agriculteurs. Leur niveau moyen de rémunération est aussi nettement supérieur : il se situe entre celui des

14. *Cf.* Jean-Louis Brangeon, Guenhaël Jegouzo et Bernard Roze, « Les bas revenus agricoles en France », *Économie et Statistique*, n° 273, 1994-3, p. 29-40.
15. Ministère de l'Agriculture et de la Pêche, *Agreste-Études*, n° 30, décembre 1994, p. 30-32.
16. *Cf.* *INSEE Première*, n° 419, janvier 1996.

Tableau 2.4

Bénéfice annuel moyen des professions indépendantes par actif à temps plein

(montants en francs courants)

Les agriculteurs	1987	1990*	1994**
Grandes cultures	100 800	123 600	136 000
Maraîchage	150 000 (Maraîchage et Horticulture)	75 200	74 200
Horticulture		80 200	68 000
Vins de qualité	121 000 (Vins de qualité et Autre viticulture)	221 900	138 800
Autre viticulture		163 100	85 700
Fruits	78 000	143 000	68 100
Élevage de bovins	40 800	61 100	105 200
Autres herbivores	36 000	58 100	70 900
Polyculture	67 200	102 600	77 100

Les artisans et commerçants	1987	Les professions libérales non médicales	1987
Pharmacien	420 000	Avocat Conseil d'État ou cour de cassation	926 400
Restaurateur	216 000	Greffier tribunaux de commerce	667 200
Hôtelier	204 000	Avoué cour d'appel	664 400
Garagiste	198 000	Commissaire-priseur	621 600
Boulanger	186 000	Notaire	592 000
Bâtiment	180 000	Huissier	489 000
Boucher	168 000	Avocat	414 000
Coiffeur	150 000	Conseil juridique et fiscal	342 000
Taxi	144 000	Expert-comptable	330 000
Cafetier	121 000	Architecte	180 000

Professions libérales du secteur médical

	1987		1993
Électroradiologiste	648 000	Cardiologues	529 000
Chirurgien	624 000	Ophtalmologues	507 000
Médecin spécialiste	456 000	ORL	476 000
Omnipraticien	324 000	Omnipraticien	361 000
Dentiste	408 000	Dentiste	432 000
Kinésithérapeute	186 000	Kinésithérapeute	211 000
		Infirmier	193 000

Les salaires (dans le secteur privé et semi-public)

	1987	1990	1994
Cadres	217 000	232 100	248 590
TAM	115 200	125 400	134 700
Autres PI	117 400	124 300	130 370
Employés	75 500	83 100	88 820
Ouvriers qualifiés	78 200	87 000	94 800
Ouvriers non qual.	68 300	74 300	75 670
SMIC	46 740	51 240	56 950

Source : Pour les bénéfices de l'ensemble des indépendants en 1987, INSEE, *Données sociales 1990*, p. 155. Pour les bénéfices des agriculteurs en 1990 et 1994, Insee, « L'agriculture : tendances et disparités », *Synthèses*, n° 10, 1997, p. 91 (* moyenne calculée sur les trois années 1989, 1990, 1991 ; ** moyenne calculée sur les trois années 1993, 1994, 1995). Pour les bénéfices des professions libérales médicales et paramédicales en 1993, Nadine Ruellan, « Revenus des professionnels libéraux de la santé : dix ans d'évolution », *Données sociales 1996*, p. 249. Pour les salaires : en 1987, INSEE, *Tableaux de l'économie française 1988*, p. 85 ; en 1990, INSEE, *Tableaux de l'économie française 1991-1992*, p. 83 ; en 1994, *cf.* tableau 2.1. *Légende :* TAM = techniciens et agents de maîtrise ; PI = professions intermédiaires.

professions intermédiaires et celui des cadres. Mais il ne faut pas oublier que ces moyennes cachent toujours de grandes disparités au sein de chacune de ces professions.

Quant aux revenus des professions libérales, deux traits les caractérisent à première vue. C'est d'une part leur niveau relativement élevé : pour la plupart d'entre eux, ces revenus sont supérieurs, voire très supérieurs, à ceux des cadres auxquels on les compare pourtant fréquemment. À quoi s'ajoute d'autre part leur grande disparité selon les professions, plus importante encore que parmi les agriculteurs, variant du simple à plus du quintuple entre les architectes et les avocats auprès du Conseil d'État et de la cour de cassation. Disparité qui n'a d'égale que la dispersion que l'on retrouve à l'intérieur de chacune de ces professions. Ainsi, en 1986, le rapport D_9/D_1 était-il de 7,3 chez les notaires, de 8,8 chez les huissiers, de 12,9 chez les avocats, et s'élevait jusqu'à 20 chez les conseils juridiques et fiscaux[17] ! Il était un peu moins important parmi les professions médicales, s'élevant tout de même en 1991 à 6,1 parmi les cardiologues, 8,2 parmi les ophtalmologues et 8,9 parmi les psychiatres[18].

Les revenus de la propriété

L'activité professionnelle n'est pas la seule source possible de revenus pour un ménage. Certains éléments du patrimoine dont ce ménage dispose peuvent eux aussi engendrer des revenus. Dans leur acception la plus large, les revenus du patrimoine comprennent : les loyers fictifs que chaque propriétaire est censé se verser à lui-même en tant qu'occupant de sa résidence principale ou secondaire ; les loyers réels perçus du fait de la mise en location de biens immobiliers (terres, terrains, appartements, locaux) ; les revenus courants du patrimoine financier (intérêts ou dividendes) ; enfin les plus ou moins-values enregistrées par la valeur même des différents éléments du patrimoine.

Ces revenus nous sont connus par les déclarations fiscales mais aussi par les enquêtes périodiquement réalisées par l'INSEE sur les budgets des ménages ou sur leur détention d'actifs. Aucune de ces sources n'est cependant totalement fiable : les données fiscales sont entachées de sous-déclarations manifestes ; et celles recueillies auprès des intéressés sous-estiment également les revenus patri-

---

17. *Les professions libérales juridiques et judiciaires : revenus et conditions d'existence*, Documents du CERC, n° 90, La Documentation française, 1988, p. 13.
18. *Cf.* SESI, *Solidarité Santé*, n° 1995-1, p. 36.

moniaux du fait soit de la difficulté qu'ils éprouvent à identifier clairement l'ensemble de ces revenus, soit, là encore, de leur réticence à les déclarer. Le rapprochement de ces données avec celles fournies par la Comptabilité nationale permet cependant de les corriger, et de mesurer du même coup l'ampleur de la sous-estimation. Ainsi la dernière enquête sur les budgets des ménages menée en 1994 n'a-t-elle couvert que 36 % de l'ensemble des revenus patrimoniaux, les revenus immobiliers étant les mieux couverts (à hauteur de 86 %), les revenus des valeurs mobilières et assimilés étant les moins bien couverts (à hauteur de moins de 20 %)[19].

Les données figurant au tableau 2.5 recoupent les résultats de deux enquêtes de l'INSEE et ont été redressées à partir des résultats de la Comptabilité nationale de manière à approcher au plus près la réalité. Elles ne portent cependant que sur les revenus courants du patrimoine, à l'exclusion des plus et moins-values.

Tableau 2.5

Revenus courants du patrimoine de rapport des ménages en 1991

(montants en francs)

	Épargne bancaire	Valeurs mobilières	Assurance-vie et PEP	Loyers et fermages	Total
Agriculteurs	6 000	5 800	5 200	3 500	20 500
ACCE	7 100	12 400	15 600	8 500	43 600
PL	7 900	15 800	23 000	7 900	54 600
Cadres	8 800	14 400	7 800	3 500	34 500
PI	4 500	3 300	5 500	1 500	14 800
Employés	2 800	1 600	2 300	800	7 500
Ouvriers	2 400	600	2 200	400	5 600
Retraités					
Anciens AE	6 500	4 300	2 300	6 300	19 400
Anciens INA	9 700	45 100	9 400	19 900	84 100
Anciens salariés	7 600	11 500	3 700	4 100	26 900
Autres inactifs	1 800	7 500	300	3 700	13 300
Ensemble	**5 500**	**7 400**	**4 800**	**3 200**	**20 900**

Source : INSEE, « Revenus et patrimoines des ménages. Édition 1995 », *Synthèses*, n° 1, p. 95. *Légende* : ACCE = artisans, commerçants et chefs d'entreprise ; PL = professions libérales ; PI = professions intermédiaires : AE = agriculteurs exploitants : INA = indépendants non agricoles.

19. *Cf.* INSEE, «Revenus et patrimoine des ménages. Édition 1996», *Synthèses*, n° 5, p. 149.

Pour éclairer ces données, il faut remarquer, en premier lieu, qu'en moyenne le patrimoine de rapport d'un ménage, et par conséquent les revenus qu'il génère tendent à augmenter au cours du cycle de vie des membres du ménage, sauf durant l'extrême fin de celui-ci, marquée par une certaine décapitalisation. C'est ainsi qu'en 1991 les revenus patrimoniaux d'un ménage dont la personne de référence avait entre 60 et 74 ans étaient en moyenne cinq fois plus élevés que ceux d'un ménage dont la personne de référence avait moins de 30 ans[20]. Cela justifie de distinguer, comme le fait le tableau 2.5, les retraités des actifs des différentes catégories sociales, dans la mesure où les revenus patrimoniaux des premiers sont en moyenne supérieurs à ceux des seconds. C'est particulièrement le cas pour les ménages d'anciens indépendants non agricoles, dont les revenus patrimoniaux sont de loin les plus élevés, en leur ayant fourni l'équivalent de près d'une fois et demie le Smic net annuel. Leur importance s'explique, outre l'accumulation patrimoniale que leurs revenus antérieurs leur ont permise, par le fait que le passage à la retraite s'accompagne chez eux fréquemment de la conversion d'une partie du patrimoine professionnel en patrimoine de rapport.

En second lieu, comme nous le verrons en détail au chapitre 7, la répartition des patrimoines entre les différentes catégories sociales fait apparaître des inégalités sensibles quant à leur montant et, plus encore, quant à leur composition. En particulier, plus les patrimoines sont importants, plus la part qu'y occupe le patrimoine de rapport est élevée ; plus la part des actifs « haut de gamme » (immobilier de rapport, valeurs mobilières), qui génèrent les revenus courants les plus importants, est importante au sein du patrimoine de rapport lui-même ; et plus la diversification et la mobilité de ces actifs, gage de sécurité et d'opportunités de revenus courants comme de plus-values, vont croissant.

Dans ces conditions, on ne s'étonnera pas de constater que les revenus patrimoniaux sont encore plus inégalement répartis, entre catégories sociales, que les revenus d'activité. Ainsi, en 1991, relativement aux revenus patrimoniaux d'un ménage d'ouvrier, ceux d'un ménage de cadre ont-ils été en moyenne six fois supérieurs, ceux d'un ménage d'artisan, commerçant ou chef d'entreprise près de huit fois supérieurs, ceux d'un ménage de membre de professions libérales près de dix fois supérieurs. Pour le premier, ces revenus ne constituent qu'un faible apport, à peine l'équivalent de

20. *Cf.* Insee, *Synthèses*, n° 1, p. 91.

l'argent de poche du ménage ; au dernier, au contraire, ils auront assuré l'équivalent d'un Smic net annuel.

Et cela tient manifestement à la détention par les ménages aisés des actifs « haut de gamme ». Tandis que l'essentiel des revenus patrimoniaux des ménages d'ouvrier est fourni par l'épargne bancaire et l'assurance-vie, la part des revenus mobiliers et immobiliers étant minime, cette part constitue au contraire la moitié de l'ensemble dans le cas des ménages de cadre ou d'indépendant non agricole. Sans que ces derniers négligent pour autant les autres actifs rémunérateurs, notamment l'assurance-vie, la diversité de leurs revenus patrimoniaux reflétant en définitive celle de leurs placements.

On parviendrait sans doute à des écarts encore plus importants si on avait pu comptabiliser parmi les revenus de la propriété les plus-values enregistrées sur les biens patrimoniaux ; et surtout si les sources statistiques utilisées n'avaient pas réuni dans une même catégorie les artisans, les commerçants et les chefs d'entreprise. Comptabiliser ensemble les revenus patrimoniaux du petit épicier et ceux du P-DG d'une grande entreprise ou d'un avocat d'affaires est pour le moins discutable, alors que ni le montant ni la composition de leur patrimoine de rapport ne sont comparables. Cet amalgame revient à occulter la part importante que prennent les revenus de la propriété (notamment mobilière) dans les très hauts revenus.

C'est qu'il convient de signaler, en troisième lieu, l'extrême concentration des revenus patrimoniaux, que ne fait pas apparaître le tableau précédent : « Pour les intérêts de l'épargne bancaire (du fait notamment de l'existence de comptes à terme fortement concentrés), les loyers et fermages et l'assurance-vie, 2 % des ménages détenteurs perçoivent souvent 20 % à 25 % des revenus ; la concentration des revenus est plus importante encore pour les valeurs mobilières : 2 % des détenteurs perçoivent, sur la base des estimations proposées, près de 50 % des revenus des valeurs mobilières [21]. » Dans ces conditions, les revenus patrimoniaux ne peuvent évidemment qu'aggraver les inégalités de revenus primaires, bien au-delà du cercle limité des hyperprivilégiés. Et ce sont la détention de valeurs mobilières et l'immobilier de rapport qui contribuent le plus à cette aggravation.

21. *Id.*, p. 94.

La crise : qui y a perdu ? Qui y a gagné ?

Comment ont évolué, depuis le milieu des années soixante-dix, les différents types de revenus primaires que nous venons de distinguer ?

Les rapports produits périodiquement par le CERC puis par l'INSEE sur l'évolution à court terme des différentes catégories de revenus permettent de répondre à cette question. Les tableaux 2.6 et 2.7 en condensent les principaux enseignements. Ils mettent clairement en évidence la rupture intervenue en gros entre 1978 et 1983, à la suite du second choc pétrolier et de l'engagement des gouvernements successifs (après la courte parenthèse de relance keynésienne de 1981-1982) dans des politiques d'austérité néo-libérales.

L'inflexion est très nette en ce qui concerne les revenus salariaux. Jusqu'en 1979, poursuivant sur la lancée de la phase de croissance antérieure, ils connaissent encore une hausse soutenue, cependant inférieure à ce qu'elle était antérieurement (+ 4,3 % dans le secteur privé et semi-public entre 1968 et 1973, + 2,4 % dans le secteur public entre 1968 et 1974). Au contraire, entre 1979 et 1985, ils stagnent quasiment dans le secteur privé et baissent même sensiblement dans le secteur public. Et si l'embellie économique de la fin des années quatre-vingt fut favorable aux premiers, elle n'a guère profité aux seconds. La première moitié de la présente décennie a vu au contraire la croissance des salaires réels ralentir nettement dans le secteur privé, jusqu'à devenir négative, notamment sous l'effet de l'accroissement des cotisations sociales, tandis qu'elle redevenait légèrement positive dans le secteur public.

Encore ces données masquent-elles l'ampleur de l'inflexion qui a affecté la croissance des revenus salariaux depuis la fin des années soixante-dix. La très faible croissance qu'ils ont connue sur l'ensemble de la période 1978-1996 (+ 0,3 % par an en moyenne) au sein du secteur privé et semi-public s'explique en fait intégralement par un effet de structure : par la hausse de la qualification moyenne des salariés ou par les avancements dans leurs carrières individuelles. À structure constante, le salaire net moyen y a, au contraire, baissé en francs constants (de 0,3 % par an, soit une baisse cumulée de l'ordre de 5 % sur la période)[22]. Et cette baisse a été plus importante encore dans le secteur public : le Syndicat national des enseignants du second degré (SNES) a ainsi pu établir

22. *Cf.* INSEE, *Tableaux de l'économie française 1998-1999*, p. 87.

Tableau 2.6

Évolution des revenus d'activité moyens nets par catégorie de revenus entre 1973-1974 et 1995-1996

(hausse du pouvoir d'achat en % par an, avant impôts)

SALAIRES	**1974-78**	**1979-83**	**1984-85**	**1986-88**	**1989-92**	**1992-96**
Secteur privé et semi-public	+ 2,9	+ 0,1	+ 0,2	+ 2,5	+ 1,1	*– 0,1*
Secteur public	+ 2,2	– 0,8	– 2,3	– 2,3	+ 0,5	*+ 0,8*
REVENUS NON SALARIAUX						
Agriculteurs		**1973-82** – 3,4	**1983-85** – 8,3	**1986-88** – 1,9	**1989-92** + 5,0	**1993-97** *+ 3,9*
Artisans du bâtiment		**1977-79** + 0,0	**1980-85** – 2,2	**1986-88** + 3,2	**1989-92** 0/ + 2,0	**1986-94** *+ 1,5*
Boulangers		**1973-79** + 7,8	**1980-82** – 4,0	**1983-88** + 2,3	**1989-92** + 1/ + 3,5	**1986-95** *– 0,6*
Bouchers		**1973-78** + 4,0		**1979-88** + 0	**1989-92** + 1/ + 4,5	**1986-95** *– 0,6*
Coiffeurs		**1973-81** + 2,9	**1982-83** – 1,1	**1984-88** + 3,4	**1989-92** – 1/ + 1,5	
Pharmaciens		**1973-82** – 0,3	**1982-84** – 4,7	**1985-88** + 7,5	**1989-92** – 0,5/ + 2,5	**1986-95** *+ 1,0*
Architectes		**1973-81** – 3,7	**1982-84** – 9,2	**1985-86** + 3,5		**1986-95** *+ 1,5*
Avocats		**1973-80** + 1,8	**1981-82** – 2,2	**1983-88** + 2,0		
Notaires		**1973-81** – 1,5	**1982-84** – 12,5	**1984-86** + 14,9		
Médecins – généralistes – spécialistes			**1979-84** – 2,5 – 1,0		**1983-96** *+ 1,1* *+ 0,9*	

Source : Pour l'ensemble des données en roman : Les revenus des Français : la croissance et la crise (1960-1983), Documents du CERC, n° 77, La Documentation française, 1985 ; Les Français et leurs revenus : le tournant des années 80, Documents du CERC, n° 94, La Documentation française, 1989 ; Constat de l'évolution récente des revenus en France (1989-1992), Documents du CERC, n° 107, La Documentation française, 1993. Pour les données en italique : 1. Concernant les salaires : *Tableaux de l'économie française 1998-1999*, p. 87 et p. 89 ; 2. Concernant les revenus agricoles : Insee, « Les revenus d'activité non salariée jusqu'en 1995 », *Synthèses*, n° 7, 1996, p. 21 et *INSEE Première*, n° 527 juin 1997, n° 586 mai 1998 ; 3. Concernant les revenus des indépendants non agricoles (hors professions médicales) : INSEE, « Les revenus d'activité non salariée jusqu'en 1995 », *Synthèses*, n° 7, 1996, p. 56 ; « Les revenus d'activité non salariée jusqu'en 1996 », *Synthèses*, n° 15, 1998, p. 64 ; 4. Concernant les médecins : INSEE, « Les revenus d'activité non salariée jusqu'en 1995 », *op. cit.*, p. 40 ; « Les revenus d'activité non salariée jusqu'en 1996 », *op. cit.*, p. 38-39.

que le traitement mensuel de base net d'un fonctionnaire d'État a diminué de près 20 % en termes réels entre 1982 et 1996[23].

Les revenus d'activité non salariée ont connu durant cette même période des évolutions plus disparates[24]. Une première

23 *Cf.* supplément à *Pour*, *op. cit.*, p. 21-26.

24. On ne dispose pas de données cohérentes sur toute la période pour la plupart de ces revenus. Celles réunies par le tableau 2.6 proviennent de deux sources différentes (CERC et INSEE) qui ne couvrent ni les mêmes professions ni les mêmes périodes.

catégorie d'entre eux, ceux des boulangers, bouchers, coiffeurs, avocats, a suivi en gros une évolution semblable à celle des salaires. À cette double différence près que, pour la plupart, ils se sont redressés plus tôt qu'eux et qu'en moyenne leur croissance a été plus forte, avant comme après l'inflexion du début des années quatre-vingt, profitant notamment de la libération progressive des prix à partir du milieu de la décennie. La baisse des revenus des boulangers et bouchers depuis le début de la présente décennie illustre cependant la persistance de la précarité du petit commerce alimentaire. L'évolution des revenus des médecins présente la même allure générale, avec des écarts cependant moindres, dans un contexte de contrôle public de plus en plus serré de la croissance des soins médicaux, qui rend fort modeste la progression de leur pouvoir d'achat dans la période la plus récente.

Les revenus des professions indépendantes liées au bâtiment (artisanat du bâtiment, architecture, notariat) ont au contraire connu une baisse nette dès le début de la crise, à l'image d'un secteur très sensible à la conjoncture économique générale. Cette baisse a perduré jusqu'au milieu des années quatre-vingt, ces revenus ne retrouvant qu'alors une croissance positive. En dehors du secteur du bâtiment, d'autres professions (les pharmaciens, par exemple) ont connu le même type d'évolution fortement contrastée.

Ce sont les agriculteurs qui ont incontestablement payé le tribut le plus lourd à la crise. Sous l'effet conjugué de la baisse continue des prix réels des produits agricoles, de la hausse du volume et du prix de leurs consommations intermédiaires et des lourdes charges financières liées à leurs investissements antérieurs, leur revenu réel net moyen s'est considérablement dégradé, chutant de quelque 20 % entre 1974 et 1988. D'où la multiplication durant cette période des cas d'endettement ou de faillite. Le très net redressement de leurs revenus, depuis la fin des années quatre-vingt, s'explique d'ailleurs en partie par l'élimination des exploitations les moins rentables au cours des années antérieures. Mais aussi par la masse considérable des subventions publiques (nationales et surtout communautaires) qui se sont élevées à près de soixante-dix milliards tout au long de ces dernières années[25]. Sans pour autant faire disparaître, ainsi que nous l'avons vu, les bas revenus agricoles; ni effacer le retard enregistré par la moyenne des revenus agricoles pendant la période antérieure.

25. 71,7 milliards en 1994, 71,5 milliards en 1995, 76 milliards en 1996; *cf.* INSEE, « Les revenus d'activité non salariée jusqu'en 1996 », *op. cit.*, p. 19.

Si la crise a fait le malheur des uns, elle a visiblement fait le bonheur d'autres, notamment des titulaires d'un patrimoine de rapport. Tandis que la croissance, en termes réels, de l'immense majorité des revenus d'activité ralentissait, voire devenait négative, le début des années quatre-vingt a coïncidé au contraire avec un redressement spectaculaire de la performance réelle moyenne des patrimoines de rapport, qui s'est maintenue au-dessus de 5% durant une bonne dizaine d'années. Durant cette décennie, il valait bien mieux être rentier que gagner sa vie en travaillant! Ainsi, entre 1985 et 1993, tandis que le salaire ouvrier moyen s'accroissait à peine de 0,7% en termes réels, la performance moyenne d'un patrimoine de rapport voyait son pouvoir d'achat croître de 59,4%, soit quatre-vingt-cinq fois plus!

Tableau 2.7

Évolution de la performance globale*
des principaux placements entre 1974 et 1996
(hausse du pouvoir d'achat en % par an, avant impôts)

	74-77	77-80	80-83	83-88	89-93	94-96
Terre agricole, Immobilier	+ 3,5	– 0,5	– 9,0	– 3,0	– 2,1	+ 0,5
Paris	+ 5,0	+ 0,8	– 0,7	+ 13,2	+ 2,8	– 4,9
Autres villes	+ 5,0	+ 0,8	– 0,7	+ 3,2	+ 3,1	+ 3,3
Livret caisse d'épargne	– 4,9	– 3,8	– 3,1	+ 1,5	+ 1,7	+ 2,4
Valeurs mobilières						
Actions	– 11,5	+ 14,8	+ 1,2	+ 21,1	+ 8,1	+ 3,0
Obligations	+ 0,0	– 1,9	– 1,3	+ 10,0	+ 8,3	+ 5,4
	69-77	**73-81**	**77-85**	**81-89**	**85-93**	**88-96**
Ensemble du patrimoine de rapport**	+ 0,6	– 0,3	+ 2,6	+ 6,9	+ 6,0	+ 4,2

Source : Jusqu'en 1988, CERC, *Les Revenus des Français : la croissance et la crise (1960-1983), op. cit.* ; et *Les Français et leurs revenus : le tournant des années 1980, op. cit.* À partir de 1989, INSEE, « Revenus et patrimoine des ménages. Édition 1997 », *op. cit.*, p. 86-87.
* La performance globale d'un actif tient compte à la fois des revenus courants qu'il procure et des plus ou moins-values nominales qu'il enregistre, le tout corrigé par la hausse des prix. ** Estimations sur la base d'un graphique.

Sans doute, derrière cette moyenne, se cachent des évolutions très contrastées selon les actifs et même selon les périodes pour un même type d'actifs. Ainsi les placements dans le foncier agricole ont-ils vu leur performance s'effondrer au début des années quatre-vingt, rester négative durant toute la décennie, avant de se redresser progressivement au cours de ces dernières années, suivant en cela l'évolution générale du revenu agricole sur la période. L'épargne bancaire traditionnelle, rongée par l'inflation trottante du début des années quatre-vingt, a bénéficié du mouvement de désinflation continue depuis 1983, pour redevenir un placement intéressant au cours de ces dernières années.

Mais ce sont surtout les actifs haut de gamme qui ont connu quelques périodes flamboyantes. À l'image de l'immobilier parisien, en proie à une fièvre spéculative au cours des années quatre-vingt, qui a permis de réaliser de belles plus-values, du moins jusqu'à ce que la frénésie de construction (notamment de bureaux) n'aboutisse à l'engorgement du marché, provoquant une baisse du prix des logements parisiens de 30 % entre 1991 et 1996. À l'image encore des placements sur les marchés monétaire et financier, dopés par leur déréglementation et leur internationalisation, en proie eux aussi à des mouvements spéculatifs, faisant alterner les phases de hausse et de baisse des valeurs nominales des titres (pour les actions françaises : + 80 % entre le début 1988 et le printemps 1990, perdus lors de l'été suivant ; + 50 % entre mi-1992 et janvier 1994, perdus au cours de l'année suivante ; + 65 % entre novembre 1997 et juillet 1998, en grande partie perdus au cours de l'été et de l'automne 1998), qui ont permis aux plus avisés de réaliser là encore de somptueuses plus-values. Au cours de ces dernières années cependant, la baisse des taux d'intérêt a ramené la performance des placements financiers à une croissance plus modeste. C'est d'ailleurs essentiellement sous l'effet de cette baisse, conjuguée à celle de l'immobilier parisien, que la croissance de la performance globale des patrimoines de rapport s'est ralentie au cours de ces dernières années, bien qu'elle reste supérieure à celle de tous les revenus du travail.

Les inégalités face aux prélèvements obligatoires

3.

Les revenus primaires des ménages ne constituent pas le revenu qu'ils pourront en définitive affecter à leur consommation ou à leur épargne. Pour le déterminer, il faut tenir compte de la redistribution des revenus qui s'opère par les recettes et les dépenses de l'État, des collectivités locales et des organismes de protection sociale.

Ces recettes sont assurées par des prélèvements obligatoires : des impôts, taxes et cotisations sociales que doivent acquitter individus ou ménages et qui viennent en déduction de leurs revenus primaires. En contrepartie de ces prélèvements, les administrations publiques offrent à la population des prestations sociales : remboursements des soins médicaux, indemnités de maladie et d'accident du travail, pensions d'invalidité ou de retraite, allocations familiales, indemnités de chômage, aides sociales diverses ; et, plus largement, la mise à disposition, gratuite ou quasi gratuite, de certains équipements collectifs (réseau routier, équipements sportifs et culturels, etc.) ou services publics (éducation, police, justice, etc.).

Le chapitre suivant analyse l'allocation inégale des prestations sociales. Nous ne nous intéresserons dans ce chapitre qu'aux prélèvements pour établir leur caractère inégalitaire, contrairement à une idée reçue.

Au cours de ces vingt-cinq dernières années, le poids global des prélèvements obligatoires dans le PIB n'a cessé de croître, la part des cotisations sociales augmentant par rapport à celle des impôts (tableau 3.1). La structure de ces derniers ne s'est en revanche guère modifiée : les impôts indirects constituent toujours plus des trois cinquièmes des recettes fiscales de l'État (tableau 3.2). Notons cependant la tendance à la diminution de l'IS et de l'impôt sur les revenus mobiliers, devenu marginal, tandis qu'inversement la part représentée par la TIPP a eu tendance à s'alourdir.

Tableau 3.1

Évolution de la structure des prélèvements obligatoires

(en %)

	1970	1980	1990	1996
Total prélèvements obligatoires	100,0	100,0	100,0	100,0
Impôts	63,7	57,3	55,9	56,9
Cotisations sociales	36,3	42,7	44,1	43,1
Total en % du PIB	*35,1*	*41,7*	*43,7*	*45,7*

Source : INSEE, *Tableaux de l'économie française 1998-1999*, p. 119.

Tableau 3.2

Évolution de la structure des recettes fiscales de l'État

(en %)

	1980	1990	1996
Impôts directs	**38,9**	**38,2**	**37,2**
Impôt sur le revenu (IR)	19,9	18,9	19,4
Impôt sur les sociétés (IS)	10,2	11,9	10,6
Taxe sur les salaires	2,7	2,4	2,7
Impôt sur les revenus mobiliers	3,3	2,3	1,0
Autres impôts directs	2,8	2,7	3,5
Impôts indirects	**61,1**	**61,8**	**62,8**
TVA et assimilés	43,8	44,8	44,9
Douanes (y compris TIPP*)	8,2	9,0	9,2
Enregistrement, timbre, bourse	6,1	5,6	5,3
Autres impôts indirects	3,0	2,4	3,4

Source : INSEE, *Tableaux de l'économie française 1997-1998*, p. 119 ; et *Tableaux de l'économie française 1998-1999*, p. 119. *TIPP = taxe intérieure sur les produits pétroliers.

Les impôts directs

Nous nous en tiendrons ici aux seuls impôts directs acquittés par les ménages, en excluant ceux prélevés sur les entreprises individuelles et les sociétés. Il s'agit, pour l'essentiel, de l'impôt sur le revenu, de la taxe d'habitation et des différents impôts sur le patrimoine.

L'impôt sur le revenu

Bien que sa part dans les prélèvements obligatoires soit restreinte (8,7 % en 1995), c'est essentiellement lui qui mobilise l'attention des contribuables. D'une part, parce que c'est le principal prélèvement que l'immense majorité des Français a conscience d'acquitter. D'autre part, parce qu'il n'a pas cessé de faire l'objet des attaques de la part des catégories aisées de la population, qui en supportent l'essentiel.

C'est en effet le seul impôt progressif : son taux s'accroît avec le revenu. De plus, le seuil relativement élevé de déclenchement de l'IR vaut à un grand nombre de foyers fiscaux d'en être exonérés (près d'un sur deux actuellement), dont évidemment les ménages à faibles revenus. D'où une très forte concentration de cet impôt sur les revenus supérieurs. Ainsi, en 1994, la moitié la moins fortunée des ménages, qui a perçu 22,1 % du revenu de l'ensemble des ménages, n'a payé que 0,1 % du total de l'Ir, tandis que les 5 % de ménages les plus fortunés, accaparant une part équivalente de ce même revenu (21,1 %), a acquitté 53,7 % du montant global de cet impôt[1] ! On comprend l'acrimonie des ménages aisés à son égard...

Du fait de son taux progressif, l'Ir tend donc à réduire les inégalités entre revenus primaires. Cependant il ne frappe qu'une partie de ces revenus, très variable selon leur nature, ce qui limite considérablement la portée de son effet redistributif.

1. En premier lieu, il faut souligner les possibilités inégales... de fraude fiscale. Quasi nulles sur les revenus salariaux qui sont simultanément déclarés par les salariés et les employeurs, ces possibilités sont largement ouvertes aux revenus professionnels non salariaux ou aux revenus patrimoniaux, que leurs bénéficiaires sont seuls à déclarer. Ce fait, de notoriété publique, est confirmé par toutes les études disponibles qui lui ont été consacrées.

Dans son XIe rapport, le Conseil des impôts s'est ainsi livré à une estimation du montant de la fraude fiscale en 1988, en rapprochant les revenus déclarés cette année-là au fisc des données

Tableau 3.3

Comparaisons entre les revenus déclarés et les revenus estimés à partir des données de la Comptabilité nationale

(en milliards de francs)

	1988		1994	
	Revenus déclarés	Revenus estimés	Revenus déclarés	Revenus estimés
Traitements et salaires	1 765	1 831	2 332	2 329
Ba			39	88
Bic	277	433	108	234
Bnc			120	170
Revenus fonciers	56	127	203*	562
Revenus mobiliers	137	333		
Pensions et retraites	583	862	836	861

Sources : pour 1988, XIe rapport du Conseil des impôts, 1990, p. 66 ; pour 1994, Insee, « Revenus et patrimoines des ménages. Édition 1997 », *Synthèses*, n° 11, p. 100. *Légende :* Ba = bénéfices agricoles ; Bic = bénéfices industriels et commerciaux (des artisans, commerçants et industriels) ; Bnc = bénéfices non commerciaux (des professions libérales). * Ce chiffre n'est pas celui du montant des revenus patrimoniaux déclarés au fisc, non disponible, mais celui des revenus déclarés à l'enquête « Budget de famille » menée par l'Insee en 1994.

1. *Rapport de la Commission d'études des prélèvements fiscaux et sociaux pesant sur les ménages*, La Documentation française, 1996, annexes, p. 141. Par la suite, nous l'appellerons « rapport Ducamin » du nom du président de cette commission.

de la Comptabilité nationale (tableau 3.3). Les écarts constatés ne sont cependant pas imputables à la seule fraude fiscale. Dans le cas des traitements et salaires, ils s'expliquent par l'existence de certaines indemnités incluses dans ces derniers et non imposables, ce qui réduit encore une différence déjà minime (4 %). Dans le cas des revenus professionnels des indépendants, les écarts résultent en partie des différences de mode de calcul des amortissements et de la déduction des revenus déclarés de l'assurance-dommage et de différents impôts et taxes à la production ; le restant est dû à la sous-évaluation, légale (grâce au système du forfait – *cf. infra*) ou illégale, du fait de la fraude : le Conseil estimait ainsi à 37 % la part de ces bénéfices dissimulés au fisc, pour un montant total de 81 milliards. La fraude se laisse mal évaluer dans le cas des revenus fonciers, car la Comptabilité nationale y inclut les loyers fictifs et la part d'autoconsommation des ménages agricoles. Ce sont les revenus des capitaux mobiliers qui présentent, de loin, l'écart le plus important, puisque à peine plus de 40 % en ont été déclarés au fisc. Cela s'explique à la fois par les nombreuses exonérations légales dont ces revenus bénéficient *(cf. infra)*, et par la fraude proprement dite qui s'élève tout de même en ce qui les concerne à une quarantaine de milliards. La fraude n'est pas négligeable non plus sur les pensions et retraites, bien que l'essentiel de l'écart soit dû au grand nombre de retraités non imposables n'ayant pas fait de déclaration de revenus.

Les mêmes tendances générales se dégagent des résultats observés en 1994 (tableau 3.3). Tandis que, dans le cas des traitements et salaires, revenus déclarés et revenus réels se confondent, ils diffèrent notablement en ce qui concerne les bénéfices professionnels des indépendants, le rapport revenu réel/revenu déclaré allant de 1,4 dans le cas des professions libérales à 2,2 dans le cas des agriculteurs, artisans et commerçants. C'est une nouvelle fois pour les revenus patrimoniaux que l'écart est maximal, le rapport revenu réel/revenu déclaré étant dans ce cas égal à 2,8.

Les possibilités de fraude fiscale sur les revenus non salariaux sont à ce point connues et l'inégalité qu'elles créent au détriment des salariés est à ce point criante que le législateur lui-même a dû en tenir compte dans l'établissement du calcul de l'impôt, en instituant un abattement de 20 % sur les revenus salariaux. Ce qui revient implicitement à reconnaître un « droit » à la fraude aux titulaires des autres revenus...

Rappelons enfin que la fraude fiscale est de loin le délit dont le coût social est le plus élevé. Les chercheurs du Centre de recherches sociologiques sur le droit et les institutions pénales (CESDIP) l'ont estimé en 161 milliards en 1991, dont 103 rien que pour l'Ir[2]. En comparaison, les vols dans le grand commerce n'ont coûté que 12 milliards, les vols de véhicules 6,3 milliards ; et pourtant, ces délits constituent l'image courante, véhiculée par les médias, de la délinquance. Il est vrai que la fraude fiscale n'est pas visible et ne fait apparemment pas de victimes...

2. Outre ces possibilités de fraude, les revenus professionnels non salariaux bénéficient de larges possibilités légales d'évasion fiscale, qui sont souvent autant d'incitations à la fraude ou du moins à l'abus de droit.

Les titulaires des plus modestes de ces revenus peuvent opter pour un régime d'imposition au forfait. C'est le cas pour les exploitations agricoles dont les recettes sur les deux dernières années n'ont pas excédé en moyenne 500 000 F ; 88 % des exploitations agricoles déclarent être dans ce cas[3]. Elles font alors l'objet d'une estimation administrative discutée, département par département, avec les représentants de la profession. Les agriculteurs bénéficient ainsi du privilège exorbitant de pouvoir fixer, en accord avec l'administration fiscale, l'assiette de l'impôt de l'immense majorité d'entre eux ! Et comme, sous la pression de leurs représentants, les forfaits d'imposition sont calculés sur la base des exploitations les moins rentables, ce sont évidemment les plus fortunés de la tranche concernée qui y gagnent le plus.

Un régime forfaitaire analogue est ouvert aux entreprises commerciales dont les recettes n'ont pas dépassé 500 000 F, ainsi qu'aux entreprises artisanales ou industrielles dont les recettes n'ont pas excédé 150 000 F. De même qu'aux membres des professions libérales dont le montant annuel des recettes n'excède pas 175 000 F. Comme dans le cas des exploitants agricoles, ces régimes offrent de larges possibilités de sous-évaluation des bénéfices réels, ainsi que des possibilités de négociation du contribuable avec l'administration fiscale et de recours contentieux.

Quant aux bénéfices imposés au régime dit réel, ils peuvent toujours être minorés par le jeu complexe des déductions pour amortissements, provisions ou frais généraux. Par exemple, en calculant un amortissement plus rapide (et donc des annuités plus élevées) que l'usure physique des équipements qu'il s'agit de remplacer. Ou encore en faisant passer dans les frais généraux de

---

2. *Cf.* Thierry Godefroy et Bernard Laffargue, *Les Coûts du crime en France*, rapport du Cesdip 1995, Paris, 1996, repris dans *Problèmes économiques*, n° 2 468, avril 1996, p. 15.
3. Insee, *Les Agriculteurs*, coll. « Contours et caractères », La Documentation française, 1993, p. 58.

l'entreprise certaines dépenses correspondant aux consommations personnelles du contribuable. Exemple typique : l'automobile achetée et entretenue au compte de l'entreprise individuelle, mais réservée en fait à l'usage personnel du contribuable et des membres de sa famille. *« Nombreux sont ceux qui arrivent à tellement charger la barque qu'ils affichent un déficit et donc ne paient pas d'impôt. Selon un document de la Direction générale des impôts, sur les 463 000 contribuables qui avaient opté pour le régime de l'imposition dit réel en 1996 (pour les revenus de 1995), quelque 135 000 d'entre eux, soumis au régime des bénéfices industriels et commerciaux (régime dont dépendent les commerçants et les artisans), se sont déclarés en déficit pour un montant moyen de 128 000 F. L'impact de la crise sur le petit commerce n'est sûrement pas seul en cause...*[4] »

3. Les revenus de la propriété (revenus courants et plus-values) échappent également pour une très large part à la progressivité de l'IR. C'est tout particulièrement le cas des revenus de la propriété mobilière.

Tout d'abord, certains d'entre eux sont tout simplement exonérés d'imposition. Ainsi en est-il pour la totalité des revenus rapportés par les livrets d'épargne et assimilés, les comptes et plans d'épargne-logement, les plans d'épargne populaire (PEP) et les plans d'épargne en action (PEA), sous certaines conditions de durée pour ces derniers. C'était aussi le cas de la totalité des produits des contrats d'assurance-vie jusqu'à la fin 1997, depuis lors imposés aux taux de 7,5 % dès lors qu'ils dépassent 30 000 F (60 000 F pour un couple). C'est encore le cas des plus-values réalisées lors des cessions de titres mobiliers (actions, obligations, parts de SICAV ou de FCP), en dessous d'un certain montant (50 000 F en 1998).

Quand les revenus mobiliers sont imposables, leurs bénéficiaires peuvent le plus souvent opter pour un prélèvement libératoire à un taux proportionnel particulièrement avantageux de 15 % ou 16 %. C'est le cas pour les intérêts des placements à terme et des bons, des obligations et autres titres d'emprunts négociables, mais aussi pour les plus-values réalisées lors de cessions de valeurs mobilières quand elles dépassent le plafond d'exonération. Dans tous les cas, le prélèvement libératoire constitue une bonne affaire pour les ménages aisés, car son taux reste très inférieur à celui des

4. Louis Maurin, « Comment payer moins d'impôt (quand on gagne beaucoup d'argent) », *Alternatives économiques*, n° 156, février 1998, p. 45.

tranches d'imposition auxquelles seraient le plus souvent soumis ces revenus s'ils étaient imposés selon le régime normal de l'IR, vu le montant généralement élevé du revenu imposable de leurs bénéficiaires.

Enfin, les dividendes d'actions et de parts de SARL qui sont imposés avec l'ensemble des autres revenus bénéficient d'un abattement généreux de 8 000 F pour une personne seule, 16 000 F pour un couple marié. En supposant un taux de rémunération des actions compris entre 3,5 % et 4 %, cela exonère d'imposition les revenus d'un portefeuille de l'ordre de 400 000 à 450 000 F.

Rappelons aussi que les dividendes touchés sur des parts de capitaux préalablement soumises à l'Is valent à leurs bénéficiaires un crédit d'impôt (l'avoir fiscal) égal à la moitié de leur montant. Ce crédit d'impôt vient en déduction de l'IR, le contribuable ne payant que la différence si elle est positive, et pouvant même dans certains cas se faire rembourser une partie de cette différence si elle est négative. Dans ces conditions, non seulement un actionnaire est moins imposé qu'un salarié, à revenu net égal (tableau 3.4); mais encore, le taux de l'Is ayant lui-même été progressivement abaissé de 50 % à 33,3 % à la fin des années quatre-vingt, cela lui aura permis jusqu'en 1997 de récupérer au titre de l'IR ce qu'il avait versé au titre de l'Is. Avantage que le relèvement du taux de l'Is à 41,1 % à partir de 1998 auquel a procédé le gouvernement Jospin n'a entamé qu'en partie.

En définitive, l'ensemble de ces privilèges dont disposent les revenus de placements mobiliers aboutissent à ce que la plus grande part d'entre eux échappe au barème progressif de l'IR. Ainsi, en 1992, sur les 488 milliards de revenus mobiliers mesurés

Tableau 3.4

Comparaison entre l'imposition au titre de l'IR d'un actionnaire célibataire et celle d'un salarié célibataire en 1998

(en francs)

Revenu net perçu	100 000 F		200 000 F		500 000 F	
	Sal.	Act.	Sal.	Act.	Sal.	Act.
Revenu imposable	72 000	142 000	144 000	292 000	360 000	742 000
IR	7 686	29 198	29 858	96 216	132 936	339 216
Avoir fiscal	0	50 000	0	100 000	0	250 000
À payer	7 886	0	29 858	0	132 936	89 216

Source : calculs effectués par nos soins à partir du barème de l'IR 1998. *Légende :* Sal. = salarié ; Act. = actionnaire. On suppose que les revenus du salarié sont composés exclusivement de salaires, ceux de l'actionnaire exclusivement de dividendes. L'avoir fiscal est tout d'abord imputé au revenu imposable, avant d'être déduit du montant de l'impôt dû.

par la Comptabilité nationale, seuls 326 milliards (67 %) étaient connus de l'administration fiscale. Sur ces 326 milliards, 172 (35 %) ont été exonérés d'imposition au titre de l'IR, 50 (10 %) ont été soumis au prélèvement libératoire, 46 (9,5 %) ont été soumis à abattement, 9 (2 %) non imposés, enfin 49 (10 %) seulement soumis au barème de l'IR[5]...

4. Si le quotient familial parvient à assurer une certaine redistribution horizontale (des foyers sans enfant vers les foyers avec enfants), il n'en est pas de même du point de vue de la redistribution verticale (des foyers « riches » vers les foyers « pauvres »). En effet, de ce point de vue, il est inégalitaire dans son principe même, puisqu'il vise fondamentalement à garantir à chaque enfant le niveau de vie de ses parents. En ce sens, il ne peut que perpétuer les inégalités de revenu.

Tableau 3.5

Allègement de l'impôt sur le revenu (en francs) au titre du quotient familial selon différentes tranches de revenu imposable en 1998

Revenu imposable	Impôt d'un couple marié sans enfant	Impôt d'un couple marié avec 2 enfants	Allègement par enfant
100 000	5 063	2 445	1 359
150 000	16 812	7 218	4 497
200 000	30 675	19 218	5 728
300 000	64 643	46 012	9 315
500 000	152 024	119 264	16 380*

Source : calculs effectués par nos soins sur la base du barème de l'IR 1998. * Plafond de l'allègement d'impôt au titre du quotient familial.

Le tableau 3.5 fait ainsi clairement apparaître que l'allègement d'impôt sur le revenu dû au quotient familial croît nettement avec le revenu imposable. Ainsi, en dépit du plafonnement de cet allègement, un enfant de famille « aisée » crée un avantage fiscal douze fois plus important qu'un enfant de famille « modeste » ! Et l'abaissement de ce plafond à 11 000 F par enfant à partir de 1999, décidé par le gouvernement Jospin, n'y changera rien d'essentiel. Seuls la suppression du quotient familial et son remplacement par un

5. Rapport Ducamin, *op. cit.*, p. 87.

abattement forfaitaire répondraient aux principes de justice fiscale, en profitant proportionnellement davantage aux foyers aux revenus les plus modestes qu'aux foyers à hauts revenus.

5. Enfin, il existe de multiples possibilités de déductions sur le revenu imposable et de réductions d'impôt, qui constituent autant d'aubaines pour ceux qui ont les moyens d'en profiter.

C'est, par exemple, la possibilité ouverte, depuis 1986, aux particuliers investissant dans les DOM-TOM de réduire leur impôt de 25 % de leurs investissements pour l'achat d'un logement ou de parts de sociétés. Bien plus : de déduire de leurs revenus les pertes éventuelles enregistrées par les entreprises dans lesquelles ils ont investi, sachant que peut être comptée comme charges par ces entreprises la totalité de leurs investissements et que peut être déduit de leurs bénéfices l'amortissement des mêmes investissements ! Ce qui leur permet d'annuler facilement leurs revenus en échappant à l'impôt. Dispositif totalement inique auquel le gouvernement Jospin n'a eu le courage de s'attaquer qu'à la marge.

C'est encore la possibilité, ouverte par le gouvernement Bérégovoy et élargie par le gouvernement Balladur, pour un contribuable employant un salarié domestique de réduire son impôt de la moitié des charges salariales dans les limites d'un plafond. Le relèvement de ce dernier de 26 000 F à 90 000 F en 1994 aura permis jusqu'en 1997 à un contribuable employant une femme de ménage au SMIC, alors qu'il aurait dû en principe acquitter 45 000 F d'impôt sur le revenu, de ne pas débourser un centime en récupérant au passage en gros la moitié du coût salarial de son employée ; tandis que cette dernière, smicarde, aura, quant à elle, été éventuellement imposable ! La réduction de moitié du montant du plafond par le gouvernement Jospin permettra malgré tout encore aux employeurs de gens de maison d'économiser jusqu'à 22 500 F sur leur impôt.

C'est enfin la possibilité, ouverte par la loi Périssol en 1996, de déduire du revenu imposable l'amortissement d'un investissement (10 % sur les quatre premières années plafonnés à 100 000 F, 2 % pour chacune des vingt années suivantes) pour les propriétaires de logements neufs qu'ils s'engagent à louer pendant au moins neuf ans, ce qui revient à pouvoir déduire de son revenu imposable sur vingt-cinq ans plus des quatre cinquièmes du coût d'achat du logement ! Tout en en percevant les loyers pendant toute cette durée...

Si l'efficacité économique de pareilles mesures est le plus souvent discutable, leur incidence en termes d'*« optimisation fiscale »* pour les contribuables les plus aisés et les mieux conseillés, ne fait pas de doute. Ce que reconnaît *in fine* le rapport Ducamin : *« En définitive, la commission estime que ces mesures n'ont qu'un faible impact économique réellement établi et, dans certains cas, n'ont comme seul effet que de permettre à des contribuables, le plus souvent à revenus élevés, d'échapper en partie ou en totalité à l'impôt*[6]. »

La formule n'est pas excessive. Selon le « Rapport sur le projet de loi de finances 1998 » de l'Assemblée nationale, en 1996, 55 foyers fiscaux ayant perçu un revenu imposable de 500 000 F et plus, 88 foyers ayant déclaré un revenu imposable compris entre 300 000 F et 500 000 F, 11 837 foyers dont le revenu imposable se situait entre 200 000 F et 300 000 F... n'ont tout simplement pas été imposés[7].

La taxe d'habitation

La taxe d'habitation doit être acquittée par tout occupant d'un logement, à quelque titre que ce soit. Elle est assise sur une évaluation administrative de sa valeur locative, en fonction des éléments de confort du logement connus et en référence aux loyers moyens de la commune, actualisés chaque année. Cet indice ne reflète par définition que très imparfaitement les capacités contributives des occupants.

Car, si la valeur locative d'un logement augmente en moyenne avec le revenu global de son occupant, elle ne le fait pas dans les mêmes proportions. La taxe d'habitation est donc un impôt dégressif : elle pèse proportionnellement plus sur les bas revenus, dont les « bénéficiaires » sont aussi généralement les moins bien lotis, que sur le revenus moyens ou élevés, dont les titulaires comptent au contraire parmi les mieux logés. C'est ce qu'établit le tableau 3.6 : si la proportion de ménages assujettis à la taxe croît logiquement avec le revenu fiscal du ménage, le poids de cette taxe tend au contraire à décroître ; si bien qu'elle pèse proportionnellement deux fois et demie plus lourd sur les ménages de la première tranche que sur ceux de la dernière tranche. Et encore les écarts seraient-ils sans doute plus grands si le montant de la taxe n'était pas rapporté au revenu fiscal mais au revenu réel, dont on sait qu'il s'écarte d'autant plus du précédent qu'il est plus élevé.

6. *Op. cit.*, p. 98.
7. Cité par Louis Maurin, « Comment payer moins d'impôt (quand on gagne beaucoup d'argent) », *op. cit.*, p. 43.

Tableau 3.6

Proportion de ménages assujettis à la taxe d'habitation et pourcentage de la taxe par rapport au revenu fiscal en 1990

Tranches de revenu fiscal	% de ménages imposés	taxe/revenu fiscal en %
Moins de 60 000F	40,8	1,5
60 000F à 80 000F	60,3	1,2
80 000F à 100 000F	76,9	1,3
100 000F à 125 000F	86,7	1,4
125 000F à 150 000F	89,9	1,3
150 000F à 200 000F	93,1	1,2
200 000F à 300 000F	94,9	1,1
300 000F à 500 000F	95,8	1,0
500 000F et plus	97,1	0,6

Source : INSEE, « Les revenus fiscaux des ménages en 1990 », *INSEE Résultats*, n° 453, avril 1996, p. 81.

Les impôts sur le patrimoine

Ils sont acquittés :

– soit du fait de la *détention* d'un patrimoine : ils peuvent alors frapper l'actif dans son ensemble (comme dans le cas de l'ISF) ou certains actifs en particulier : c'est le cas des taxes foncières sur le bâti et le non-bâti, de la taxe sur les véhicules à moteur (la fameuse « vignette »), de la redevance sur les postes de radio et de télévision, etc. ;

– soit à l'occasion de sa *mutation* (de son changement de propriétaire), que celle-ci s'effectue à titre gratuit (héritage : donation ou succession) ou à titre onéreux (vente).

Bien que nombreux, les impôts sur le patrimoine sont d'un rapport limité, leur montant ne représentant en tout que 8 % de l'ensemble des recettes fiscales. Et surtout ils sont foncièrement inégalitaires dans leur structure. Constitués aux quatre cinquièmes par la taxe foncière et par les droits sur les mutations, ils sont surtout assis sur les biens immobiliers, alors que la fortune est aujourd'hui essentiellement constituée d'actifs mobiliers (actions et obligations). Ainsi, alors qu'il est impossible d'échapper à l'imposition en cas d'héritage d'un appartement ou d'une maison, il suffit d'avoir converti opportunément l'ensemble des valeurs mobilières d'une succession en produits d'assurance-vie pour ne pas acquitter d'impôt sur elles, puisque les produits d'assurance-vie restent exemptés de tout droit de succession, à certaines conditions. De ce fait, l'ensemble de ces impôts frappe davantage les patrimoines moyens que les gros et très gros patrimoines. Bien plus, au cours de ces dernières années, la « vignette » et la redevance sur les postes de radio et de télévision ont ainsi, chacune, rapporté plus que l'ISF (respectivement 13,2 milliards, 11,5 milliards et 8,9 milliards en 1996) : les impôts sur les maigres biens des plus pauvres rapportent ainsi plus que l'impôt sur la fortune des plus riches, dont le montant n'a représenté en 1996 que 5 % de l'ensemble des impôts sur le patrimoine !

Rien n'est plus significatif d'ailleurs que les limites de l'ISF. À commencer par celles de son assiette. En 1997, il ne portait que sur les patrimoines supérieurs à 4,7 millions de francs, soit en gros ceux dix fois supérieurs au patrimoine moyen. Aussi concerne-t-il moins de 1 % des ménages. De plus n'entrent dans cette assiette ni les œuvres d'art ni le patrimoine professionnel, y compris les actions de l'entreprise dans laquelle le contribuable exerce des fonctions de direction dès lors qu'elles représentent au moins le quart de son capital. Or nous verrons au chapitre 7 que plus les patrimoines sont importants, plus la part qu'y occupent les actifs financiers « haut de gamme » (dont les actions) est grande. C'est notamment le cas du patrimoine des chefs d'entreprise, dont une partie se trouve ainsi exonérée d'imposition au titre de l'ISF. Ce ne sont donc pas, paradoxalement, les plus « grosses » fortunes qui sont proportionnellement le plus frappées par le soi-disant impôt de solidarité sur la fortune, mais les « petites » fortunes à base immobilière : selon les termes mêmes de Dominique Strauss-Kahn, il taxe bien davantage les millionnaires que les milliardaires[8]. Ajoutons que l'évaluation des actifs possédés se fait par les déclarants eux-mêmes, ce qui donne bien évidemment lieu à une sous-évaluation systématique impossible à déceler par l'administration fiscale, sauf quand elle est par trop flagrante[9].

Quant aux taux de l'ISF, ils sont particulièrement faibles : en 1997, ils variaient selon les tranches d'imposition de 0,5 % pour la plus basse à 1,5 % pour la plus haute. L'ISF s'élevait ainsi à 11 500 F pour un patrimoine de 5 millions, à 31 220 F pour un patrimoine de 10 millions, 473 500 F pour un patrimoine de 50 millions et à 1 973 540 F pour un patrimoine de 150 millions[10]. Par ailleurs,

8. *Cf. Le Monde*, 23 juillet 1998.

9. Les moyens de se soustraire à l'ISF ne manquent pas. C'est ainsi que François Pinault, dont le patrimoine professionnel (Conforama, La Redoute, Le Printemps, la FNAC, etc.), estimé à environ 12,5 milliards, en fait l'une des toutes premières fortunes de France, n'aurait eu à acquitter d'ISF en 1997 que sur son seul patrimoine résidentiel qui s'élève à peine (si l'on peut dire) à 140 millions ; un endettement opportun à hauteur de cette même somme lui aura permis d'échapper à l'imposition. *Cf. Le Canard enchaîné* du 3 décembre 1997 et *Le Monde* du 4 décembre 1997.

10. *Cf.* Conseil des impôts, *L'Imposition du patrimoine*, *Journal Officiel de la République française*. Éditions des documents administratifs, 12 août 1998, p. 93.

depuis 1995, après abattement de 1 000 F par personne à charge, l'ISF est majoré de 10 %. L'ISF se trouve cependant plafonné (dans certaines limites) de manière à ce que, conjugué à l'impôt sur le revenu, il ne puisse pas excéder 85 % des revenus nets du foyer fiscal concerné.

Dans ces conditions, il ne faut pas s'étonner de son faible rendement. En 1997, il n'a ainsi rapporté que 10,061 milliards pour 179 886 déclarations, soit une moyenne d'imposition de près de 56 000 F par déclaration[11]. L'ISF couvre ainsi à peine un peu plus du tiers du coût du RMI (de l'ordre de 28,5 milliards en 1997) pour lequel il a pourtant en principe été créé. Dans ces conditions, on ne peut que critiquer la timidité du gouvernement Jospin : la création d'une tranche supplémentaire de taxation au taux de 1,8 %, qui ne concernera que les 800 patrimoines déclarés dépassant 100 millions de francs, ne compensera pas, de très loin, le refus d'inclure dans son assiette les biens professionnels et les œuvres d'art.

Les impôts indirects

Les impôts indirects comprennent pour l'essentiel des taxes frappant la consommation marchande en général ou plus particulièrement celle de certains produits. C'est une forme d'imposition *massive* : la TVA et impôts assimilés (taxes sur les tabacs, allumettes, briquets, taxes sur l'alcool) a rapporté en 1995 2,25 fois plus que l'IR, tandis que la TIPP représente à elle seule la moitié de l'IR (tableau 3.2) ; *non déclarative*, donc indolore : personne n'a conscience d'acquitter ces impôts, ni n'en connaît le montant exact ; enfin *injuste* du fait précisément de son caractère aveugle : les prélèvements indirects « *frappent les personnes et les ménages sans tenir compte de leurs facultés contributives, de leurs revenus, de leur fortune, de leurs situations professionnelle, sociale ou familiale*[12]. »

Prenons l'exemple de la principale de ces taxes, la TVA, payée à environ 60 % par les ménages. C'est de loin le premier impôt qu'ils acquittent. Pour déterminer la manière inégale dont elle affecte les ménages, il faut en premier lieu tenir compte d'une part des effets conjugués et opposés de la différence des taux de TVA, et d'autre part de la structure des dépenses de consommation des ménages selon leur niveau de revenu. Car plus les revenus s'élè-

11. *Cf. Les Notes Bleues de Bercy*, n° 142, septembre 1998.
12. Christian de Brie, « Pour payer moins d'impôts, enrichissez-vous ! », *Le Monde diplomatique*, septembre 1988.

vent, plus la consommation par personne augmente et plus la part des produits de consommation courante supportant le taux réduit diminue, tandis que celle des produits supportant le taux normal croît. Sous ce rapport, on peut supposer que la TVA constitue un impôt proportionnel, voire légèrement progressif.

Mais la perspective change du tout au tout quand on tient compte de la part inégale de leur revenu que les ménages consacrent à leurs dépenses de consommation : *« Les revenus les plus faibles sont intégralement affectés à la consommation, dépensés pour satisfaire les besoins les plus vitaux. Au fur et à mesure qu'ils s'élèvent, une part de plus en plus importante est épargnée et échappe au prélèvement massif sur la consommation, lequel est donc inversement proportionnel au revenu disponible et aux facultés contributives*[13]. » Autrement dit, la part des revenus des ménages frappés par la TVA décroît lorsque ces revenus croissent ; même en supposant un taux réel de prélèvement par rapport au revenu dépensé légèrement croissant avec ce dernier, cela fait de la TVA un impôt dégressif dès lors qu'il est rapporté à l'ensemble du revenu. Et c'est bien ce que confirment, comme nous le verrons plus loin, les études les plus récentes.

À quoi s'ajoutent enfin des possibilités très inégales de fraude sur la TVA ! Inexistantes pour les salariés, elles sont une nouvelle fois ouvertes aux professions indépendantes, sous la double forme de la minoration de leurs recettes (qui leur permet de collecter la TVA sans la reverser à l'administration fiscale) et de déductions abusives (qui leur permettent de récupérer la TVA sur leurs consommations personnelles en les incluant dans les charges de l'entreprise). En tenant compte de ces fraudes, Jacques Cohen avait calculé que le taux de prélèvement réel de la TVA sur le revenu disponible tombe de 9,84 % en moyenne pour les salariés à... 1,06 % pour les professions indépendantes[14] ! Et encore s'agissait-il d'une estimation *a minima*, puisque le calcul ne retenait ni la fraude sur la TVA agricole, ni celle en cas d'« entente » (vente sans facture, travail au noir) ; si bien que *« l'hypothèse de la nullité du taux de prélèvement effectif affectant le revenu des ménages non salariés, au titre de la TVA, ne peut être écartée*[15] ». Il est regrettable qu'une étude aux conclusions aussi dérangeantes n'ait pas suscité depuis de nouvelles recherches sur le sujet...

13. *Idem.*
14. « La TVA, un impôt inégalitaire mal connu » *in Consommation*, n° 1, CREDOC, 1984, p. 44.
15. *Id.*, p. 47.

Les cotisations sociales

Les cotisations sociales représentent de loin la part la plus importante des prélèvements obligatoires : près de 44 %. Pourtant, en règle générale, ce n'est pas à elles que l'on pense en premier lieu lorsqu'il est question des prélèvements obligatoires.

Les inégalités qui résultent des cotisations sociales sont difficiles à établir, essentiellement du fait de la diversité des régimes de Sécurité sociale. Car les assiettes et les taux de cotisation varient d'un régime à l'autre pour chacun des risques couverts. Les plus criantes parmi ces inégalités tiennent cependant à ce que :

1. Jusqu'à une date récente, les revenus de la propriété n'étaient soumis à aucune cotisation sociale. Seuls étaient imposés les revenus du travail et, dans une moindre mesure, certains revenus de remplacement (pensions de retraite, d'invalidité et allocations de chômage). Le taux de prélèvement obligatoire subi par un ménage au titre de la protection sociale était donc d'autant moins élevé que la part des revenus de la propriété y était plus importante.

Ce n'est qu'avec l'institution de la CSG (1991) puis de la CRDS (1996) que les revenus de la propriété ont commencé à être mis à contribution [16]. Mais bien trop modestement encore.

En effet, lors de sa création, la CSG n'avait de « généralisée » que le nom. Tandis que son assiette incluait tous les revenus d'activité (après un abattement de 5 %), elle excluait d'une part la plupart des revenus sociaux (seuls étaient imposés ceux soumis à cotisations sociales, avec des exonérations possibles à la personne), d'autre part tous les revenus des placements financiers non assujettis à l'IR, dont nous avons vu le nombre. De plus, elle exonérait toutes les personnes non imposées au titre de l'IR ; or nous savons combien certains contribuables savent utiliser tout le maquis des déductions et des réductions pour échapper à cet impôt, alors même qu'ils bénéficient de revenus confortables, notamment grâce à un patrimoine de rapport important. Dans ces conditions, rien d'étonnant à ce que le Conseil des impôts ait pu souligner, dans son XIVe rapport, que la CSG frappait très inégalement les différentes catégories de revenus : 93 % des revenus du travail (les 7 % manquants s'expliquent essentiellement par la fraude fiscale

16. Juridiquement parlant, la CSG et la CRDS doivent être considérées comme des impôts directs sur les revenus des ménages. Cependant, dans la mesure où leurs produits sont affectés au financement de la protection sociale, nous les assimilons ici à des cotisations sociales.

sur les revenus du travail indépendant), mais seulement 47 % des revenus sociaux et 44 % des revenus de la propriété[17].

Depuis lors, à la suite de ce rapport notamment, l'assiette de la CSG a été progressivement élargie et confondue avec celle de la CRDS. Ne se trouvent plus désormais exonérés de l'une et de l'autre de ces deux contributions que les minima sociaux (ce qui est justice)... mais aussi les intérêts des livrets d'épargne et assimilés. Si bien qu'« *au 1er juillet 1997, après instauration de la CSG et de la CRDS on peut estimer que 29 % de l'épargne bancaire liquide ou contractuelle ne fait l'objet d'aucun prélèvement socio-fiscal, 59 % sont soumis aux nouveaux prélèvements mais échappent à l'impôt sur le revenu, et 12 % supportent à la fois l'impôt sur le revenu, la CSG et la CRDS*[18] ».

Enfin, même après la substitution de la CSG à une partie des cotisations sociales acquittées sur les revenus d'activité, le taux d'imposition des revenus patrimoniaux au titre de la protection sociale reste toujours inférieur à ceux subis par les revenus d'activité. Ainsi, au 1er janvier 1999, le taux de prélèvement social au titre de l'assurance maladie s'élève-t-il à 18,65 % du salaire brut (0,75 % de cotisation salariale, 12,8 % de cotisation patronale, 5,1 % de CSG) ; tandis qu'il n'est que de 5,1 % pour les revenus patrimoniaux effectivement imposés[19].

En définitive, ni du point de vue de leur assiette, ni du point de vue de leur taux d'imposition, revenus d'activité et revenus du patrimoine ne sont encore logés à la même enseigne en ce qui concerne leur mise à contribution pour le financement de la protection sociale.

2. Les revenus du travail indépendant sont aussi, proportionnellement, nettement moins imposés que ceux du travail salarié.

Cela résulte tout d'abord, une fois de plus, des possibilités d'évasion et de fraude fiscale qui sont offertes aux non-salariés, qui minorent singulièrement leur assiette d'imposition. Car les cotisations des indépendants non agricoles sont calculées sur la base du revenu fiscalement déclaré des deux ou trois années antérieures. Et, pour les exploitants agricoles, c'est même le revenu cadastral, c'est-à-dire un revenu forfaitaire pourtant notoirement sous-évalué, qui sert de référence pour ce calcul.

---

17. « La contribution sociale généralisée », extraits du XIVe rapport du Conseil des impôts cités par *Les Cahiers français*, n° 274, La Documentation française, n° 274, janvier-février 1996, p. 61.
18. INSEE, « Revenus et patrimoine des ménages. Édition 1997 », *Synthèses*, n° 11, p. 88.
19. Sur les 7,5 % de CSG, 1,1 % est affecté à la CNAF, 1,3 % au Fonds de solidarité vieillesse et 5,1 % à l'assurance-maladie.

Tableau 3.7

Taux des principales cotisations sociales des salariés et des indépendants non agricoles au 1er janvier 1998

(hors CSG et CRDS)

	Vieillesse (1)	Maladie (2)	Famille	Chômage	Total
Salariés Régime général x < p (3) p < x< 4p x > 4p	 21,62 20,35 20,35	 13,55 13,55 13,55	 5,40 5,40 5,40	 8,14 8,86 0,00	 48,71 48,16 39,30
Artisans, industriels et commerçants – x < 12p – 12p < x < 60p – x > 60p	 16,35 0,00 0,00	 5,90 5,30 0,00	 5,40 5,40 5,40	 0,00 0,00 0,00	 27,65 10,70 5,40
Professions libérales – x < 12p – 12p < x < 60p – x > 60p	 1,40 1,40 0,00 (4)	 5,90 5,30 0,00	 5,40 5,40 5,40	 0,00 0,00 0,00	 12,70 11,65 5,40

Source : Dictionnaire Permanent Social, bulletin 634, 20 juillet 1998. *Légende :* x = tranche du revenu servant d'assiette d'imposition (le revenu de référence est le salaire brut mensuel pour les salariés, le revenu imposable annuel pour les indépendants) ; P = plafond de la Sécurité sociale, fixé en 1998 à 14 090F. (1) Régime de base et retraites complémentaires obligatoires pour les salariés (régime ARCOO pour x < p et régime AGIRC pour x > p, au taux minimum à chaque fois) pour les salariés ; uniquement régime de base pour les indépendants (s'y s'ajoutent des cotisations de retraite complémentaire obligatoire aux taux très variables selon les régimes). (2) Assurance maladie, maternité, invalidité, décès pour les salariés ; assurance maladie et maternité pour les indépendants. (3) Hormis mesures d'allègement des cotisations patronales sur les bas salaires. (4) En plus de cette cotisation à taux très faible, les membres des professions libérales doivent acquitter, pour leur régime de base d'assurance vieillesse, une cotisation forfaitaire variable selon les régimes, s'échelonnant au 1er janvier 1998, de 9 216 F/an pour les auxiliaires médicaux à 15 216 F/an pour les agents généraux d'assurance.

Aussi, au terme d'une étude consacrée à comparer les différents régimes de Sécurité sociale, le CERC devait conclure que « *les assiettes de cotisations employées par les divers régimes reflètent très inégalement les réelles capacités contributives des assurés. Partout il y a sous-estimation, mais à des degrés divers. Ainsi l'assiette effectivement utilisée pour le calcul des cotisations représente 70 % de la rémunération brute réelle des salariés du régime général, contre 62 % pour les fonctionnaires et seulement 50 % pour les indépendants non agricoles*[20] ».

À quoi s'ajoutent des taux d'imposition des indépendants nettement moins élevés que ceux des salariés (tableau 3.7). Même en y ajoutant les taux de cotisation des retraites complémentaires obligatoires des travailleurs indépendants, dont il n'a pas pu être

20. *Comparaison des régimes de Sécurité sociale (tome I)*, Documents du CERC, n° 63, La Documentation française, 1983, p. VIII.

tenu compte du fait de la diversité des régimes, l'écart s'élève à une quinzaine de points au-dessous du plafond et à près d'une trentaine de points au-dessus du plafond (les cotisations des indépendants étant encore souvent plafonnées, contrairement à celles des salariés).

Ce moindre taux de contribution des indépendants se paie cependant d'une plus mauvaise couverture sociale. Par exemple, aucun indépendant ne touche d'indemnités journalières en cas de cessation d'activité pour maladie ; et le taux de remboursement des dépenses médicales est moins élevé pour les indépendants non agricoles que pour les salariés, de même qu'ils ne bénéficient d'aucune protection spécifique contre les accidents du travail. Ce qui pose évidemment le problème des inégalités face aux prestations sociales, que nous aborderons dans le chapitre suivant.

3. Enfin, entre les salariés eux-mêmes, les inégalités ont longtemps tenu à l'existence d'un plafonnement de l'assiette des cotisations sociales. Ce plafond ne persiste plus aujourd'hui que pour l'assurance-vieillesse (régime de base et retraites complémentaires). Pour l'assurance-chômage, l'effet est inverse, du moins pour les salaires situés entre le plafond et quatre fois le plafond ; au-delà, elle redevient elle aussi dégressive. Si bien qu'en définitive les bénéficiaires de salaires bruts supérieurs au plafond, soit une bonne partie des professions intermédiaires et bien évidemment des cadres, paient aujourd'hui proportionnellement guère moins de cotisations sociales que les autres salariés, notamment que les employés et les ouvriers. Seuls les titulaires de très hauts salaires (supérieurs à 56 000 F/mois en 1998) se voient désormais proportionnellement moins taxés que les autres.

Progressivité ou dégressivité des prélèvements obligatoires ?

Au cours des années soixante-dix, quelques rares études pionnières avaient établi que le prélèvement socio-fiscal était globalement... dégressif[21]. Ces résultats iconoclastes n'avaient jusqu'à présent pas été réellement démentis : les seules études postérieures ne tenaient compte que de l'IR et des cotisations sociales, et omettaient la totalité des impositions indirectes, nettement

21. *Id.*, p. 94.

dégressives. Pourtant, ces résultats demandaient à être actualisés, en tenant compte des modifications intervenues depuis lors (redéfinition des tranches d'imposition de l'IR, création de l'ISF, modification des taux de la TVA, déplafonnement de la plupart des cotisations sociales, création de la CSG et de la CRDS).

Deux études récentes ont procédé à cette actualisation. Elles conduisent à rectifier en partie l'appréciation sur la progressivité du système des prélèvements obligatoires.

La commission Ducamin a demandé à la direction de la prévision du ministère des Finances de procéder à un certain nombre de *simulations* pour évaluer le total des prélèvements obligatoires subis par un certain nombre de ménages types de salariés en pourcentage du coût salarial total (tableau 3.8). Le prélèvement socio-fiscal n'apparaît ainsi globalement progressif que pour les célibataires, sa progressivité s'atténuant cependant dans le haut de l'échelle (colonne 1). Pour les couples, avec ou sans enfants, son taux varie selon une courbe en U : quelquefois fortement dégressif dans le bas de l'échelle (jusqu'au 3e ou 5e décile selon les cas), il n'est que faiblement progressif dans la seconde partie du classement, pour les revenus confortables ou élevés. Pour tous les couples avec enfants (colonnes 3, 5 et 6), le dernier centile est ainsi moins imposé que le premier voire le deuxième décile !

L'allure générale de cette courbe s'explique pour la combinaison des effets contraires des différents prélèvements. Les ménages situés dans le bas de l'échelle supportent essentiellement les prélèvements dégressifs que sont les impôts indirects et, dans une moindre mesure, les cotisations sociales, en ne bénéficiant que peu ou même pas du tout de l'effet correcteur apporté par la progressivité d'un impôt sur le revenu dont une bonne partie d'entre eux est exonérée. À ce seuil de revenu, le poids déterminant des impôts indirects, pesant sur la consommation des ménages, apparaît lorsqu'on compare les célibataires et les couples sans enfant aux couples avec enfants, comme lorsqu'on compare les couples avec deux enfants à ceux avec trois enfants : lorsque le cercle du ménage s'accroît, les dépenses de consommation courante augmentent et, avec elles, la part du faible revenu qui supporte l'imposition indirecte. Ainsi, dans le premier décile, un célibataire salarié sans enfant acquitte en moyenne 4 700 F de TVA et de TIPP, tandis que ce prélèvement s'élève à 16 550 F pour un couple de deux salariés avec deux enfants [22].

22. *Cf.* INSEE, *Tableaux de l'économie française 1998-1999*, p. 87.

Tableau 3.8

Taux de prélèvement obligatoire pour différents cas types de ménages de salariés

(en pourcentage du coût salarial total)

Quantiles	1	2	3	4	5	6
10	49,35	54,14	67,42	57,75	61,74	70,06
20	53,93	51,66	57,49	52,51	61,35	55,00
30	55,86	52,66	53,63	52,67	52,57	55,56
40	56,95	53,99	53,20	53,18	51,74	51,51
50	58,56	54,43	53,62	54,95	53,27	51,92
60	58,66	54,54	53,69	55,65	53,75	52,48
70	59,76	55,42	54,14	56,11	54,19	53,51
80	60,44	55,46	54,54	57,16	54,57	53,34
90	61,58	56,17	54,13	57,90	55,40	53,67
95	62,02	57,91	56,47	58,63	56,81	54,33
99	62,71	58,74	56,61	61,22	59,32	57,03

Source : rapport Ducamin, annexes, *op. cit.*, p. 80-92. *Légende :* 1 = célibataire sans enfant ; 2 = couple un revenu sans enfant ; 3 = couple un revenu deux enfants ; 4 = couple deux revenus sans enfant ; 5 = couple deux revenus deux enfants ; 6 = couple deux revenus trois enfants. Ces simulations ont retenu comme prélèvements : l'IR, la taxe d'habitation, la TVA et la TIPP, les cotisations sociales (salariales et patronales) et la CSG. Les coûts salariaux ont été évalués en exploitant l'enquête « Revenus fiscaux » de l'INSEE de 1990.

Cependant, au fur et à mesure que l'on s'élève dans l'échelle des revenus, la progressivité de l'IR tend à compenser le caractère dégressif des impôts indirects et des cotisations sociales, sans toutefois que cette compensation soit totale pour les couples avec enfants. D'autant que, dans ce cas, la progressivité de l'IR se trouve atténuée par le quotient familial, dont nous avons vu qu'il bénéficie bien plus aux revenus élevés qu'aux revenus modestes.

Des résultats similaires s'observent pour les ménages d'indépendants (tableau 3.9). Là aussi, les prélèvements sont en gros progressifs dans le cas des célibataires, tandis que leur courbe de variation dessine un U dans le cas des couples ayant deux enfants. À cette différence près par rapport aux couples de salariés que la courbe se redresse beaucoup plus tard, au niveau du 9e voire du 10e décile seulement, ce qui rend les prélèvements dégressifs pour l'immense majorité d'entre eux. Surtout, le taux de prélèvement subi par les indépendants est globalement inférieur à celui des salariés, de 5 à 15 points selon les situations, essentiellement du fait des possibilités d'établir leur revenu fiscal sur une base forfaitaire et de moindres taux de cotisations sociales. Et, de tous les indépendants, ce sont les agriculteurs qui subissent les moindres taux de prélèvement socio-fiscal.

Tableau 3.9

Taux de prélèvement obligatoire pour différents cas types de ménages d'indépendants

(en pourcentage du bénéfice brut)

Quantiles	1	2	3	4	5	6
10	43,34	63,47	39,65	61,04	43,76	63,74
20	48,56	51,36	44,47	47,48	41,38	44,55
30	49,33	45,42	46,91	42,82	41,71	37,24
40	48,80	43,58	47,95	42,65	42,32	36,47
50	49,56	42,11	48,48	40,88	44,27	36,08
60	48,87	40,92	47,29	39,10	44,63	34,90
70	50,28	41,23	48,31	38,92	45,38	35,48
80	50,28	41,28	48,18	48,18	45,91	35,77
90	51,76	40,01	48,92	48,92	47,03	34,19
95	58,91	51,10	49,13	49,13	48,04	38,28
99	61,71	54,62	53,22	53,22	52,71	44,05

Source : rapport Ducamin, annexes, *op. cit.*, p. 97-102. *Légende :* 1 = médecin célibataire ; 2 = médecin marié deux enfants ; 3 = commerçant célibataire ; 4 = commerçant marié deux enfants ; 5 = agriculteur célibataire ; 6 = agriculteur marié deux enfants.

Ces simulations ont confirmé que les taux de prélèvement sur les revenus patrimoniaux sont nettement inférieurs à ceux supportés par les revenus salariaux. Ainsi, pour un même revenu de 236 000 F, un couple de salariés avec deux enfants subit un taux de prélèvement de 54,4 %, alors que ce taux n'est que de 42,9 % si ce ménage ne touche que des revenus de capitaux mobiliers, et de 37,2 % si ses revenus sont exclusivement composés de loyers [23].

De son côté, sur la base de la dernière enquête « Budget des familles » menée en 1994, l'INSEE s'est livré à une évaluation du taux de prélèvement obligatoire. Les résultats diffèrent des précédents, non pas à cause des prélèvements retenus (l'IR, la taxe d'habitation et la taxe foncière, la TVA, la TIPP et les accises sur le tabac, ainsi que la totalité des cotisations sociales) mais du fait du revenu auquel ils se trouvent rapportés. Il ne s'agit plus ici, comme dans le cas précédent, des seuls revenus primaires bruts, mais de l'ensemble des revenus des ménages : revenus d'activité, revenus du patrimoine, revenus sociaux, transferts d'autres ménages. Ces revenus ont été évalués sur la base des déclarations à l'enquête, le cas échéant redressés à partir des données de la Comptabilité nationale (notamment pour les revenus du patrimoine) [24].

23. *Cf.* supplément à *Pour*, *op. cit.*, p. 21-26.
24. On ne dispose pas de données cohérentes sur toute la période pour la plupart de ces revenus. Celles réunies par le tableau 2.6 proviennent de deux sources différentes (CERC et INSEE) qui ne couvrent ni les mêmes professions ni les mêmes périodes.

Les variations du taux de prélèvement obligatoire présentent alors l'allure d'une courbe en Γ (tableau 3.10) : il est fortement progressif sur les six premiers déciles, au-delà desquels il ne croît plus que faiblement et tend même à s'infléchir au niveau du dernier vingtile. C'est en fait très exactement l'allure générale de la courbe de variation des taux des cotisations sociales, à peine corrigée dans le haut du tableau par la forte progressivité du prélèvement fiscal sous l'effet de l'Ir.

Ce résultat semble contredire nos conclusions antérieures sur le caractère au mieux proportionnel, voire dégressif, des taux de prélèvement social. C'est que les cotisations sociales ne sont plus ici rapportées aux seuls revenus primaires, mais à la totalité des revenus des ménages. Or nous avons vu que les cotisations sociales reposent essentiellement sur les revenus d'activité. Par conséquent, pour un revenu donné, moins y est importante la part des revenus d'activité, plus faible est le taux de prélèvement social qu'il subit.

Ainsi peuvent s'expliquer les variations du taux de prélèvement social dans le bas de l'échelle des revenus. Nous verrons en

Tableau 3.10

Prélèvement obligatoire en pourcentage du revenu brut de cotisations sociales

Vingtiles	Cotisations sociales	Prélèvement fiscal	Total
1	3,6	13,5	17,1
2	8,9	12,3	21,2
4	14,3	12,7	27,0
6	18,3	12,6	30,9
8	22,9	12,3	35,2
10	24,4	13,0	37,7
12	28,3	12,3	40,6
14	28,5	12,7	41,2
16	29,1	13,2	42,3
18	29,0	13,4	42,4
19	28,1	14,3	42,4
20	25,5	16,5	42,0
Ensemble	**25,4**	**13,5**	**38,9**
Salariés occupés	*34,6*	*12,1*	*46,7*
Indépendants en activité	*19,6*	*16,6*	*36,2*
Retraités « purs »	*3,2*	*15,9*	*19,1*

Source : Insee, *op. cit.*, p. 105-106. *Légende :* les ménages sont classés par vingtiles ; les taux indiqués sont des moyennes par vingtiles ; les résultats de tous les vingtiles ne figurent pas dans le tableau.

effet (chapitre 5) que plus les revenus d'un ménage sont faibles, plus la part des revenus de transfert (publics ou privés), dont la majeure partie échappe à toute cotisation sociale, est élevée. D'où la faiblesse du taux de prélèvement social dans le premier vingtile et sa forte progression dans les vingtiles suivants, au fur et à mesure que la part des revenus sociaux dans le revenu global des ménages diminue et que s'accroît celle des revenus d'activité.

Mais les revenus sociaux ne sont pas les seuls à échapper aux cotisations sociales ; c'est aussi le cas des revenus patrimoniaux. Par conséquent, pour un niveau de revenu donné, plus la part des revenus patrimoniaux dans le revenu global d'un ménage est importante, plus le taux de prélèvement social qu'il subit est faible. Conjugué au plafonnement des cotisations d'assurance-vieillesse, cela explique la baisse de ce taux dans les derniers déciles, regroupant les ménages qui monopolisent l'essentiel des revenus patrimoniaux.

Le tableau 3.10 confirme aussi la forte différence de taux de prélèvement social entre salariés et indépendants, de l'ordre de 15 points en moyenne, qui n'est que partiellement compensée par un taux de prélèvement fiscal plus important, conséquences de leurs revenus en moyenne supérieurs. Quant aux retraités, l'essentiel de leur prélèvement est d'ordre fiscal, les pensions de retraite ne supportant qu'un faible prélèvement au titre de l'assurance-maladie.

Les inégalités face aux prestations sociales

4.

Le chapitre précédent a mis en évidence la manière inégale dont, à travers les prélèvements obligatoires, les différentes catégories sociales contribuent aux recettes des pouvoirs publics. Pour parachever l'analyse du mécanisme redistributif, il nous faut à présent déterminer la manière dont elles bénéficient de leurs dépenses.

Comment ces dépenses sont-elles réparties entre les différentes catégories sociales? Compensent-elles ou au contraire aggravent-elles encore les inégalités résultant des revenus primaires et des prélèvements obligatoires? Et, en définitive, qui est gagnant et qui est perdant à l'ensemble de ce processus redistributif qui s'opère par le biais des finances publiques?

Formulée en ces termes généraux, la question est quasi insoluble. En effet, relativement aux revenus des ménages, les dépenses publiques prennent essentiellement deux formes différentes. D'une part, celle d'allocations monétaires venant soit remplacer le revenu professionnel quand celui-ci s'interrompt temporairement (du fait de la maladie ou du chômage) ou définitivement (du fait de l'invalidité ou de la retraite), soit le compléter pour faire face à des charges supplémentaires (liées par exemple à la présence d'enfants). D'autre part, celle de la mise à disposition gratuite ou quasi gratuite de services publics et d'équipements collectifs : le remboursement des soins médicaux ou la prise en charge des frais d'hospitalisation aussi bien que la scolarisation des enfants, la voirie, la justice ou les subventions accordées aux spectacles culturels et sportifs en fournissent autant d'exemples.

Or, si l'évaluation de la répartition des allocations monétaires entre les différentes catégories reste de l'ordre du possible, il n'en va pas de même pour l'accès aux équipements collectifs et aux services publics. Chaque fois que celui-ci est impersonnel, la redistribution qui s'opère par ce biais est difficile pour ne pas dire impossible à observer et à mesurer. Ainsi, s'il est possible de savoir qui bénéficie des remboursements des soins et produits médicaux et qui a recours aux services hospitaliers, comment déterminer en revanche combien chacun bénéficie du système routier ou autoroutier, de l'éclairage public ou encore des équipements sportifs et culturels?

Nous nous limiterons donc ici à l'évaluation des inégalités face aux prestations sociales, en espèces et en nature. Ces prestations composent l'essentiel de notre système de protection sociale et permettent aux ménages de faire face aux aléas de l'existence susceptibles de provoquer l'interruption, l'insuffisance voire l'inexistence de revenus primaires. Avant d'en aborder l'analyse, il convient cependant d'évoquer quelques problèmes de méthode liés à l'évaluation de ces inégalités.

Question de méthode

Si la définition de l'inégalité en matière de prélèvements ne pose aucun problème majeur, il n'en va pas de même en ce qui concerne les prestations. Comment la définir et comment la mesurer?

Tout système de protection sociale peut être évalué en fonction de deux logiques extrêmes, à la fois complémentaires et contradictoires. La première répond au principe : *« À chacun selon ses besoins. »* Certains besoins incompressibles ayant été définis, il s'agit pour la société d'en assurer impérativement la satisfaction, sans aucune autre considération que la nécessité sociale et morale d'assurer à chacun de ses membres un standard de vie minimal. Dans ces conditions, les prestations sociales assurent en principe un transfert de richesse de ceux à qui leurs revenus primaires permettent de satisfaire par eux-mêmes leurs besoins vers ceux qui ne pourraient les satisfaire sans ces prestations : les premiers fournissent l'essentiel des prélèvements qui financent des prestations que ne bénéficient qu'aux seconds. Répondant à un impératif de solidarité, la protection sociale exige alors une redistribution des revenus réduisant les inégalités de revenus primaires.

À cela s'oppose la logique de l'assurance individuelle répondant au principe : *« À chacun selon ses cotisations »*, c'est-à-dire en définitive : *« À chacun selon ses moyens. »* Chacun choisit ou non de s'assurer contre un certain nombre de risques de l'existence (risque maladie, risque invalidité, risque chômage, risque vieillesse, etc.), à un certain niveau de couverture de ces risques. En conséquence, chacun ne peut espérer recevoir de prestations que pour autant qu'il a cotisé et dans la limite de ses cotisations. La protection sociale est alors en principe neutre du point de vue de la redistribution des revenus (chacun reçoit en proportion de ce qu'il a versé), à ce facteur près qu'est l'aléa du risque : *in fine*, les cotisations du bien-portant couvriront les soins du malade, comme les primes des bons conducteurs servent à dédommager les sinistres des chauffards.

Le système français de protection sociale combine ces deux logiques, de manière souvent inextricable[1]. D'une part, il se compose d'un ensemble de prestations dites contributives parce que leur perception est subordonnée à l'acquittement préalable de cotisations assises sur les revenus d'activité : c'est le cas des prestations maladie, maternité, invalidité, décès, de celui de

1. *Cf.* Gérard Lattès, « La protection sociale : entre partage des risques et partage des revenus », *Économie et Statistique*, n° 291-292, 1996-1/2.

l'allocation universelle dégressive de chômage, de celui des pensions de retraite (régime de base et retraites complémentaires). Ces prestations répondent en principe à une logique d'assurance, comme l'indiquent d'ailleurs les noms des organismes qui les versent et des cotisations qui les financent. Il ne s'agit cependant pas d'un système d'assurance privée : l'assurance est obligatoire et les cotisations servent à alimenter un fonds commun à l'ensemble des membres d'une même catégorie (les différentes caisses des différents régimes d'assurances sociales [2]). Il s'agit donc plutôt d'un système d'assurance collective, instituant un minimum de solidarité mutualiste sur une base socio-professionnelle.

À ces prestations contributives s'ajoutent d'autre part des prestations non contributives, dont la perception n'est pas subordonnée au versement préalable de cotisations mais à l'existence d'une situation de nécessité répondant à des conditions définies par les administrations publiques. Tel est le cas aussi bien des prestations familiales que des différents minima sociaux (minimum vieillesse, allocation d'adulte handicapé, RMI, etc.). Ces prestations non contributives répondent donc clairement à une logique de solidarité et, financées par des impôts ou des cotisations sociales, elles assurent des transferts de revenus entre ménages.

De toute évidence, selon que l'on privilégie l'une ou l'autre de ces deux logiques, on est conduit à définir et à mesurer différemment les inégalités qui peuvent naître des revenus sociaux. Si l'on se place du point de vue assurantiel, l'inégalité ne peut consister apparemment qu'en ce que certains puissent recevoir plus ou moins que ce à quoi leurs cotisations leur donnent droit. Les questions à se poser sont alors les suivantes : chacun reçoit-il en proportion de son effort contributif ? Certaines catégories ne bénéficient-elles pas de transferts indus au détriment d'autres catégories ?

C'est à un tout autre type d'interrogation que l'on est conduit lorsqu'on se place dans une perspective de solidarité. L'inégalité fondamentale consiste alors en ce que les besoins jugés fondamentaux de certaines catégories de la population en matière de protection sociale puissent ne pas être satisfaits ou n'être qu'insuffisamment satisfaits par le système de protection sociale, en violation de ses propres principes et de la norme assurée au restant de la population. Les questions à se poser sont alors les suivantes : quelles sont les limites de notre système de protection

2. Les assurances sociales regroupent la Sécurité sociale proprement dite, avec ses trois branches vieillesse, maladie, famille, et l'assurance chômage qui en est indépendante, gérée par l'UNEDIC.

sociale ? Les prestations qu'il verse sont-elles toujours suffisantes pour couvrir les besoins auxquels elles sont censées répondre ? Pire : ces prestations sont-elles toujours versées à ceux qui en ont besoin de façon urgente ? Et qui sont les « laissés pour compte » éventuels de notre système de protection sociale ?

C'est à ces deux types d'interrogation, opposés bien que complémentaires, que nous allons nous livrer maintenant en passant en revue les différentes catégories de prestations sociales.

Les prestations contributives

Leur versement étant conditionné par l'acquittement préalable de cotisations, les prestations contributives semblent relever d'une pure logique d'assurance et, à ce titre, être justiciables d'une évaluation en termes de *« neutralité actuarielle »*. Une prime d'assurance est qualifiée d'actuariellement neutre lorsqu'elle est égale à l'espérance mathématique d'indemnisation, c'est-à-dire au produit de l'indemnisation du risque qu'elle couvre par la probabilité de réalisation de ce risque. Appliqué à une assurance sociale, ce principe implique que la cotisation soit égale à l'espérance mathématique de prestation. Dans le cas contraire, si la cotisation est supérieure ou inférieure à cette espérance, c'est qu'il y a redistribution sous couvert d'assurance. Certains sont alors amenés à verser plus que ce qu'ils peuvent espérer recevoir, ce qui permet inversement à d'autres de verser moins que leur espérance mathématique de prestation.

Concrètement, la neutralité actuarielle d'un système d'assurance ne peut que s'apprécier *ex post* et de manière statistique, à travers des bilans redistributifs. Un tel bilan consiste à comparer le montant des cotisations acquittées à celui des prestations reçues par différentes catégories d'assurés, pour un risque donné et sur une durée déterminée. Pour que l'assurance soit actuariellement neutre, le rapport prestations/cotisations (p/c) doit être égal pour l'ensemble des assurés. Dans le cas contraire, cela implique que les prestations des uns sont en partie financées par les cotisations des autres.

Inspiré par une stricte logique assurantielle, un pareil raisonnement est en fait mal adapté à une évaluation du caractère plus ou moins inégalitaire des prestations contributives versées aux assurés sociaux. Pour au moins quatre raisons différentes.

Une protection sociale à trois vitesses

En premier lieu, indépendamment même de leurs résultats, on peut reprocher aux bilans redistributifs de masquer et de justifier implicitement, par leur démarche même, l'inégalité foncière qu'implique toute logique strictement assurantielle. Une pareille logique privilégie en effet ceux qui, en cotisant, peuvent acquérir des droits à prestation par rapport à ceux qui, ne pouvant pas cotiser, se trouvent du coup privés de ces mêmes droits ou dont les droits se trouvent limités aux seules prestations de solidarité.

Cette inégalité est pourtant au cœur du système français de protection sociale. L'essentiel des prestations qui le composent étant de nature contributive et les cotisations ouvrant droit à ces prestations étant prélevées sur les revenus d'activité, leur perception se trouve subordonnée à l'exercice régulier d'une activité professionnelle. Aussi ceux dont l'activité professionnelle est inexistante, intermittente ou insuffisante se trouvent du coup privés de tout droit à ce type de prestations.

C'est le cas par exemple des personnes qui ont été inactives leur vie durant, ou dont la durée d'activité n'a pas été suffisante pour acquérir des droits à une pension de retraite (hormis la pension de reversion qu'elles peuvent éventuellement toucher en tant que conjoint survivant d'un retraité décédé). C'est pour elles qu'a été créé le minimum vieillesse, dont nous reparlerons plus loin, et qui, bien que les bénéficiaires en soient de moins en moins nombreux, était encore versé à 860 000 personnes en 1996.

C'est le cas aussi des jeunes chômeurs qui n'ont jamais travaillé ou qui n'ont pas travaillé suffisamment longtemps et qui ne peuvent donc pas prétendre percevoir l'allocation de chômage. C'est ainsi qu'en septembre 1997 pas même un quart des chômeurs (22,4 %) de moins de 25 ans étaient indemnisés, à quelque titre que ce soit, alors que ce n'était le cas que de la moitié (49 %) de l'ensemble des chômeurs [3].

C'est le cas enfin, relativement à l'assurance-maladie, des personnes exerçant une activité professionnelle sans acquitter de cotisation ou n'exerçant aucune activité professionnelle et n'étant pas ou plus ayant droit (conjoint, enfant) d'une personne assurée. Selon la dernière enquête « Santé » réalisée par l'INSEE en 1990-1991, 0,5 % des personnes vivant en ménage ordinaire (soit environ 250 000 personnes) ne disposait ainsi d'aucune couverture par

3. *Cf.* UNEDIC, *Bulletin de liaison*, n° 148, 2e trimestre 1998, p. 94. Il s'agit des seuls DEFM (demandeurs d'emploi en fin de mois) des catégories 1 à 6.

l'assurance-maladie ; et parmi elles, plus de la moitié ne disposaient pas davantage de l'aide médicale gratuite [4]. Encore ce type d'enquête ne couvre-t-il que les personnes vivant en ménages ordinaires, à l'exclusion de celles vivant en structure collective ou sans domicile, parmi lesquelles figurent sans doute bon nombre de personnes elles aussi dépourvues de droit.

Tableau 4.1

Taux de souscription d'assurances complémentaires selon le niveau de revenu des ménages en 1996

(en pourcentage des ménages)

Assurance-maladie complémentaire		Assurance-vie, épargne-retraite	
Montants des revenus		Déciles	
Moins de 45 000F	61,5	D_1	11,8
dont chômeurs	*35,0*	D_2	21,7
De 45 000F à 80 000F	69,1	D_3	28,1
		D_4	38,5
De 80 000F à 120 000F	79,1	D_5	43,6
		D_6	51,5
De 120 000F à 180 000F	89,8	D_7	55,2
		D_8	62,7
Plus de 180 000F	93,7	D_9	64,4
		D_{10}	70,5
Ensemble	**84,3**	**Ensemble**	**44,8**

Source : pour les taux de détention d'assurance-maladie complémentaire, *cf.* INSEE *Première*, n° 523, juin 1997 ; pour les taux de détention d'assurance-vie et d'épargne-retraite, *cf.* INSEE, « Revenus et patrimoine des ménages. Édition 1996 », *Synthèses*, n° 5, p. 162.

Inscrite au cœur de notre système de protection sociale, l'inégalité face aux prestations contributives n'a cessé de s'aggraver au cours de ces dernières années, au rythme de la marginalisation voire de l'exclusion d'une partie grandissante de la population à l'égard des formes stables d'emploi, voire de l'emploi tout court. Cette première inégalité structurelle se double d'une seconde qui, elle aussi, n'a cessé de s'aggraver au cours de ces dernières années et que masquent également les bilans redistributifs. Elle résulte du processus de « privatisation » rampante de notre système de protection sociale, qui impose de compléter les prestations contributives garanties par les assurances sociales (dont le niveau de couverture

4. *Cf.* INSEE, *Données sociales 1993*, p. 507.

n'a pas suivi l'évolution des besoins) par des assurances complémentaires de caractère privé, mutualistes ou non : assurances complémentaires maladie, retraites complémentaires facultatives, retraites par capitalisation, assurances-vie, etc. Car l'accès à cette protection sociale complémentaire est inégalement ouvert selon le niveau de revenu des ménages, ainsi que le montre le tableau 4.1 : plus le ménage dispose de revenus importants, plus sa protection sociale peut s'étendre.

Ainsi le principe même qui fait dépendre la protection sociale de l'exercice d'une activité professionnelle, donc des revenus inégaux qu'elle procure, institue-t-il une protection sociale à trois vitesses. À l'un des pôles figure la minorité grandissante des exclus de l'emploi qui bénéficient au mieux des seules prestations de solidarité ou qui peuvent même se trouver privés de toute protection sociale. À l'autre pôle, une petite minorité de privilégiés peut s'offrir, grâce à des revenus élevés, une protection sociale aussi étendue que possible. Entre les deux, la grande masse des assurés sociaux doit se contenter d'un système de protection sociale dans lequel, sous l'incidence des politiques libérales de compression des dépenses publiques, les cotisations sont allées en augmentant tandis que les prestations tendaient à diminuer. C'est tout ce processus, foncièrement inégalitaire, qu'occulte et entérine à la fois la logique assurantielle des bilans redistributifs.

Une exposition inégale aux risques

En second lieu, on peut reprocher à ces bilans redistributifs de déboucher à l'occasion sur des conclusions parfaitement absurdes. Dira-t-on, par exemple, que les personnes chroniquement malades ou les chômeurs de longue durée sont privilégiés sous prétexte qu'ils « bénéficient », proportionnellement à leurs cotisations, de plus de prestations d'assurance-maladie ou d'assurance-chômage que les bien-portants et les actifs dont l'emploi est protégé ? Et dira-t-on inversement que ces derniers sont « victimes » d'une inégalité sous prétexte qu'ils versent des cotisations dont ils ne percevront sans doute jamais la contrepartie en prestations ? Cela peut aller à la limite jusqu'à inverser le sens des inégalités sociales, en présentant comme des « privilégiés » ceux pour qui le rapport p/c est plus favorable alors que c'est la conséquence de leur exposition à des risques plus fréquents ou plus graves, donc de leur situation de « défavorisés ».

On touche là à une limite essentielle de l'évaluation des assurances sociales en termes de neutralité actuarielle. Dans la mesure où il repose sur le postulat de l'équiprobabilité des risques encourus par une même classe d'assurés, le calcul d'une telle neutralité se heurte précisément à l'inégalité d'exposition des différentes catégories sociales aux risques que sont censées couvrir les assurances sociales.

Nous l'avons bien vu, dans le chapitre 1, en ce qui concerne le chômage, la précarité et le sous-emploi. Il n'y aurait nulle surprise à constater qu'un bilan redistributif de l'assurance-chômage établisse que le rapport p/c est plus favorable aux ouvriers ou aux employés qu'aux cadres : ce ne serait là que la conséquence de leur exposition plus fréquente au risque de chômage[5].

Nous verrons, au cours du chapitre 9, qu'il en va de même en ce qui concerne la maladie, notamment du fait des inégalités des conditions de travail et d'existence en général. Dans ces conditions, il est normal que le rapport p/c apparaisse, parmi les salariés relevant du régime général, plus favorable aux ouvriers qualifiés (0,73) et plus encore aux ouvriers non qualifiés (0,87) qu'aux cadres supérieurs (0,34) ou aux instituteurs (0,35), comme a pu l'établir l'étude déjà ancienne de Sébastien Darbon souvent citée comme modèle d'un bilan redistributif en matière d'assurance-maladie[6]. C'est que la morbidité des premiers est plus élevée que celle des seconds.

C'est un phénomène analogue, mais de sens inverse, qu'ont mis en évidence différents bilans de l'assurance-vieillesse, du fait de l'inégalité entre catégories sociales face à ce risque existentiel majeur qu'est non pas la vieillesse mais la mort : « *Ce sont bien les catégories (CSP) les plus favorisées qui bénéficient des bilans prestations-cotisations les plus élevés, en raison du rôle déterminant des espérances de vie. Dans un système d'assurance où il y a mutualisation du risque, ce qui est ici le cas, il n'y aurait redistribution selon l'axe des revenus* [des catégories favorisées vers les catégories défavorisées] *que si l'intensité du risque était proportionnelle au revenu. Or on est ici dans le cas inverse puisque le lien entre revenu et espérance de vie – le risque de longévité – demeure positif et important*[7]. » En effet, comme nous le verrons au chapitre 9 également, les catégories sociales les plus aisées sont aussi celles dont les membres vivent en moyenne le plus longtemps, en prolongeant d'autant la durée de perception de leurs pensions de

5. À notre connaissance, aucun bilan redistributif de l'assurance-chômage n'a jamais été tenté.
6. *Cf.* « Assurance-maladie et redistribution du revenu : une question de méthodes », *Revue d'économie politique*, 1983, n° 3.
7. Florence Legros, « Neutralité actuarielle et propriétés redistributives des systèmes de retraite », *Économie et Statistique*, n° 291-292, 1996, 1/2, p. 177.

retraite. À quoi s'ajoute qu'elles sont aussi celles dont la durée de cotisation de leurs membres est la plus courte, du fait de leur entrée en moyenne plus tardive dans la vie active.

Il apparaît ainsi que les prestations contributives instituent des transferts entre catégories sociales parce qu'elles soumettent à un même «contrat d'assurance» des individus dont l'exposition au risque couvert est inégale. Ce que ne font jamais les assurances privées, qui répartissent les assurés en différentes catégories de risques, en proposant aux «bas risques» des contrats plus avantageux qu'aux «risques élevés». Autrement dit, en instituant un partage obligatoire de risques inégaux, l'assurance sociale conduit nécessairement à un partage des revenus. Partage qui ne conduit pas toujours à une redistribution des hauts vers les bas revenus, puisqu'il peut s'accompagner d'effets pervers inverses, du fait même des inégalités de risques entre les différentes catégories d'assurés sociaux.

Un financement de plus en plus socialisé

Il apparaît ainsi en troisième lieu que, parce qu'ils postulent que les prestations répondent à une stricte logique d'assurance, les bilans redistributifs apprécient mal leur portée réelle, en masquant notamment les impératifs de solidarité auxquels elles répondent de plus en plus.

Au niveau de leurs bénéficiaires tout d'abord. Car certaines de ces prestations sont, de droit, versées à des personnes n'ayant elles-mêmes jamais cotisé. C'est le cas pour les prestations d'assurance-maladie qui sont dues non seulement à l'assuré social lui-même mais aussi, le cas échéant, à son conjoint et à ses enfants s'ils ne sont pas eux-mêmes assurés sociaux. C'est le cas aussi des pensions de retraite qui, sous forme de pensions de reversion, sont dues pour partie au conjoint de l'assuré défunt. Mais c'est surtout au niveau du financement de ces prestations que se manifeste le poids grandissant des impératifs de solidarité.

En premier lieu, sous la forme des transferts de compensation entre les différents régimes. La loi du 24 décembre 1974 a, en effet, introduit le principe d'une compensation généralisée entre l'ensemble des régimes de base d'assurance-vieillesse, des caisses d'assurance-maladie et des caisses de prestations familiales, complétant des mécanismes antérieurs de compensation bilatérale entre le régime général et certains régimes spéciaux de salariés. Cette compensation se justifie par le fait que certains de ces régimes sont structurellement déficitaires, pour différentes raisons. D'ordre démographique, tout d'abord, du fait d'un déséquilibre persistant voire croissant entre le nombre des cotisants et le nombre des bénéficiaires (directs et ayants droit) ; c'est le cas notamment de certains régimes spéciaux de salariés (SNCF, mines, marine). À quoi peut s'ajouter un facteur d'ordre économique : les montants réduits des revenus professionnels de certaines catégories, sur lesquels sont assises leurs cotisations, limitent d'autant leur faculté contributive ; c'est le cas, par exemple, pour les salariés agricoles, par ailleurs affectés eux aussi par un déséquilibre démographique, et dans une moindre mesure des exploitants agricoles. Mais cette faculté contributive peut aussi se trouver singulièrement sous-évaluée par la réglementation de certains régimes, tant par la minoration des taux de cotisation que par une définition de l'assiette de cotisation très éloignée du revenu professionnel réel ; nous allons y revenir dans un moment.

Quoi qu'il en soit, ces transferts conduisent à financer en partie les prestations des uns par les cotisations des autres. Les rapports annuels de la Commission des comptes de la Sécurité sociale nous apprennent ainsi que ce sont le régime général des travailleurs salariés ainsi que les régimes des fonctionnaires et des agents des collectivités locales qui sont mis à contribution par ces transferts, essentiellement au bénéfice de certains régimes spéciaux de salariés (mines, salariés agricoles) et des régimes d'indépendants, en premier lieu celui des agriculteurs. Ainsi, en 1996, le solde des transferts (transferts reçus – transferts versés) s'est établi à 38,77 milliards pour le régime des agriculteurs exploitants, à 21,84 milliards pour celui des salariés agricoles, à 19,94 milliards pour celui des mineurs, mais à – 19,44 milliards pour celui des fonctionnaires, – 18,76 milliards pour celui des agents des collectivités locales et – 13,53 milliards pour le régime général[8].

À quoi il convient d'ajouter, en second lieu, la part grandissante prise dans le financement de ces prestations dites contributives par l'impôt : contributions directes du budget de l'État et des collectivités locales, impôts et taxes affectés, dont la CSG et la CRDS constituent désormais la part essentielle. Les contributions publiques sont principalement versées à la CNAF et au régime de la SNCF ; quant aux impôts et taxes affectées, ils concernent surtout à nouveau la CNAF et le régime des exploitants agricoles, dans une moindre mesure la caisse d'assurance-maladie du régime général. Ce qui revient à chaque fois à financer les prestations versées par ces régimes non par les seules cotisations des assurés sociaux mais par le revenu général de la société.

8. *Cf.* Commission des comptes de la Sécurité sociale, *Les Comptes de la Sécurité sociale. Résultats 1996. Prévisions 1997 et 1998*, septembre 1997, t. 1, p. 271.

Tableau 4.2

Structure des ressources des principaux régimes de Sécurité sociale en 1996 (en %)

	Cotisations	Transferts reçus	Contributions publiques reçues	Impôts et taxes affectés	Autres
Régimes de salariés					
CNAMTS	94,5	1,6	0,2	1,9	1,6
CNAVTS	78,5	20,5	ins.	0,8	0,1
CNAF	67,9	0,8	11,1	20,0	0,2
ARCOO	77,8	20,4	ins.	0,0	1,8
AGIRC	78,5	19,4	0,0	0,0	2,1
Fonctionnaires	99,4	0,6	0,0	0,0	0,0
Collectivités locales	97,6	1,5	ins.	0,0	0,9
Mines	8,8	77,7	9,8	0,5	3,2
EDF-GDF	97,4	1,5	1,0	0,0	0,1
SNCF	39,5	23,5	35,0	0,3	1,8
Marins	19,5	32,1	47,9	0,2	0,3
Salariés agricoles	55,2	44,2	0,2	0,4	0,0
Régimes d'indépendants					
Exploitants agricoles	18,8	43,9	7,4	27,8	2,1
CANAM	78,0	0,0	0,0	13,8	8,2
CANCAVA	54,2	13,2	0,1	25,6	6,3
ORGANIC	40,2	25,4	0,0	32,7	1,7
CNAVPL	96,0	0,4	0,0	0,0	3,6
Barreaux	78,8	0,0	0,0	16,1	4,9

Source : Commission des comptes de la Sécurité sociale, *ibid. Légende :* CNAMTS = assurance-maladie du régime général ; CNAVTS = assurance-vieillesse du régime général ; CNAF = caisse nationale d'allocations familiales ; ARCOO = assurance retraite complémentaire obligatoire des salariés non cadres ; AGIRC = assurance retraite complémentaire obligatoires des cadres ; CANAM = assurance-maladie des indépendants non agricoles ; CANCAVA = assurance-vieillesse des artisans ; ORGANIC = assurance-vieillesse des industriels et commerçants ; CNAVPL = assurance-vieillesse des professions libérales (hors avocats) ; ins. = insignifiant.

Dans ces conditions, les cotisations ne représentent qu'une part minoritaire du financement d'un certain nombre de régimes (tableau 4.2). C'est le cas de certains régimes spéciaux de salariés (ceux des mineurs, des marins et de la SNCF) mais aussi de celui des exploitants agricoles ainsi que du régime d'assurance-vieillesse des industriels et commerçants. Seules l'assurance-maladie du régime général et celle des professions libérales, des régimes des fonctionnaires et des agents des collectivités locales parviennent à se financer presque entièrement sur leurs cotisations. Pour les autres régimes, celles-ci représentent entre la moitié et les quatre cinquièmes des ressources.

Dès lors que le financement d'un grand nombre de régimes est à ce point socialisé que les cotisations n'y occupent plus qu'une part minoritaire voire infime, les bilans redistributifs perdent toute signification, puisqu'on ne peut plus rapporter les prestations perçues aux cotisations versées : celles-ci ne sont plus leur source unique ni même principale de financement. Réciproquement, persister à vouloir évaluer les assurances sociales à l'aune des bilans redistributifs revient à occulter l'ampleur des transferts de ressources entre les différents régimes aussi bien que celle des recettes fiscales allouées à leur équilibre.

À droits égaux, efforts contributifs inégaux

La prise en compte de la socialisation croissante du financement de la protection sociale conduit enfin à se poser une dernière question que les bilans redistributifs ne permettent nullement d'envisager. Est-ce un même effort contributif qui est demandé dans chaque régime pour un niveau de protection sociale donné ? Autrement dit, les différents régimes de protection sociale satisfont-ils au principe *« À droits égaux aux prestations, efforts contributifs égaux »* ? Question parfaitement légitime dès lors que se trouve institué un mécanisme de transfert généralisé qui conduit à financer les prestations des uns par les cotisations des autres.

L'examen du problème se heurte à la grande disparité de réglementation existant entre les différents régimes, tant en ce qui concerne l'assiette et les taux de cotisations qu'en ce qui concerne les droits à prestations et la nature même de celles-ci. Une étude du CERC a cependant tenté de lever cet obstacle en ce qui concerne l'assurance-maladie et les prestations familiales [9]. Elle s'est inspirée du double principe suivant :

– Dans chaque régime, les prestations devraient être financées par les cotisations des seuls actifs, à l'exclusion de celles des inactifs, des subventions de l'État, des recettes financières diverses et, bien évidemment, des transferts de compensation entre régimes.

– L'effort contributif demandé aux assurés dans chaque régime devrait correspondre exactement à l'étendue de la protection sociale offerte, selon le principe *« À droits égaux, efforts contributifs égaux »*. L'effort contributif est ici défini par la part de leur revenu professionnel que les actifs d'un régime consacrent au financement de ce régime. Et, par revenu professionnel, il faut

9. *Comparaison des régimes de Sécurité Sociale* (tome I), Documents du CERC, n° 63, La Documentation française, 1983, chapitre IV.

entendre pour les salariés l'ensemble du salaire, cotisations salariales *et* patronales comprises (sans plafonnement) ; et pour les indépendants, le revenu professionnel, déduction faite des amortissements d'équipements productifs, mais correction apportée de la notoire sous-évaluation fiscale de ces revenus.

Les résultats sont éloquents. L'application des principes précédents aurait conduit à de sensibles modifications dans les taux de cotisations relativement à ceux observés lors des années de référence de l'étude (1980 et 1981). Le taux de cotisation du régime général n'aurait pas dû être modifié, l'excédent d'une année couvrant le déficit de l'année suivante. Le taux de cotisation aurait diminué légèrement pour les salariés agricoles, de manière beaucoup plus sensible pour les salariés des mines (de près de 30 %). En revanche, il aurait dû augmenter légèrement pour les exploitants agricoles (de l'ordre de 10 %), de manière plus nette pour les employés de la SNCF ainsi que pour les fonctionnaires et assimilés (entre 15 % et 25 %). Quant aux indépendants non agricoles (artisans, industriels et commerçants), leur taux de cotisation aurait dû plus que doubler en moyenne.

Ce sont des résultats analogues que livre l'étude quant aux allocations familiales. Les taux de cotisation du régime général et du régime des salariés agricoles seraient restés les mêmes. Ceux de certains régimes spéciaux de salariés (SNCF, mines) auraient même sensiblement diminué (de 10 % à 20 %), tandis que celui des fonctionnaires et assimilés aurait dû au contraire augmenter (entre 20 % et 30 %). Mais ce sont surtout les indépendants qui auraient vu leurs taux se modifier dans des proportions considérables : ceux des agriculteurs exploitants auraient crû de 60 % et ceux des indépendants non agricoles auraient, une fois encore, plus que doublé.

La conclusion de l'étude est donc claire : « *Il apparaît finalement que, tant pour l'assurance-maladie que pour les prestations familiales, la réalité observée en 1980 et 1981 ne correspond pas au principe "à droits égaux, efforts contributifs égaux"*[10]. » Autrement dit, pour un même niveau de protection sociale, les différents régimes spéciaux des salariés et surtout les régimes des indépendants exigent un moindre effort contributif de la part de leurs assurés que le régime général (qui sert ici de référence). Dans le cas des indépendants non agricoles, cet effort est même moitié moindre : à droits égaux, artisans, industriels et commerçants

10. *Id.*, p. VII.

paient proportionnellement moitié moins sur leur revenu réel que la moyenne des salariés relevant du régime général.

Les raisons de ces inégalités nous sont connues, nous les avons déjà détectées dans le chapitre précédent : de moindres taux de cotisations et surtout des assiettes de cotisations sous-évaluant nettement les revenus professionnels des travailleurs indépendants. Mais le second facteur est bien plus important que le premier : « *Nous avons montré, par exemple, que, pour les indépendants non agricoles, l'écart entre la situation observée et la situation théorique de référence provenait pour un tiers seulement de l'infériorité des taux de cotisation employés par la CANAM. Le reste de l'écart est dû au fait que l'assiette de cotisations sous-évalue fortement le revenu réel des assurés*[11]. » Et, dans la mesure où cette assiette n'a pas changé depuis, les conclusions de cette étude du CERC, pourtant déjà ancienne, restent pour l'essentiel valables aujourd'hui.

On comprend aussi que, dans ces conditions, certaines catégories tiennent tant au maintien de la séparation entre les régimes de Sécurité sociale : cette séparation garantit et perpétue leurs privilèges en matière de protection sociale. Elle leur permet de minorer leur effort contributif propre tout en mettant à contribution les cotisants des autres régimes par le biais des transferts de compensation qui, précisément, ne tiennent nullement compte de ces différences d'effort contributif selon les régimes.

Les pensions de retraite en 1997*

En 1997, on estimait à 11,7 millions le nombre de retraités de 60 ans et plus, dont 11 millions percevaient au moins un avantage de droit direct, les 700 000 personnes restantes (essentiellement des femmes) ne touchant que des pensions de reversion. La moyenne de ces pensions s'établissait à près de 6 800 F. Autour de cette moyenne existaient cependant de fortes disparités : 10 % de ces pensions étaient inférieures à 1 800 F/mois et 10 % supérieures à 12 250 F/mois, soit un rapport interdécile de 6,8.

Ces disparités concernaient tout d'abord les générations, les plus récentes ayant bénéficié en moyenne de durées de cotisation plus longues et de revenus d'activité plus élevés, principaux éléments servant de base de calcul au montant des pensions.

11. *Id.*, p. VIII.

L'écart entre hommes et femmes était très important. En moyenne, un homme percevait une retraite de 8 800 F contre à peine plus de 5 000 F pour une femme. Cet écart s'explique essentiellement par des différences de salaires à qualification égale, par les différences de structure de qualification des mains-d'œuvre masculine et féminine, mais aussi par des carrières plus souvent incomplètes chez les femmes**.

Les disparités étaient également fortes selon les régimes d'affiliation, et par conséquent entre catégories sociales. En ne considérant que les seuls unipensionnés (retraités ne touchant qu'une seule pension, ils sont plus de six sur dix dans ce cas), ce sont les anciens agriculteurs qui percevaient les pensions les plus faibles (1 977 F en moyenne), suivis par les commerçants (2 203 F) et les artisans (3 340 F), ainsi que par les salariés agricoles (3 179 F). À l'inverse, ce sont les anciens membres des professions libérales (11 995 F) et les anciens fonctionnaires d'État (10 897) qui touchaient les meilleures pensions, avec cependant de gros écarts parmi ces derniers entre la catégorie A (15 031 F) et la catégorie C (7 663 F). Les pensions versées par le régime général s'établissaient en moyenne à 5 787 F, avec là encore des écarts importants entre les cadres (15 202 F) et les autres salariés (7 043 F). Celles servies aux anciens agents des collectivités locales étaient en moyenne de 6 907 F, celles des régimes spéciaux de salariés (mines, marine, EDF, SNCF, etc.) sensiblement supérieures (8 741 F).

On pourrait donc croire qu'à l'âge de la retraite la hiérarchie des revenus se trouve en partie inversée, notamment entre indépendants et salariés. Ce serait oublier que les pensions liées aux régimes de base sont loin de constituer la seule source de revenus des retraités. S'y ajoutent en effet les retraites complémentaires facultatives, les différents produits financiers assurant des pensions de retraite par capitalisation (du type PER ou assurance-vie), les cessions d'actifs professionnels (pour les professions indépendantes) susceptibles de rapporter un capital dont il est possible de tirer un revenu supplémentaire et, plus largement encore, tous les revenus générés par le patrimoine accumulé par épargne au cours de la vie active. Si bien qu'on retrouve en définitive parmi les ménages de retraités une hiérarchie des revenus disponibles identique à celle des ménages d'actifs, comme nous le verrons au chapitre suivant.

* Sauf indications contraires, toutes les données contenues dans cet encadré sont empruntées à Odile Dangerfield et Danièle Prangere, « Les retraites en 1997 : 6 800 F par mois pour les retraités de 60 ans ou plus », *Solidarité Santé*, n° 1998-1, SESI, p. 9-23.

** *Cf.* Alain Bihr et Roland Pfefferkorn, *Hommes-femmes : l'introuvable égalité*, Éditions de l'Atelier, 1996, chapitre VII.

Les prestations familiales

L'aide publique aux familles prend essentiellement deux formes : celle de la réduction d'impôt sur le revenu par le jeu du quotient familial, déjà examinée au chapitre précédent ; et celle du versement de prestations familiales, dont nous allons nous occuper maintenant.

Bien qu'elles soient pour l'essentiel financées par des cotisations sociales, ces prestations sont non contributives : leur perception n'est pas subordonnée à l'acquittement des cotisations correspondantes. Cependant, si certaines sont versées à tous les ménages, quel que soit le montant de leurs revenus (allocations familiales, allocation parentale d'éducation, allocation de soutien familial, aide pour l'emploi d'une assistante maternelle agréée, allocation de garde d'enfant à domicile), d'autres sont au contraire soumises à des conditions de plafond de ressources (allocation pour jeune enfant, complément familial, allocation de rentrée scolaire, allocation de logement et aide personnalisée au logement).

Les prestations familiales assurent par principe une redistribution horizontale des ménages sans enfant vers les ménages ayant des enfants, puisque les premiers acquittent des cotisations sans pouvoir percevoir de prestations, mises à part les allocations de logement. En principe, elles devraient aussi assurer une certaine redistribution verticale, des catégories les plus aisées vers les moins favorisées, puisque près de 50 % des prestations familiales n'étaient attribuées jusqu'en 1997 que sous condition de ressources. Nous allons donc étudier l'impact de ces prestations au regard des objectifs de redistribution qu'elles sont censées poursuivre, en tenant compte cependant à chaque fois de l'incidence de l'autre forme d'aide publique aux familles que constitue la réduction d'impôt par le jeu du quotient familial.

À cette fin, nous ferons essentiellement appel à l'un des derniers rapports produits par le CERC avant sa disparition, qui constitue aussi la dernière étude en date de l'impact de l'ensemble des aides publiques à la famille [12]. Cette étude ne porte cependant que sur les seules familles comprenant un couple d'adultes (à l'exclusion des familles monoparentales), dont au moins l'un des deux conjoints est salarié du secteur privé et dont aucun n'est dans une situation

12. *Politique familiale et dimension de la famille*, Documents du CERC, n° 104, La Documentation Française, 1992. Une autre étude a eu lieu entre-temps, dont les résultats n'ont cependant pas encore été rendus publics : Claude Thelot et Michel Villac, *Politique familiale. Bilan et perspectives*, rapport à la ministre de l'Emploi et de la Solidarité et au ministre de l'Économie, des Finances et de l'Industrie, mai 1998.

ouvrant droit à des prestations spécifiques (handicap, revenu infranormal, etc.).

Une redistribution horizontale insuffisante

Les différentes aides publiques à la famille, et les prestations familiales tout particulièrement, ont été instituées pour permettre aux familles de faire face aux charges supplémentaires qu'implique pour un ménage l'entretien et l'éducation des enfants. Leur objectif est donc en principe de garantir une égalité de niveau de vie entre les célibataires ou les couples sans enfant et les couples avec enfants.

Le niveau de vie d'un ménage se mesure habituellement par le revenu disponible par unité de consommation (UC). Le revenu disponible se définit par la somme algébrique suivante : revenus primaires – prélèvement obligatoires + prestations sociales. Dans le cadre de l'étude du CERC ici exploité, il est supposé que les revenus primaires ne sont constitués que de salaires ; les seuls prélèvements obligatoires pris en compte sont, outre les cotisations sociales (les salaires sont donc nets), l'impôt sur le revenu ; et les seules prestations sociales envisagées sont les prestations familiales suivantes : l'allocation pour jeune enfant, les allocations

Tableau 4.3

Niveau de vie des familles, selon le nombre d'enfants à charge, à revenu primaire constant en 1990

(indice 100 pour les couples sans enfants)

Nombre d'enfants à charge	0	1	2	3	4	5
Nombre d'unités de consommation (échelle Oxford)	1,7	2,2	2,7	3,2	3,7	4,2
Revenu primaire de la famille						
1 SMIC	100	91	89	99	98	97
2 SMIC	100	81	75	76	72	70
4 SMIC	100	79	68	64	61	57
10 SMIC	100	79	67	61	55	51
Nombre d'unités de consommation (échelle INSEE)	1,7	2,0	2,3	2,8	3,1	3,4
Revenu primaire de la famille						
1 SMIC	100	100	105	114	117	120
2 SMIC	100	89	88	86	86	86
4 SMIC	100	87	80	73	72	70
10 SMIC	100	87	79	69	66	63

Source : CERC, *op. cit.*, p. 48.

familiales, le complément familial, l'allocation parentale d'éducation, l'allocation de rentrée scolaire et les allocations de logement. De cette manière, on peut mesurer le double impact de ces dernières et du quotient familial sur le revenu disponible des ménages.

Ce revenu disponible est divisé par le nombre d'UC que comprend le ménage. Il s'agit de tenir compte, d'une part, des économies d'échelle que réalise un ménage (lorsque sa taille croît, les charges globales qu'il doit supporter s'accroissent sans doute, mais pas dans les mêmes proportions) et, d'autre part, du fait que le coût d'un enfant est moindre que celui d'un adulte. Cela conduit à définir une échelle de consommation. La plus courante, dite échelle d'Oxford, attribue 1 unité au premier adulte de la famille, 0,7 unité par adulte supplémentaire et 0,5 unité par enfant (jusqu'à 14 ans). Un couple avec deux enfants de moins de 14 ans correspond ainsi à 2,7 UC et, pour que son niveau de vie soit équivalent à celui d'un célibataire, son revenu disponible doit en conséquence être 2,7 fois plus élevé que celui du célibataire.

Au cours des années quatre-vingt, certains travaux de l'INSEE ont contesté l'échelle d'Oxford qui sous-estimerait les économies d'échelle, en surévaluant notamment le coût des enfants [13]. Le CERC en a tenu compte en proposant une seconde échelle de consommation qui n'accorde que 0,3 UC pour chaque enfant, sauf pour le troisième comptant pour 0,5 UC.

Quelle que soit l'échelle retenue, on voit que les aides publiques à la famille et *a fortiori* les seules prestations familiales ne suffisent pas à garantir les familles contre la dégradation de leur niveau de vie du fait du coût d'entretien et d'éducation des enfants (tableau 4.3). Sauf dans le cas des faibles revenus proches du SMIC, pour lesquels ces aides compensent à peu près ce coût pour les familles de trois enfants et plus (estimation sur la base de l'échelle d'Oxford) – voire améliorent le niveau de vie (estimation sur la base de l'échelle INSEE, dont les coefficients sont sans doute trop faibles pour les bas revenus). Dans tous les autres cas, le niveau de vie baisse au contraire avec la taille de la famille, et ce de manière d'autant plus importante que le revenu primaire de la famille est élevé : de 30 % à 50 % selon l'échelle d'Oxford, de 15 % à 40 % selon l'échelle de l'INSEE, quand on passe d'un couple sans enfant à un couple avec cinq enfants. Remarquons enfin que l'essentiel de

13. *Cf.* Jean-Michel Hourriez et Lucile Olier, « Niveau de vie et taille du ménage : estimations d'une échelle d'équivalence », *Économie et Statistique*, n° 308-309-310, 1997-8/9/10, p. 65-94.

cette baisse est dû, dans tous les cas, aux deux premiers enfants, elle ne frappe donc pas spécifiquement les familles nombreuses.

Une redistribution verticale à rebours

Si la redistribution horizontale semble donc satisfaisante pour les familles à bas revenus, ce n'est pas le cas pour les autres. Qu'en est-il de la redistribution verticale ? Pour l'évaluer, il faut comparer les apports des aides publiques aux familles à nombre d'enfants égal mais à revenu primaire inégal.

Le tableau 4.4 fait ainsi apparaître que, à nombre d'enfants égal, les prestations familiales sont d'autant plus élevées que le revenu primaire est faible. Cependant l'écart entre les extrêmes tend à se réduire au fur et à mesure que le nombre d'enfants augmente : si

Tableau 4.4

Montant des aides publiques (en francs) selon le niveau du revenu primaire en 1990

Revenu primaire	Nombre d'enfants				
	1 enfant	2 enfants	3 enfants	4 enfants	5 enfants
1 SMIC					
Total aides	8 860	21 210	44 700	58 630	71 705
dont : PF	*8 860*	*21 210*	*44 700*	*58 630*	*71 705*
RI	*0*	*0*	*0*	*0*	*0*
2 SMIC					
Total aides	4 425	18 335	41 845	56 785	71 105
dont : PF	*1 828*	*14 176*	*37 690*	*52 630*	*66 947*
RI	*2 597*	*4 199*	*4 155*	*4 155*	*4 158*
4 SMIC					
Total aides	4 800	16 170	37 230	58 940	73 300
dont : PF	*401*	*8 750*	*25 460*	*44 590*	*56 486*
RI	*4 399*	*7 420*	*11 770*	*14 350*	*16 814*
10 SMIC					
Total aides	11 250	28 670	58 895	84 280	106 330
dont : PF	*401*	*8 556*	*23 061*	*36 106*	*48 104*
RI	*10 849*	*20 114*	*35 834*	*48 174*	*58 226*

Source : CERC, *op. cit.*, p. 29 et 48. *Légende :* PF = prestations familiales, RI = réduction d'impôt sur le revenu par le biais du quotient familial.

pour deux enfants, les prestations que touche une famille dont les revenus se réduisent au SMIC sont 2,5 fois plus élevées que celles qui sont versées à une famille dont les revenus s'élèvent à dix fois le SMIC. Ce même rapport s'abaisse à 1,5 dans le cas de familles de cinq enfants. Sur une année donnée, les prestations familiales n'en conduisent pas moins à réduire les écarts entre revenus disponibles par rapport à ceux entre revenus primaires.

Cependant ce même tableau permet de constater que cet effet réducteur des inégalités se trouve contrecarré par le système du quotient familial. Ainsi l'ensemble des aides publiques favorise sans doute les familles à faible revenu (1 Smic) relativement aux familles aux revenus moyens (2 à 4 Smic), qui se trouvent placées au-dessus des plafonds conditionnant l'accès à un certain nombre de prestations familiales et qui ne bénéficient que peu des réductions d'impôt du fait du quotient familial. Ce dernier dispositif profite au contraire à plein aux familles à hauts revenus (10 Smic) ; si bien qu'en définitive les enfants de « riches » rapportent bien plus que les enfants de « pauvres », quelle que soit la taille de la famille.

Et cela est encore plus net lorsque l'on établit le bilan des transferts sociaux à caractère familial sur l'ensemble du cycle de vie (tableau 4.5). Il apparaît alors clairement que l'avantage procuré par ces transferts croît au fur et à mesure que l'on s'élève dans l'échelle sociale, autrement dit que ces transferts sont antiredistributifs, essentiellement du fait du système du quotient familial.

Tableau 4.5

Montant des aides publiques sur l'ensemble du cycle de vie de familles-types

(aux conditions réglementaires de 1990)

	0 enfant	3 enfants	5 enfants
Ouvrier non qualifié	0	838 000	1 227 000
Profession intermédiaire	0	1 038 000	1 642 000
Cadre supérieur	0	1 369 000	2 250 000

Source : Cerc, *op. cit.*, p. 79.

C'est dire combien le gouvernement Jospin a été mal inspiré de placer, durant l'année 1998, sous condition de ressources les allocations familiales, mesure abandonnée en 1999. Non pas que les familles qui s'en sont trouvé privées en eussent besoin : le plafond (25 000 F/mois pour une famille de deux enfants, 32 000 F si les deux parents travaillaient, relevé de 5 000 F par enfant supplémentaire) était suffisamment élevé pour que la mesure n'ait frappé que des foyers pour lesquels les *« allocs »* ne constituaient de toute manière qu'une part marginale du revenu disponible. Mais l'impact redistributif de la mesure était très faible. De ce point de vue, l'abaissement du quotient familial, qui est intervenu en 1999, est plus approprié, bien qu'il le soit moins que ne le seraient sa suppression pure et simple et son remplacement par un abattement forfaitaire, ainsi que nous l'avons déjà souligné.

Les minima sociaux

Pour pallier les insuffisances manifestes d'une protection sociale dominée par une logique d'assurance, différentes prestations relevant d'une logique de pure solidarité ont été progressivement instituées. Il s'agit de prestations non contributives : elles ne sont pas conditionnées par le versement préalable de cotisations mais uniquement par le constat d'une situation d'indigence ou de nécessité qui suppose l'assistance de la puissance publique. Elles sont cependant généralement subordonnées à un plafond de ressources ou à l'existence de charges particulières. Enfin elles définissent autant de minima sociaux, en garantissant un minimum de ressources à leurs ayants droit ; elles se présentent ainsi comme des prestations différentielles, venant compléter les autres revenus éventuels de leurs bénéficiaires, pour les porter au moins au niveau de ce minimum.

Huit dispositifs répondent actuellement à cette formule au sein du système français de protection sociale. Il s'agit du minimum vieillesse (MV), du minimum invalidité (MI), de l'allocation aux adultes handicapés (AAH), de l'allocation de parent isolé (API), de l'allocation d'assurance veuvage (AV), de l'allocation de solidarité spécifique (ASS), de l'allocation d'insertion (AI), enfin du revenu minimum d'insertion (RMI). Le tableau 4.6 résume les principales dispositions réglementaires de chacun d'eux.

Ces différents minima s'adressent à des publics à chaque fois spécifiques. Le MV, le MI et l'AAH concernent des personnes situées hors du marché du travail, qui ne peuvent occuper aucun emploi du fait de leur âge ou de leur état de santé. L'API et l'AV sont destinées à fournir une aide temporaire à des personnes isolées ayant des enfants à charge. L'ASS et l'AI s'adressent plus particulièrement à des chômeurs qui ne peuvent pas ou plus prétendre à la couverture de l'assurance chômage (*cf.* encadré « L'indemnisation du chômage », p. 114). Enfin le RMI est une aide apportée à toute personne dont les ressources n'atteignent pas un certain montant ; il permet donc en principe de couvrir les publics qui ne peuvent prétendre à aucun des dispositifs précédents.

Relevant explicitement d'une logique de solidarité, donc devant satisfaire au principe *« À chacun selon ses besoins »*, ces prestations sont par conséquent justiciables des deux questions suivantes :

1. Sont-elles effectivement versées à tous ceux qui en auraient besoin ? Autrement dit, n'y a-t-il pas des « laissés pour compte » de la protection sociale ?

2. Sont-elles en mesure de couvrir les besoins des populations

Tableau 4.6

Principales dispositions réglementaires des huit minima sociaux au 1er janvier 1998

	Conditions d'accès	Plafond mensuel de ressources	Durée maximale	Barème mensuel dans la limite du plafond
Mv	Plus de 65 ans (60 ans en cas d'invalidité)	Isolé : 3 555 F Couple : 6 227 F	Indéfinie	Isolé : 3 471 F Couple : 6 227 F
Mi	Moins de 60 ans et capacité de travail ou de gain réduite au moins des 2/3	*Idem* Mv	*Idem* Mv	*Idem* Mv
Aah	Taux d'incapacité permanente de 80 % reconnue par la Cotorep et plus de 20 ans	Isolé : 3 516 F Couple : 6 159 F + 1 701 F par enfant à charge	Indéfinie mais contrôle périodique du taux de handicap	3 471 F + 578 F si logement autonome
Api	Personne seule enceinte ou avec enfant(s) à charge	Montant de la prestation	1 an ou 3e anniversaire du dernier enfant à charge	3 198 F pour une femme enceinte, 4 263 F pour un enfant à charge, 1 066 F/enfant supplémentaire
Av	Être veuf(ve) d'une personne affiliée à un régime de SS, avoir ou avoir eu des enfants à charge, être âgé(e) de moins de 55 ans.	1re an : 3 884 F 2e an : 2 551 F 3e an : 1 943 F	3 ans	1re an : 3 107 F 2e an : 2 041 F 3e an : 1 554 F
Ass	*Cf.* encadré 2	Isolé : 5 284 F Couple : 8 304 F	Indéfinie par périodes de 6 mois	2 265 F 3 253 F pour chômeurs > 55 ans
Ai	*Cf.* encadré 2	Isolé : 3 953 F Couple : 7 866 F	12 mois par périodes de 6 mois	1 311 F
Rmi	Personne de plus de 25 ans (sauf enfant à charge)	Montant de la prestation	Indéfinie par par périodes de 3 à 12 mois	Isolé : 2 429 F Personne supplémentaire : 1re : 1 215 F 2e : 729 F 3e : 972 F

Source : « Les minima sociaux : 25 ans de transformations », *op. cit.*, p. 15-49 ; et Jean-Paul Zoyem, « 3,4 millions d'allocataires de minima sociaux », *Solidarité Santé*, n° 1998-1, p. 131

spécifiques auxquels elles s'adressent? Autrement dit, leur montant est-il suffisant [14]?

14. Pour traiter ces deux questions, nous nous appuierons essentiellement sur la synthèse produite par le Cerc-Association, « Les minima sociaux : 25 ans de transformations », *Les Dossiers du Cerc-Association*, n° 2, 1997. Sauf indications contraires, les données citées sont extraites de cette étude.

Fin 1996, ces huit dispositifs comprenaient 3,4 millions de bénéficiaires (soit 15 % du total des ménages), couvrant ainsi une population de près de 6 millions de personnes (soit un peu plus de 10 % de la population), parmi lesquelles un quart sont des enfants (essentiellement par l'intermédiaire du RMI, de l'ASS et de l'API). Quatre d'entre eux : le MV, le RMI, l'AAH et l'ASS concentraient 90 % des ménages bénéficiaires (tableau 4.7)

Tableau 4.7

Ménages bénéficiaires et population couverte par les différents minima sociaux au 31 décembre 1996

	Ménages bénéficiaires		Population couverte (estimation)	
	Effectif	en %	Effectif	en %
Métropole				
MV	*860 308*	*27,2*	*953 427*	*17,5*
MI	*101 157*	*3,2*	*151 736*	*2,8*
AAH	*609 582*	*19,2*	*944 818*	*17,4*
API	*149 171*	*4,7*	*404 648*	*7,4*
AV	*17 046*	*0,5*	*25 443*	*0,5*
ASS	*511 598*	*16,2*	*1 231 000*	*22,7*
AI	*15 000*	*0,5*	*22 500*	*0,4*
RMI	*903 126*	*28,5*	*1 699 988*	*31,3*
Ensemble	3 166 888	100,0	5 433 686	100,0
DOM	241 758		443 945	
France entière	3 408 646		5 877 631	

Source : Jean-Paul Zoyem, « 3,4 millions d'allocataires de minima sociaux », *op. cit.*, p. 132.

En 1970, les minima sociaux ne concernaient que 2,3 millions de ménages, couvrant une population de 3 millions de personnes. En vingt-six ans, le nombre des prestataires s'est donc accru de 48 % tandis que la population couverte par ces dispositifs a doublé.

Ces évolutions s'expliquent tout d'abord par le fait que la plupart de ces dispositifs ont été créés entre-temps : l'AAH en 1975, l'API en 1976, l'AV en 1980, l'ASS et l'AI en 1984, enfin le RMI en 1988, en remplaçant cependant quelquefois des dispositifs antérieurs. Il s'agissait à chaque fois de couvrir des populations dont la prise en charge par les assurances sociales était insuffisante voire inexistante. De plus, le nombre des bénéficiaires de certains de ces dispositifs n'a cessé de croître depuis leur création, preuve qu'ils répondent à un besoin certain. C'est le cas notamment de l'AAH

(+ 22 % par an entre 1976 et 1983), de l'Api (+ 14 % entre 1978 et 1988), et surtout de l'Ass et du Rmi : le nombre d'allocataires de la première est passé de 90 000 en 1984 à 510 000 en 1996, celui de la seconde de 400 000 en 1988 à plus de 900 000 en 1996. Après une rapide montée en charge dans les deux ans suivants sa création, l'Av a vu au contraire stagner le nombre des personnes qu'elle couvre.

À l'inverse, le nombre des bénéficiaires de l'Ai a diminué régulièrement depuis sa création jusqu'en 1992, où sa suppression pour les femmes isolées et les jeunes de moins de 25 ans lui aura fait perdre les trois quarts de ses ayants droit (*cf.* encadré 2). C'est aussi le cas pour le Mv : le nombre de ses prestataires est passé de 2,25 millions en 1970 à moins de 900 000 en 1996, soit une baisse de 50 000 bénéficiaires par an en moyenne, grâce à l'amélioration continue des droits à pension engendrés par les contributions durant la vie active pour des générations dont les taux d'activité ont été supérieurs, les carrières plus longues et les revenus professionnels antérieurs plus élevés que ceux de leurs aînés. C'est désormais le Rmi qui comprend le plus de prestataires et qui, de loin, couvre la population la plus large. Quant au Mi, après avoir crû jusqu'en 1985, le nombre de ses bénéficiaires n'a cessé de diminuer depuis.

Il est donc indéniable qu'un effort a été accompli au cours de ces vingt-cinq ans pour fournir au plus grand nombre une protection sociale minimale. Pour autant, il subsiste des « trous » dans le filet de la protection sociale, en dépit du maillage plus dense que les minima sociaux (notamment le Rmi) lui ont assuré : chacun des ces dispositifs de secours exclut des populations qui en auraient pourtant bien besoin.

C'est le cas par exemple du Mv. Pour en bénéficier, il faut être âgé de 65 ans, sauf lorsqu'on est reconnu invalide. Or, tout au long de ces dernières décennies, la cessation d'activité est intervenue en moyenne de plus en plus tôt, mouvement que l'abaissement de l'âge légal de la retraite de 65 à 60 ans n'a fait qu'entériner dans la plupart des régimes de salariés : en 1990, à peine plus de deux hommes sur trois âgés de 55 à 59 ans (69,5 %) étaient encore actifs (46,1 % pour les femmes) et à peine un peu plus d'un sur cinq (21,3 %) l'était encore entre 60 et 64 ans (16,8 % pour les femmes) [15]. Dans ces conditions, un certain nombre de personnes âgées, ayant pris leur retraite avant 65 ans, risquent de ne pas être couvertes par le Mv. Et l'on sait que, dans les conditions actuelles du marché du

15. Résultats du recensement, Insee, *Données sociales 1993*, p. 569.

travail, ces départs à la retraite de personnes âgées peuvent ne pas être tous volontaires, alors même que leurs droits à pension risquent d'être minorés par des périodes antérieures de chômage.

L'accès au bénéfice de l'AAH est subordonné à la reconnaissance de l'état d'invalide ou d'handicapé par la COTOREP. Or cette dernière n'est pas toujours apte à évaluer exactement le handicap que constitue par exemple une incapacité permanente partielle due non pas à une déficience déterminée mais à un état général d'usure, provoqué par des conditions de travail, et plus largement d'existence, très dures. Ce qui risque de laisser en dehors de ce dispositif les personnes présentant un tel état, qui ne leur permet pourtant pas d'obtenir des revenus d'activité réguliers ou suffisants.

Destinée à fournir un minimum de ressources à une famille monoparentale en difficulté, l'API compte quasi exclusivement des femmes (98,4 %) parmi ses bénéficiaires. Si elle permet ainsi à un certain nombre de ces femmes de faire face dans l'urgence aux conséquences financières d'un abandon, d'une séparation, d'un divorce, sa durée limitée ne permet manifestement pas à un pourcentage important d'entre elles de sortir du cycle de la précarité et de la pauvreté. C'est ce que fait apparaître une enquête menée auprès d'un millier d'ex-bénéficiaires de l'API dans le département de la Meurthe-et-Moselle [16]. Seuls 38,8 % d'entre eux étaient actifs occupés, 26,9 % se trouvant au chômage, les autres étant inactifs ; dans ces conditions, près d'un sur deux (45,3 %) s'est retrouvé RMIste. Et, parmi les actifs occupés, moins d'un sur deux (46,2 %) était en fait titulaire d'un emploi stable, les quatre cinquièmes avec un salaire horaire net inférieur à 35 F.

C'est un reproche semblable que l'on peut adresser à l'AV. Là encore, les bénéficiaires sont presque exclusivement des femmes (98 %), d'une moyenne d'âge de 45 ans, 10 % étant cependant âgées de moins de 35 ans. Vu le faible niveau de ressources offertes par l'AV, ses bénéficiaires sont le plus souvent des femmes qui étaient inactives ou au mieux actives à temps partiel au moment de la mort de leur mari, et qui ne parviennent pas à (re)trouver un emploi ou à (re)passer à temps plein. Ce qui s'explique aisément dans le contexte de chômage massif actuel, d'autant plus que ces femmes possèdent le plus souvent une faible qualification professionnelle. Dans ces conditions, la durée d'attribution de l'AV est généralement trop courte pour permettre à ces femmes de sortir de

16. Sabine Chaupain et Olivier Guillot, « Au sortir de l'allocation de parent isolé. Résultats d'une enquête postale auprès des allocataires de Meurthe-et-Moselle », *Recherches et prévisions*, n°50/51, CNAF, décembre 1997-mars 1998, p. 17-25.

la situation d'assistance qui est la leur. D'autant plus qu'elles doivent faire face au handicap de la présence d'enfants, surtout s'ils sont en bas âge. Tout cela explique que, selon une enquête déjà ancienne du CERC, cependant menée à une époque où l'AV avait déjà atteint son plein régime, dix-huit mois après la mort de leur mari, seule une veuve sur deux (49,5 %) avait un emploi, 6,1 % étaient toujours au chômage, le reste (44,4 %) se retrouvant inactives [17].

Mais ce sont surtout les minima destinés à couvrir les chômeurs qui s'avèrent insuffisants. C'est que l'ASS n'est une prestation de solidarité qu'en apparence : sa perception reste fondamentalement tributaire de l'acquittement préalable de cotisations chômage, qui plus est pendant une assez longue durée (*cf.* encadré 2) ; s'en trouvent donc privés les salariés les plus jeunes et ceux dont la carrière a été prématurément interrompue par le chômage. De plus, en particulier depuis 1992, les radiations administratives se font de plus en plus fréquentes sous prétexte de recherche d'emploi insuffisante, les chômeurs étant ainsi rendus responsables de leur chômage : le nombre de ces radiations a plus que doublé entre 1990 et 1996, en passant de 10 211 à 20 895 [18]. Quant à l'AI, seule prestation véritablement non contributive, elle exclut depuis 1992 ceux qui en auraient précisément le plus besoin, à savoir les personnes cherchant à s'insérer ou à se réinsérer sur le marché du travail, telles que les jeunes à la recherche d'un premier emploi ainsi que les femmes chefs de famille, sa part étant ainsi devenue marginale dans l'indemnisation du chômage. Si bien que, tout au long de ces dernières années, en gros plus de quatre chômeurs sur dix n'étaient pas indemnisés, leur pourcentage tendant d'ailleurs à croître avec le nombre de chômeurs lui-même (*cf.* encadré ci-après et tableau 4.8).

L'indemnisation du chômage au 1er juillet 1998

Depuis 1984, l'indemnisation du chômage relève d'un double système : d'une part d'un régime d'assurance-chômage, géré par l'UNEDIC, versant des allocations de chômage ; d'autre part d'un régime de solidarité, géré par l'État, prenant en charge ceux des chômeurs n'ayant pas ou plus droit aux allocations de chômage.

17. « Le veuvage avant soixante ans : ses conséquences financières 1. Les premiers mois du veuvage », *Documents du CERC*, n° 81, La Documentation française, 1986 ; « Le veuvage avant soixante ans : ses conséquences financières 2. La deuxième année du veuvage », *Documents du CERC*, n° 95, La Documentation française, 1990.
18. UNEDIC, *Bulletin de liaison*, n° 144, 2e trimestre 1997, p. 113.

En 1992, les différentes allocations de chômage (allocation de base, allocation de base exceptionnelle, allocation de fin de droit) ont été fondues en une même allocation unique dégressive (AUD). Pour avoir droit à cette allocation, il faut au préalable avoir cotisé pendant une durée minimale à l'assurance-chômage. Son montant est lui-même fonction du salaire antérieur, cependant plafonné à quatre fois le plafond de la SS (soit 56 360 F). À taux plein, il varie ainsi entre 4 443,90 F et 31 907,55 F. L'AUD est tout d'abord versée à taux plein, puis comme son nom l'indique, son montant est périodiquement révisé à la baisse, sans cependant pouvoir tomber en dessous d'un minimum (3 184,20 F, porté à 3 993,20 F pour les chômeurs de plus de 52 ans). La durée totale de versement de l'AUD, la périodicité de la révision de son montant, enfin le taux de dégressivité sont fonction à la fois de la durée antérieure de cotisation et de l'âge du chômeur.

Lorsque le chômeur a épuisé ses droits à l'AUD, il peut se voir ouvrir un droit à l'ASS, à condition d'avoir travaillé et par conséquent cotisé au moins cinq ans au cours des dix dernières années et de produire régulièrement des actes de recherche d'emploi (les chômeurs âgés de plus de 55 ans peuvent cependant être dispensés de recherche d'emploi). De plus, les ressources éventuelles du bénéficiaire, ASS comprise, ne doivent pas dépasser un certain plafond (5 601,40 F pour un célibataire, 8 802,40 F pour un couple) ; l'ASS est alors versée de manière à compléter les ressources propres de l'allocataire dans la limite de ce plafond ; elle peut ainsi atteindre un montant maximum de 2 400,60 F par mois. Ce montant peut être majoré pour les chômeurs de plus de 55 ans (respectivement de plus de 57,5 ans) à condition qu'ils aient travaillé plus de vingt ans (respectivement plus de dix ans) : il atteint alors 3 448,20 F.

Quant à l'AI, depuis 1992, elle est réservée à un petit nombre de populations très spécifiques : certains détenus libérés, des travailleurs en instance de reclassement, des salariés victimes d'un accident du travail ou d'une maladie professionnelle, les rapatriés, apatrides, réfugiés et demandeurs d'asile. Comme l'ASS, elle est versée à condition que les ressources du bénéficiaire, AI comprise, ne dépassent pas un certain plafond (5 073,30 F pour un célibataire, 10 146,60 F pour un couple) de manière à compléter ces ressources dans la limite de ce plafond. Elle s'élève ainsi à un montant maximum de 1 691,10 F.

Source : Dictionnaire Permanent Social, bulletin n° 634, 20 juillet 1998.

■

C'est notamment pour ces chômeurs non indemnisés, privés de la couverture des minima antérieurs, qu'a été institué le RMI. Pourtant celui-ci exclut une nouvelle fois les jeunes de moins de 25 ans, sauf s'ils ont des enfants à charge, ainsi que les étudiants et stagiaires si leur formation ne constitue pas une activité d'insertion. Cette exclusion a été justifiée par le fait que les jeunes étaient les principaux bénéficiaires des politiques d'aide à l'insertion professionnelle sous forme d'emplois subventionnés (contrat d'insertion, contrat de qualification, contrat emploi solidarité, emplois-jeunes) et de différentes formules de stages. La limite de ces politiques se mesure pourtant au fait que ce sont les jeunes qui restent les principales victimes du chômage et de la précarité. Rappelons que, tout au long de ces dernières années, plus d'un jeune actif sur quatre a été au chômage (taux plus que double de celui de l'ensemble de la population active), tandis que près d'un autre quart exerçaient un travail temporaire (CDD, intérim, stages ou apprentissage). Si bien qu'en définitive un jeune actif sur deux n'occupait aucun emploi stable. Et le fait de n'avoir le plus souvent pas travaillé ou pas travaillé assez ne leur permettait pas de toucher des allocations de chômage, tandis qu'ils ne pouvaient par ailleurs prétendre à aucune prestation familiale (sauf l'allocation de parent isolé). Un manque de revenu qui les empêche d'ailleurs souvent de fonder une famille.

Tableau 4.8

Pourcentage de chômeurs indemnisés et non indemnisés

(situation au 30 juin de l'année de référence)

	1993	1994	1995	1996	1997
Nombre de chômeurs (en milliers)	3 628	3 834	3 778	3 923	4 067
Chômeurs indemnisés	63,4	59,8	56,5	55,9	53,8
dont : AUD	52,7	48,2	43,6	42,9	41,3
Ass	10,0	11,1	12,4	12,7	12,0
AI	0,7	0,5	0,5	0,3	0,5
Chômeurs non indemnisés	36,6	40,2	43,5	44,1	46,2
Total	100,0	100,0	100,0	100,0	100,0

Source : UNECIC, Bulletin de liaison, n° 148, 2e trimestre 1998, p. 96. Champ : DEFM de catégories 1 à 3, 6 à 8 et dispensés de recherche d'emploi.

C'est donc bien la tranche d'âge des moins de 25 ans qui est délibérément exclue des dispositifs censés garantir un minimum de ressources et qui se trouve, de ce fait, particulièrement exposée à la paupérisation et à la marginalisation : en 1996, ils ne représentaient que 5 % des allocataires des minima sociaux. Ils ne peuvent en définitive bénéficier que de l'AAH s'ils sont reconnus invalides et seulement à partir de 20 ans, de l'API ou encore du RMI que s'ils ont charge d'enfants, à condition toutefois de ne pas être étudiants (les bourses ne pouvant s'assimiler à un revenu minimum, du fait à la fois de la modicité de leur montant et des conditions restrictives de leur attribution)[19].

Cette défaillance de l'État-providence explique en grande partie que, dans un contexte de persistance et d'aggravation du chômage de masse, les jeunes n'aient d'autre alternative que de prolonger leur présence chez les parents, en poursuivant le cas échéant des études dans l'espoir de pouvoir affronter, le moment venu, le marché du travail dans de meilleures conditions. C'est ainsi que l'âge du départ du domicile parental n'a cessé de s'élever tout au long de ces dernières années : tandis qu'en 1983, 59 % des jeunes de 20 ans vivaient encore chez leurs parents, 72 % étaient dans cette situation en 1992, le pourcentage d'entre eux occupant un emploi stable ayant entre-temps régressé de 39,3 % à 19,3 % et celui d'entre eux étant scolaire et étudiant ayant plus que doublé en passant de 30,5 % à 65,4 %[20]. Quant à ceux auxquels, pour une raison ou pour une autre, l'aide familiale fait défaut et qui ne trouvent pas d'emploi, il ne leur reste plus qu'à compter sur l'assistance des organisations caritatives et sur la mendicité. Ils iront ainsi grossir le rangs des « *nouveaux pauvres* » et autres laissés pour compte de la crise.

Une solidarité bien étriquée

Le montant des différents minima sociaux est-il suffisant? On ne peut répondre à une telle question que sous condition d'un certain nombre de conventions, par définition discutables.

En premier lieu, s'agissant de dispositifs censés garantir un minimum de ressources à leurs bénéficiaires, on peut estimer que leur montant devrait au moins égaler le seuil de pauvreté. Pour la fixation de ce seuil, la Commission européenne préconise communément de retenir la moitié du revenu disponible moyen ; il s'agit du revenu des ménages par unité de consommation (Uc). C'est à l'aune de ce dernier que l'étude du Cerc-Association a cherché à évaluer le montant des différents minima sociaux[21].

Pour calculer ce revenu moyen et par conséquent le seuil de pauvreté, il faut en second lieu choisir une échelle de consomma-

---

19. Parmi les exclus de la plupart des minima sociaux, il faut également compter les étrangers, y compris ceux en situation régulière : ils ne peuvent bénéficier ni du Mv, ni du Mi, ni de l'Aah, et cela en violation totale de nombreuses conventions internationales ratifiées par la France et malgré les décisions du Conseil constitutionnel et de nombreux tribunaux. *Cf.* Gisti, *Guide de la protection sociale des étrangers en France*, Syros, 1997.
20. Insee, *Économie et Statistique*, n° 283/84, 1995-3/4, p. 35.
21. Pour une discussion de la notion de seuil de pauvreté et de ses différents modes de fixation, *cf.* le chapitre 5, 2e partie.

tion. La plus courante est, on l'a vu, l'échelle d'Oxford. Mais ce n'est pas l'échelle selon laquelle a implicitement ou explicitement été calculé le montant des minima sociaux. Ainsi le Mv accorde-t-il 0,8 unité de consommation supplémentaire pour le conjoint du bénéficiaire, alors que l'échelle d'Oxford ne lui en accorde que 0,7. Inversement, le calcul du montant du Rmi est fondé sur une échelle de consommation moins favorable : 0,5 unité pour la première personne à charge du bénéficiaire (que ce soit un adulte ou un enfant), 0,3 pour la seconde personne, 0,4 pour la troisième et les suivantes. L'étude du Cerc-Association a retenu deux échelles, celle courante d'Oxford et celle du Rmi, de manière à proposer une double estimation, basse et haute, du revenu moyen et par conséquent du seuil de pauvreté. Celui-ci se situait ainsi à 59 400 F (échelle d'Oxford) ou à 69 000 F (échelle du Rmi) de revenu annuel par Uc en 1995, selon les estimations du Cerc-Association [22].

En troisième lieu, pour que la comparaison entre les minima sociaux et le seuil de pauvreté soit la plus exacte possible, il faut tenir compte du fait que les bénéficiaires de ces minima perçoivent, en plus, d'une part des prestations d'assurance-maladie, d'autre part quelquefois des allocations logement qui n'entrent pas ou que partiellement dans l'assiette des ressources prises en compte pour calculer le montant de leur prestation, et qui s'ajoutent donc en tout ou en partie au minimum garanti proprement dit. En conséquence, l'étude du Cerc-Association a déduit du revenu moyen des ménages leurs prestations de santé et leurs dépenses de logement, de manière à rendre homogènes les termes de la comparaison. Elle aboutit ainsi à une estimation par défaut du revenu moyen et par conséquent du seuil de pauvreté, et inversement à une estimation par excès du niveau des minima sociaux.

Moyennant ces différentes conventions, cette étude détermine un intervalle à l'intérieur duquel se situe le niveau relatif des différents minima sociaux. Le Mv, le Mi, l'Aah et l'Api se situent ainsi entre 30 % et 40 % du revenu moyen des ménages ; lors de sa première année de perception, l'Av atteint à un niveau assez voisin. Par contre, l'Ass et le Rmi ne s'élèvent qu'à 20 % ou 30 % du revenu moyen. Lors de sa deuxième année de perception, le niveau de l'Av est même légèrement inférieur ; et lors de sa troisième année, il tombe aux environ de 15 %, tout comme l'Ai. Autrement dit, même évalués par excès, tous ces minima sociaux se situent en dessous et même pour certains très en dessous du niveau de pauvreté retenu (50 % du revenu moyen des ménages) [23].

---

22. Cerc-Association, « Les minima sociaux : 25 ans de transformations », *op. cit.*, p. 97.
23. *Id.*, p. 98.

Certes cette évaluation ne nous donne pas une idée exacte du niveau de vie effectif des bénéficiaires de ces minima. En premier lieu, certaines de ces prestations sont destinées à compléter d'autres ressources de manière à les porter, éventuellement, au niveau d'un plafond qui peut dépasser nettement leur montant. C'est le cas pour l'Ass et l'Api : dans le meilleur des cas, la première vaudra à un célibataire un revenu compris entre la moitié et les deux tiers du revenu moyen, le second entre le tiers et la moitié de ce revenu. Mais, dans leur principe même, ces minima sont destinés à améliorer le niveau de vie des plus déshérités, c'est-à-dire de ceux dont ils constituent le cas échéant la seule ressource. Et, de ce point de vue, ils sont nettement insuffisants.

En second lieu, l'évaluation précédente ne tient pas compte de tous les revenus que leurs bénéficiaires peuvent percevoir en sus du minimum lui-même. En effet, l'assiette à partir de laquelle est calculé le montant de la prestation versée exclut en tout ou en partie d'autres revenus que les prestations de santé et les allocations de logement dont l'étude du Cerc-Association a tenu compte. D'une part, la totalité des prestations familiales, sauf dans le cas de l'Api et du Rmi, pour lesquels ne sont exclues que l'allocation de jeune enfant, l'allocation d'éducation spécialisée, l'allocation de rentrée scolaire, l'allocation de garde d'enfants à domicile, l'aide pour l'emploi d'une assistante maternelle agréée. Cependant les prestations familiales n'améliorent le niveau de vie des ménages allocataires des minima sociaux que dans le seul cas où ils sont pourvus d'un seul jeune enfant ; dès que le ménage se compose de deux enfants ou plus, *a fortiori* lorsque ces derniers deviennent adolescents ou adultes, leur niveau de vie se dégrade par rapport à celui des ménages sans enfant. C'est ce qu'ont établi, en se livrant à une comparaison entre quelques cas types, Jacques Bichot et Dominique Marcilhacy : *« Le Rmi et certains autres minima sociaux traitent plus durement les familles nombreuses, les familles comportant des adolescents, et celles comportant un couple parental, que les personnes seules, les familles restreintes et les familles monoparentales*[24]. » On retrouve ici un résultat déjà établi plus haut en ce qui concerne l'ensemble des ménages : les prestations familiales ne suffisent pas à compenser le coût de l'enfant, c'est-à-dire la dégradation du niveau de vie qu'il constitue pour les ménages où ils vivent. Mais cela signifie aussi que, même augmentés des prestations familiales, les minima sociaux ne mettent pas à l'abri de la pauvreté la plupart des enfants vivant dans les ménages qui les perçoivent.

24. « L'iniquité des minima sociaux », *Futuribles*, n° 232, juin 1998, p. 9.

Tableau 4.9

Montants moyens des ressources mensuelles (en francs) de différents types de ménages de prestataires du RMI en juin 1996

Types de ménages	Ressources mensuelles du ménage	Ressources mensuelles par Uc		Pourcentage par rapport au revenu moyen
		Échelle Oxford	Échelle RMI	
Isolé				
Femme	2 592	2 592	2 592	24/33
Homme	2 454	2 454	2 454	23/31
Femme seule avec				
1 enfant	4 153	2 769	2 769	26/35
2 enfants	4 973	2 486	2 763	26/31
Couples				
Sans enfant	3 849	2 264	2 566	24/29
1 enfant	4 675	2 125	2 597	24/28
2 enfants	5 573	2 064	2 533	23/28
3 enfants	6 654	2 079	2 559	24/28

Source : calculs effectués par nos soins à partir des données de la CNAF citées par le SESI, *Solidarité Santé*, 1997, n° 1, p. 83. Champ : RMIstes en juin 1996 en France métropolitaine. *Lecture :* le revenu mensuel moyen par Uc d'un couple de RMIstes ayant deux enfants à charge se situait entre 23 % et 28 % du revenu moyen des ménages selon les différentes estimations de ce dernier par le CERC-Association.

D'autre part, les allocataires de l'Ass et du RMI peuvent, en partie, cumuler leur minimum avec les ressources procurées par un emploi ou un stage rémunéré : de manière à les inciter à (re)prendre une activité, pendant une durée limitée (en gros cinq mois), ces ressources font l'objet d'un abattement avant d'être intégrées dans l'assiette sur la base de laquelle sera calculé le montant de leur allocation, qui ne sera donc pas réduite en proportion exacte des ressources engendrées par l'emploi ou le stage. Mais, par définition, cela ne concerne qu'une minorité d'allocataires, qui plus est de manière transitoire, puisqu'ils sont en train de sortir du dispositif. Et, de toute manière, l'ensemble de ces ressources supplémentaires n'améliore guère en général leur niveau de vie et ne suffit pas à les sortir de la pauvreté, loin de là, comme le montre le tableau 4.9 sur l'exemple des prestataires du RMI.

Enfin, la perception de ces minima ouvre quelquefois droit à des avantages annexes. Ainsi les allocataires du Mv bénéficient par exemple de la gratuité de l'installation téléphonique, de l'exonération de la redevance télévision, du bénéfice des services d'aide ménagère, de l'aide judiciaire gratuite, d'une possibilité de dégrèvement de la taxe d'habitation et de la taxe foncière, etc. Ce qui contribue, bien évidemment, à accroître d'autant leur revenu disponible et à améliorer un peu leur niveau de vie. Il reste néanmoins nettement en dessous du standard de vie moyen de la population.

Notons pour conclure qu'au cours des quinze dernières années, le pouvoir d'achat de ces différents minima sociaux a au mieux stagné (Mv, Mi, Aah, Api, Av, Rmi), voire s'est dégradé : entre 1986 et 1995, celui de l'Ass a baissé de 10 % et celui de l'Ai de 20 % ! Rappelons que, durant ces quinze dernières années, le niveau de vie moyen des ménages français a progressé d'environ 15 % en termes réels [25]. En pondérant le niveau de chacun des minima sociaux par le nombre d'allocataires, Pierre Concialdi a pu déterminer que la baisse de la norme de revenu garanti intervenue entre 1983 et 1997 a été de l'ordre de 25 %, soit un bond en arrière de vingt ans [26]. On comprend dès lors les raisons de la colère et de la révolte des chômeurs et autres exclus pendant l'hiver 1997-1998.

---

25. Cerc-Association, « Les minima sociaux : 25 ans de transformations », *op. cit.*, p. 91-95.
26. *Cf.* « Faut-il attendre la fin du chômage pour relever les minima sociaux ? », *Droit social,* n° 1998-3, mars 1998, p. 262.

Les inégalités
entre
revenus disponibles

5.

Le revenu disponible d'un ménage est celui qu'il peut affecter à ses dépenses de consommation courante ou à son épargne. Ce revenu résulte de l'addition des revenus d'activité de ses membres, de leurs prestations sociales, des revenus de leur patrimoine, soustraction faite des prélèvements obligatoires qu'ils subissent (à l'exclusion des impôts indirects pesant sur les dépenses de consommation).

Ce revenu présente l'intérêt de fournir une estimation chiffrée de ce que l'on nomme habituellement le niveau de vie du ménage. Pour que des comparaisons soient possibles, il faut toutefois rapporter le revenu disponible des ménages à leur composition, c'est-à-dire au nombre de ses membres et à leur âge, de manière à tenir compte des économies d'échelle qui s'opèrent au sein d'un ménage : un repas pour quatre coûte moins cher par personne qu'un repas pour une seule personne. Dans ce cas, on n'oubliera pas que le choix d'une échelle de consommation est soumis à des conventions, toujours discutables comme nous l'avons déjà vu.

L'estimation des revenus disponibles des ménages présente encore un autre intérêt : celui de pouvoir évaluer, en les rapportant aux revenus primaires, les effets de la redistribution des revenus par le biais des prélèvements obligatoires et des prestations sociales. C'est par elle que nous allons commencer.

Une redistribution certaine mais limitée

Dans la première édition de cet ouvrage, nous notions que les évaluations jusqu'alors pratiquées de la redistribution des revenus se trouvaient singulièrement faussées par les termes mêmes de la comparaison pratiquée. En effet, elles rapportaient les revenus disponibles *bruts* des amortissements des entreprises individuelles mais aussi des impôts indirects aux revenus primaires *nets* de cotisations sociales. La comparaison éliminait ainsi 70 % des prélèvements obligatoires subis par les ménages, qui plus est les prélèvements que nous savons les plus dégressifs, tout en intégrant la totalité des prestations sociales. Le résultat ne pouvait qu'être un trompe-l'œil, en surévaluant la portée du mécanisme redistributif quant à la réduction des inégalités de revenu entre catégories sociales.

Depuis lors, le « rapport Ducamin » est venu corriger en partie cette erreur de perspective. Sur un certain nombre de cas de ménages types dont on suppose qu'ils ne perçoivent que des revenus salariaux, il a tenté d'évaluer l'effet redistributif de la plus grande part des prélèvements obligatoires (impôt sur le revenu, taxe d'habitation, TVA et TIPP, cotisations sociales) ainsi que d'un certain nombre de prestations sociales en espèces (allocations familiales, complément familial, aide personnalisée au logement, allocation de rentrée scolaire, API et RMI). Ces simulations permettent donc la comparaison des revenus primaires *bruts* de tout prélèvement aux revenus disponibles *nets* de tout prélèvement. Le tableau 5.1 en présente les résultats.

Tableau 5.1

Revenu disponible en pourcentage du coût salarial total pour différents cas-types de ménages de salariés

	Ménage type 1	Ménage type 2	Ménage type 3	Ménage type 4	Ménage type 5	Ménage type 6
Quantiles						
10	56,68	56,36	68,24	52,77	73,94	95,34
20	46,07	50,36	62,21	49,59	59,16	86,75
30	44,14	47,34	58,89	47,33	60,48	74,42
40	43,05	46,01	55,02	46,82	56,79	70,69
50	41,44	45,57	51,15	45,05	51,63	64,52
60	41,34	45,46	49,45	44,35	49,39	59,32
70	40,24	44,58	48,26	43,89	48,18	55,34
80	39,56	44,54	47,44	42,84	47,38	53,62
90	38,42	43,83	47,37	42,10	46,07	49,69
95	37,98	42,09	44,68	41,37	44,33	48,27
99	37,29	41,26	44,04	38,78	41,28	44,34
Coefficients de réduction						
C_{99}/D_{10}	1,52	1,36	1,42	1,36	1,79	2,15
D_{50}/D_{10}	1,36	1,24	1,33	1,17	1,43	1,48
C_{99}/D_{50}	1,11	1,10	1,16	1,16	1,25	1,45

Source : rapport Ducamin, La Documentation française, 1996, annexes, p. 80-92. *Légende :* 1 = célibataire sans enfant ; 2 = couple un revenu sans enfant ; 3 = couple un revenu deux enfants ; 4 = couple deux revenus sans enfant ; 5 = couple deux revenus deux enfants ; 6 = couple deux revenus trois enfants. Les coûts salariaux ont été évalués en exploitant l'enquête « Revenus fiscaux » de l'INSEE de 1990.

Il apparaît ainsi en premier lieu qu'au jeu de la redistribution des revenus, il n'y a pratiquement que... des perdants. Pour la quasi-totalité des ménages, le revenu primaire est supérieur au revenu disponible. Seul un tout petit pourcentage de ménages, faisant partie du premier décile, voit le second dépasser le premier, particulièrement faible. Ce résultat n'a rien d'étonnant : d'une part, toutes les prestations en espèces n'ont pas été prises en compte dans ses simulations ; d'autre part, il n'y a qu'une partie des prélèvements obligatoires qui est redistribuée sous forme de prestations en espèces, le restant l'étant sous forme de la mise en disposition des services publics ou des équipements collectifs.

En deuxième lieu, le tableau précédent confirme que prélèvements obligatoires et prestations sociales assurent une redistribution des revenus. En effet, quel que soit le type de ménage envisagé, le pourcentage que représente le revenu disponible net par rapport au revenu primaire brut décroît au fur et à mesure que ce dernier augmente. Autrement dit, plus le revenu primaire est élevé, plus il se voit amputé par le mécanisme redistributif; et inversement, plus il est faible, moins cette amputation est importante. En conséquence, l'écart entre revenus disponibles est nécessairement plus faible que celui entre revenus primaires : le bas du tableau indique les coefficients de réduction des écarts entre quelques quantiles types.

Mais, en troisième lieu, ce tableau fait du même coup apparaître les limites du mécanisme redistributif. Dans le meilleur des cas, l'écart entre les revenus des deux extrêmes se trouve divisé par à peine un peu plus de 2. Or, pour ces ménages types, l'écart des revenus primaires bruts s'élevait à plus de 15 ! Et, dans tous les cas envisagés par ces simulations, la redistribution comprime essentiellement le bas de la hiérarchie des revenus et affecte très peu le haut : le coefficient de réduction est toujours plus important entre le premier décile et la médiane qu'entre cette dernière et le dernier centile. Comme le note le rapport Ducamin, *« le système apparaît très redistributif surtout pour les ménages à faible revenu (salaire par unité de consommation inférieur à 1,3 Smic soit 130 000 F de coût salarial total, 75 000 F de salaire net et 6 300 F par mois). Jusqu'à ce niveau, le taux de disponibilité du revenu par rapport à la rémunération initiale (coût salarial) varie de plus de 100 % à 50 %. À cette limite de 130 000 F, il se situe autour de 45-50 %, quelle que soit la taille du ménage. Au-delà, le profil du taux est presque plat ; à partir de 500 000 F par unité de consommation (5 fois le Smic), il se situe autour de 40 %*[1]. »

Cela s'explique notamment parce que, en quatrième lieu, la réduction des inégalités qu'opère le mécanisme redistributif est davantage l'effet de prestations sociales ciblées sur les bas revenus que celui de prélèvements obligatoires frappant les hauts revenus. Cela apparaît lorsqu'on confronte les données du tableau précédent à celles du tableau 3.8 figurant au chapitre 3, elles aussi

1. Rapport Ducamin, La Documentation française, 1996, p. 30.

tirées du rapport Ducamin : c'est la concentration de prestations sociales dégressives (il s'agit essentiellement de prestations familiales placées sous condition de ressources) sur les ménages du bas de l'échelle (jusqu'au cinquième décile) qui fait plus que compenser l'effet de prélèvements obligatoires eux-mêmes dégressifs sur cette partie de la hiérarchie salariale, tandis que ces mêmes prestations n'affectent que peu le caractère faiblement progressif des prélèvements obligatoires sur les ménages de la moitié supérieure de l'échelle. C'est pourquoi d'ailleurs, à niveau de revenu identique, le bilan redistributif est meilleur pour les ménages avec enfants que pour les ménages sans enfant.

Pour instructifs que soient les résultats qu'on peut en tirer, ces simulations ne fournissent qu'une évaluation partielle de l'effet global du mécanisme redistributif. D'une part, elles ne tiennent pas compte de l'incidence des revenus patrimoniaux, dont on sait qu'ils accroissent les inégalités de revenus primaires tout en n'étant que faiblement affectés par les prélèvements obligatoires. D'autre part, elles ne permettent pas de saisir la redistribution qui s'effectue par le biais de la mise à disposition gratuite ou quasi gratuite de bon nombre d'équipements collectifs et de services publics, dont l'accès n'est pourtant pas égalitaire entre les différentes catégories de la population, comme nous le verrons en ce qui concerne la santé, l'école, la culture et les loisirs en général.

Les inégalités de niveau de vie entre catégories sociales

Le revenu disponible d'un ménage, ou plus exactement son revenu disponible par unité de consommation (Uc), constitue une estimation chiffrée de son niveau de vie. C'est donc un bon indicateur des inégalités entre ménages de catégories sociales différentes.

Les limites des sources

Auparavant, il convient de souligner les limites des sources utilisées pour l'établissement des revenus disponibles des ménages. Ces sources sont, pour l'essentiel, de trois types différents. Il s'agit, d'une part, des données de la Comptabilité nationale, qui calcule chaque année la part du PIB qui revient aux ménages sous forme des différents types de revenus qu'ils perçoivent, d'autre part des déclarations fiscales au titre de l'imposition sur le revenu, enfin des enquêtes régulièrement menées par l'INSEE auprès des ménages.

Les données de la Comptabilité nationale sont évidemment les plus fiables. Elles ne constituent cependant que des données globales, dont la désagrégation entre les ménages des différentes catégories sociales est impossible. Leur principal intérêt est de mettre en évidence la sous-estimation systématique des revenus des ménages dans les déclarations recueillies au cours des enquêtes ou dans les déclarations fiscales. Ainsi, comparées aux données de la Comptabilité nationale, ces déclarations ne correspondent, selon les enquêtes, qu'à 60-80 % des revenus effectifs des ménages [2].

Ces écarts, très importants, s'expliquent essentiellement pour deux raisons. D'une part, la Comptabilité nationale impute aux ménages des revenus que ceux-ci ne considèrent pas comme tels (par exemple les remboursements de dépenses maladie) voire ne perçoivent pas réellement (les loyers fictifs que les propriétaires de leur logement sont censés se verser à eux-mêmes) et que les formulaires d'enquête ne leur demandent d'ailleurs pas de déclarer. D'autre part, les personnes enquêtées sous-évaluent manifestement leurs revenus, soit involontairement (elles ont du mal à identifier la totalité de leurs revenus) soit volontairement, en dissimulant à l'enquête une partie de leur revenus. Cela apparaît notamment dans le fait que près d'un ménage enquêté sur deux a déclaré des dépenses supérieures à ses revenus lors de la dernière enquête « Budget de famille » menée en 1994-1995 [3] !

Parmi les revenus ainsi sous-évalués figurent en premier lieu les revenus du patrimoine et, dans une moindre mesure, ceux du travail indépendant. Et l'on sait qu'ils ne sont pas mieux connus par les données fiscales, elles aussi manifestement entachées de sous-déclarations en ce qui les concerne. Longtemps, l'INSEE n'a pas tenu compte de cette sous-évaluation, ce qui conduisait évidemment à fausser les résultats obtenus en matière d'inégalités de niveau de vie entre les catégories sociales. Dans l'exploitation des résultats de la dernière enquête « Budget de famille », l'INSEE a cependant corrigé les données concernant les revenus patrimoniaux, grossièrement sous-évalués par l'enquête, en les recalant sur celles de la Comptabilité nationale selon une technique complexe. Malheureusement, cette opération n'a pas eu lieu pour les revenus du travail indépendant, alors que les données recueillies par l'enquête sont pourtant 1,5 à 2 fois inférieures à celles de la Comptabilité nationale, l'écart ne pouvant pas s'expliquer seulement par une diffé-

2. INSEE, « Revenus et patrimoine des ménages. Édition 1996 », *Synthèses*, n° 5, p. 22.
3. INSEE, « Revenus et patrimoine des ménages. Édition 1997 », *Synthèses*, n° 11, p. 100.

rence entre les définitions du revenu retenues. Si l'estimation des inégalités de revenus disponibles entre catégories sociales fournie par l'Insee est désormais sans doute plus proche de la réalité, elle n'est donc pas encore pleinement satisfaisante.

Disparités des montants et des structures du revenu disponible

Les catégories sociales se distinguent autant par la structure de leur revenu disponible que par son montant moyen. Le tableau 5.2

Tableau 5.2

Montant (en francs courants) et niveau relatif du revenu disponible moyen selon la catégorie sociale

	1990		1993		1994	
	Montant par Uc	Indice	Montant par ménage	Indice	Montant par Uc	Indice
Agriculteurs	50 830	73	160 790	94	63 640	71
Acce	84 250	121	227 650	134	112 100	124
Artisans	*66 640*	*96*				
Commerçants	*77 985*	*112*				
Entrepreneurs	*183 820*	*264*				
Pl	153 190	220	515 770	303		
Cadres	111 410	160	311 170	183	157 750	175
Pi	77 985	112	199 930	117	98 655	109
Employés	63 360	91	141 250	83	75 250	83
Ouvriers	52 920	76			65 770	73
Oq	*55 700*	*80*	*155 520*	*91*		
Onq	*48 040*	*69*	*127 590*	*75*		
Retraités dont anciens			138 780	81	90 750	101
Agriculteurs	*47 350*	*68*	*93 580*	*55*		
Ina	*75 200*	*108*	*159 430*	*94*		
Ca et Pi	*97 500*	*140*	*204 650*	*120*		
Emp et Ou	*63 360*	*91*	*107 330*	*63*		
Autres inactifs	52 920	76	75 755	44	51 850	57
Ensemble	**69 630**	**100**	**170 230**	**100**	**90 210**	**100**

Source : pour 1990, Insee, « Les revenus fiscaux en 1990 », *Insee Résultats*, n° 453, avril 1996, p. 36 et *Données sociales 1996*, p. 340 (il s'agit du revenu disponible après impôts directs). Pour 1993, Insee, « Première vague du Panel européen de ménages », *Synthèses*, n° 5, *op. cit.*, p. 14 et 18 (il s'agit du revenu disponible avant impôts directs). Pour 1994, Insee, « Le budget des ménages en 1995 », *Insee Résultats*, n° 550, juillet 1997, p. 58 (il s'agit du revenu disponible avant impôts directs). *Légende :* Acce = artisans, commerçants et chefs d'entreprise : Pl = professions libérales ; Ina = indépendants non agricoles ; Ca = cadres ; Pi = professions intermédiaires ; Emp = employés ; Oq = ouvriers qualifiés ; Onq = ouvriers non qualifiés. *Remarque :* l'échelle de consommation retenue pour les revenus 1990 et 1994 est celle d'Oxford.

restitue les différentes évaluations de ce montant dans le cadre des trois dernières enquêtes ayant porté sur les revenus des ménages.

L'hétérogénéité des données réunies par ce tableau est en elle-même instructive. En premier lieu, la confrontation des données de l'enquête « 1993 », portant sur les revenus moyens par ménage, et de celles des deux autres enquêtes, portant sur des revenus moyens par Uc, montre combien la prise en compte de la taille et de la composition du ménage modifie la position relative des différentes catégories. Elle dégrade celles dont les ménages comprennent en moyenne un plus grand nombre de membres (essentiellement d'enfants), tels que les agriculteurs, les ouvriers ou les membres des professions libérales ; inversement, elle améliore la position relative des catégories dont les ménages ont une taille inférieure à la moyenne, tels les employés (qui comprennent un pourcentage important de femmes seules ou de familles monoparentales) ou les retraités (vivant plus souvent isolés et sans enfant).

En second lieu, la comparaison des résultats de l'enquête « 1990 » avec ceux des deux autres enquêtes manifeste clairement combien le regroupement des chefs d'entreprise de dix salariés et plus avec les artisans et les commerçants conduit à écraser la hiérarchie des revenus et à fausser la perspective. Ce sont alors les ménages de membres des professions libérales qui apparaissent les mieux lotis, masquant la position plus favorable des ménages d'entrepreneurs.

Cela dit, l'ensemble de ces résultats confirme en gros la perception courante des niveaux de vie relatifs des différentes catégories sociales. Parmi les actifs, ce sont les ménages d'entrepreneurs, de membres de professions libérales et de cadres qui occupent les meilleures positions, tandis que ceux d'employés, d'agriculteurs et d'ouvriers se situent au bas de l'échelle, les ménages d'artisans et de commerçants et ceux des professions intermédiaires occupant la position moyenne qu'on leur attribue d'habitude. Parmi les retraités, on retrouve en gros la même hiérarchie, si l'on veut bien admettre que le fait de regrouper l'ensemble des anciens indépendants non agricoles conduit à masquer la position privilégiée des anciens chefs d'entreprise et membres des professions libérales.

Ce qui surprend plutôt, c'est en définitive le caractère relativement restreint des écarts constatés, le revenu disponible par Uc d'un ménage d'ouvrier non qualifié et celui d'un chef d'entreprise étant dans un rapport de 1 à 3,8, ce rapport étant seulement de 1 à 2 entre un ménage d'ouvrier qualifié et un ménage de cadre. Ces disparités sont en tout cas beaucoup plus réduites que celles mises en évidence entre les revenus primaires au chapitre 2.

Deux facteurs concourent à ce phénomène. En premier lieu, les revenus d'activité sont ici ceux de ménages et non plus ceux d'individus. Par conséquent, au revenu d'activité de la personne de référence du ménage peuvent s'ajouter celui de son conjoint, généralement une femme, ainsi que ceux d'éventuels enfants actifs occupés. Or le taux d'activité féminine est variable d'une catégorie sociale à l'autre. Chez les non-salariés, la conjointe est souvent aide familiale et son activité ne donne pas lieu à un revenu distinct. Parmi les salariés, ce taux est plus élevé dans les ménages d'employé (77 % à 90 %) ou membre des professions intermédiaires (73 % à 85 %) que dans ceux dont il est ouvrier (66 %) ou cadre (65 % à 76 %). De plus, le supplément de revenu assuré par l'épouse est généralement inversement proportionnel au revenu du mari : il est plus bas parmi les cadres (de l'ordre de 50 %) que parmi les ouvriers (de l'ordre de 60 %) ou les employés (de l'ordre de 65 %) [4]. Pour cette double raison, l'activité féminine tend à resserrer l'éventail des revenus disponibles moyens des différentes catégories sociales.

À quoi s'ajoute, en second lieu, l'effet limité mais réel de réduction des inégalités de revenu qu'exerce le mécanisme redistributif. Comme nous l'avons vu précédemment, les prélèvement obligatoires écrêtent les hauts revenus, ceux des ménages d'entrepreneur, de membre de profession libérale et de cadre supérieur ; tandis que les transferts sociaux (essentiellement les prestations familiales) bénéficient surtout aux revenus modestes, ceux des ménages d'ouvrier et d'employé, et bien évidemment aux inactifs dont la majeure partie sont des retraités.

L'incidence des transferts sociaux est perceptible dans la structure du revenu disponible des ménages des différentes catégories sociales (tableau 5.3). Parmi les ménages d'actifs, auxquels les revenus d'activité assurent toujours plus des trois quarts de leurs ressources, le poids relatif des revenus sociaux (hors pension de retraite) est d'autant plus important que le montant du revenu moyen de la catégorie est faible. Ainsi, alors que ces revenus représentent en moyenne le huitième du revenu disponible d'un ménage d'employé et même près du sixième de celui d'un ménage d'ouvrier, ils constituent autour du vingtième des ressources des ménages de cadre ou d'indépendant non agricole.

---

4. *Cf.* INSEE, *Données sociales 1993*, p. 352.

Tableau 5.3

Structure (en pourcentage) du revenu disponible moyen des ménages selon la catégorie sociale en 1994

	Revenus d'activité	Pensions de retraite	Autres revenus sociaux	Revenus du patrimoine	Ensemble
Agriculteurs	78,1	5,4	9,5	7,0	100,0
ACCE	85,4	2,1	5,9	6,6	100,0
Cadres	89,2	0,9	4,9	5,0	100,0
PI	88,7	1,3	7,0	3,0	100,0
Employés	82,5	2,7	12,3	2,5	100,0
Ouvriers	81,3	1,3	15,9	1,5	100,0
Retraités	10,0	76,1	4,3	9,6	100,0
Autres inactifs	22,0	39,9	30,7	7,4	100,0
Ensemble	**64,3**	**21,9**	**8,5**	**5,3**	**100,0**

Source : INSEE, « Le budget des ménages en 1995 », *op. cit.*, p. 58-59. *Légende :* ACCE = artisans, commerçants et chefs d'entreprise ; PI = professions intermédiaires. *Remarque :* il s'agit du revenu disponible avant impôts directs.

Les revenus des ménages d'agriculteur se caractérisent par la part importante qu'y occupent les revenus sociaux et la part non négligeable des revenus patrimoniaux. Et cette dernière est encore plus importante au sein des ressources des ménages de retraités, alors qu'elle est marginale dans celles des ménages d'ouvrier, d'employé ou même de membre des professions intermédiaires. Une fois de plus, cependant, la perspective est certainement faussée par le fait que les chefs d'entreprise mais aussi les membres des professions libérales se trouvent noyés dans le maquis des indépendants non agricoles. D'autant plus qu'il s'agit là des données d'enquête brutes, non corrigées de la sous-évaluation propre aux revenus patrimoniaux que nous signalions plus haut ; ce qui conduit à sous-estimer la part de ces revenus dans les ressources des ménages qui en perçoivent le plus, dont font précisément partie ceux des entrepreneurs et des membres de professions libérales. Comme d'ailleurs à comprimer les disparités de revenus entre catégories sociales.

Les évolutions récentes

Comment ont évolué les niveaux de vie relatifs des ménages des différentes catégories sociales au cours des quinze dernières années ? En particulier qu'en est-il de la perception devenue commune d'une aggravation des inégalités sociales en la matière ?

Dans la précédente édition de cet ouvrage, nous avons rappelé que les inégalités de revenus disponibles ont eu tendance à se réduire entre le début des années soixante et la fin des années quatre-vingt. Cela a été le fruit de politiques délibérées des années soixante et soixante-dix visant à infléchir la distribution ou la redistribution des revenus dans un sens moins inégalitaire : relèvement des bas salaires ; progressivité accrue de l'impôt sur le revenu ; concentration des prestations familiales sur les familles aux faibles revenus ; développement des retraites complémentaires ; création et relèvement des minima sociaux, du moins jusqu'au début des années quatre-vingt ; etc. À quoi se sont ajoutés les effets d'évolutions démographiques, économiques et sociologiques plus ou moins spontanées : des effets de génération (des retraités percevant de meilleures pensions du fait de carrières plus longues et de revenus de référence plus élevés) ; mais aussi des effets de structure liés au changement de composition de certaines catégories sociales (le rajeunissement et la féminisation des cadres se sont ainsi accompagnés de la dégradation de la position relative de leurs salaires) ou des ménages (augmentation de la part des personnes seules et des familles monoparentales dans la catégorie des employés par exemple).

Cependant, en prenant appui sur les dernières études publiées par feu le CERC, nous laissions entendre qu'au cours des années quatre-vingt et plus précisément dans la seconde moitié de cette décennie, s'étaient produits non seulement un ralentissement dans le rythme de réduction des inégalités mais encore un arrêt de ce mouvement, voire un renversement de tendance. Les données disponibles à l'époque ne nous permettaient pas néanmoins de conclure avec certitude.

Depuis lors, l'INSEE a confirmé l'hypothèse que les années quatre-vingt ont bien représenté un point d'inflexion dans l'évolution des inégalités de niveau de vie entre catégories sociales. Le tableau 5.4 condense l'essentiel de ses résultats.

Certes, on peut regretter que, une fois de plus, les données relatives aux chefs d'entreprise n'aient pas été publiées sous le prétexte que, « *trop peu nombreux dans les diverses enquêtes Budget, l'évolution des résultats qui les concernent n'est pas significative*[5] ». Ne serait-ce pas au contraire qu'elles le seraient trop ? Car ce que ce tableau révèle crûment, c'est combien les inégalités de niveau de vie se sont accrues en dix ans, la hiérarchie s'étant essentiellement ouverte par le haut.

5. *Cf.* INSEE, *Synthèses*, n° 5, *op. cit.*, p. 47.

Tableau 5.4

Évolution du revenu moyen par unité de consommation des différentes catégories sociales entre 1984 et 1994

(en milliers de francs, francs constants 1994)

	1984	1989	1994
Indépendants	87	93	112
Agriculteurs	*66*	*63*	*77*
Artisans, commerçants	*86*	*90*	*97*
Professions libérales	*173*	*223*	*240*
Salariés	89	94	98
Cadres	*152*	*165*	*172*
Professions intermédiaires	*103*	*108*	*106*
Employés	*80*	*81*	*80*
Ouvriers qualifiés	*68*	*72*	*71*
Ouvriers non qualifiés	*60*	*59*	*57*
Retraités	86	93	106

Source : INSEE, *Synthèses, op. cit.*, n° 5, p. 47. *Remarques :* les montants du revenu moyen par unité de consommation indiqués dans ce tableau pour 1994 diffèrent de ceux figurant dans le tableau 5.2. C'est qu'ils ont été calculés après correction des revenus déclarés par les ménages pour tenir compte de la sous-évaluation des revenus du patrimoine, alors que les données précédentes étaient celles brutes recueillies à l'enquête. Il s'agit toujours du revenu avant impôts directs et l'échelle de consommation utilisée reste celle d'Oxford.

Parmi les salariés, seuls les ménages de cadre ont vu leur niveau de vie s'accroître, celui des autres catégories stagnant voire baissant comme dans le cas des ouvriers non qualifiés : le rapport entre le niveau de vie moyen d'un ménage de cadre et celui d'un ménage d'ouvrier est ainsi passé de 2,44 à 2,85 sur la période. Parmi les indépendants, toutes les catégories ont au contraire amélioré leur situation. Y compris les agriculteurs, dont le niveau de vie a pourtant chuté dans un premier temps, leur redressement s'étant payé du prix de la disparition des exploitations les moins rentables ; leur situation relative s'est cependant dégradée par rapport à la moyenne des indépendants. Ce sont les ménages de membre de profession libérale qui ont réalisé la meilleure affaire, en accroissant leur niveau de vie de près de 40 % en dix ans en termes réels ! La situation des retraités s'est elle aussi globalement parfaite, poursuivant le mouvement antérieur en ce sens : leur niveau de vie moyen semble désormais dépasser celui des actifs, du fait de pensions de retraite plus importantes, d'un taux d'activité féminine antérieure plus important, d'une plus grande fréquence de vie en couple permettant de cumuler deux pensions de retraite, mais avec de fortes disparités au sein d'une catégorie qui reste très hétérogène. En définitive, sur la période, le rapport entre les catégories extrêmes (professions libérales/ouvriers non qualifiés) est passé de 2,9 à 4,2.

D'autres indicateurs de disparité de niveau de vie confirment cette aggravation des inégalités. Ainsi le rapport interdécile D_9/D_1 est-il passé de 4,07 à 4,48, le rapport intervingtile V_9/V_1 grimpant quant à lui de 6,59 à 7,27, tandis que le rapport interquartile Q_3/Q_1 stagnait pratiquement pendant ce temps (2,09 en 1984, 2,12 en 1994)[6]. Ce qui montre bien que l'accroissement des inégalités s'est essentiellement produit sous l'effet d'une double évolution : la dégradation relative de la situation de ceux qui étaient déjà les plus défavorisés et l'amélioration concomitante de la situation relative de ceux qui comptaient déjà parmi les *happy few*.

L'étude détaillée des données permet de préciser le processus qui a conduit à ce renversement de tendance. Les inégalités semblent avoir poursuivi leur tendance antérieure à la réduction au cours de la première moitié des années quatre-vingt, quoiqu'à un rythme très ralenti. La seconde moitié de cette même décennie constitue une période de transition pendant laquelle se produisent des mouvements contradictoires de réduction et d'aggravation des inégalités. Pendant la première moitié de la présente décennie en revanche, les inégalités ont nettement augmenté. *« En résumé, si l'on considère l'ensemble de la population, la tendance à la baisse des inégalités s'est inversée à la fin des années quatre-vingt, la date du retournement de tendance se situant plutôt vers 1984 en haut de la distribution, plutôt vers 1989 en bas de la distribution[7]. »*

Quant aux facteurs expliquant ce retournement, ils sont multiples. Durant la période considérée, on a assisté à une forte aggravation des inégalités entre revenus d'activité qui constituent l'essentiel des revenus des ménages d'actifs : au chapitre 2, nous avions déjà signalé la réouverture de l'éventail des salaires, et les revenus professionnels des indépendants semblent avoir connu la même évolution. Inversement, les revenus sociaux, hors pensions de retraite, ont accru leur fonction égalisatrice, sauf en ce qui concerne les minima sociaux qui n'ont pas été revalorisés en termes réels. On sait enfin que cette même période aura vu l'envol des revenus du patrimoine, facteur de creusement des inégalités de revenus disponibles, que ce soit entre les ménages d'actifs ou

6. *Cf.* INSEE, *Synthèses*, n° 5, *op. cit.*, p. 35. Le rapport intervingtile est celui entre le niveau de vie au-dessus duquel se situent les 5 % les plus favorisés et le niveau de vie en dessous duquel se situent les 5 % les plus défavorisés. Le rapport interquartile est celui entre le niveau de vie en dessus duquel se trouve le quart supérieur de la population et le niveau de vie en dessous duquel se situe le quart inférieur.
7. *Id.*, p. 39.

entre les ménages de retraités. Étant donné la forte concentration de ces revenus sur les ménages disposant par ailleurs le plus souvent des revenus d'activité ou des pensions de retraite les plus élevés, tout accroissement de leur masse ne peut qu'aggraver les inégalités de niveau de vie. D'autant plus que cette concentration déjà forte s'est encore accrue au cours de ces années : alors qu'en 1984, les 25 % des ménages les plus aisés percevaient déjà 58 % des revenus patrimoniaux, ils en accaparaient 62 % en 1994, quasiment huit fois plus que les 25 % les moins fortunés[8].

Être pauvre en France aujourd'hui

Combien y a-t-il de pauvres en France aujourd'hui ? Qui sont-ils ? Et comment devient-on pauvre ? Questions qui en appellent d'autres, plus délicates : comment définir la pauvreté ? Et comment la mesurer ?

La pauvreté, une notion controversée

Les études sur les pauvres et la pauvreté se sont multipliées en France depuis une vingtaine d'années. Elles n'ont pas permis de mettre fin aux controverses traditionnelles autour de la notion de pauvreté. Il n'existe en effet aucune définition indiscutable de cette notion, dont la détermination fait toujours, en définitive, appel à des considérations d'ordre éthique et politique[9]. D'où la nécessité d'expliciter et de justifier un tant soit peu les principes et critères que nous avons retenus pour mesurer la pauvreté.

Nous avons adopté la définition de la pauvreté proposée par l'Union européenne : « *Sont pauvres les individus, les familles et les groupes de personnes dont les ressources (matérielles, culturelles et sociales) sont si faibles qu'ils sont exclus des modes de vie minimaux acceptables dans l'État membre dans lequel ils vivent*[10]. » Cette définition présente, en effet, deux avantages majeurs.

En premier lieu, elle attire tout de suite l'attention sur le fait que la pauvreté est une réalité *multidimensionnelle*, qui ne se réduit pas à sa définition habituelle : l'insuffisance de ressources

8. *Id.*, p. 42.
9. Pour une présentation synthétique des discussions sur la notion de pauvreté, *cf.* Pierre Concialdi, « Pauvreté » *in* « Les indicateurs économiques en question », *Cahiers français*, n° 286, mai-juin 1998, La Documentation française, p. 68-77 ; et Marc Fleurbay *et al.*, « Mesurer la pauvreté ? », *Économie et Statistique*, n° 308-309-310, 1997-8/9/10, p. 23-33.
10. Cité par Pierre Concialdi, « Pauvreté », *op. cit.*, p. 71.

monétaires. Être pauvre, ce n'est pas seulement manquer d'argent, c'est aussi le plus souvent être dépourvu de patrimoine, être mal logé, être en mauvaise santé, n'avoir qu'une faible formation scolaire, ne pas pouvoir partir en vacances, n'avoir que peu de perspectives de promotion sociale, être isolé, etc. Nous appréhenderons nous-mêmes cette multidimensionalité de la pauvreté dans le dernier chapitre, lorsque nous montrerons comment les différentes inégalités forment système et conduisent certaines catégories sociales à cumuler les handicaps, jusqu'à être placées en dehors des normes habituelles de la vie sociale. Cependant, nous voudrions dans ce chapitre nous attarder sur la seule dimension économique de la pauvreté, qui demeure centrale dans l'étude des inégalités, à la fois parce qu'elle résulte des inégalités face à l'emploi et au travail, face à la formation scolaire et professionnelle, face à la mobilité sociale ; et parce qu'elle est la cause d'autres inégalités (face au logement, face à la santé, face aux loisirs et à la culture).

En second lieu, la définition précédente de la pauvreté rappelle qu'elle est *relative* à un standard de vie considéré comme minimal ou normal au sein d'une société donnée, à un moment de son histoire : elle est donc variable dans l'espace et le temps. Tel qui est considéré pauvre aujourd'hui en France ne l'aurait pas été il y a cinquante ou même vingt ans ; il ne le serait pas davantage en vivant aujourd'hui au Burkina-Faso ou au Bengladesh. Ce qui conduit à définir un seuil de pauvreté : un seuil de ressources au-dessous duquel il ne paraît pas possible d'atteindre le standard de vie minimal de la société considérée.

Ce seuil peut lui-même être défini de deux manières différentes : soit à partir d'un « panier » de biens et de services censés couvrir les besoins essentiels d'un individu dans la société considérée ; soit comme une fraction du niveau de vie « normal » dans cette société. La première méthode définit une sorte de seuil de pauvreté absolue, au-dessous duquel personne n'arriverait à satisfaire ses besoins essentiels, tandis que la seconde insiste plutôt sur la capacité à être socialement intégré, c'est-à-dire à faire face aux dépenses induites par une vie « normale » en société. En fait, les deux définitions sont beaucoup plus proches qu'il n'y paraît : définir un panier de biens et de services jugés essentiels, c'est nécessairement se référer à la norme de consommation implicite dans la société considérée, autrement dit aux niveaux de vie et aux modes de vie qui y ont cours à un moment donné. Nous avons opté pour une définition du seuil de pauvreté en termes de fraction du niveau de vie « normal », comme d'ailleurs la plupart des études sur la pauvreté menées en France.

Reste à définir ce qu'on entend par niveau de vie « normal ». Convenons, comme nous l'avons fait jusqu'à présent, que le niveau de vie d'un individu est le plus correctement approché par la notion de revenu disponible par unité de consommation (Uc) des ménages. Cela n'en pose pas moins deux autres questions.

D'une part, celle du choix d'une échelle de consommation permettant de calculer le nombre d'Uc par ménage. Si l'échelle la plus couramment retenue reste encore celle d'Oxford, nous avons signalé au chapitre précédent qu'elle a été contestée par un certain nombre de travaux actualisant le calcul du coût d'un adulte ou d'un enfant supplémentaire par ménage.

D'autre part, celle de la définition du niveau de vie dit « normal ». L'Union européenne recommande de choisir le revenu disponible *moyen* par unité de consommation des ménages ; alors que l'Insee retient le plus couramment, ainsi que nous allons le voir, le revenu disponible *médian*, celui au-dessus et en dessous duquel se situent à chaque fois la moitié des ménages. Ce choix n'est pas indifférent : étant donné les caractéristiques de la distribution des revenus (forte concentration dans le bas de l'échelle, grande dispersion dans le haut), le revenu médian par Uc est inférieur en gros de 15 % au revenu moyen par Uc. L'Insee justifie son choix par la plus grande robustesse statistique de la médiane : en la choisissant plutôt que la moyenne, plus sensible à la présence des hauts revenus, l'Insee pense pouvoir prévenir les effets d'aléas d'enquête sur les valeurs extrêmes du haut de la distribution[11]. Cela n'en revient pas moins à minimiser les écarts de niveau de vie, partant la pauvreté relative, et surtout l'extrême concentration de la richesse dans le haut de l'échelle.

Reste enfin à déterminer la fraction de ce revenu moyen ou médian qui définira ce seuil. On retient généralement la moitié. Ce qui est relativement arbitraire et conduit certaines études à proposer d'autres seuils, à 40 % ou 60 % du revenu de référence (moyen ou médian).

On comprend, dans ces conditions, que la définition d'un seuil de pauvreté, partant la mesure du nombre des ménages et des personnes éventuellement situés au-dessous de ce seuil, soit tributaire de multiples conventions (choix d'une échelle de consommation, choix d'un niveau de vie de référence, choix d'une fraction de ce niveau pour définir le seuil de pauvreté) qui rendent, par définition, variables et discutables les résultats obtenus. Ainsi, à partir d'une même enquête (le Panel européen des ménages), d'une

11. Insee, *Synthèses*, n° 11, *op. cit.*, p. 32.

même définition du revenu et d'une même échelle de consommation, le pourcentage de ménages pauvres est de 6,7 %, 11 %, 17 % ou 16 % selon que l'on fixe le seuil de pauvreté à 40 %, 50 %, 60 % du revenu disponible médian ou à 50 % du revenu disponible moyen[12].

Pour conclure, notons ce que peut avoir d'arbitraire la mesure du paupérisme à partir de la définition d'un seuil de pauvreté : il suffit que le revenu disponible d'un ménage dépasse d'un franc le seuil de pauvreté défini pour qu'il ne soit plus compté comme pauvre. Alors que, de toute évidence, sa situation ne diffère en rien de celle des ménages qui se situent tout juste en dessous de ce seuil.

L'évolution récente du paupérisme[13]

Sur la base des données réunies dans le cadre des enquêtes « Budget de famille », l'INSEE propose une évaluation du nombre des ménages pauvres dans la société française et de leur proportion dans les différentes catégories sociales. Le seuil de pauvreté retenu est la demi-médiane des revenus avant impôts par UC selon l'échelle d'Oxford, les données d'enquête ayant été corrigées de la notoire sous-évaluation des revenus du patrimoine[14].

En 1994, ce seuil se situait selon l'INSEE à environ 3 750 F par mois. Il s'élevait à 3 450 F en 1984 (en francs constants 1994), il a donc progressé d'environ 11 % sur dix ans, soit nettement moins que le revenu moyen par UC qui, lui, a crû de 17 % sur la même période. Ce qui signifie notamment que, si le seuil de pauvreté retenu par l'INSEE était la demi-moyenne et non pas la demi-médiane, le pourcentage de ménages pauvres aurait sans doute été significativement plus élevé[15].

12. *Id.*, p. 33. Pour un inventaire des différents seuils de pauvreté retenus par les études scientifiques et les organismes sociaux, *cf.* Bernard Aubert, « Seuils de pauvreté et montants des minima sociaux », *Recherches et prévisions*, n° 50/51, CNAF, décembre 1997-mars 1998, p. 69-79.
13. Sauf indication contraire, toutes les données suivantes concernant la pauvreté, provenant de l'exploitation de l'enquête « Budgets des ménages 1995 », figurent dans « La pauvreté monétaire » *in* « Revenus et patrimoines des ménages. Édition 1996 », *op. cit.*, p. 57-78, et dans Jean Michel Houriez et Bernard Legris, « L'approche monétaire de la pauvreté : méthodologie et résultats », *Économie et Statistique*, n° 308-309-310, 1997-8/9/10, p. 35-63.
14. La demi-médiane est la moitié de la médiane, c'est-à-dire du niveau de revenu qui partage en deux la population des ménages : au-dessus duquel se situent les 50 % les plus « riches » et au-dessous duquel se situent les 50 % les moins « riches ».
15. En tenant compte de la notoire sous-estimation des revenus par l'enquête « Budget des ménages », de l'ordre de 20 % à 25 % ; de la définition du seuil de pauvreté par la moitié du revenu *médian* et non *moyen* (l'écart entre les deux étant de 15 %) et du choix de l'échelle d'Oxford (plutôt que de celui de l'OCDE) qui accorde un plus grand

À ce compte, il y avait en France en 1994 près d'un ménage sur dix qui se situait sous ce seuil, soit environ 2,4 millions de ménages, comprenant 5,5 millions de personnes [16]. Ce pourcentage était sensiblement le même dix ans auparavant (tableau 5.5). Cependant, derrière cette apparente stagnation du paupérisme, se masquent d'importants mouvements contraires.

En premier lieu, alors que la proportion de ménages pauvres avait encore tendance à décroître au cours de la seconde moitié des années quatre-vingt, c'est au contraire une augmentation qu'on enregistre sur la première moitié de la présente décennie. Ce qui est cohérent avec l'évolution globale des inégalités de revenus sur la même période.

En deuxième lieu, la faible régression de la proportion des ménages pauvres sur l'ensemble de la période est essentiellement due à la très nette amélioration de la situation relative des retraités, parmi lesquels le paupérisme diminue sensiblement, surtout entre 1989 et 1994 ; ce qui là encore confirme ce que nous disions plus haut. Cette amélioration est surtout notable parmi les anciens indépendants non agricoles et, dans une moindre mesure, parmi les anciens employés et ouvriers. Elle est nette également parmi les anciens agriculteurs, du moins entre 1984 et 1989, avant de connaître une certaine stagnation voire régression semble-t-il. Il se confirme cependant que, parmi les retraités, c'est la situation des anciens agriculteurs qui reste la moins enviable, du moins telle qu'elle est saisie ici.

En troisième lieu, à l'inverse, la situation relative des actifs et des autres inactifs s'est globalement dégradée au cours de la même période, avec là encore des mouvements contraires selon les catégories sociales. En 1994, la pauvreté est nettement moins fréquente parmi les agriculteurs qu'en 1984, essentiellement du fait du départ à la retraite des plus anciens d'entre eux et de l'élimination concomitante des exploitations les moins rentables. La situation s'est éga-

nombre d'Uc par ménage et tend donc à minimiser le seuil de pauvreté (à nouveau de 15 % en gros), Pierre Concialdi estime qu'il est possible de relever ce seuil d'environ 50 % ; il se situait donc plus probablement aux environ de 5 500 F par mois et par Uc. *Cf.* « Faut-il attendre la fin du chômage pour relever les minima sociaux ? », *Droit social*, n° 1998-3 mars 1998, p. 262.

16. L'enquête « Budgets des ménages » n'a cependant porté que sur les seuls ménages dits ordinaires, à l'exclusion des populations vivant en ménages dits collectifs : centres d'hébergement, foyers d'étudiants ou de jeunes travailleurs, maisons de retraite, hospices, asiles, prisons, qui comptent un pourcentage très important d'individus pauvres ; sans couvrir non plus les populations privées de tout domicile et, la plupart du temps, dépourvues de toute ressource.

Tableau 5.5

Proportion de ménages pauvres selon la catégorie sociale

(en %)

	1984	1989	1994
Actifs et assimilés	**9,9**	**9,9**	**11,4**
Agriculteurs	35,9	31,2	25,6
Artisans	15,1	16,7	12,0
Commerçants	17,3	11,6	16,1
Chefs d'entreprise, professions libérales et cadres	0,8	0,7	1,6
Professions intermédiaires	1,7	1,3	2,2
Employés	6,0	5,7	10,4
Ouvriers qualifiés	10,2	9,0	11,4
Ouvriers non qualifiés	18,6	22,4	27,7
Retraités	**11,5**	**9,0**	**6,9**
Anciens agriculteurs	26,8	19,0	20,3
Anciens INA	16,1	16,5	9,1
Anciens CA et PI	1,2	1,5	0,2
Anciens EMP et OU	10,8	7,5	6,2
Autres inactifs	**25,8**	**29,0**	**31,8**
dont élèves et étudiants	*57,5*	*48,9*	*60,0*
moins de 60 ans	*26,1*	*30,8*	*31,8*
plus de 60 ans	*14,6*	*16,2*	*14,5*
Ensemble	**10,4**	**9,6**	**9,9**

Source : INSEE, enquêtes « Budget de famille », *Synthèses*, n° 5, *op. cit.*, p. 57 et 58. *Légende :* INA = indépendants non agricoles ; CA = cadres ; PI = professions intermédiaires ; EMP = employés ; OU = ouvriers. *Remarque :* par actifs et assimilés, on entend outre les actifs au sens traditionnel les chômeurs n'ayant jamais travaillé, les militaires, les étudiants et les autres inactifs de moins de 60 ans non retraités.

lement améliorée parmi les artisans, sans doute pour les mêmes raisons ; ainsi que parmi les commerçants, du moins jusqu'en 1989, date après laquelle elle s'est à nouveau dégradée, indice de la précarité de la situation économique d'un certain nombre de ménages dans cette catégorie.

La situation s'est quelque peu dégradée aussi parmi les catégories les plus favorisées (chefs d'entreprise, professions libérales et cadres), ainsi que parmi les professions intermédiaires, preuve que la crise n'épargne plus personne, même si elle frappe encore très inégalement les différentes catégories. Et ce sont celles appartenant au salariat populaire qui ont vu leur situation relative se dégrader le plus : la pauvreté est nettement plus fréquente en 1994 qu'en 1984 parmi les employés ainsi que parmi les ouvriers, notamment non qualifiés, indice d'une paupérisation relative de ces deux catégories. Notons enfin, parmi les inactifs non retraités, la dégradation de la situation relative des étudiants, pour qui la pauvreté n'est cependant le plus souvent que transitoire et dont l'enquête saisit mal les aides dont ils peuvent bénéficier de la part de leur famille ; ainsi que celle des autres inactifs de moins de 60 ans, essentiellement des handicapés, des invalides et des femmes au foyer.

En définitive, en 1994, la pauvreté se concentre sur quelques catégories : employés, ouvriers qualifiés, ouvriers non qualifiés, anciens ouvriers et employés et autres inactifs représentent respectivement 12 %, 17 %, 14 %, 9 % et 22 %, soit au total près des trois quarts, des ménages pauvres au sein de la société française. À l'inverse, la pauvreté reste une réalité très marginale parmi les catégories les plus favorisées ainsi que parmi les professions intermédiaires.

Les principales causes actuelles de la pauvreté

Pourquoi cette persistance et même cette aggravation du paupérisme en France ? Pourquoi est-on ou devient-on pauvre aujourd'hui en France ? L'analyse des principales causes du phénomène va nous permettre d'en préciser quelques-unes des formes et des évolutions les plus caractéristiques.

1. *L'insuffisance des revenus professionnels.* Contrairement à une idée aujourd'hui communément répandue, la principale cause de la pauvreté en France n'est pas d'abord le chômage mais l'insuffisance même des ressources que certains peuvent tirer d'une activité professionnelle. Autrement dit, la principale forme du paupérisme reste bien la *pauvreté laborieuse*, que l'on croyait pourtant définitivement disparue au cours des « trente glorieuses » qui avaient vu croître l'ensemble de revenus professionnels en termes réels.

C'est ce que met notamment en évidence le tableau 5.6. Certes, la probabilité d'être pauvre pour un ménage dont la personne de référence recherchait un emploi était en 1994 près de cinq fois plus importante que celle dont la personne de référence occupait un emploi à cette même date. Mais, simultanément, parmi l'ensemble des ménages définis comme pauvres, ceux dont la personne de référence était titulaire d'un emploi étaient deux fois plus nombreux que ceux dont la personne de référence était au chômage ; et ces derniers n'étaient pas plus nombreux que ceux dont la personne de référence exerçait un emploi à temps complet ! Autrement dit, travailler et même travailler à plein temps ne met pas à l'abri de la pauvreté aujourd'hui en France.

Tableau 5.6

Proportion et structure (en %) de la population des ménages pauvres selon la situation par rapport à l'emploi de la personne de référence en 1994

	Proportion	Structure
Exerce un emploi	6,3	35,6
dont CDI temps complet	*3,8*	*17,1*
CDI temps partiel	*19,9*	*3,4*
CDD (y compris stages)	*19,1*	*3,8*
autres	*13,7*	*11,3*
Recherche un emploi	29,1	17,2
En interruption d'activité	23,4	9,4
Retraité	8,1	23,8
Autre, n'a jamais travaillé	36,6	14,0
Ensemble	**10,0**	**100,0**

Source : INSEE, enquête « Conditions de vie » 1993-1994, *INSEE Première*, n° 363, février 1995. *Remarque :* dans cette enquête, sont considérés comme pauvres les 10 % disposant des revenus disponibles par unité de consommation (échelle d'Oxford) les plus faibles. Cette population diffère très peu de celle définie comme pauvre à partir de l'enquête « Budget de famille » qui recensait presque à la même époque 10,4 % de ménages pauvres. Le tableau se lit ainsi : en 1994, 6,3 % des ménages dont la personne de référence exerçait un emploi étaient pauvres ; ils représentaient à ce moment 35,6 % de l'ensemble des ménages pauvres.

Il y a à cette persistance de la pauvreté laborieuse deux raisons essentielles. La première est tout simplement le niveau trop bas d'un certain nombre de rémunérations professionnelles. Tout d'abord parmi les salariés. Ainsi un couple ayant pour seul revenu un SMIC (4 750 F nets par mois en 1994) tombe sous le seuil de pauvreté. Avec un seul salaire de l'ordre du salaire médian (7 100 F en 1994), c'est aussi le cas pour un couple avec un enfant, *a fortiori* avec deux enfants, en dépit des allocations familiales.

Encore ne s'agit-il pas là des plus bas salaires. En mars 1997 quelque 230 000 salariés à temps complet percevaient moins de la moitié du salaire médian, soit moins de 3 650 F par mois : il s'agissait pour l'essentiel d'assistantes maternelles, de gardiennes d'enfants, de manutentionnaires, d'ouvriers du tri, de concierges, etc. Et la rémunération mensuelle de 600 000 salariés à temps complet ne s'élevait à l'époque qu'aux deux tiers du salaire médian, soit à 4 870 F [17].

Nous savons que les rémunérations professionnelles d'un certain nombre d'indépendants sont également particulièrement

17. Pierre Concialdi et Sophie Pontieux, « Les bas salaires en France 1983-1997, *Documents d'études*, n° 15, DARES, octobre 1997, p. 10.

faibles. C'est notamment le cas parmi les agriculteurs : en moyenne, entre 1987 et 1990, un quart des exploitations agricoles a assuré moins que la moitié du SMIC par adulte à temps plein et un autre quart se situait entre ce seuil et le SMIC [18]. Même si les sources à leur sujet tendent à les minimiser, elles n'en indiquent pas moins la persistance de revenus agricoles particulièrement bas, que l'amélioration moyenne de la situation des agriculteurs au cours de la période la plus récente n'a pas fait disparaître, loin de là.

La seconde raison qui empêche certains travailleurs de tirer de leur activité des ressources suffisantes est le développement des formes dites particulières d'emploi. À commencer évidemment par le travail à temps partiel, dont on sait qu'il est de plus en plus contraint. Le tableau 5.6 indique ainsi que la probabilité de faire partie d'un ménage pauvre est multipliée par cinq selon que la personne de référence occupe un emploi à temps complet ou un emploi à temps partiel, à contrat à durée indéterminée dans les deux cas. Et l'étude menée sur les bas salaires nous apprend que plus des trois quarts de ces derniers sont versés à des salariés à temps partiel dont plus de la moitié déclarent subir le temps partiel, à chaque fois une majorité de femmes [19].

Certes, percevoir un bas salaire n'est pas nécessairement un indice de pauvreté si ce salaire se trouve complété par d'autres ressources au sein du ménage. Cependant, dans près du tiers des cas (31,2 %), les titulaires de bas salaires sont les seuls pourvoyeurs de ressources d'activité du ménage, soit qu'ils vivent seuls, soit que les autres membres du ménage en âge de travailler sont au chômage ou inactifs. Et dans 6 % des cas, le seul autre revenu d'activité était lui aussi un bas salaire. Ainsi, dans près de quatre cas sur dix, ces ménages de salariés disposaient de revenus d'activité le plus souvent incapables de les porter au-delà du seuil de pauvreté, sachant que près des deux tiers d'entre eux avaient charge d'enfants [20].

2. *Le chômage et la précarité.* La deuxième cause du paupérisme aujourd'hui en France est incontestablement la dégradation de la situation de l'emploi qui s'est opérée depuis le milieu des années soixante-dix, dont le développement du chômage et des formes d'emploi précaires constitue la manifestation la plus évidente. Et, parmi les ménages pauvres, ceux dont la personne de référence est chômeur constitue la catégorie qui a le plus aug-

---

18. *Cf. Économie et Statistique*, n° 273, 1994-3, p. 33.
19. Pierre Concialdi et Sophie Pontieux, *op. cit.*, p. 8-9.
20. *Id.*, p. 37-39.

menté au cours de ces dernières années : selon l'enquête « Budget des ménages », leur nombre a plus que doublé entre 1984 et 1994, passant de 12 % à 22 % de l'ensemble des ménages pauvres.

Or, tandis que le chômage n'a cessé de s'aggraver, en fréquence comme en durée, les conditions d'indemnisation du chômage n'ont cessé de se durcir pour les chômeurs. Au cours de ces dernières années, non seulement le pourcentage de chômeurs indemnisés a eu tendance à diminuer pour ne plus concerner qu'à peine un peu plus d'un chômeur sur deux, comme nous l'avons vu au cours du chapitre précédent ; mais encore le montant des indemnités a été revu à la baisse, notamment à la suite de la réforme de l'assurance-chômage intervenue en 1992, aggravée en 1993 : *« Le taux de remplacement (du salaire net) de l'allocation moyenne d'assurance-chômage était de 65 % en 1990 ; il n'était plus que de 60 % en 1994*[21]. » Ainsi, selon les données de l'UNEDIC, en juillet 1997, sur les 2,1 millions de chômeurs indemnisés, plus des trois quarts (77,5 %) touchaient moins de 5 000 F et quatre sur dix (39,6 %) moins de 3 000 F[22].

Dans ces conditions, l'entrée au chômage de l'un de ses membres adultes non seulement provoque une baisse sensible du niveau de vie d'un ménage, mais encore peut représenter un risque réel de glisser vers la pauvreté. La perte de pouvoir d'achat est variable selon le type de ménage mais toujours sensible. Dans les ménages de biactifs, elle est en moyenne de 30 % dans le cas où un seul adulte est au chômage, de 60 % lorsque les deux se retrouvent dans cette situation (ce qui est fréquent, étant donné l'homogamie). La perte avoisine 40 % dans le cas d'un couple de monoactif et 55 % dans le cas d'une famille monoparentale.

Aussi, comme l'indique le tableau 5.6, près de 30 % des ménages dont la personne de référence était au chômage se situaient en 1994 parmi les 10 % de ménages au niveau de vie le plus bas. Et cette proportion s'élevait même à 40 % lorsqu'on ne considérait plus le revenu du ménage tout au long de l'année précédant l'enquête, pendant une partie de laquelle le chômeur a pu éventuellement encore être employé, mais le seul revenu du mois précédent, lorsque le ménage subissait pleinement l'effet du chômage[23].

21. Robert Holcman, « Le chômage », *Notes et études documentaires*, n° 5 045, La Documentation française, 1997, p. 50.
22. *Cf. Alternatives économiques*, n° 156, février 1998, p. 31.
23. *Cf. INSEE Première*, n° 363, février 1995. L'enquête « Budget des ménages » évalue, pour sa part, à 39 % la proportion des ménages de chômeurs qui se situent en dessous du seuil de pauvreté.

Le chômage est d'autant plus facteur de paupérisme que sa durée s'allonge : d'une part, les indemnités de chômage diminuent régulièrement, jusqu'à disparaître quelquefois ; d'autre part, la possibilité de retrouver un emploi décroît elle aussi lorsque s'allonge la durée pendant laquelle le chômeur a perdu contact avec le monde du travail. Ce qui menace dans ce cas, ce n'est plus seulement le paupérisme, mais sa forme extrême, l'exclusion socio-économique sur laquelle nous reviendrons plus loin.

Mais le chômage est à peine moins facteur de pauvreté lorsqu'il se fait intermittent, entrecoupé alors de *«petits boulots»* ou de *«stages parkings»*, installant l'individu dans des allers-retours incessants entre chômage et emplois précaires ou quasi-emplois. Ainsi, sur une période de 22 mois allant de janvier 1993 à novembre 1994, 15,1 % des adultes interrogés se sont trouvés à un moment ou à un autre au chômage, dont 12,4 % qui ont connu au moins une alternance entre emploi et chômage. Dans un cas sur cinq (21,6 %), ils faisaient partie de ménages pauvres, proportion qui s'élevait à 29,4 % dans le cas où ils étaient eux-mêmes personnes de référence du ménage [24]. La précarité de l'emploi est d'autant plus facteur de pauvreté qu'elle s'accompagne plus fréquemment de bas salaire : alors que seuls 4,4 % de l'ensemble des salariés du secteur privé étaient sous CDD en mars 1997, ils y représentaient 9,7 % des bas salaires, soit 2,2 fois plus [25]. Enfin, l'exercice d'une suite de *«petits boulots»* ne permet pas le plus souvent d'accumuler suffisamment de droits pour être indemnisé lorsque le chômage, de passager, se fait permanent.

Rappelons que le chômage et la précarité frappent inégalement les catégories sociales, qu'ils concernent au premier chef les ouvriers et les employés, et qu'il en est de même par conséquent des phénomènes de paupérisme qui les accompagnent. On tient là, avec la faiblesse des salaires qui les caractérisent, les deux principales raisons de la paupérisation absolue des ménages d'ouvrier spécialiste mise en évidence plus haut (tableau 5.4). Mais aussi de la dégradation de la situation relative des jeunes (les moins de 25 ans).

Entre 1989 et 1994, le niveau de vie moyen des ménages dont la personne de référence a moins de 25 ans a baissé de plus de 15 %, alors que le niveau de vie moyen de l'ensemble des ménages progressait simultanément de 6,7 % [26]. En conséquence,

---

24. *Cf.* INSEE *Première,* n° 450, mai 1996.
25. Pierre Concialdi et Sophie Pontieux, *op. cit.*, p. 19.
26. Ces estimations incluent les aides régulières en espèces apportées aux membres des ménages les plus jeunes par leur famille.

sur cette même période, le pourcentage des ménages pauvres dont la personne de référence a moins de 30 ans a crû de 11,2 % à 18,5 % ! Hors ménages étudiants, catégorie qui compte le plus grand pourcentage de ménages pauvres (tableau 5.5), la dégradation est encore plus spectaculaire, le pourcentage de ménages pauvres sur cette tranche d'âge faisant alors plus que doubler, en passant de 5,9 % à 12,2 %. C'est désormais la classe d'âge qui compte proportionnellement le plus de ménages pauvres, avant même les ménages dont la personne de référence a plus de 80 ans, pourtant souvent composées de veuves touchant le minimum vieillesse. Les plus jeunes sont donc aujourd'hui davantage exposés au risque de pauvreté que les plus âgés, au rebours de ce qui se passait dans les décennies précédentes.

C'est qu'ils ont été les principales victimes du développement du chômage et de la précarité. Entre mars 1992 et mars 1996, le taux de chômage parmi les jeunes actifs de moins 25 ans est passé de 20,5 % à 26,6 % ; tandis que la part d'entre eux qui occupait un emploi précaire (CDD, intérim, stage ou apprentissage) a crû de 17,9 % à 23,5 %[27]. Ainsi un jeune actif sur deux n'occupe pas d'emploi stable. Et la situation est encore pire pour les débutants (ceux qui se trouvent sur le marché du travail depuis moins d'un an) : entre mars 1991 et mars 1995, leur taux de chômage a grimpé de 26,9 % à 38,2 %, la part d'entre eux disposant d'un emploi se retrouvant sur CDD étant passée de 42,9 % à 54,2 %[28]. Ainsi même pas un jeune sur dix entame aujourd'hui sa vie active par un emploi stable !

À cette dégradation de leur situation sur le marché de l'emploi s'est ajoutée la dévalorisation concomitante de leur salaire d'embauche : en 1994, le salaire moyen des moins de 25 ans s'élevait à 5 000 F, à peine plus que le SMIC, alors qu'il était de 5 800 F en 1984 (en francs 1994). Évolution d'autant plus paradoxale qu'on a affaire à une main-d'œuvre plus qualifiée, du fait de la prolongation de sa scolarité, cette plus grande qualification étant, il est vrai, contrebalancée par une moindre expérience professionnelle. C'est en fait l'indice d'une dégradation de la situation de ces jeunes sur un marché du travail où la concurrence entre salariés joue à plein et exerce une pression à la baisse sur les salaires, permettant aux entreprises d'embaucher ces jeunes en les sous-payant ou sur des emplois pour lesquels ils sont surqualifiés, tout en tirant parti de leur formation. Ainsi, entre 1986 et 1995, la part de salariés issus

27. INSEE, *Économie et Statistique*, n° 304-305, 1997-4/5, p. 14
28. *Id.*, p. 39 et p. 41.

d'une grande école ou d'un 3e cycle universitaire et surqualifiés par rapport à leur emploi est-elle passée de 18,8 % à 30,1 %, celle des titulaires d'un baccalauréat général ou d'un brevet de technicien se retrouvant dans la même situation de déqualification étant pour sa part passée de 15,5 % à 24 %, le processus affectant davantage les débutants et tendant cependant à diminuer avec l'ancienneté [29].

On trouvera un dernière indice de cette dégradation du niveau de vie des jeunes dans le mouvement déjà signalé de décohabitation de plus en plus tardive des jeunes, autrement dit dans leur mise en ménage à l'extérieur de la famille à un âge plus avancé. Si la prolongation de la cohabitation avec leurs parents permet à bon nombre d'entre eux d'échapper à la pauvreté, en leur permettant de prolonger leurs études ou d'attendre d'avoir trouvé un emploi stable, elle n'en est pas moins aussi un signe fort de leur accession de plus en plus difficile à l'autonomie financière [30].

3. *L'insuffisance des revenus sociaux* constitue une troisième cause du paupérisme en France. Certes, ces revenus permettent à bon nombre de ménages d'échapper à la pauvreté : grâce aux revenus de transfert (hors retraite), le pourcentage de ménages pauvres est moitié moindre que ce qu'il serait sans eux (19,7 % de ménages pauvres avant transfert, 10 % après transfert) [31]. Cela s'explique par leur concentration sur les ménages aux plus bas revenus : ainsi assurent-ils en moyenne la moitié des ressources des ménages du premier décile [32]. Il n'en demeure pas moins que, pour un certain nombre de ménages, ces revenus ne permettent pas de compenser l'absence ou l'insuffisance de revenus d'activité ou de faire face à des charges d'enfants particulièrement lourdes.

Nous avons déjà évoqué le niveau particulièrement bas des minima sociaux. Même mesurés à l'aune d'un seuil de pauvreté nettement moins élevé que celui proposé par le CERC-Association, comme le fait l'INSEE, les minimum vieillesse et invalidité ainsi que l'allocation d'adulte handicapé s'avèrent insuffisants : ils s'élevaient en 1994 à 3 200 F (pour une personne seule), soit à peine à 85 % du seuil de pauvreté. Quant aux personnes vivant du RMI et d'une allocation logement, elles se situaient entre 85 % (cas d'une personne seule) et 73 % (cas d'un couple avec deux enfants) du seuil de pauvreté.

29. *Cf.* Gérard Forgeot et Jérôme Gauthier « Insertion professionnelle des jeunes et processus de déclassement », *Économie et Statistique*, n° 304-305, 1997-4/5.
30. *Cf.* Laurent Caussat, « Les chemins vers l'indépendance financière », *Économie et Statistique*, n° 283-284, 1995-3/4.
31. *Cf.* INSEE, « Les revenus sociaux 1981-1996 », *Synthèses*, n° 14, 1997, p. 137.
32. *Cf.* INSEE, « Les revenus sociaux 1981-1995 », *Synthèses*, n° 6, 1996, p. 111.

Nous avons également signalé que les prestations familiales et plus largement les aides publiques à la famille ne permettaient pas de compenser le surcroît de charges occasionné par la présence des enfants, entraînant une dégradation du niveau de vie des ménages avec enfants par rapport aux ménages sans enfant, à niveau de revenu primaire identique, sauf peut-être pour les plus bas revenus (tableau 4.3). Combinée aux effets du chômage et de la précarité, mais aussi à ceux des bas revenus d'activité professionnelle, c'est une des raisons de la persistance voire de l'aggravation du paupérisme au sein des familles nombreuses et des familles monoparentales.

Parmi les couples avec trois enfants et plus, dont le nombre va diminuant, la fréquence de la pauvreté a certes eu tendance à régresser entre 1984 et 1994, le pourcentage de ces ménages se situant en dessous de la demi-médiane étant passé de 22,6 % à 19,7 %. Le phénomène n'en frappe pas moins toujours près d'une famille de ce type sur cinq, proportionnellement deux fois plus que les familles de deux enfants. Il s'explique aussi par les caractéristiques socio-économiques de ce type de familles, qui se concentrent parmi les ouvriers (notamment immigrés) et les agriculteurs, catégories dont les revenus professionnels sont les plus bas et qui, pour la première, est aussi la plus exposée au chômage et à la précarité. À quoi s'ajoute l'inactivité plus fréquente de la mère, du fait précisément de la présence des enfants.

À l'inverse, le paupérisme s'est étendu parmi les familles monoparentales, dont le nombre va croissant : 13,8 % d'entre elles se situaient en dessous de la demi-médiane en 1984, elles étaient 20,5 % dans ce cas en 1994. Neuf fois sur dix, il s'agit de femmes se retrouvant seules avec des enfants, le plus souvent à la suite d'une rupture de vie conjugale, et le paupérisme est alors fréquemment la conséquence de cette rupture, dont les incidences financières sont en moyenne plus lourdes pour les femmes que pour les hommes[33]. La précarisation des relations conjugales représente donc un risque supplémentaire de paupérisation pour les femmes, comme pour les enfants.

Plus généralement, avec la dégradation de la situation de leurs familles sous l'effet de l'ensemble des processus précédents, les enfants comptent, malheureusement, de plus en plus souvent parmi les victimes du paupérisme, signant ainsi l'échec relatif des politiques publiques de protection de l'enfance. Entre 1987 et

---

33. *Cf.* Alain Bihr et Roland Pfefferkorn, *Hommes-femmes : l'introuvable égalité*, Éditions de l'Atelier, 1996, p. 124-129.

1994, la proportion d'enfants de moins de 7 ans vivant dans des ménages faisant partie du premier décile est ainsi passée de 12,2 % à 14,2 %, celle des enfants de 7 à 10 ans dans le même cas de 13,8 % à 15 %, celle des enfants de 11 à 16 ans de 15 % à 16,8 %[34]. C'est donc bien dans l'ensemble des jeunes générations que le paupérisme s'est accru au cours de la période récente : y a-t-il scandale plus grand que celui d'une société de plus en plus riche et qui condamne de plus en plus ses propres enfants, adolescents et jeunes adultes à connaître l'épreuve de la pauvreté ?

4. *L'exclusion socio-économique.* Quand certains des facteurs précédents se conjuguent et se renforcent mutuellement : insuffisance ou inexistence de revenus professionnels, chômage de longue durée, *« galère »* des *« petits boulots »* à répétition, absence d'aide familiale, rupture des liens conjugaux, charge d'enfants, incapacité à faire valoir ses droits à prestation sociale, dégradation de l'état physique ou psychique rendant impossible l'occupation d'un emploi, etc., se profile le risque d'une exclusion socio-économique définitive et d'une plongée dans la pauvreté extrême.

En témoigne par exemple la population des Centres d'accueil et de réadaptation sociale (CHRS), qui ont vocation à accueillir tout adulte ou toute famille en difficulté sociale[35]. Un peu plus démunis encore sont ceux que, par euphémisme policier, on a dénommés SDF, alors qu'ils sont en fait dépourvus de tout domicile. Une population qui échappe par définition aux enquêtes statistiques classiques. Deux enquêtes spécifiques récentes ont cependant permis d'en préciser les traits caractéristiques qui rappellent ceux de la population précédente, en plus accentués.

Le sondage réalisé par CSA pour *La Croix* et *La Rue*[36] auprès de quelque 350 SDF parisiens nous apprend qu'il s'agit d'une majorité d'hommes (63 %), relativement jeunes (56 % ont moins de 30 ans) mais faiblement diplômés (89 % ont au plus un CAP ou un BEP). C'est presque dans les mêmes proportions (78 %) qu'ils sont chômeurs, 18 % n'ayant jamais travaillé, mais 13 % sont malgré tout salariés, la plupart du temps en occupant des *« petits boulots »* : ainsi travailler ne garantit pas de nos jours de ne pas dormir dans la rue ! Cinquante-cinq pour cent d'entre eux déclarent avoir connu des problèmes relationnels dans leur famille, 29 % avec leurs parents et 26 % dans leur couple. D'ailleurs à 78 %, ils sont célibataires

34. *INSEE Première*, n° 363, février 1995.
35. *Cf.* Emmanuel Woitrain, « Les centres d'accueil et de réadaptation sociale : des lieux d'accueil pour les populations en difficulté », *Données sociales 1996*, p. 518-523.
36. *Cf. La Rue*, n° 14, janvier 1995.

(62 %) ou divorcés (16 %). Fragilité psychologique des individus et drames objectifs de l'existence sociale se conjuguent ainsi pour expliquer leur situation.

La seconde enquête, menée par l'INED auprès d'une population de près de 600 SDF parisiens, permet de préciser quelque peu leur origine et par conséquent le processus de leur déchéance sociale [37]. Parmi eux, un homme sur dix avait perdu son père avant l'âge de seize ans, autant avaient perdu leur mère, environ un sur quatre ne vivait à cet âge ni avec son père ni avec sa mère. Aux carences affectives se sont ajoutées l'absence de soutien au travail scolaire et, ultérieurement, l'inexistence d'une structure d'aide et de recours face aux difficultés de l'existence. Un homme sur cinq est incapable de préciser la profession exercée par son père ; parmi les autres, la moitié avait un père ouvrier, un sur six un père employé, près d'un sur dix un père agriculteur : trois sur quatre sont donc issus de familles modestes, voire elles-mêmes pauvres. Leur pauvreté extrême est donc souvent héréditaire, la plupart d'entre eux ayant été pauvres avant même d'être SDF.

Le peu que nous connaissons de ces populations réduites au dénuement nous fait saisir les limites d'une approche de la pauvreté en termes strictement monétaires, nous rappelant son caractère multidimensionnel, à l'entrecroisement de différentes inégalités formant système et tendant dès lors à se reproduire en tant que telles. Il faudra donc en reprendre et en poursuivre l'étude au terme de cet ouvrage, dans le chapitre final.

Être riche en France aujourd'hui

Si l'on sait peu de choses sur les ménages les plus pauvres, on en sait encore moins sur les ménages les plus riches ! Commençons par nous pencher sur ce paradoxe.

Une terra incognita

La richesse existe certes, elle est perceptible, même si c'est de manière très partielle et confuse. Mais elle présente, entre autres avantages, celui de ne pas intéresser, semble-t-il, les spécialistes des sciences sociales [38]. Si ces dernières ont produit une ample

37. *Cf.* Jean-Marie Firdion et Maryse Marpsat, « Devenir sans-domicile : ni fatalité, ni hasard », *Population et sociétés*, n° 313, INED, mai 1996.
38. À quelques rares exceptions près, dont notamment les travaux de Michel Pinçon et Monique Pinçon-Charlot, *Dans les beaux quartiers*, Seuil, 1989 ; *Quartiers bourgeois, quartiers d'affaires*, Payot, 1992 ; *La Chasse à courre. Ses rites et ses enjeux*, Payot, 1993 ; *Grandes fortunes. Dynasties familiales et formes de richesse en France*, Payot, 1996. *Cf.* aussi « Les riches », *Alternatives économiques*, hors série n° 25, 1995.

littérature sur la pauvreté, sans cesse alimentée par de nouvelles recherches, la richesse reste pour elles une *terra incognita*. À telle enseigne que le concept même de richesse n'a fait l'objet d'aucune élaboration théorique, préalable pourtant à toute mesure du phénomène.

Il y a à cela de puissantes raisons. Une première tient à la nature même de la richesse dans les sociétés capitalistes développées, comme l'est la société française contemporaine. Tant que la richesse était essentiellement immobilière, composée de biens fonciers ou de propriétés bâties, ses détenteurs étaient aisément identifiables : sous l'Ancien Régime, on savait exactement qui possédait combien d'arpents. Aujourd'hui, la richesse est essentiellement mobilière, reposant sur l'accumulation d'argent et de titres de propriété sur la richesse sociale et bien plus encore sur le capital, c'est-à-dire sur les moyens de produire cette richesse. Richesse abstraite, comme la valeur dans laquelle elle se résout, elle est aussi une richesse anonyme, qui se cache aisément dans le secret des comptes en banque, des portefeuilles financiers et des coffres-forts.

À cela s'ajoute, autre rupture avec les sociétés précapitalistes, que l'ostentation de la richesse ne participe plus aujourd'hui, dans les sociétés capitalistes développées, du système symbolique de légitimation des rapports de domination. Car – et c'est un secret de Polichinelle – les riches sont aussi les puissants qui, de nos jours, ne cherchent plus à établir la légitimité de leur pouvoir tant sur l'étalage de leur richesse ou même la référence au sacro-saint droit de propriété que sur leur supposée compétence à exercer le pouvoir, qu'il s'exerce dans les conglomérats industriels et financiers ou au sommet de l'État.

De ce fait, l'anonymat de la richesse peut aussi répondre à la volonté de ses détenteurs d'échapper au regard public. Si elle se fait encore quelquefois ostentatoire quand elle est neuve (les « nouveaux riches » et autres « parvenus » aiment à faire connaître et reconnaître leur bonne fortune), la richesse est aujourd'hui d'autant plus volontiers cachée qu'elle est élevée, bien assise et ancienne : c'est dans la discrétion que la grande bourgeoisie étale ses charmes. En se soustrayant aux regards des moins fortunés, c'est à l'abri de leur critique, en paroles et en actes, que les riches tentent de se mettre. Et, dans la mesure où ils exercent le pouvoir dans notre société, ils possèdent aussi les moyens de préserver leur anonymat, voire d'écarter d'éventuels regards indiscrets et importuns.

Toutes ces raisons n'excusent pas, bien au contraire, les spécialistes des sciences humaines. Si une des fonctions de la science sociale est de déchirer le voile des apparences qui masque le fonctionnement réel des sociétés, alors il faut bien reconnaître qu'ils ont singulièrement failli à leur mission en se détournant de questions aussi simples que : qu'est-ce qu'être riche aujourd'hui? Combien de riches y a-t-il aujourd'hui en France? Qui sont-ils? Ainsi n'est-il pas même possible, par exemple, d'identifier, en consultant la littérature courante sur le sujet, les 1 % de ménages disposant des revenus les plus élevés. Et si l'on connaît quelquefois au franc près les revenus des plus pauvres, l'incertitude sur ceux des plus riches est de l'ordre de la dizaine voire de la centaine de millions !

Les arguments qui pourraient être avancés (et ils le sont quelquefois) pour justifier ce manque de curiosité scientifique ne sont pas sérieux. Les riches ne seraient pas nombreux, si peu nombreux même qu'ils ne seraient pas significatifs statistiquement. Mais depuis quand l'importance politique d'un groupe social, sa place et son rôle dans la société (par exemple dans la répartition de la richesse sociale) se mesurent-ils à son importance numérique? À ce compte, sous l'Ancien Régime, la noblesse, qui en France ne devait pas excéder cent à cent cinquante mille membres (à peu près le nombre de contribuables imposés au titre de l'ISF aujourd'hui) aurait dû n'intéresser personne.

La pauvreté serait scandaleuse, non la richesse. Et les études qui y sont consacrées se justifient toutes, implicitement ou explicitement, par leur souci d'éclairer les politiques destinées sinon à la résorber, du moins à la soulager. Louable intention, mais qui masque (mal) en fait une conception curieuse et sélective de ce qui est scandaleux. Il est sans doute scandaleux qu'aujourd'hui, en France, des personnes soient contraintes de tenter de survivre avec seulement quelques dizaines de francs de ressources par jour. N'y a-t-il pour autant nul scandale à ce que, en même temps, quelquefois à quelques centaines de mètres de là, un individu puisse « flamber » sur les tapis d'un casino plusieurs millions de francs en une seule soirée? Soit l'équivalent de ce que percevront plusieurs centaines de pauvres toute leur vie durant ! Le scandale n'est-il pas dans la coexistence de ces deux situations, plus encore : dans la relation intime qui les lie? Car, à se pencher sur la pauvreté en oubliant simultanément de scruter son opposé, la richesse, on en oublie tout simplement ce que l'économie politique, l'histoire et la sociologie ont mille fois établi : que richesse et pauvreté vont de pair, que l'une est la condition de l'autre.

En fait, c'est moins le scandale que constitue la pauvreté que la crainte du danger qu'elle représente potentiellement pour le maintien de l'ordre social inégalitaire qui l'engendre, qui motive les politiques soi-disant destinées à soulager la «misère du monde». Et partant les études qui ont pour fonction d'éclairer ces politiques, en les renseignant sur leur champ, leurs populations-cibles *(sic)* et leurs effets, pour les rendre plus efficaces, c'est-à-dire pour mieux encadrer institutionnellement les pauvres. Condition pour que le processus de paupérisation des uns, qui est inscrit dans les structures profondes de nos sociétés, puisse perdurer ; et, avec lui, le processus d'enrichissement des autres qui est son pendant et son complément.

Bref, en omettant de tourner leur regard critique vers le haut aussi bien que vers le bas de l'échelle sociale, en respectant le désir des riches de rester dans l'anonymat d'une richesse sans visage, en renforçant le dispositif de contrôle institutionnel qui permet à la richesse de se mettre à l'abri des excès toujours possibles des «gueux», les spécialistes des sciences sociales portent bien, dans leur grande masse, la livrée de leurs maîtres.

À la recherche d'une définition de la richesse

Comme la pauvreté, la richesse est une réalité à la fois multidimensionnelle et relative. Une réalité multidimensionnelle : tout le monde perçoit immédiatement que la richesse ne se réduit pas à des revenus importants, pas plus que la pauvreté ne se réduit à des revenus (trop) faibles voire inexistants. Être riche, c'est tout aussi bien, le plus souvent, disposer d'un nom connu, de relations influentes dans les milieux des affaires et de la politique, d'une bonne éducation dispensée dans les lycées et les universités les plus prestigieux, quelquefois strictement réservés aux enfants des «bonnes familles», et bien évidemment d'une fortune personnelle, à la fois visible et discrète.

Néanmoins, si la richesse ne se réduit pas au fait de «gagner beaucoup d'argent», c'est bien par là qu'elle débute... et qu'elle se perpétue. Comme pour la pauvreté, c'est essentiellement sous cet angle que nous l'aborderons maintenant, conformément au niveau de l'analyse des inégalités où nous nous trouvons ici. En nous réservant d'y revenir à la fin de cet ouvrage pour mettre en évidence le cumul des avantages dont la richesse se compose en fait.

La richesse est aussi une réalité relative, bien plus relative encore que la pauvreté. Car, s'il existe à la limite une pauvreté absolue (le dénuement complet, l'absence totale de ressources), il n'y a bien évidemment pas de richesse absolue, il est toujours possible d'obtenir plus encore que ce qu'on a déjà. De ce fait, la notion de seuil de richesse est plus nécessaire encore que celle de seuil de pauvreté. L'ennui, c'est qu'il est bien plus difficile à définir.

Certains ont proposé de le construire sur le modèle de la notion de seuil de pauvreté. Dans cette perspective, on peut par exemple déclarer riches les ménages faisant partie du décile supérieur, les 10 % des ménages dont le revenu disponible par Uc est le plus élevé. En 1994, il s'agissait des ménages dont le revenu annuel disponible par Uc avant impôts se situait en gros à 160 000 F (soit 13 300 F mensuel). En ce sens était riche par exemple un couple avec deux enfants dont le revenu disponible annuel dépassait 430 000 F, soit 36 000 F par mois.

Ou encore, de même qu'est déclaré pauvre le ménage disposant de moins de la moitié du revenu médian par Uc, on peut décider de déclarer riche le ménage dont le revenu est le double du revenu médian[39]. Selon la même enquête, cela plaçait en 1994 le seuil de richesse sensiblement au même niveau. En plaçant le seuil de richesse au double du revenu moyen, on l'élevait à environ 180 000 F par an et par Uc. Un couple avec deux enfants devait alors disposer de plus de 40 000 F par mois pour être riche. Un peu moins de 8 % des ménages étaient dans ce cas en 1994.

On peut certes reprocher à ces définitions d'un seuil de richesse leur caractère arbitraire. Elles ne sont cependant pas plus arbitraires que les critères habituellement retenus dans les travaux statistiques pour définir un seuil de pauvreté. Raison de plus pour s'étonner qu'elles ne soient pas plus couramment utilisées dans le cadre de ces travaux.

En fait, ces définitions pèchent pour deux autres raisons, plus fondamentales. En premier lieu, elles ne tiennent pas compte de la dispersion de plus en plus grande au fur et à mesure que l'on s'élève dans l'échelle des revenus. Elles tendent donc à regrouper sous la même catégorie des niveaux de revenus qui n'ont pas grand-chose à voir ensemble : si un couple avec deux enfants disposant de 40 000 F de revenus mensuels est largement à l'aise, il n'en appartient pas pour autant au même monde que la famille du P-DG d'une entreprise multinationale ou que celle d'une star du spectacle ou du sport dont les revenus peuvent être cent fois plus élevés. Comme le dit Monique Charlot-Pinçon, *« la richesse est composée de niveaux de revenus beaucoup plus variés que la pauvreté*[40] ». Autrement dit, la différence existant entre un ménage qui se situe tout juste au-dessous du seuil de pauvreté et celui qui ne dispose d'aucune ressource, pour importante qu'elle soit, ne remet

39. *Cf.* Louis Maurin, « Qui est riche en France ? », *Alternatives économiques*, n° 153, novembre 1997.
40. Cité par Louis Maurin, *op. cit.*

pas en cause l'homogénéité de la catégorie des pauvres ; la différence entre les ménage se situant tout juste au-dessus du seuil de richesse et les plus riches parmi les riches est telle qu'on se demande ce que les premiers peuvent bien avoir en commun avec les seconds. Et élever le seuil de richesse, en le situant par exemple à quatre ou cinq fois le revenu médian (ou moyen), ne réglerait pas fondamentalement le problème.

En second lieu, les définitions précédentes méconnaissent une autre différence importante entre richesse et pauvreté, qui ne fait pas de la première la simple symétrique de la seconde. Dans les deux cas, l'approche en termes de revenu et de seuil de revenu est, nous le savons, réductrice d'une réalité qui ne se limite jamais à son aspect monétaire. Mais si cette réduction est méthodologiquement acceptable en ce qui concerne la pauvreté, elle l'est bien moins pour ce qui est de la richesse. C'est que, dans ce cas, la relation entre le niveau de revenu et les autres dimensions du phénomène se trouve médiatisée par un élément qui fait totalement défaut en situation de pauvreté, défaut d'ailleurs caractéristique de cette dernière : la présence d'un patrimoine plus ou moins important. Autrement dit, dans sa dimension économique, la richesse n'est pas définissable seulement en termes de flux monétaire, elle doit encore être appréhendée en termes de stock patrimonial. On retrouve d'ailleurs ainsi une intuition du sens commun : être riche, ce n'est pas seulement « gagner beaucoup d'argent », c'est encore « être fortuné ».

Faut-il par conséquent renoncer à définir la richesse en termes de revenu pour l'approcher en termes de détention patrimoniale ? À procéder ainsi, on risque en premier lieu de buter sur le même type de limites que précédemment à propos des seuils de richesse en termes de revenu monétaire. C'est que, ainsi que nous le verrons au chapitre 7, la dispersion des patrimoines dans le haut de l'échelle est encore plus grande que celle des revenus. Par conséquent, la fixation d'un seuil de richesse sur de pareilles bases risque, plus encore qu'auparavant, d'agglomérer des ménages qui n'ont en fait que peu de choses en commun : disposer d'un appartement de 100 m^2 en plein centre-ville vous place, à raison de 15 000 F le mètre carré, très nettement au-dessus du double du patrimoine médian et même du patrimoine moyen mais ne fait en rien de vous l'égal, même de loin, des plus grandes fortunes de France qui se chiffrent en milliards de francs.

En second lieu, il faut tenir compte du fait que, si des hauts revenus vont le plus souvent de pair avec un patrimoine important, ce n'est pas toujours ni nécessairement le cas. Nous verrons ainsi plus loin que l'accumulation patrimoniale épouse le cycle de vie des individus, que le patrimoine d'un ménage tend donc à s'accroître avec l'âge de la personne de référence. De ce fait, il se trouve des ménages jeunes dont les revenus sont importants mais dont le patrimoine reste encore faible, parce qu'ils n'en sont encore qu'au début de leur accumulation patrimoniale et qu'ils n'ont pas eu la chance d'hériter. Inversement, certains ménages de personnes âgées, en fin de cycle de vie, peuvent disposer d'un patrimoine important, à la fois accumulé sur la base de leurs revenus antérieurs et hérité de leurs ascendants, alors que le flux de leur revenus a largement diminué en intensité avec leur passage à la retraite.

On ne peut donc pas dissocier les deux aspects de la dimension économique de la richesse, revenu et patrimoine. Être riche, c'est en définitive disposer *à la fois* de revenus substantiels et d'un patrimoine important. D'autant plus qu'il existe un lien étroit entre ces deux aspects : les revenus viennent alimenter l'accumulation patrimoniale qui, à l'inverse, vient grossir le flux des revenus, sous la forme des revenus patrimoniaux.

C'est pour tenir compte de cette profonde solidarité entre ces deux aspects de la richesse dans sa dimension économique que nous proposons de définir comme riche un ménage auquel ses *seuls* revenus patrimoniaux peuvent assurer un train de vie aisé, disons le revenu médian (ou moyen) par Uc. Autrement dit, un ménage dont les membres pourraient vivre en rentiers avec un niveau de vie médian (ou moyen), en pouvant par conséquent continuer à épargner et accumuler.

Cette définition du seuil de richesse n'est évidemment pas moins arbitraire que les précédentes et ne les exclut d'ailleurs pas. Elle présente cependant l'intérêt de définir la richesse en termes de revenus, tout en soulignant qu'elle tient essentiellement à la possession d'un patrimoine, plus exactement d'un patrimoine de rapport. Car, si la source de toute richesse est le travail social, la fortune tient aujourd'hui dans la capacité, socialement légitimée par la possession de droits de propriété, d'accaparer une part suffisante du produit du travail pour se dispenser soi-même de travailler. C'est le sens de notre définition.

Cette définition présente en outre l'intérêt de tenir compte de la spécificité et des hauts revenus et des gros patrimoines. Nous avons déjà signalé que c'est une des caractéristiques des premiers que la part importante voire prépondérante qu'y occupent les revenus patrimoniaux. Ainsi les revenus des foyers fiscaux ayant déclaré en 1992 plus de 500 000 F de revenus imposables étaient composés en moyenne à 29,1 % de revenus patrimoniaux, dont 22,8 % pour les seuls revenus de placements financiers (revenus courants et plus-value)[41]. Et, vu la notoire sous-estimation fiscale de ces revenus, ces proportions étaient en réalité plus importantes. En outre, la part du patrimoine de rapport relativement à celles du patrimoine domestique et du patrimoine professionnel va croissant avec la taille du patrimoine; si bien que les plus gros patrimoines sont également ceux dans lesquels les actifs immobiliers et surtout mobiliers générateurs de revenus sont les plus importants; ce sont aussi ceux dont la diversité et la mobilité des actifs garantit les meilleures performances en moyenne.

Selon l'INSEE, la performance réelle du patrimoine a été en moyenne de 2,9 % entre fin 1993 et fin 1996, ce qui représente, compte tenu de l'inflation, une performance nominale moyenne de 4,7 %[42]. Dans ces conditions, un patrimoine de rapport de 2,9 millions suffisait à assurer à un couple le revenu disponible médian avant imposition en 1994; ce patrimoine devait être de l'ordre de 4,6 millions pour assurer le même niveau de vie à un couple avec deux enfants. Estimations cohérentes avec une simulation du Crédit Mutuel: en plaçant 2,46 millions de F rien qu'en produits d'épargne bancaire (livret d'épargne, compte et plan épargne logement, PEP), un couple pouvait s'assurer en 1994 un revenu de 130 200 F, net d'impôt puisque générés par des produits totalement défiscalisés[43]. Ce qui lui assurait sans peine le niveau de vie médian, le revenu médian par UC *avant* impôt se situant dans leur cas à 135 320 F.

Les données disponibles, qu'elles soient issues d'enquêtes ou de sources fiscales, ne permettent malheureusement ni d'évaluer combien de ménages sont riches selon les termes de la définition retenue, ni encore moins qui ils sont. On peut cependant supposer que ces ménages se concentrent dans les catégories qui possèdent les plus gros patrimoines de rapport, soit les professions libérales et surtout les dirigeants d'entreprise. En 1992 les gros indépendants actifs disposaient ainsi en moyenne d'un patrimoine financier de 4,14 millions de F[44] ! Largement de quoi assurer à la plupart d'entre eux plus que le niveau de vie médian.

L'aggravation récente des inégalités entre les revenus disponibles et l'explosion qu'ont connu les revenus mobiliers et immobiliers au cours des quinze dernières années peuvent, enfin, légitimement faire supposer que, si cette période a vu apparaître des « nouveaux pauvres », elle a aussi été celle des « nouveaux riches ». Les *golden boys* n'ont pas été qu'une spécificité new-yorkaise...

---

41. Rapport Ducamin, annexes, *op. cit*., p. 182.
42. *Cf. Synthèses*, n° 11, *op. cit*., p. 85.
43. *Cf. Le Monde*, 21 février 1995.
44. *Cf. Économie et Statistique*, n° 296-297, 1996-6/7, p. 52.

Les inégalités face à la consommation

6.

Le revenu disponible d'un ménage peut être affecté à deux fonctions différentes : aux dépenses de consommation courante ; ou à l'épargne, en vue de dépenses ultérieures de consommation ou de l'accumulation d'un patrimoine. Les inégalités de revenus disponibles produisent ainsi à la fois des inégalités face à la consommation et, en partie, des inégalités de patrimoine. Le présent chapitre sera consacré aux premières, le suivant aux secondes [1].

Analyser les inégalités face à la consommation peut sembler inutile tant elles sautent aux yeux. C'est en tout cas sur ce plan qu'elles sont les plus perceptibles : elles s'affichent en semblant répondre à une logique de distinction et d'ostentation souvent décrite par les historiens, sociologues et ethnologues. De cette rivalité dans le paraître se trouvent cependant exclus les deux extrêmes : les plus démunis, que leur misère et la honte qu'elle leur inspire tiennent en dehors de cette *« course aux honneurs »* ; et les plus nantis qui, mis à part une poignée de parvenus, se caractérisent par leur discrétion et leur volonté d'échapper au regard et au jugement publics.

Mais une réalité, fût-elle spectaculaire, n'en présente pas moins des aspects cachés. C'est sur ces derniers que nous voudrions ici insister.

Les disparités des montants et des structures de consommation

Commençons par un paradoxe. À en croire les données déclarées à la dernière enquête « Budget de famille » et que condense le tableau 6.1, les ménages français ont en moyenne dépensé en 1994 plus d'argent qu'ils n'en ont gagné ! En effet, le total des dépenses déclarées a excédé de 15 % celui des revenus déclarés.

Il faut y voir plutôt l'effet d'une sous-évaluation des revenus réels des ménages que celui d'une surévaluation de leurs dépenses. Nous avons déjà signalé que ce type d'enquête sous-estime largement les revenus patrimoniaux mais aussi les revenus du travail indépendant. De surcroît, il exclut tous les revenus exceptionnels tels que les héritages et donations, les aides occasionnelles ou irrégulières en provenance d'autres ménages, les ventes d'automobile ou d'autres biens durables sur le marché de l'occasion, les indem-

1. Plus précisément, nous nous centrerons ici sur la consommation privée, la consommation socialisée (d'équipements collectifs et de services publics de logement, de santé, d'éducation, de culture, de loisirs, etc.) étant abordée dans les chapitres ultérieurs.

nités d'assurance-dommage et les remboursements d'assurance-maladie, enfin les gains des jeux de hasard. En tenant compte de l'ensemble de ces éléments, le revenu moyen d'un ménage a dépassé 200 000 F en 1994. Ce qui rend du coup plausibles les dépenses déclarées[2].

Tableau 6.1

Dépenses annuelles moyennes par ménage et par unité de consommation selon la catégorie sociale en 1994

(en milliers de francs)

	Agric.	Acce	Cadres	Pi	Empl	Ouv	Re	Autres Inactifs	Ens.
Alimentation	41,6 *17,4*	43,1 *20,3*	50,2 *24,6*	40,3 *20,0*	29,7 *17,1*	35,4 *15,9*	30,6 *20,3*	21,0 *15,2*	34,9 *18,9*
Habillement	9,7 *4,1*	12,9 *6,1*	18,3 *9,0*	12,5 *6,2*	9,0 *5,2*	8,5 *3,8*	5,8 *3,8*	5,4 *3,9*	9,3 *5,0*
Logement	27,2 *11,5*	51,1 *24,1*	65,6 *32,1*	47,1 *23,4*	36,9 *21,2*	38,1 *17,1*	22,4 *14,8*	24,1 *17,5*	36,6 *19,8*
Équipement du logement	14,4 *6,1*	18,3 *8,6*	32,2 *15,8*	20,2 *10,0*	12,0 *6,9*	14,4 *6,5*	15,5 *10,3*	8,3 *6,0*	16,9 *9,1*
Hygiène, santé	10,1 *4,3*	12,5 *5,9*	17,7 *8,7*	13,9 *6,9*	9,3 *5,3*	10,5 *4,7*	12,3 *8,1*	7,7 *5,6*	12,1 *6,5*
Transports et télécom.	28,1 *11,9*	29,0 *13,7*	41,4 *20,3*	32,1 *16,0*	22,4 *12,9*	25,5 *11,4*	17,6 *11,6*	12,2 *8,8*	24,5 *13,2*
Culture, loisirs vacances	16,9 *7,2*	24,4 *11,5*	38,5 *18,9*	25,3 *12,6*	16,5 *9,5*	16,7 *7,5*	11,8 *7,8*	11,5 *8,3*	18,6 *10,0*
Divers*	37,1 *15,7*	65,8 *31,0*	88,8 *43,5*	42,2 *21,0*	26,5 *15,2*	25,7 *11,5*	34,0 *22,5*	16,5 *11,9*	38,8 *21,0*
Dépense totale	185,1 *78,4*	257,1 *121,3*	352,8 *172,9*	233,6 *116,2*	162,3 *93,3*	174,9 *78,4*	150,1 *99,4*	106,7 *77,3*	191,8 *98,3*
Revenu disponible avant impôts	150,2	238,0	321,6	198,2	131,2	147,0	136,7	71,8	166,6

Source : enquête « Budget de famille » 1994/95, Insee *Résultats*, n° 550, juillet 1997, p. 26, 27, 58. *Légende :* Agric. = agriculteurs ; Acce = artisans, commerçants et chefs d'entreprise ; Pi = professions intermédiaires ; Emp = employés ; Ou = ouvriers ; Re = retraités. *Lecture :* les chiffres en romain indique les moyennes par ménage, ceux en italique les moyennes par Uc (échelle d'Oxford) calculées par nos soins. * Ce poste regroupe les achats de luxe, divers services aux particuliers, les pensions et aides versés aux autres ménages, les impôts directs, les dépenses exceptionnelles.

Au-delà de ce paradoxe apparent, on retrouve un truisme. Les dépenses de consommation sont très inégales quant à leur montant selon les catégories sociales : les ménages consomment d'autant *plus* et *mieux* (des marchandises de meilleure qualité et plus chères) que leur revenu disponible moyen est plus important.

2. *Cf.* Insee, « Revenus et patrimoine des ménages. Édition 1996 », *Synthèses*, n° 5, p. 142.

C'est une loi qui ne souffre qu'un petit nombre d'exceptions, qui plus est marginales par leur ampleur, quel que soit le poste budgétaire envisagé. Et, en l'absence d'une décomposition de la catégorie des indépendants non agricoles qui permettrait d'isoler les chefs d'entreprise et les professions libérales, ce sont les cadres qui apparaissent les mieux lotis, à tous points de vue ; inversement, ce sont les inactifs non retraités (étudiants, femmes au foyer, invalides, etc.) dont les dépenses sont les plus faibles, à l'exception du poste logement.

Les écarts sont encore plus importants lorsqu'on considère le montant des dépenses par unité de consommation (Uc). C'est que le nombre d'Uc par ménage est en moyenne plus élevé parmi les catégories populaires (agriculteurs exploitants et ouvriers, exception faite des employés du fait d'une forte concentration de familles monoparentales dans cette catégorie) que parmi les catégories favorisées (patrons de l'industrie et du commerce, cadres et professions libérales, professions intermédiaires) ou que parmi les inactifs. Ainsi, relativement à un ménage d'ouvrier, un ménage de cadre a-t-il dépensé en moyenne, par Uc, moitié plus pour se nourrir, près de deux fois plus pour se loger ou prendre soin de ses membres, plus de deux fois plus pour équiper son logement et pour se vêtir, deux fois et demie plus pour se cultiver, se diver-

Tableau 6.2

Structure des budgets des ménages selon la catégorie sociale en 1994 (en %)

	Agric.	Acce	Cadres	PI	Empl	Ouv	Re	Autres Inactifs	Ens.
Alimentation	22,5	16,8	14,2	17,3	18,3	20,3	20,4	19,7	18,2
Habillement	5,3	5,0	5,2	5,4	5,5	4,9	3,9	5,1	4,8
Logement	14,7	19,8	18,6	20,2	22,6	21,8	14,9	22,5	19,1
Équipement du logement	7,7	7,1	9,1	8,6	7,4	8,2	10,4	7,8	8,8
Hygiène, santé	5,5	4,9	5,0	5,9	5,7	6,0	8,2	7,2	6,3
Transports et télécom.	15,2	11,3	11,7	13,7	13,8	14,6	11,7	11,4	12,8
Culture, loisirs vacances	9,1	9,5	11,0	10,8	10,2	9,5	7,9	10,8	9,7
Divers	20,0	25,6	25,2	18,1	16,3	14,7	22,6	15,5	20,2
Dépense totale	100,0	100,0	100,0	100,0	100,0	100,0	100,0	100,0	100,0

Source : calculs effectués par nos soins à partir des données du tableau précédent. *Légende : cf.* tableau précédent.

tir ou partir en vacances. Rappelons une fois de plus qu'il s'agit là de moyennes masquant de fortes disparités à l'intérieur de chaque catégorie.

Enfin, les budgets des ménages des différentes catégories sociales se distinguent encore par leur structure (tableau 6.2). Autrement dit, les ménages n'affectent pas la même part de leurs dépenses courantes aux différents postes budgétaires. Parmi les différentes catégories d'actifs et les inactifs non retraités, la part affectée à certains postes (notamment l'habillement et l'hygiène/santé) varie certes assez peu ; mais d'autres postes enregistrent des variations plus notables, traduction de « choix » de consommation différents selon les catégories. Les agriculteurs se caractérisent, par exemple, par la part relativement plus importante qu'ils consacrent à l'alimentation ainsi qu'aux transports et aux télécommunications et, inversement, par une part plus modeste accordée aux dépenses de logement. Les ménages de cadre dépensent au contraire une proportion de leur revenu bien moindre pour leur alimentation mais bien supérieure pour leur intérieur et pour le poste culture/loisirs/vacances. Les ouvriers se rapprochent des agriculteurs par l'importance relative de leurs dépenses d'alimentation mais aussi de transports/télécommunications, ainsi que par la modestie des dépenses de culture/loisirs/vacances, mais ils s'en distinguent par la part plus substantielle consacrée aux dépenses de logement. Ce dernier trait singularise plus encore les budgets des ménages d'employés.

Quant aux ménages de retraités, leur budget présente à la fois des parts relativement plus importantes accordées à l'alimentation, à l'hygiène et à la santé, à l'équipement du logement, et des parts plus modestes réservées à l'habillement, aux transports/télécommunications, au poste culture/loisirs/vacances, tous traits d'un mode de vie caractérisé par le repli sur soi et sur l'espace domestique. À quoi s'ajoute un poste logement moins important que la moyenne qui les rapproche des agriculteurs, deux catégories dans lesquelles les propriétaires de leur logement sont proportionnellement nettement plus nombreux.

Au-delà de ces données statistiques brutes, comment expliquer ou interpréter ces disparités entre les structures des budgets des ménages des différentes catégories sociales ? Sont-elles le simple effet des *inégalités* existant entre les montants de ces mêmes budgets, donc en définitive des revenus disponibles ? Ou faut-il y voir la conséquence de *différences* socio-culturelles plus profondes, exprimant des choix de modes de vie différents, en fonction de préoccupations et de priorités différentes entre les catégories sociales ? De manière générale, comment ces disparités de structure budgétaire se rattachent-elles aux situations respectives des différentes catégories au sein de la hiérarchie sociale ?

L'incidence du niveau de vie

Le montant des budgets n'en explique que très grossièrement la structure. Il n'explique guère, de manière satisfaisante, que le rapport entre les dépenses relativement incompressibles d'un ménage d'une part, et ses dépenses plus élastiques d'autre part.

En effet, parmi l'ensemble des dépenses de consommation d'un ménage, certaines sont inévitables : sauf à remettre gravement en question l'intégrité physique et sociale de ses membres, toute économie importante ou durable sur ces dépenses apparaît impossible. C'est le cas notamment des dépenses correspondant aux postes alimentation, logement et hygiène/santé : il faut pouvoir se nourrir, se loger et se soigner pour être capable de faire face aux obligations courantes de la vie sociale. En cas d'absolue nécessité, on peut certes rogner sur les dépenses d'alimentation ou d'hygiène/santé, mais de manière limitée et pour un certain temps seulement ; on peut de même trouver un logement moins cher, mais cela n'est pas toujours facile et un déménagement est lui-même souvent onéreux. D'autres dépenses, au contraire, sont moins nécessaires et donc plus élastiques, par exemple les dépenses correspondant aux postes habillement, équipement du logement, culture/loisirs/vacances : même si d'éventuelles restrictions sur ces postes peuvent être mal vécues, elles n'en sont pas moins possibles, sans remettre en cause l'intégrité des membres du ménage.

Les dépenses du poste transports/télécommunications relèvent des deux catégories précédentes. S'il est possible à un ménage de restreindre ses déplacements en ne sortant pas en fin de semaine ou en ne partant pas en vacances, il n'en est pas de même au quotidien quand il s'agit de se rendre au travail ou d'aller « faire les courses » ; de même, s'il lui est possible de retarder l'achat d'un nouveau modèle, il peut lui être difficile de se passer de tout véhicule. Mais il est par définition délicat de faire la part entre les deux. Quant au poste divers, il comprend lui aussi à la fois des dépenses incompressibles (les impôts directs) et des dépenses élastiques (les dépenses exceptionnelles, qui ne sont cependant pas toujours laissées au libre choix du ménage) ; là encore, il est difficile de faire la part des dépenses incompressibles et des dépenses élastiques.

En nous en tenant donc aux seuls postes alimentation, logement et hygiène/santé, nous pouvons constater que la part des dépenses incompressibles est inversement proportionnelle au montant du budget : elle tend à croître lorsque le total des dépenses décroît et, inversement, à diminuer lorsque le montant du budget augmente (tableau 6.3). Pour les ménages les plus modestes, qui se placent tout juste au-dessus ou au-dessous du seuil de pauvreté (ceux de la première colonne), les dépenses incompressibles représentent plus de la moitié de leur budget. Pour les ménages les plus aisés (ceux de l'avant-dernière colonne), elles n'en représentent qu'à peine un peu plus du tiers. Et l'écart serait sans doute plus important si l'on pouvait faire la part de l'incompressible et de l'élastique dans les dépenses des postes transports/télécommunications et divers.

Tableau 6.3

Dépenses incompressibles et dépenses élastiques dans le budget des ménages selon la tranche de revenu disponible par Uc en 1994

(en milliers de francs)

	0 à 42	42 à 55	55 à 67	67 à 82	82 à 100	100 à 130	130 et plus	Ens.
Dépenses totales	109,5	133,0	151,1	167,0	201,5	230,0	334,4	191,8
% dépenses incompressibles	53,5	51,0	49,3	46,8	44,4	41,7	35,2	43,6
Montant dépenses élastiques en milliers de francs	23,8	28,9	34,9	40,0	50,5	57,0	87,2	45,0

Source : calculs effectués par nos soins à partir de l'enquête « Budget de famille » 1994/95, *INSEE Première*, n° 550, juillet 1997, p. 34-35. *Légende :* les dépenses incompressibles sont celles des postes alimentation, logement et hygiène/santé ; les dépenses élastiques sont celles des postes habillement, équipement du logement, culture/loisirs/vacances et des dépenses d'argenterie, horlogerie, maroquinerie et de services domestiques du poste divers.

Cela s'explique par la nature même de ces dépenses. Considérons par exemple les dépenses d'alimentation. Ce sont les plus incompressibles de toutes, celles que tout ménage doit nécessairement et quotidiennement assumer, quel que soit son budget global, sauf à compromettre la santé et l'avenir des membres du ménage. Inversement, quand le revenu disponible croît et que les dépenses de consommation courantes peuvent elles-mêmes augmenter en conséquence, un ménage peut certes améliorer l'« ordinaire » – et d'ailleurs il ne s'en prive généralement pas –, mais chacun de ses membres n'en a pas moins qu'un seul estomac. En conséquence, les dépenses d'alimentation croissent moins vite que le revenu disponible et que l'ensemble des dépenses.

Mutatis mutandis, il en est de même pour les dépenses de logement et de santé/hygiène.

On a ainsi pu déterminer que, lorsque le revenu d'un ménage augmente de 1 %, ses dépenses d'alimentation n'augmentent que de 0,4 % (on dit que l'élasticité-revenu de ces dépenses est de 0,4). Elle est 0,7 pour les dépenses de logement et de 0,6 pour les dépenses de santé et d'hygiène. Autrement dit, ces dépenses augmentent moins que proportionnellement au revenu. Alors que l'élasticité-revenu est supérieure à 1 pour les dépenses de tous les autres postes : celles-ci augmentent plus que proportionnellement au revenu et leur part dans le budget tend donc à s'accroître avec le revenu disponible [3].

Cet aspect de la structure des budgets, pour être relativement grossier, n'en est pas négligeable pour autant. En effet, les dépenses que nous avons nommées élastiques sont aussi celles sur lesquelles un ménage dispose, dans une certaine mesure, de la possibilité d'opérer des arbitrages entre les différents postes budgétaires, mais aussi entre dépense et épargne, consommation et accumulation. En distrayant momentanément une partie de ses dépenses (élastiques) sur tel poste, il peut les augmenter sur tel autre, ou choisir d'épargner plus. Or, dans la mesure où la part des dépenses incompressibles croît lorsque le montant global du budget diminue, c'est le montant sur lequel de tels arbitrages peuvent avoir lieu qui se réduit, ce que fait également apparaître le tableau 6.3. Du même coup, ce sont les possibilités mêmes d'opérer de tels arbitrages qui se restreignent voire disparaissent. Car économiser sur tel poste au profit de tel autre n'est possible (objectivement) et n'a de sens (subjectivement) qu'à la condition que cette économie ne réduise pas le poste amputé à la portion congrue et permette un gain substantiel par ailleurs.

Prenons un exemple. En 1994, un ménage de cadre a dépensé en moyenne 38 500 F pour le poste culture/loisirs/vacances (tableau 6.1). S'il avait choisi de restreindre ses dépenses sur ce poste de moitié, elles n'en seraient pas moins restées supérieures à celles d'un ménage d'ouvrier au cours de cette même année. Et, avec les économies ainsi réalisées, il aurait pu augmenter de 60 % ses dépenses en faveur de l'équipement de son logement. Pour atteindre un pareil résultat, un ménage d'ouvrier aurait dû renoncer à toute sortie et à toute vacance tout en réduisant son budget culture/loisirs à de l'argent de poche (650 F par mois). Bref, une véritable ascèse.

3. *Cf. Données sociales 1996*, p. 377-379.

En un mot, pour les uns, économiser sur un poste au profit d'un autre est possible ; un calcul économique et par conséquent aussi une prévision à long terme peuvent guider les dépenses quotidiennes, condition notamment d'une accumulation patrimoniale. Pour les autres, cela n'est possible qu'au prix de rudes sacrifices, voire tout simplement impossible. Car lorsque l'essentiel du budget est dévolu aux dépenses incompressibles, comme c'est le cas pour les ménages pauvres, le reste, déjà réduit à la portion congrue, ne peut guère faire l'objet d'un arbitrage. On est alors, le plus souvent, contraint de vivre au jour le jour, bon an mal an, sans grande capacité à anticiper sur l'avenir. Il ne faut pas chercher plus loin l'explication de l'imprévoyance paradoxale des pauvres, souvent dénoncée par les travailleurs sociaux et les sociologues.

Il en résulte, en second lieu, une vulnérabilité plus ou moins grande des ménages aux aléas et accidents de l'existence individuelle (nécessité d'un achat important, maladie, accident, mort, chômage) ou collective (récession économique, catastrophe naturelle), impliquant une baisse brusque du revenu disponible ou une hausse inattendue des dépenses. Car un ménage est d'autant moins bien armé pour faire face à des événements malheureux de ce genre que se trouve réduit le montant des dépenses élastiques sur lesquelles il peut opérer des arbitrages significatifs et rapides. Et sa vulnérabilité est d'autant plus grande que ses réserves (épargne liquide et patrimoine en général) sont limitées, ce qui va généralement de pair avec un budget modeste.

C'est ce qui a pu être mis en évidence à partir d'une exploitation des données de l'enquête « Conditions de vie des ménages [4] ». En 1986-1987, un peu moins d'un ménage sur quatre (23,2 %) a connu une instabilité financière au sens d'*« une limitation sensible de sa capacité à dépenser ou à épargner »* ; mais ils ont été un sur trois (34 %) dans ce cas parmi les ménages dont le revenu disponible par UC était inférieur à la demi-médiane. L'instabilité financière de ces derniers s'explique d'abord par les dépenses importantes (impôts, voiture, etc.) auxquelles le ménage a dû faire face, de manière prévisible ou non : un ménage pauvre sur deux cite ce type d'aléas et un sur quatre seulement évoque la perte d'emploi d'un de ses membres. Indice de la précarité économique dans laquelle l'insuffisance de leurs ressources plonge ces ménages.

4. *Cf.* Jean-Paul Zoyem, « L'instabilité des ressources financières des ménages », SESI, *Solidarité Santé*, 1997, n° 1, p. 9-25. L'article exploite les données de l'enquête menée en 1986/1987, plus complète que celle menée en 1992-1993. Cela est d'autant plus dommage que les facteurs d'instabilité financière se sont très probablement accrus au cours des dix dernières années.

Pour faire face à leur instabilité financière, une très forte majorité des ménages pauvres (85,8 %) n'a pas eu d'autre solution que de réduire ses dépenses de consommation courante. Un sur deux (51,3 %) n'a pas même pu éviter de réduire ses dépenses alimentaires et plus d'un sur quatre (28 %) de réduire celles consacrées aux enfants (alimentation pour nourrisson, fournitures scolaires, argent de poche, etc.). Alors que, parmi les ménages aisés (revenu par UC supérieur à la médiane) qui ont connu une phase d'instabilité financière, les pourcentages respectifs n'étaient que de 65,4 %, 25,5 % et 6,4 %. De surcroît, on devine aisément que ces réductions n'ont pas eu le même sens dans un cas et dans l'autre : rogner sur le superflu et économiser sur le nécessaire n'ont pas le même coût pour ceux qui subissent ces réductions. C'est que les ménages aisés peuvent plus facilement faire face aux aléas de l'existence du fait de dépenses élastiques plus importantes et de réserves personnelles plus fréquentes et plus élevées : seuls 53,9 % des ménages pauvres contre 67 % des ménages aisés ont pu recourir à des ressources personnelles, sans d'ailleurs que cela améliore sensiblement leur situation puisque 79,7 % d'entre eux ont dû malgré tout réduire leur consommation, dont 41,3 % leur consommation alimentaire. En un mot, pour les pauvres, faire face aux *« coups durs »* de l'existence implique souvent d'y engloutir ses maigres économies sans pour autant éviter d'avoir à se *« serrer la ceinture »*. La statistique publique ne fait là que confirmer l'expérience accumulée par la mémoire populaire.

L'incidence de la norme de consommation

Le montant des budgets est cependant loin d'en déterminer entièrement les structures. Pour s'en convaincre, il suffit de considérer l'évolution sur longue période. Lorsque, à la faveur de la croissance économique et de la hausse générale du niveau de vie, le montant global des dépenses d'une catégorie inférieure rejoint celui d'une catégorie supérieure, les structures de leur budget respectif n'en continuent pas moins de manifester des différences importantes. C'est ce qu'ont mis en évidence dans un travail pionnier déjà ancien Christian Baudelot, Roger Establet, Jacques Toisier et P. O. Flavigny, en rapprochant les budgets moyens de ménages des différentes catégories sociales, à montant global des dépenses de consommation à peu près égal[5].

5. *Qui travaille pour qui ?*, Paris, Maspero, 1979 ; réédition Paris, Hachette, collection « Pluriel », 1982. Nous reprendrons ici l'essentiel de leur analyse et de leurs conclusions,

C'est que les pratiques de consommation d'un ménage, dont les dépenses de consommation ne sont que l'aspect le plus manifeste, possèdent leur unité, à la fois fonctionnelle et symbolique, dans l'exigence pour ses membres d'assurer leur reproduction en tant qu'êtres sociaux, marqués dans leurs déterminations essentielles par leur situation au sein des rapports de production et de la division sociale du travail. Les besoins que les individus satisfont par ces pratiques constituent ainsi la conscience plus ou moins claire ou adéquate des nécessités mais aussi des possibilités inscrites dans cette situation. Si bien que même leurs choix, s'ils relèvent apparemment de la fantaisie ou du goût individuels, sont en fait déterminés par ces nécessités et ces possibilités, telles du moins qu'elles ont été intériorisées par eux, sous forme de ce que, à la suite de Pierre Bourdieu, on peut nommer l'habitus propre à chaque catégorie [6].

Dans cette mesure, les dépenses de consommation d'un ménage répondent pour l'essentiel à une *norme* de consommation, variable d'une catégorie sociale à l'autre. Pour préciser cette idée, tâchons de déterminer les normes des différentes catégories sociales en prenant appui sur les données relatives aux structures de leur budget respectif.

Relativement à leur situation dans les rapports de production et la division sociale du travail, les différentes catégories sociales peuvent se distinguer à partir de deux oppositions simples. Elles sont cependant suffisamment pertinentes pour structurer leurs normes de consommation et pour qu'on puisse en enregistrer les effets sur leurs budgets respectifs [7].

qu'il ne nous a pas été possible d'actualiser à partir des données plus récentes disponibles sur l'évolution des budgets des ménages.

6. Pierre Bourdieu nomme habitus « *le principe unificateur et générateur* » de l'ensemble des pratiques des membres d'une même classe, fraction de classe, couche ou catégorie, qui explique à la fois leur systématicité pour un même individu et leur uniformité d'un individu à l'autre. L'habitus résulte de l'intériorisation de l'ensemble des conditionnements qui, aussi bien dans le travail que hors du travail, pèsent sur les individus en fonction de leur situation dans les rapports de production et la division sociale du travail : « *l'habitus intègre dans l'unité originairement synthétique d'un principe générateur l'ensemble des effets des déterminations imposées par les conditions matérielles d'existence* » (*La Distinction*, Paris, Éditions de Minuit, 1979, p. 512). Cette notion permet de comprendre la manière dont les individus se rapportent dynamiquement à leur condition sociale objective, en se l'appropriant à titre de dispositions subjectives (schémas d'action, système de normes et de valeurs, principes classificatoires de l'espace social) qui génèrent et organisent leurs propres pratiques sociales.

7. Les analyses suivantes sont inspirées, outre l'étude déjà citée de Baudelot, Establet Toisier et Flavigny, de Michel Glaude, « Diversité et cohérence des budgets », INSEE, *Données sociales 1984*, p. 299-318.

D'une part, celle entre *indépendants* et *salariés.* Relativement à celles des salariés, à niveau de vie égal, les dépenses de consommation des indépendants portent incontestablement la marque de :

– Leurs contraintes d'emploi du temps, généralement plus sévères que celles des salariés, expliquant de moindres dépenses de culture et de loisirs, de vacances et de sorties, voire de santé : quand on est a son compte, on part moins longtemps et moins fréquemment en vacances de même que l'on se porte moins souvent malade.

– À revenu égal, un goût plus prononcé pour l'accumulation patrimoniale, d'où des dépenses plus élevées pour l'occupation, l'entretien et l'équipement de leur logement ainsi que pour l'acquisition et l'entretien de leur automobile. Lorsqu'on tient son statut social de la mise en œuvre d'un patrimoine professionnel, on est plus disposé à l'accumulation d'un patrimoine extraprofessionnel (patrimoine domestique et patrimoine de rapport). D'une part parce que, surtout chez les petits indépendants, certains éléments du patrimoine relèvent des deux à la fois (c'est le cas notamment du logement ou de l'automobile). D'autre part, parce que la constitution d'un patrimoine domestique ou de rapport est un gage de sécurité : il permet de *« voir venir »* lorsque *« les affaires marchent mal »*. Enfin, lorsque l'on tire ses revenus et son statut social de la gestion d'une entreprise, la constitution d'un patrimoine personnel et son accroissement sont des signes tangibles de réussite économique et d'excellence individuelle : le goût de l'enrichissement, qui est au cœur de l'activité professionnelle, trouve alors dans cette accumulation un prolongement et une finalité « tout naturels ».

– Enfin, une éthique économique traditionnelle faite de sérieux, ce dont témoigne un recours moins fréquent à l'achat à crédit[8], et de prévoyance (un taux d'épargne supérieur, de plus fortes dépenses d'assurance-vie), ainsi que nous le verrons dans le chapitre suivant, ce qui peut s'expliquer par l'irrégularité plus grande de leurs ressources et une protection sociale moins avantageuse.

À cette première opposition entre indépendants et salariés s'en superpose une seconde, transversale de la précédente : celle entre *« manuels »* et *« intellectuels »*, entre ceux qui doivent leur situation

8. Selon l'enquête « Actifs financiers », en 1992, 5,4 % des agriculteurs, 10,2 % des artisans, commerçants et chefs d'entreprise, 9,8 % des membres des professions libérales étaient endettés pour d'autres raisons que l'achat d'un logement ou la formation du patrimoine professionnel, contre 18,3 % des cadres, 22,3 % des professions intermédiaires, 34 % des employés et 32,3 % des ouvriers. *Cf.* INSEE *Première*, n° 346, novembre 1994.

dans la division du travail et les privilèges (matériels et symboliques) qui en découlent à la possession de titres établissant leur réussite voire leur excellence scolaires ; et ceux qui sont dépourvus de tels titres. Relativement à ces derniers, les premiers présentent quelques traits caractéristiques, notamment :

– Le privilège accordé aux dépenses de culture, dans une moindre mesure aux dépenses de sorties et de vacances (qui revêtent souvent un alibi culturel dans les catégories intellectuelles). La scolarisation plus longue des membres de ces catégories, la nature intellectuelle des fonctions qu'ils exercent au sein de la division sociale du travail, la propension là encore à prolonger sur le plan privé l'accumulation des éléments (en l'occurrence culturels) auxquels ils doivent publiquement leur statut et leurs privilèges, l'espérance enfin et le projet d'une ascension sociale de leur descendance – ou tout simplement du maintien du statut acquis – par la réussite scolaire : autant de facteurs qui se conjuguent dans leur cas pour expliquer ce privilège accordé aux dépenses culturelles.

À ce privilège accordé à la culture par les « intellectuels » fait pendant le goût des « manuels » pour d'autres loisirs tels que les jeux de hasard (combinés à des dépenses de café-tabac), les spectacles sportifs, les bals et les fêtes foraines, etc.[9].

– Des dépenses plus importantes d'apparence sociale : pour les soins et l'hygiène et pour l'habillement mais aussi pour l'équipement du logement ; indice d'une éthique particulière de l'amour de soi et de la présentation de soi[10].

– À l'inverse, de moindres dépenses d'alimentation, dont l'importance relative ainsi que la part notable que continue à y occuper l'autoconsommation, du moins en ce qui concerne les ouvriers et surtout les agriculteurs[11], restent les caractéristiques propres des « manuels » par opposition aux « intellectuels ».

En combinant les deux oppositions précédentes, on parvient à déterminer *quatre normes de consommation différentes*, correspondant à quatre groupes de catégories sociales. On peut ainsi distinguer :

---

9. *Cf.* le chapitre 11.

10. *Cf.* à ce sujet Alain Bihr, *Entre bourgeoisie et prolétariat : l'encadrement capitaliste*, L'Harmattan, 1989, p. 231-238.

11. En 1989, la part de l'autoconsommation dans le budget alimentaire était en moyenne de 35 % dans les ménages d'agriculteurs exploitants, de 7,5 % dans les ménages d'ouvriers, de 4,7 % dans les ménages d'employés et de 2,2 % dans les ménages de cadres. *Cf.* *Insee Première*, n° 188, avril 1992.

– Des catégories dont le « capital économique » et le « capital culturel » sont faibles : c'est le cas des ouvriers et de la majeure partie des employés. Leur norme de consommation se caractérise par le privilège accordé aux dépenses d'alimentation et, quoique dans une moindre mesure, de santé. Tout se passe en ce qui les concerne comme si le seul « capital » à préserver était le corps, siège de leur force de travail. Ce que confirme le fait que ces catégories privilégient les loisirs domestiques et sédentaires, destinés à récupérer physiquement et mentalement. Cependant, parmi ces catégories, les employés se distinguent par des dépenses plus importantes pour leur habillement et leur intérieur. Indice à la fois de leur ancienne proximité à l'égard des catégories détentrices d'un patrimoine culturel, et de la nécessité, propre à certains employés, essentiellement des femmes, de soigner leur apparence. Autre manière, en définitive, de valoriser le corps en tant que « capital économique » et... matrimonial.

– Des catégories pourvues d'un « capital économique » mais relativement dépourvues de « capital culturel » : c'est le cas des agriculteurs, des artisans et commerçants ; et cela a été longtemps le cas des chefs d'entreprise, dont certains (surtout parmi les plus modestes) « fonctionnent » sans doute encore selon cette norme. Celle-ci se caractérise par le privilège accordé aux dépenses d'habitation, d'équipement du logement et d'équipement automobile, indice d'un procès de consommation marqué avant tout par le souci de l'accumulation patrimoniale. En leur sein, les agriculteurs se distinguent, nous l'avons signalé, par l'importance de leurs dépenses d'alimentation (ce qui les rapproche des ouvriers) et la modicité des postes culture/loisirs et sorties/vacances.

– Des catégories au faible « capital » économique mais pourvues d'un « capital » culturel plus ou moins important : cela reste le cas d'une minorité d'employés, mais c'est surtout le cas de l'ensemble des membres des professions intermédiaires et de l'essentiel des cadres. Leur norme de consommation privilégie les dépenses de culture et de loisirs ainsi que, dans une moindre mesure cependant, celles de sorties et de vacances. Relativement aux cadres, les professions intermédiaires se distinguent par des dépenses proportionnellement plus importantes pour l'occupation et l'équipement de leur logement.

– Enfin des catégories pourvues à la fois d'un « capital économique » et d'un « capital culturel » substantiels, dont la valorisation du patrimoine professionnel important nécessite la maîtrise de savoirs complexes. C'est traditionnellement le cas des professions libérales. Mais c'est aujourd'hui de plus en plus le cas des chefs d'entreprise, du fait des transformations du mode de reproduction des agents au sein de la classe dominante (l'héritage se voyant concurrencé par l'acquisition de titres scolaires comme mode d'accès à la gestion du capital et de légitimation du commandement), elles-mêmes dictées par les modifications de la structure juridique du capital (passage du capital familial au capital anonyme).

Concluons. La structure des dépenses de consommation d'une catégorie sociale est, en définitive, doublement déterminée par sa situation au sein des rapports de production et de la division du travail : par le biais de leur montant global, qui est essentiellement fonction de son revenu disponible ; par le biais de la norme de consommation, des besoins que cette situation conduit la catégorie à satisfaire en priorité et des opportunités qu'elle lui ouvre. À ce double titre, les disparités existant entre les structures des dépenses de consommation des différentes catégories reflètent bien leurs inégalités de statut au sein de la hiérarchie sociale, et ne relèvent pas de simples différences socio-culturelles entre groupes sociaux, voire d'une pure logique spectaculaire d'ostentation.

Les inégalités de patrimoine

7.

Les patrimoines des ménages restent un sujet tabou, plus encore que les revenus [1]. De fait, la connaissance des premiers est au moins aussi médiocre que celle des seconds ; et comme pour ces derniers, elle l'est d'autant plus qu'ils sont plus élevés. Et ce en dépit des progrès accomplis puisque, au cours de douze dernières années, l'INSEE leur a consacré pas moins de six enquêtes [2].

Ainsi, comparées à différentes autres sources, les données recueillies lors de l'enquête « Actifs financiers » 1992, sur laquelle nous nous appuierons pour l'essentiel, n'ont permis de ne saisir en moyenne que 70 % du patrimoine des ménages. Si le patrimoine domestique et le patrimoine professionnel directement exploité par les ménages ont été quasi intégralement couverts, ce n'est pas le cas des différents actifs composant leur patrimoine de rapport : seule un peu plus de la moitié de ses éléments immobiliers et fonciers a été saisie et à peine 40 % des actifs financiers, dont certains de manière totalement marginale [3].

Ces écarts ne s'expliqueraient pas seulement par la volonté des ménages enquêtés de sous-estimer volontairement leur patrimoine, en particulier les éléments les plus spéculatifs. Ils tiendraient également à la difficulté que présente l'estimation de la valeur actuelle d'un certain nombre d'actifs, au manque d'information des ménages à leur sujet, voire à une évaluation spontanée *a minima*, n'intégrant pas les plus-values non réalisées dès lors que celles-ci ne seraient pas certaines. Pour autant, l'INSEE n'a pas jugé nécessaire de procéder à un redressement systématique des déclarations d'enquête.

C'est dire que les données suivantes sous-estiment probablement de manière importante les inégalités entre patrimoines. Et ce d'autant plus que l'enquête n'a pas permis d'inclure dans son champ les grandes fortunes, la forte concentration des patrimoines rendant de toute manière difficile la constitution d'un échantillon représentatif de ces dernières. Cela justifiera de leur consacrer un développement particulier en fin de chapitre.

---

1. Nous appelons patrimoine l'ensemble des biens durables, matériels ou immatériels, dont un ménage dispose à titre de réserve et qui sont monnayables sur un marché. Le patrimoine est dit net ou brut selon que l'on en déduit ou non les dettes du ménage.
2. Enquêtes « Actifs financiers » 1986 et 1992, enquête « Détention d'actifs » 1996, enquête « Mutations à titre gratuit » 1987 et 1994, enquête « Patrimoine au décès » 1991.
3. *Cf. Économie et Statistique*, n° 296-297, 1996-6/7, p. 158.

Tableau 7.1

Montant du patrimoine brut moyen des différentes catégories sociales en 1992

(en milliers de francs)

	Montant	Pourcentage total des ménages
Indépendants actifs	2 792	9,9
Agriculteurs	*1 883*	*2,8*
Artisans et commerçants	*1 911*	*5,2*
Chefs d'entreprise	*11 626*	*0,6*
Professions libérales	*3 991*	*1,3*
Salariés actifs	660	53,0
Cadres	*1 569*	*8,2*
Professions intermédiaires	*727*	*12,9*
Employés	*425*	*10,4*
Ouvriers	*388*	*21,5*
Retraités	828	28,9
Anciens agriculteurs	*682*	*3,0*
Anciens indépendants non agricoles	*1 361*	*2,8*
Anciens salariés	*783*	*23,1*
Autres inactifs	389	8,0
Ensemble	901	100,0

Source : enquête « Actifs financiers » 1992, *Économie et Statistique*, n° 296-297, 1996-6/7, p. 150.

Des montants inégaux

Du point de vue du montant moyen de leur patrimoine brut, on peut distinguer trois grands groupes de catégories sociales (tableau 7.1) :

– Ceux dont le patrimoine est modeste, inférieur et quelquefois même nettement inférieur (de plus de la moitié) au patrimoine moyen : il s'agit des ouvriers, des employés, des professions intermédiaires, des anciens agriculteurs ou anciens salariés, des autres inactifs, représentant en tout presque les quatre cinquièmes (78,9 %) des ménages.

– Ceux dont le patrimoine est 1,5 à 2 fois supérieur au patrimoine moyen : c'est le cas des agriculteurs, des artisans et commerçants, des anciens indépendants non agricoles et, parmi les salariés, des cadres, soit un peu moins du cinquième (19 %) des ménages.

– Enfin une toute petite minorité (2 % des ménages) jouissant de gros ou même de très gros patrimoines : ce sont les professions libérales et les chefs d'entreprise. On peut se féliciter que, pour une fois, l'INSEE ait distingué ces derniers des artisans et commerçants avec lesquels il les regroupe d'habitude, regroupement qui serait ici totalement absurde étant donné le rapport de 1 à 6 entre les montants moyens déclarés par les uns et les autres [4].

Ce qui surprend en premier lieu, c'est l'écart entre les indépendants actifs et les salariés actifs : le patrimoine brut des premiers est en moyenne 4,2 fois supérieur à celui des seconds. Cela s'explique principalement par la présence au sein des premiers d'un patrimoine professionnel, représentant en gros la moitié du patrimoine moyen des agriculteurs et le quart de celui des indépendants non agricoles, dont les ménages de salariés sont dans leur quasi-totalité dépourvus [5]. Patrimoine professionnel dont les indépendants se défont cependant la plupart du temps en partant à la retraite : d'où l'importante chute que connaît alors leur patrimoine global, tandis que celui des anciens salariés est en moyenne supérieur à celui des salariés en activité, effet de l'accumulation continue du patrimoine au cours du cycle de vie.

Ce qui frappe en second lieu, plus généralement, c'est l'importance des écarts entre catégories. Entre catégories extrêmes évidemment : le patrimoine moyen d'un ménage d'ouvrier et celui d'un ménage de chef d'entreprise sont dans un rapport de 1 à 30. Mais aussi entre catégories supérieures et catégories moyennes : le patrimoine d'un chef d'entreprise est en moyenne 7,5 fois supérieur à celui d'un cadre, celui des membres des professions libérales avec lesquels on compare pourtant généralement les cadres lui est encore 2,5 fois supérieur. Ce qui n'empêche pas un cadre de posséder en moyenne l'équivalent de quatre fois ce que possède un ouvrier.

La prise en compte de l'endettement des ménages (donc le passage des patrimoines bruts aux patrimoines nets) ne modifie pas la situation d'ensemble (tableau 7.2). Elle dégrade légèrement la position relative des catégories les moins bien dotées, notamment celle des ouvriers, alors qu'elle tend à améliorer celle des catégories les plus fortunées. Autrement dit, moins on détient d'actif, plus le passif est proportionnellement lourd.

En fait, les patrimoines moyens des différentes catégories sociales que l'on compare ainsi n'ont pas grand sens, étant donné la forte dispersion des patrimoines à l'intérieur de toutes les caté-

4. C'est pourtant une telle présentation qui est adoptée la plupart du temps (*cf.* par exemple *Données sociales 1996*, p. 356), en plaçant du même coup en tête les patrimoines des professions libérales.
5. *Cf. Données sociales 1996*, p. 356.

gories, dont rend compte ce même tableau à partir du rapport interdécile. Cette dispersion est particulièrement marquée parmi les catégories les plus fortunées : le rapport interdécile dépasse 300 parmi les professions libérales ! Et sans doute est-il plus important encore parmi les chefs d'entreprise, mais on ne dispose d'aucune donnée à ce sujet. L'éventail des patrimoines tend également à s'ouvrir, dans une bien moindre mesure cependant, dans le bas de l'échelle, parmi les ouvriers et les employés. Il se referme au contraire au sein des catégories moyennes, indépendantes ou salariées.

Tableau 7.2

Patrimoine net moyen et médian et dispersion des patrimoines nets des différentes catégories sociales en 1992

(en milliers de francs)

	Patrimoine moyen		Rapport interdécile D_9/D_1	Patrimoine médian
	Montant	% patrimoine brut		
Agriculteurs	1 078	91	40	645
Artisans, commerçants Chefs d'entreprise	2 079	94	44	877
Prof. libérales	3 868	93	309	1 792
Cadres	1 634	92	42	898
Prof. intermédiaires	719	89	39	539
Employés	377	90	63	178
Ouvriers	376	84	53	232
Ouv. non qualifiés	256	89	88	94
Ensemble	817	91	89	370

Source : enquête « Actifs financiers » 1992, INSEE, « Revenus et patrimoine des ménages. Édition 1996 », *Synthèses*, n° 5, p. 93. *Remarque :* les montants des patrimoines bruts de référence diffèrent de ceux indiqués au tableau précédent dans la mesure où l'INSEE a regroupé ici pour chaque catégorie actifs et retraités.

La forte dispersion des patrimoines à l'intérieur de chaque catégorie rend en définitive plus significatif le patrimoine médian que le patrimoine moyen : il donne une meilleure idée de la situation effective de la grande masse des ménages appartenant à chaque catégorie. Ainsi apprend-on que la moitié des 2,3 millions de ménages d'ouvrier non qualifié (actifs ou retraités) possédait en tout et pour tout moins de 100 000 F, soit l'équivalent d'une automobile d'occasion, du mobilier de base et de quelques maigres réserves monétaires. Et la moitié inférieure de la distribution des ménages d'employé ou d'ouvrier qualifié (actifs ou retraités) soit en 4,5 millions de ménages, n'était guère plus fortunée.

Globalement, le rapport interdécile au sein des patrimoines bruts se situait en 1992 à 75, les 10 % des ménages les moins fortunés se plaçant en dessous de 24 600 F et les 10 % les plus fortunés au-dessus de 1,83 million de F. Forte dispersion qui va de pair avec une forte concentration : les 25 % des ménages les plus pauvres ne se partageaient que 1 % du patrimoine des ménages, la moitié la moins fortunée n'en totalisant que 8 % ! À l'autre extrémité, les 25 % des ménages les plus aisés détenaient 70 % du patrimoine des ménages, les 10 % les mieux dotés en possédant à eux seuls la moitié et les 5 % du haut de l'échelle en accaparant 40 %[6] ! Beaucoup entre les mains de très peu, très peu entre les mains de beaucoup : c'est encore à cette formule que répond la distribution des patrimoines en France.

Comment expliquer de telles inégalités entre les montants des patrimoines des catégories sociales comme à l'intérieur de chaque catégorie sociale? Différents facteurs, d'inégale importance, se combinent pour produire un tel résultat.

Les inégalités de revenus disponibles restent le principal d'entre eux. En effet, la plupart des patrimoines procédant de l'accumulation de revenus passés ou de l'anticipation sur les revenus futurs (par l'intermédiaire de l'endettement), plus le revenu disponible

Tableau 7.3

Patrimoines bruts et nets moyens par tranches de revenus en 1992

(en milliers de francs)

Tranches de revenus annuels	Patrimoines bruts	Patrimoines nets
Moins de 30 000F	190	180
De 30 000 à 50 000F	246	233
De 50 000 à 75 000F	343	320
De 75 000 à 100 000F	460	415
De 100 000 à 130 000F	602	602
De 130 000 à 200 000F	845	733
De 200 000 à 300 000F	1 485	1 337
De 300 000 à 500 000F	2 694	2 443
Plus de 500 000F	9 871	9 448
Ensemble	901	817

Source : enquête « Actifs financiers » 1992, *Synthèses*, n° 5, *op. cit.*, p. 92-93.

6. *Cf. Synthèses*, n° 5, *op. cit.*, p. 91.

d'un ménage sera élevé, plus la possibilité qu'il aura d'épargner et donc d'accumuler sera importante. Ainsi, la proportion des ménages déclarant épargner à fin d'accumulation croît-elle régulièrement d'un décile au décile supérieur dans la distribution des revenus disponibles : début 1996, seul un ménage sur cinq (21 %) était dans ce cas au sein du premier décile contre deux sur trois (65 %) au sein du décile supérieur[7]. Dans ces conditions, on ne s'étonnera pas de l'étroite corrélation existant entre l'échelle des revenus et celle des patrimoines (tableau 7.3) ; si bien qu'en définitive les ménages faisant partie du décile supérieur dans la distribution des revenus détenaient en 1992 à eux seuls plus du tiers (37 %) de l'ensemble du patrimoine net des ménages[8].

Tableau 7.4

Taux de détention (en %) des différents types d'actifs par catégorie sociale en 1996

	Livrets d'épargne	Épargne logement	Valeurs mobilières	Assurance-vie retraite	Immobilier	Foncier
Actifs						
Agriculteurs	89,4	67,8	30,4	61,6	79,9	84,4
Acce	82,0	56,2	35,4	60,8	75,3	17,3
Pl	81,6	61,3	55,1	71,2	68,1	10,6
Cadres	88,7	66,6	37,6	59,0	67,3	9,7
Pi	86,9	57,1	24,6	53,5	62,3	9,9
Employés	82,2	39,5	13,0	42,3	42,4	6,5
Oq	84,8	39,7	9,8	43,2	54,3	8,4
Onq	78,5	29,8	6,0	31,8	44,8	5,7
Retraités						
Agriculteurs	85,7	32,7	23,1	45,0	70,1	56,8
Ina	80,6	34,3	41,5	47,4	79,6	22,8
Salariés	85,5	32,6	28,7	47,3	68,2	14,5
Autres inactifs	73,9	20,8	11,1	21,4	32,5	10,5
Ensemble	**83,7**	**41,4**	**22,6**	**45,9**	**58,9**	**13,9**

Source : pour tous les actifs hormis foncier, enquête « Patrimoine 1997-1998 », *Insee Première*, n° 584, mai 1998 ; pour le foncier : enquête « Détention d'actifs 1996 », *Insee Première*, n° 454, mai 1996. *Légende :* Acce = artisans, commerçants et chefs d'entreprise ; Pl = professions libérales ; Pi = professions intermédiaires ; Oq = ouvriers qualifiés ; Onq = ouvriers non qualifiés ; Ina = indépendants non agricoles.

7. *Id.*, p. 126.
8. Conseil des impôts, « *L'imposition du patrimoine* », *Journal Officiel de la République française*. Éditions des documents administratifs, 12 août 1998, p. 21.

Au-dessous d'un certain seuil de revenu, tout (ou presque) doit être affecté aux dépenses de consommation courante du ménage et les possibilités d'accumulation sont quasi nulles. S'il y a malgré tout accumulation d'un patrimoine, elle ne peut qu'être modeste, impliquant d'y sacrifier l'« ordinaire » lui-même, pratique qui relève d'une véritable ascèse, doublée généralement d'un lourd endettement. Au contraire, au-dessus d'un certain seuil de revenu, c'est en principe la totalité de la part du flux des revenus qui excède les dépenses courantes qui peut gonfler le stock patrimonial. De ce fait, les inégalités quant aux possibilités d'accumulation d'un ménage sont nécessairement plus importantes encore que celles entre revenus. Ce qui explique que les patrimoines sont encore plus concentrés que les revenus : les 10 % de ménages du haut de l'échelle, qui accaparent la moitié du patrimoine brut, ne totalisent que 28 % de la masse des revenus, tandis que les 50 % les moins dotés, qui ne possèdent que 8 % du patrimoine, perçoivent le quart du revenu global des ménages[9].

Mais le revenu n'explique pas tout. Il faut tenir compte, en second lieu, du statut social. En effet, toutes choses égales par ailleurs, et notamment à montant de revenu identique, les indépendants manifestent une tendance à l'accumulation supérieure aux salariés. Les premiers se singularisent par un taux de détention d'actifs supérieur aux seconds, sauf en ce qui concerne les actifs les plus banals (livrets d'épargne) : ce taux est plus élevé parmi les professions libérales que chez les cadres, plus élevé chez les agriculteurs ou les artisans et commerçants que parmi les professions intermédiaires, pour comparer des catégories aux revenus voisins (tableau 7.4). De même que leur patrimoine moyen est supérieur, y compris quand on fait abstraction du patrimoine professionnel (tableau 7.5).

Cette propension particulière à l'accumulation de la part des catégories indépendantes s'explique par plusieurs raisons. Il faut y voir tout d'abord l'incidence quasi mécanique de la présence d'un patrimoine professionnel, dont certains éléments (terrain, logement, automobile, trésorerie, etc.) ne se distinguent pas toujours de ceux composant le patrimoine domestique, la possession indispensable des premiers rendant ainsi à la fois nécessaire et possible celle des seconds. De surcroît, plus que ceux des salariés, les revenus professionnels des indépendants sont susceptibles de connaître des fluctuations imprévisibles : la possession d'un patrimoine est dès lors une garantie de la capacité de faire face à une

9. *Cf. Données sociales 1996*, p. 355.

mauvaise passe éventuelle. Par ailleurs, la couverture sociale des indépendants, qu'il s'agisse de l'assurance-maladie ou de l'assurance-vieillesse, est moins étendue et moins favorable que celle des salariés ; cela peut les inciter à se doter d'actifs de précaution (tels que l'assurance-vie) et plus globalement à accumuler, au cours de leur vie active, un patrimoine qui leur permettra, par sa jouissance (patrimoine domestique ou de rapport), sa location ou sa vente (patrimoine professionnel), de compenser de moindres pensions de retraite (*cf.* chapitre 4). Enfin, comme nous l'avons déjà relevé au chapitre précédent, le statut même d'indépendant, qui procède de la mise en œuvre et de la valorisation individuelle d'un capital professionnel, entraîne la formation d'une éthique de l'accumulation au-delà de la seule sphère professionnelle : la vertu rejoint et appuie ici la nécessité.

Parmi les facteurs explicatifs des disparités de patrimoine en général, il faut, en troisième lieu, évoquer l'âge. Tout patrimoine étant un stock résultant notamment de l'accumulation d'un flux de revenus, plus la durée pendant laquelle un ménage a pu accumuler est longue, plus son patrimoine pourra être important, toutes choses égales par ailleurs. La liaison entre âge et accumulation patrimoniale est cependant plus complexe que ne le laisse supposer le raisonnement précédent. De fait, rapporté à l'âge de la personne de référence, le patrimoine moyen croît jusque vers 55-60 ans, après quoi il tend à décroître : le passage à la retraite s'accompagne de la vente de tout ou partie du patrimoine professionnel des indépendants, tandis qu'avec l'âge se multiplient les donations et les successions entre ascendants et descendants.

Précisément, l'héritage constitue un quatrième facteur d'inégalités entre les patrimoines. Hériter et surtout hériter tôt constitue évidemment un avantage. Si l'incidence de ce facteur est modeste au niveau de l'ensemble des patrimoines, nous verrons que son importance s'accroît au fur et à mesure que l'on s'élève dans l'échelle des patrimoines et qu'elle tend à devenir primordiale en ce qui concerne les très grandes fortunes.

Des compositions inégales de patrimoine

Les patrimoines des différentes catégories sociales se singularisent également par leur composition. Du point de vue de leur fonction objective et de leur signification subjective, on peut en effet distinguer :

– Le *patrimoine domestique* (ou de jouissance) composé des biens qui présentent une utilité immédiate pour leurs propriétaires.

Il se compose pour l'essentiel de la résidence principale, d'une éventuelle résidence secondaire, de leur équipement mobilier, de l'automobile et des liquidités courantes (espèces, compte-chèques, épargne liquide).

– Le *patrimoine de rapport* composé de biens (fonciers, immobiliers ou mobiliers) susceptibles d'assurer un supplément de revenu à leur propriétaire; par exemple un logement loué ou un portefeuille d'actions.

– Enfin le *patrimoine professionnel* qui sert de base à l'entreprise individuelle des indépendants (terres, cheptels, bâtiments, outils, stocks, liquidités professionnelles, fonds de commerce, etc.).

Pour ne comparer que ce qui est comparable, nous n'avons retenu ici que les patrimoines privés, domestique ou de rapport, à l'exclusion des patrimoines professionnels. Mais nous savons déjà que la présence de ces derniers n'est pas sans incidence positive sur les premiers.

Tableau 7.5

Montant (en milliers de francs) et structure (en %) du patrimoine privé brut des différentes catégories sociales en 1992

	Montant	Patrimoine domestique		Patrimoine de rapport			
		Logement	Autres éléments	Placements courts	Valeurs mobilières	Assurance vie	Terre Immobilier
Actifs							
Ae	1 120	36	5	18	8	6	27
Acce	2 130	22	8	13	27	8	21
Pl	2 870	25	9	13	21	9	23
Cadres	1 790	29	12	17	21	6	15
Pi	800	45	10	14	11	8	12
Employés	440	48	11	18	6	6	10
Ouvriers	410	59	10	13	5	7	6
Retraités							
Ae	950	28	5	17	8	3	39
Ina	2 900	15	9	12	26	5	33
Salariés	1 170	30	8	17	26	4	15
Ensemble	**1 000**	**33**	**9**	**15**	**19**	**6**	**18**

Source : enquête « Actifs financiers » 1992, Insee, *Données sociales 1996*, p. 357 et 360; les pourcentages ont été calculés par nos soins. *Légende :* Ae = agriculteurs exploitants; Acce = artisans, commerçants et chefs d'entreprise; Pl = professions libérales; Pi = professions intermédiaires; Ina = indépendants non agricoles. *Remarque :* les montants des patrimoines bruts ici indiqués, pourtant défalqués des éléments composant le patrimoine professionnel des ménages, sont supérieurs à ceux indiqués par le tableau 7.1. L'Insee a ici redressé les montants déclarés par les ménages à l'enquête « Actifs financiers » 1992 de manière à corriger la sous-évaluation propre aux déclarations des ménages.

Les patrimoines des ouvriers, des employés et des membres des professions intermédiaires, qui sont aussi les plus modestes, se distinguent de ceux des autres catégories par l'importance des actifs domestiques. Pour ces catégories, acquérir du bien, c'est d'abord et essentiellement, et quelquefois uniquement, accéder à la propriété de leur résidence principale, qui à elle seule représente en moyenne la moitié ou même plus de leur patrimoine, bien qu'elles soient les catégories qui comptent proportionnellement le moins de propriétaires, comme nous le verrons au chapitre 8. Leur patrimoine de rapport est en conséquence peu élevé, composé essentiellement d'épargne de réserve, de comptes et plans épargne logement liés au processus d'accession à la propriété et d'assurance-vie. La part des placements spéculatifs proprement dits, mobiliers ou immobiliers, y est limitée, sauf pour les professions intermédiaires où ils en représentent près du quart.

Les patrimoines des autres catégories d'actifs se caractérisent, outre leur montant plus important, par la moindre part (30 % à 40 %) qu'y occupe le patrimoine domestique. La résidence principale elle-même n'en constitue qu'entre le quart et un gros tiers. En conséquence, la plus grosse part de leur patrimoine privé est constituée d'actifs de rapport. Mais, sous cet angle également, ces patrimoines se distinguent des précédents : les placements courts et l'assurance-vie, tout en y étant plus élevés en valeur absolue, y occupent une place moins importante, au bénéfice des placements mobiliers et immobiliers, plus rémunérateurs mais aussi plus longs et plus risqués, qui y représentent entre le tiers et la moitié du patrimoine total. Et, sous cet angle, on peut opposer les cadres et les artisans/commerçants/chefs d'entreprise, qui privilégient les placements mobiliers par rapport aux placements immobiliers, aux membres des professions libérales et surtout aux agriculteurs qui préfèrent ces valeurs réputées sûres que sont la terre et la pierre.

Les patrimoines des retraités se rapprochent de ceux des actifs les mieux dotés, non seulement par leur montant mais encore par leur structure. La part du patrimoine domestique, et notamment celle de la résidence principale, y est encore moins importante : à l'âge de la retraite, on est déjà devenu propriétaire de son logement ou... on a définitivement renoncé à le devenir. Et, dans les deux cas, on a pu, le cas échéant, consacrer l'essentiel de son épargne à la constitution d'un patrimoine de rapport, destiné à compenser le manque à gagner résultant de la substitution des pensions de retraite aux revenus professionnels antérieurs. On retrouve ici l'importance relativement plus grande des revenus patrimoniaux dans le revenu global des retraités. Il est logique, dès lors, que les patrimoines de rapport des retraités comprennent en majeure partie les actifs les plus rémunérateurs, valeurs mobilières et placements immobiliers. Et l'on retrouve ici, accentuée, l'opposition entre les anciens salariés privilégiant les premiers tandis que la préférence des anciens indépendants va nettement aux seconds.

Trois conclusions se dégagent de l'ensemble des éléments précédents. Tout d'abord, plus les patrimoines sont importants, plus la part du patrimoine domestique diminue au profit de celle du patrimoine de rapport. Quand les possibilités pour un ménage d'accumuler s'accroissent, l'accumulation n'a plus seulement pour but de le rendre propriétaire de son logement ou d'en améliorer l'équipement, ni même de se constituer des réserves, il s'agit alors d'acquérir des actifs susceptibles d'engendrer à leur tour des revenus, de manière à accroître le revenu disponible du ménage. Autrement dit, l'accumulation change de sens au fur et à mesure que son volume croît : ce n'est plus tant la jouissance qui en est la fin que l'enrichissement abstrait, l'accumulation de valeur pour elle-même. Générées par des inégalités de revenus disponibles, les disparités patrimoniales tendent alors, par les flux inégaux de revenus qu'elles engendrent à leur tour, à accroître ces mêmes inégalités, en un cercle qui n'est vertueux que pour les plus fortunés.

Deuxième conclusion, plus le patrimoine de rapport s'accroît, plus la part qu'y occupe le patrimoine proprement financier s'accroît elle aussi. Ainsi, en classant les ménages par ordre d'importance de leur patrimoine financier, celui-ci ne représente en 1992, au sein du premier décile, qu'une part marginale de l'ensemble des actifs (2,1 %) ; il en représente en revanche un cinquième (20,5 %) au sein du neuvième décile et même près du tiers (32,6 %) au sein du dernier décile [10]. Et, simultanément, plus la part des valeurs mobilières proprement dites (actions, obligations, parts de SICAV et de FCP, etc.) tend elle-même à croître au sein du patrimoine financier : elles sont inexistantes (0,1 %) parmi les patrimoines financiers du premier décile mais elles constituent le sixième (17,7 %) des patrimoines financiers de l'avant-dernier décile et pas loin de la moitié (44,1 %) de ceux du dernier décile [11]. Cette corrélation se retrouve d'ailleurs dans les patrimoines moyens des différentes catégories sociales (tableau 7.5). Encore les données réunies dans ce tableau souffrent-elles de ce que, une nouvelle fois, les chefs d'entreprise soient confondus avec les artisans et petits commerçants ; lorsqu'on distingue au contraire les «*petits indépendants*» des «*gros indépendants*», on constate que

10. *Cf. Économie et Statistique*, n° 296-297, 1996-6/7, p. 52.
11. *Ibid.*

les valeurs mobilières ne présentent que 38,1 % du patrimoine financier des premiers mais 71,3 % de celui des seconds[12] ! C'est que, dans une économie capitaliste développée, la véritable fortune est composée pour l'essentiel de valeurs mobilières, c'est-à-dire de droits de propriété sur le capital social et ses revenus. Nous aurons encore l'occasion de nous en rendre compte en nous penchant sur les grandes fortunes.

Enfin, troisième conclusion, plus le montant des patrimoines s'accroît, plus les patrimoines se diversifient. Alors que dans les patrimoines modestes, un seul actif (la résidence principale) peut représenter jusqu'à près des deux tiers du patrimoine total, aucun type d'actif ne représente plus du quart des patrimoines les plus élevés (tableau 7.5). En 1992, presque un ménage sur deux (48,1 %), au patrimoine moyen inférieur à 400 000 F, disposait au plus de trois types d'actifs différents, essentiellement des liquidités (compte chèques et compte épargne), le cas échéant complétées par de l'épargne logement et de l'assurance-vie et, pour une minorité d'entre eux (13,5 %), par de l'immobilier résidentiel ; seule une poignée (1,6 %) détenait des valeurs mobilières. Une autre petite moitié des ménages (45,1 %), dont le patrimoine moyen était compris entre 650 000 F et 1,5 million de F, disposait d'une gamme d'actifs plus large (de quatre à six), dont les deux tiers (31,5 %) de l'immobilier résidentiel mais à peine le quart (11,1 %) des valeurs mobilières. Enfin 6 % des ménages, dont le patrimoine moyen dépassait 2,2 millions de F, disposaient de plus de sept types d'actifs différents, seuls 0,1 % des ménages du haut de l'échelle, au patrimoine moyen de l'ordre de 4 millions de F, possédant un portefeuille complet d'actifs[13].

La diversification des actifs en fonction de l'importance du patrimoine se vérifie tout particulièrement pour les patrimoines de rapport : dans leur cas, avec la mobilité des placement d'un type d'actif à l'autre qu'elle permet, elle est un gage de sécurité et de rendement, les revenus courants et plus encore les plus-values potentielles variant d'un type de placement à l'autre selon les périodes, au gré des évolutions économiques mais aussi des mouvements spéculatifs.

12. *Id.*, p. 54. L'auteur de l'article (Luc Arrondel) n'indique cependant pas ce qu'il entend par « *petits* » et « *gros* » indépendants.
13. *Id.*, p. 37.

Des transmissions inégales

Les données sur la transmission des patrimoines, que ce soit par donation ou par succession, sont rares. D'origine fiscale, elles sont de surcroît lacunaires et de plus médiocre qualité encore que celles issues d'enquêtes directes auprès des ménages.

On ne peut transmettre que ce que l'on possède. En conséquence, un certain nombre de défunts ne transmettent... rien, soit qu'ils n'aient jamais eu de bien, soit qu'ils s'en soient séparés avant leur décès, par vente ou par donation (tableau 7.6). Et la fréquence de ce cas est évidemment très inégale selon la catégorie sociale présente ou passée du défunt : c'est le cas de près d'un ouvrier sur cinq mais seulement celui d'un indépendant non agricole ou cadre sur vingt. Notons aussi que la fréquence de démunis par décumulation est plus forte parmi les agriculteurs que parmi les autres catégories sociales : ce sont eux qui transmettent le plus souvent leurs biens (notamment professionnels) par donation.

Tableau 7.6

Patrimoine brut au moment du décès selon la catégorie sociale du défunt en 1988

(en milliers de francs)

	Défunts sans patrimoine		Défunts avec patrimoine	
	Démunis permanents %	Démunis par décumulation %	Sans déclaration Montant	Avec déclaration Montant
Agriculteurs	7,2	5,3	133	396
INA	3,5	1,6	203	658
Cadres	3,4	1,0	589	1 093
PI	3,4	2,0	163	572
Employés	13,7	1,9	110	358
Ouvriers	15,7	2,8	90	288
Ensemble	10,1	2,8	133	480

Source : enquête « Patrimoine au décès » 1991, *INSEE Résultats*, n° 390, avril 1995, p. 46, 50, 56. *Légende :* INA = indépendants non agricoles ; PI = professions intermédiaires. *Remarque :* en 1988, date sur laquelle porte l'enquête, la loi obligeait à déclarer toute succession supérieure à 10 000F. En pratique, les successions n'étaient le plus souvent déclarées que dans les cas où elles étaient frappées d'imposition : à partir de 275 000F en ligne directe et 10 000F en ligne indirecte. Cela explique que les successions non déclarées soient en moyenne inférieures aux successions déclarées.

Parmi les défunts qui lèguent du bien, les disparités ne sont pas moins nettes. Mais les données recueillies à ce sujet par l'enquête « Patrimoine au décès » ne sont pas cohérentes avec celles, précédemment exploitées, de l'enquête « Actifs financiers » : elles placent en tête les patrimoines des cadres, en sous-estimant visiblement ceux des catégories indépendantes. Cela tient à la nature de ces données, d'origine fiscale. D'une part, 48 % des décès n'ont donné lieu à aucune déclaration de succession et, dans leur cas, le patrimoine a été estimé à partir des renseignements connus du fisc sur le montant des revenus des défunts ; or on sait que les estimations fiscales sous-évaluent les revenus des indépendants, partant leurs patrimoines dans ce cas. D'autre part, les données provenant des déclarations des héritiers sont évidemment sujettes à fraude et à sous-déclaration pour leur permettre d'échapper aux rigueurs du fisc. C'est en particulier le cas, une fois de plus, de certains actifs financiers, notamment les contrats d'assurance-vie, qui échappaient jusqu'à récemment à tout droit de succession et n'étaient par conséquent généralement pas déclarés. Or on sait la part qu'occupent ces actifs au sein des patrimoines des indépendants non agricoles, comme plus généralement au sein des gros patrimoines. Enfin, il ne s'agit là que du patrimoine personnel du défunt, non pas de celui du ménage auquel il appartenait ; et les catégories indépendantes sont aussi celles qui adoptent le plus souvent des dispositions de donation au dernier vivant, ce qui diminue d'autant le patrimoine moyen transmis au moment du décès, si tant est que le défunt laisse un conjoint.

Même ainsi tronquées, ces données révèlent bien l'ampleur des inégalités entre patrimoines transmis, plus importantes encore qu'entre l'ensemble des patrimoines. C'est qu'en fin de vie tous les facteurs générateurs des inégalités de patrimoine ont eu le temps de jouer : disparités des revenus, des taux d'épargne, de la fréquence et du montant des héritages reçus, de la durée de la vie elle-même. Autour d'une moyenne de 296 000 F, la dispersion est de ce fait très importante : près de 13 % ne transmettent rien, 50 % transmettent moins de 131 000 F, les 10 % les plus fortunés plus de 647 000 F (1,8 million de F en moyenne), le dernier centile le plus nanti ayant transmis plus de 2,8 millions de F. De ce fait, les transmissions sont elles aussi très concentrées : en 1988, 1 % des défunts ont transmis le cinquième du patrimoine et la moitié supérieure 93 % [14] !

Mais une même succession est généralement partagée entre plusieurs héritiers. En conséquence, combien chaque héritier touche-t-il en moyenne au sein de chaque catégorie sociale ? Le tableau 7.7 présente les dernières données disponibles à ce sujet, remontant à l'enquête « Mutations à titre gratuit » 1984 [15]. S'il n'est

14. *Insee Première,* n° 344, octobre 1994.
15. Les résultats connus des éditions plus récentes de cette enquête (1987 et 1994) n'ont pas permis d'actualiser ces données.

pas surprenant, au regard de ce qui précède, de constater que le montant des héritages perçus est très inégal selon la catégorie sociale du défunt, il est plus surprenant en revanche de remarquer qu'il existe de nettes inégalités selon la catégorie sociale des héritiers, à catégorie sociale donnée pour le défunt. Tout se passe comme si la transmission du patrimoine était gouvernée par la loi implicite suivante : l'héritage augmente en cas de mobilité sociale ascendante et diminue au contraire en cas de mobilité sociale descendante.

L'existence d'une pareille loi conduit à former l'hypothèse que, à l'intérieur d'une catégorie sociale donnée, ce seraient les ménages ayant pu se constituer le patrimoine le plus élevé qui auraient aussi fourni à leurs enfants les moyens d'une mobilité sociale ascendante ou, du moins, les moyens de maintenir leur rang social ; inversement, les individus qui ont connu une trajectoire sociale descendante seraient issus des ménages les moins fortunés de leur catégorie d'origine. On touche ici à un processus qui déborde notre propos direct : à la manière dont se combine accumulation et transmission, en plus du capital économique (du patrimoine), d'un « *capital social* » (un tissu de relations sociales) et d'un « *capital culturel* » (notamment scolaire), pour reprendre la terminologie consacrée par Pierre Bourdieu. Car ce n'est pas seulement d'un patrimoine, au sens habituel, que l'on hérite de la part de ses parents, mais encore de tout un ensemble d'aptitudes et d'attitudes, voire d'une stratégie d'accumulation de type dynas-

Tableau 7.7

Montant moyen des héritages nets de droit selon la catégorie sociale en 1984

(en milliers de francs)

Catégorie sociale du défunt	Catégorie sociale de l'héritier						
	AE	INA	CA	PI	EMP	OU	Ens.
AE	219	146	421	186	108	99	179
INA	ns	428	415	185	197	237	307
CA	ns	ns	287	183	206	ns	286
PI	ns	228	332	125	80	52	135
EMP	ns	75	94	72	58	64	75
OU	ns	112	ns	61	51	34	50
Ensemble	185	218	238	153	107	76	147

Source : enquête « Mutations à titre gratuit » 1984, INSEE, *Données sociales 1990*, p. 174. *Légende :* AE = agriculteurs exploitants ; INA = indépendants non agricoles ; CA = cadres ; PI = professions intermédiaires ; EMP = employés ; OU = ouvriers ; ns = non significatif (les effectifs correspondant à cette occurrence étaient trop peu nombreux pour que les résultats soient jugés significatifs).

tique, toutes choses qui sont décisives quant à sa propre trajectoire sociale. Nous en dirons davantage lorsque nous traiterons de la reproduction intergénérationnelle des inégalités dans le dernier chapitre.

Il existe enfin un dernier facteur d'inégalité dans les transmissions patrimoniales : les donations. En effet, l'âge auquel on bénéficie d'une donation est généralement inférieur à celui auquel on entre en jouissance d'un héritage : selon la dernière enquête « Mutations à titre gratuit », en 1994, l'âge moyen des donataires (bénéficiaires d'une donation) était de 38 ans, celui des héritiers de 51 ans [16]. C'est que l'on peut faire l'objet d'une donation du vivant de ses parents alors qu'il faut attendre le plus souvent la mort du second parent pour pouvoir hériter. Or bénéficier plus tôt de l'apport d'une part du patrimoine de ses parents contribue bien évidemment à sa propre accumulation patrimoniale, directement mais aussi indirectement, en conditionnant quelquefois le démarrage de sa carrière professionnelle ou son succès, quand il s'agit de la transmission de biens professionnels. Ce sont d'ailleurs les professions indépendantes, et parmi elles tout particulièrement les agriculteurs, qui, pour cette raison, procèdent le plus souvent à des donations : en 1992, 23 % des ménages d'agriculteurs, 11 % de ceux des chefs d'entreprise, 9 % des artisans et commerçants contre à peine 3 % à 4 % des salariés avaient procédé à une donation [17].

En 1994, parmi les donataires, les indépendants et les cadres supérieurs se trouvaient surreprésentés, les ouvriers étant au contraire nettement sous-représentés. De plus, les donations échues aux premiers étaient en moyenne bien supérieures à celles dont avaient bénéficié les seconds : 349 000 F pour les indépendants, 400 000 F pour les cadres mais seulement 211 000 F pour les ouvriers [18].

Remarquons, pour terminer, que le montant moyen des successions s'élevait, cette même année, à 570 000 F ; mais il n'était que de 555 000 F dans le cas des successions sans donation antérieure contre 747 000 F pour la petite minorité (8 %) de successions qui avaient été précédées d'une donation, pour un montant moyen de 580 000 F [19]. Les transmissions patrimoniales les plus importantes sont donc aussi celles dont les bénéficiaires entrent,

16. *Cf.* INSEE *Première*, n° 521, juin 1997.
17. *Cf. Données sociales 1996*, p. 369.
18. *Cf.* INSEE *Première*, n° 521, juin 1997.
19. *Ibid.*

pour partie au moins, le plus tôt en jouissance. En somme, ceux qui reçoivent le plus sont aussi ceux qui, en moyenne, reçoivent plus tôt que les autres, et inversement.

Les grandes fortunes

Nous ne disposions jusqu'à présent d'aucune étude statistique sur les grandes et les très grandes fortunes. Et ce en dépit des indications anciennes et concordantes sur la forte concentration des patrimoines dans le haut de la distribution. L'INSEE vient de rompre heureusement le silence sur le sujet en en tentant une première approche [20].

En dépit des limites de l'information qu'elle fournit, c'est essentiellement sur l'enquête « Actifs financiers » 1992 que l'INSEE a choisi de s'appuyer pour définir les grandes fortunes, après avoir cependant redressé les montants déclarés en les recalant sur les données de la Comptabilité nationale [21]. Définition en termes relatifs : sont ainsi considérés comme grandes fortunes les patrimoines du centile supérieur de la distribution, soit les 220 000 ménages qui possédaient en 1992 plus de 9 millions de francs, en gros dix fois le patrimoine moyen et vingt fois le patrimoine médian. Sans coïncider avec celle des déclarants à l'ISF, cette population est néanmoins cohérente avec elle quant à l'essentiel de ses caractéristiques, ce qui autorise des comparaisons entre les deux.

Ces grandes fortunes présentent en effet un certain nombre de traits spécifiques, dont certains ne font cependant que pousser à l'extrême ce que nous avons déjà pu observer sur l'ensemble des patrimoines. En premier lieu, leurs très fortes dispersion et concentration. Ainsi, entre la plus « petite » de ces grandes fortunes et la plus élevée, le rapport est de 1 à... 16 000 [22] ! Et, si l'on considère

20. *Cf.* « Les ménages fortunés et la gestion de leur patrimoine », *Synthèses*, n° 11, 1997, p. 69-79. Sauf indication contraire, toutes les informations suivantes sur les grandes fortunes sont extraites de cet article.

21. Le recalage des données d'enquête sur celles de la Comptabilité nationale ne permet cependant pas de tenir compte de la part (notamment financière) des grandes fortunes localisées à l'étranger, qui a été croissante ces dernières années dans le contexte de transnationalisation accrue de l'économie. Cette remarque vaut tout aussi bien pour les revenus générés par ces placements à l'étranger, qui échappent par définition à la statistique publique nationale.

22. En 1992, le magazine américain *Fortune* évaluait la première fortune de France, celle de Mme Liliane Bettencourt, héritière de l'entreprise L'Oréal, à 14,5 milliards de francs. Chiffre cité par Luc Arrondel, Cyril Grange et Anne Laferrere, « La route de la fortune », *Alternatives économiques*, hors série n° 25, 3e trimestre 1995, p. 13. En octobre 1998, *Le Nouvel Économiste* (n° 1113) plaçait toujours Mme Bettencourt en tête des fortunes professionnelles françaises, en estimant le montant total de son patrimoine à 65,3 milliards de francs, soit quatre fois et demie plus que six ans auparavant...

l'ensemble des quelque 174 000 déclarants à l'ISF en 1996, le quart supérieur possède à lui seul plus de la moitié (53 %) du patrimoine déclaré et le centile supérieur (correspondant aux déclarations de l'ordre de plusieurs centaines de millions de francs) en concentre 13 %. Autrement dit, la distribution de la fortune n'est pas moins inégalitaire au sein du centile supérieur de la distribution des patrimoines que parmi les 99 % restants. Tant il est vrai que l'inégalité n'a pas de limite !

Les grandes fortunes se distinguent, en second lieu, par leur origine. Les patrimoines ordinaires procèdent de l'épargne sur les revenus tirés pour l'essentiel de l'activité professionnelle des membres du ménage. Si cette méthode permet d'accumuler quelque bien non négligeable, elle ne laisse cependant aucune chance d'acquérir une grande fortune. Ainsi, un couple de cadres ayant entamé leur carrière professionnelle au début des années cinquante, gagnant chacun le salaire moyen de leur catégorie et ayant épargné quarante ans durant 20 % de leurs revenus sous forme d'actions, ne se serait trouvé en 1992, compte tenu du rendement moyen observé sur la période, qu'en possession d'un portefeuille de 4,5 millions de francs. En supposant que ces mêmes salariés aient gagné le double du salaire moyen de leur catégorie (soit environ un million de francs en 1992), leur patrimoine financier ne se serait élevé qu'à un peu plus de 7 millions de francs à cette date. Pas de quoi faire partie des *happy few* du centile supérieur. *A fortiori* en est-il ainsi pour les catégories dont les revenus professionnels sont inférieurs à ceux des cadres.

Les grandes fortunes ont donc d'autres sources que l'épargne patiente et obstinée sur des revenus d'activité. Tout d'abord l'héritage : en 1992, alors que seulement 29 % des ménages ne disposant pas d'une grande fortune déclaraient avoir bénéficié d'une transmission patrimoniale, ils étaient proportionnellement deux fois plus (61 %) dans le centile supérieur ; et si seuls 3 % parmi les premiers déclaraient que cette réception avaient été importante (une donation supérieure à 200 000 F ou une succession supérieure à 500 000 F), ils étaient proportionnellement huit fois plus (24 %) parmi les seconds. Autrement dit, pour disposer d'une grande fortune, il faut le plus souvent avoir eu des parents fortunés. Mais les données disponibles ne permettent pas d'en savoir beaucoup plus là-dessus. La transmission de la fortune demeure l'aspect le moins connu des patrimoines.

La seconde source des grandes fortunes est la réussite entrepreneuriale : 61 % des ménages disposant d'une grande fortune ont pour personne de référence un indépendant ou un ancien indépendant, alors que ce n'est le cas que de 16 % des autres ménages. Là encore, il serait intéressant de distinguer parmi ces indépendants fortunés la proportion de chefs d'entreprise : on verrait alors que la fortune repose moins en définitive sur les revenus de son propre travail que sur ceux tirés du travail d'autrui. En un mot : sur l'exploitation...

On trouve trace de cette double origine des grandes fortunes dans leur composition qui constitue leur troisième trait distinctif. Alors que les patrimoines ordinaires se caractérisent, nous l'avons vu, par la prépondérance (42 %) de la résidence principale, celle-ci ne représente qu'une part minime (14 %) des grandes fortunes composées pour l'essentiel (55 %) d'actifs financiers. Les grandes fortunes prolongent là encore une tendance que l'étude des patrimoines en général avait déjà révélée : plus elles sont élevées, plus le poids de la résidence principale y diminue et plus celui des actifs financiers y augmente. Ainsi, parmi les patrimoines soumis à l'ISF, la résidence principale représente 24 % du patrimoine moyen du premier décile mais seulement 6 % de celui du dernier décile ; inversement, les actifs financiers représentent 45 % dans le premier cas et 76 % dans le second. Pour les gens ordinaires, acquérir du bien, c'est d'abord et essentiellement devenir propriétaire de sa résidence principale ; pour les titulaires de grandes fortunes, l'objet et l'enjeu de l'accumulation patrimoniale sont tout

Tableau 7.8

Montant (en milliers de francs) et structure (en %) du revenu déclaré par les personnes imposées au titre de l'ISF en 1996

	Revenus d'activité et de transferts	Revenus fonciers	Revenus mobiliers	Plus-value	Revenu moyen déclaré en milliers de francs
Décile 1	67	13	11	10	507
Décile 2	64	13	12	11	549
Décile 3	62	14	12	11	563
Décile 4	58	14	13	15	611
Décile 5	56	14	14	16	648
Décile 6	52	15	15	18	715
Décile 7	49	15	16	20	802
Décile 8	45	15	17	23	943
Décile 9	36	18	15	31	1 242
Décile 10	20	9	19	52	3 312
Ensemble	41	13	16	30	987

Source : « Les ménages fortunés et la gestion de leur patrimoine », *op. cit.*, p. 75.

différents : il s'agit d'accumuler des droits de propriété sur la richesse sociale, autrement dit en définitive sur le travail d'autrui...

Cela explique aussi que plus la fortune d'un ménage augmente, plus la part des revenus professionnels ou sociaux y diminue, jusqu'à devenir minoritaire, au profit des revenus patrimoniaux et notamment des revenus mobiliers, revenus courants ou plus-values : au sein du dernier décile des déclarants à l'ISF, ces derniers représentent à eux seuls plus de la moitié des revenus moyens des déclarants (tableau 7.8). Il est à peine besoin de faire remarquer qu'une bonne partie des déclarants à l'ISF étaient, dans ces conditions, riches au sens où nous avons défini la richesse au chapitre 5 : leurs seuls revenus patrimoniaux étaient en mesure de leur garantir un niveau de vie équivalent au niveau de vie médian, c'est-à-dire le revenu médian par UC (de l'ordre de 90 000 F en 1994). En fait, la plupart se situaient au-delà et même très au-delà. Ainsi, si Madame Bettencourt n'avait placé qu'un milliard de dollars (soit 5,4 milliards de francs) sur le marché financier en 1992, cela lui aurait rapporté, au taux moyen de 3,15 %, quelques 170 millions de francs, soit environ 470 000 F par jour (à raison de 365 jours par an) et 20 000 F de l'heure (à raison de 24 heures par jour) [23].

Certes cela ne va pas sans quelques soucis. Car on conçoit que lorsqu'une fortune est essentiellement destinée à rapporter de l'argent, il s'agit de la gérer, et même de bien la gérer. Ce souci de gestion est un dernier trait qui distingue les grandes fortunes du restant des patrimoines. On peut supposer qu'il se traduit notamment par une bien plus grande diversification des actifs et par leur plus grande mobilité, de manière précisément à profiter des aubaines de plus-values mais aussi à se mettre à l'abri de mauvais calculs générateurs de moins-values. Les différentes sources exploitées par l'INSEE ne nous donnent cependant pas de renseignements à ce sujet.

On trouve toutefois trace de ce souci de bonne gestion des grandes fortunes dans les dispositions particulières prises par leur titulaire pour en assurer la transmission. Car le tout n'est pas de posséder une grande fortune, ni même de la maintenir en l'état ou de l'accroître, il faut encore veiller à sa perpétuation de génération en génération : à transmettre à ses enfants une fortune que l'on tient soi-même, le plus souvent, pour une bonne part de ses propres parents [24]. Ainsi les titulaires des grandes fortunes se singularisent-ils par la fréquence des donations entre vifs : selon

23. *Cf.* Luc Arrondel, Cyril Grange et Anne Laferrère, « La route de la fortune », *op. cit.*
24. Sur cette volonté dynastique de transmission de la grande fortune, on lira l'étude de Monique Charlot-Pinçon et Michel Pinçon, *Grandes fortunes. Dynasties familiales et*

l'enquête « Mutations à titre gratuit » 1987, ils étaient plus de la moitié (54,3 %) dans ce cas parmi le centile supérieur des défunts contre à peine le dixième (9,3 %) sur l'ensemble des défunts [25]. Cela s'explique par plusieurs raisons : la volonté d'assurer très tôt à ses enfants un niveau de vie et un rang social en rapport avec le sien propre, une manière de diviser la fortune pour la faire échapper au fisc (et notamment à l'ISF qui frappe les individus et non pas les ménages), mais aussi par la nécessité inhérente à la transmission des biens professionnels. C'est sans doute cette dernière raison qui explique aussi la fréquence nettement supérieure des partages inégaux (dans les limites de ce que la loi autorise) parmi le centile supérieur (53,3 %) que parmi l'ensemble des défunts (7,9 %) [26]. Cela n'empêche pas le moins bien doté des héritiers d'une grande fortune d'être, à coup sûr, mieux loti que l'immense majorité des héritiers des patrimoines ordinaires.

formes de richesse en France, Payot, 1995, notamment le dernier chapitre intitulé « Le devoir de transmettre ».

25. *Cf. Économie et Statistique*, n° 273, 1994-3, p. 45.

26. *Id.*, p. 46.

Les inégalités face au logement

8.

On a peine à imaginer que, dans les années cinquante et soixante, à la porte de la plupart des principales villes de France s'étendaient bidonvilles et cités de transit. « Quatre-vingt-neuf bidonvilles aux portes de Paris », titrait en une *France-Soir* du 22 octobre 1965. Les destructions occasionnées au cours des deux guerres mondiales, ajoutées au retard pris dans l'entre-deux-guerres, avaient plongé le pays dans une situation de pénurie chronique du logement. Il faut attendre la construction massive de logements HLM, à partir des années cinquante, et de maisons individuelles à partir des années soixante, pour que la situation s'améliore progressivement. Le dernier bidonville, la « Digue des Français » à Nice, ne fut cependant rasé qu'en mars 1976 [1] !

Du moins pouvait-on croire alors que la « question du logement » avait été réglée pour l'essentiel. Les années quatre-vingt ont démenti l'espoir d'un logement pour tous. Les expulsions (200 000 par an au milieu des années 1990), la multiplication du nombre de personnes sans domicile, en liaison avec le développement de la « nouvelle pauvreté » et les luttes des « mal logés » sont venues rappeler que le « droit au logement » restait encore fort mal et fort inégalement assuré en France. Car certaines catégories de la population sont exclues de la possibilité d'accéder à un logement, ou du moins à un logement décent.

Les exclus du droit au logement

Bien que le préambule de la constitution de 1946, repris en 1958 par la constitution de la Ve République, ignore le droit au logement, le Conseil constitutionnel a déclaré le 15 janvier 1995 que ce droit avait valeur constitutionnelle. Cela signifie que le droit au logement n'a plus à s'incliner systématiquement devant le droit de propriété. Force est cependant de reconnaître que, même si désormais « le droit au logement constitue un devoir de solidarité pour l'ensemble de la nation » (loi Besson, article 1er), sur ce point comme sur bien d'autres, la solidarité nationale est bien défectueuse.

Les chiffres

Les populations exclues (ou risquant de l'être) du droit au logement sont par définition difficiles à appréhender statistiquement. Elles échappent aussi en partie aux diverses instances de contrôle officiel (assistantes sociales, bureaux d'aide sociale, police, etc.)

1. Sur tous ces points, *cf.* Mehdi Lallaoui, *Du bidonville aux HLM*, Paris, Au nom de la mémoire, 1993.

ainsi qu'aux organisations caritatives du fait même de la précarité de leur situation. S'appuyant sur les résultats du recensement de 1990, une estimation par défaut de leur nombre a été tentée par le Bureau d'informations et de prévisions économiques (BIPE) (tableau 8.1) qui aboutit à un chiffre de 200 000 personnes dépourvues de toit en France en 1990, dont près de la moitié sans domicile. Ce chiffre correspond cependant aux seules personnes connues des services sociaux lors du recensement[2]. Déjà en 1987, dans son rapport au Conseil économique et social, en extrapolant à l'ensemble de la France les résultats d'une étude sur l'agglomération rémoise, le père Wrésinski évaluait le nombre des « sans-abri » entre 200 000 et 400 000 personnes. Plus récemment, en 1994-1995, le Conseil de l'Europe a estimé à 600 000 le nombre d'exclus du logement en France[3]. Une enquête de l'INED menée en 1995 en Île-de-France montre par ailleurs qu'on ne devient pas sans-domicile par hasard ou par fatalité. Ainsi, des conditions de vie défavorables dans la jeunesse, notamment des parents absents, une origine modeste et le déracinement géographique jouent un rôle incontestable dans la genèse de ces situations[4].

Tableau 8.1

Estimation des « sans-abri » et des « mal logés » à partir du recensement de 1990

	Nombre de personnes	% population	Nombre d'équivalents logement
Les exclus du logement	202 000	0,4	147 000
Sans domicile fixe	98 000	0,2	82 000
Abris de fortune	45 000	0,1	20 000
Centres d'urgence	59 000	0,1	45 000
Les occupants de logement de substitution			
Meublés, chambre d'hôtel	470 000	0,8	304 000
Les « mal logés »	1 576 000	2,8	864 000
Habitations mobiles	147 000	0,3	50 000
Logements hors normes	1 429 000	2,5	814 000
Ensemble	2 248 000	4,0	1 315 000
Non pris en compte			
Foyers de travailleurs	176 000	0,3	160 000
Hébergés par parents ou amis	2 800 000	4,9	1 283 000

Source : Joseph Niol, « L'approche quantitative et qualitative des besoins en logement et de la solvabilité de la demande », rapport présenté au nom du Conseil économique et social, *Journal Officiel*, 12 juillet 1993, p. 141.
Légende : L'équivalent-logement est calculé à partir du nombre de personnes composant les ménages concernés.

2. *Cf.* Joseph Niol, *op. cit.*, p. 68.
3. Cité par un document du DAL (Droit au logement), 8, rue des Francs-Bourgeois, 75003 Paris.
4. *Population et sociétés*, n° 313, mai 1996.

Mais, aux exclus du droit au logement au sens strict, c'est-à-dire aux « sans-abri », il convient d'ajouter :

– les « mal logés » : les personnes vivant dans un logement hors norme (déclaré insalubre), parmi lesquelles une forte proportion de personnes âgées et de populations étrangères ; ainsi que les occupants des habitations mobiles, dont les « gens du voyage » et les mariniers ne représentent qu'une partie, populations ne pouvant que difficilement recourir aux services publics, notamment pour l'éducation de leurs enfants ;

– ceux qui occupent des logements de substitution (meublés, garnis, chambres d'hôtel) faute de pouvoir trouver mieux ;

– ceux qui, pour une part au moins, n'échappent aux situations peu enviables précédentes que grâce à la solidarité familiale ou amicale, au prix souvent d'un surpeuplement des logements qu'ils occupent. Il s'agit aux deux tiers de jeunes de moins de 25 ans, vivant avec leurs parents ou chez des amis. La surreprésentation des ouvriers (près d'un hébergé sur deux), des personnes pourvues d'un emploi instable ou se trouvant au chômage montre que la cohabitation est la plupart du temps contrainte et non choisie [5].

Ce sont ainsi cinq millions de personnes, soit près de 9 % de la population totale, qui ne disposaient pas de logement ou de conditions de logement normales, en 1990.

D'autres personnes disposant d'un logement risquent en outre de le perdre parce que son coût en termes de loyer, de remboursement d'un prêt d'accession à la propriété ou de charges diverses (eau, gaz, électricité) est trop élevé. Selon une enquête du CREDOC menée sur trois départements de la région parisienne (Val-de-Marne, Seine-Saint-Denis, Seine-et-Marne), les ménages les plus exposés à ce risque sont les familles monoparentales, les familles nombreuses, les personnes seules (souvent jeunes) et les familles étrangères ; il s'agit pour l'essentiel de familles pauvres ou dont la situation financière s'est dégradée parce qu'elles ont été frappées par le chômage ou la précarité [6].

L'incidence du chômage et de la précarité sur les conditions de logement avait déjà été mise en évidence par l'enquête « Situations défavorisées », menée par l'INSEE en 1986-1987 et exploitée plus tard par le CERC [7] et par une autre étude effectuée en 1989 par les services statistiques du ministère de la Santé portant sur la popu-

5. *Documents du CERC*, n° 109, 1994, p. 26-27.
6. Denise Bauer Patrick Dubechot, Michel Legros, « Le logement, un des chemins de la précarité » *in Consommation et modes de vie*, n° 48, avril 1990.
7. *Documents du CERC*, n° 109, *op. cit.*, p. 58.

lation recueillie par les centres pour «adultes et familles en difficulté d'insertion sociale» – 35 000 personnes au 31 décembre 1989. Ces «exclus du droit au logement», manifestement aussi des «exclus du droit au travail» ont dans leur immense majorité connu une situation d'échec scolaire voire d'exclusion scolaire : 5 % n'ont pas été scolarisés, la moitié ont quitté le système scolaire avant la classe de 3e ou en sortant d'une classe d'enseignement spécial, seuls 7 % ont atteint le baccalauréat[8].

Une enquête pilote plus récente réalisée en novembre 1994 dans le Grand Lyon auprès d'allocataires de la Caisse d'allocations familiales disposant de revenus équivalents au niveau du RMI – 29 000 allocataires – confirme et affine largement ces résultats[9]. Les trois quarts de ces allocataires sont de nationalité française. Un tiers sont nés à l'étranger (neuf fois sur dix hors de la CEE) et 17 % sont nés en France de parents nés à l'étranger. Les immigrés de la première génération sont relativement âgés, ceux de la seconde génération comprennent beaucoup de jeunes. Globalement *«trois groupes se dégagent, dont on peut donner des profils types : le travailleur immigré avec sa famille, le jeune adulte en situation d'insertion, et la personne ayant connu une rupture conjugale et éloignée du marché de l'emploi*[10]*»*. Quatre allocataires sur dix n'ont pas de logement autonome (10 % vivent en structure collective – foyer, centre d'hébergement... – ou en habitat très précaire, et 29 % sont hébergés, pour la plupart chez leur parents). L'accès au logement est largement entravé par le manque de ressources dû en premier lieu au chômage (41 % de la population concernée – 60 % des chômeurs sont en outre au chômage depuis plus de deux ans), mais aussi en second lieu aux très bas revenus des personnes en situation d'emploi précaire ou à temps partiel (essentiellement manœuvres, ouvriers, employés ou agents de service). Parmi ceux vivant en logement autonome dans le parc locatif privé, 10 % ne disposent pas des normes sanitaires minimales. Enfin, l'ensemble des locataires est souvent en situation de surpeuplement. Au total, plus de la moitié des allocataires à très bas revenus du Grand Lyon seraient donc privés d'un logement autonome décent. Ces résultats sont au moins généralisables à l'ensemble des grandes agglomérations françaises dans la mesure où les auteurs de l'étude précisent que *«les caractéristiques et les*

8. *Id.*, p. 145.
9. David le Blanc et Alberto Lopez, «Pauvreté et accès au logement dans le Grand Lyon», *Recherches et prévisions*, n° 46, 1996, CNAF, p. 61-71.
10. *Id.*, p. 65.

trajectoires de cette population sont largement transposables à l'ensemble des populations à très bas revenu vivant dans les grandes unités urbaines françaises[11] ».

Pourtant le nombre de logements vacants ne manque pas (1 919 000 en 1984, 2 156 000 en 1988, 1 977 000 en 1992, 2 231 000 en décembre 1996). Il tend même à augmenter et représente aujourd'hui 10 % du parc locatif[12]. Autrement dit, de quoi loger ou reloger la totalité des « sans-abri » et des « mal logés ». Les pouvoirs publics possèdent un droit de réquisition de logements vacants pour y loger des familles sans toit, droit que la loi Besson a réaffirmé. Mais il en est manifestement peu fait usage. Il est vrai qu'il faudrait alors violer le sacro-saint droit de propriété...

Les causes

Une telle situation tient à des raisons puissantes et multiples, certaines structurelles, d'autres plus conjoncturelles. Comme le rappelle Patrice Lanco, dans une société aussi inégalitaire que la nôtre, toute politique du logement est en proie à une contradiction indépassable : « *Si on construit insuffisamment de logements neufs, ce sont les plus démunis et les plus fragiles qui en pâtissent, les autres trouvant toujours à se loger dans le parc existant, quitte à payer plus cher ; pourtant il est pratiquement exclu de construire des logements neufs pour les plus démunis : ou ces logements leur seraient inaccessibles compte tenu de la faiblesse de leur contribution possible, ou ils coûteraient trop cher à la collectivité*[13]. » Atténuée pendant la phase de croissance, cette contradiction s'est aiguisée depuis le début des années quatre-vingt. Développement du chômage et de la précarité, baisse des salaires réels, démantèlement rampant des systèmes publics de protection sociale ont en effet conduit à la paupérisation de certaines couches salariées, transformant pour elles le logement en un luxe qu'elles ne peuvent plus se payer.

Or, simultanément, on a assisté à une hausse sans précédent des loyers : + 40 % en francs constants, entre octobre 1984 et octobre 1996, tous secteurs locatifs confondus. Dans le secteur privé libre (non régi par la loi de 1948), cette hausse atteint 70 % dans les logements construits avant 1949 et 42,3 % dans les loge-

11. *Id.*, p. 61.
12. *INSEE Première*, n° 562, décembre 1997.
13. Patrice Lanco, « Évolution des inégalités ; rôle et limites de la politique du logement », *Problèmes économiques*, n° 2178, Paris, La Documentation française, juin 1990, p. 5.

ments construits après 1948[14]. Mais ces chiffres masquent des hausses beaucoup plus importantes du fait de la grande dispersion des loyers, surtout dans le secteur libre. Entre ces deux dates, les loyers ont constamment augmenté plus vite que l'indice des prix ou l'indice du coût de la construction[15]. Trois facteurs expliquent cette hausse généralisée :

– la libéralisation des loyers dans le cadre de la loi Méhaignerie (1986), sur laquelle la loi Mermaz-Malandin (1989) n'est que très partiellement revenue ;

– la contraction du parc locatif privé : à peu près stable depuis le début des années soixante, ce parc a perdu près de 750 000 unités entre 1978 et 1988[16]. Cela était dû essentiellement à la baisse de rentabilité relative du logement de rapport face à d'autres formes de placement, notamment les placements financiers qui ont connu un envol spéculatif[17]. Dans ces conditions, le secteur privé s'était orienté vers la construction de bureaux et de studios, réputés plus rentables. Depuis 1988 le parc locatif privé s'accroît toutefois à nouveau : + 341 000 unités entre 1988 et 1992[18]. Le parc privé à bas loyer qui jouait un rôle de « parc social de fait » est passé de plus de 3 millions de logements en 1984 à 800 000 en 1996[19].

– le net ralentissement de la construction de logements sociaux : entre 1965 et 1975, on a construit en moyenne 117 000 logements HLM par an ; au cours des années quuatre-vingt ce nombre a été divisé par deux, avant de tomber à moins de 50 000 par an au début des années quatre-vingt-dix et revenir à près de 80 000 par an entre 1993 et 1996[20]. Deux facteurs se sont conjugués pour tarir en partie les sources de financement de la construction de tels logements : le désengagement de l'État et la désaffection relative à

14. Chiffres calculés à partir des données figurant dans « Le logement locatif de 1984 à 1992 », *INSEE Résultats*, n° 293-294, janvier 1994 ; « Le logement locatif de 1992 à 1996 », *INSEE Résultats*, Série consommation modes de vie, n° 93-94, octobre 1997 ; et des indices courants de hausse des prix sur cette même période.

15. *INSEE Première*, n° 517, avril 1997.

16. *Cf.* ministère du Logement, *Les Ménages et leur logement. Analyse des trois dernières Enquêtes Logement de l'INSEE*, Paris, 1993, p. 99.

17. *Cf.* chapitre 2, tableau 2.7. « La rentabilité totale des biens immobiliers (tenant compte des loyers perçus, des charges, des plus values et de la fiscalité) est de l'ordre de 4 % dans l'ancien et de 6 % dans le neuf. Dans tous les cas, à Paris comme en province, elle est inférieure au taux de rendement nominal des obligations d'État estimé, net d'impôts et de frais, à 7,6 %. » Claudie Louvot, « De la location à la propriété : le parc de logements se redistribue », *Économie et Statistique*, n° 251, février 1992, p. 22.

18. François Clanché, « La reprise du locatif privé », *Économie et Statistique*, n° 288-289, 8/9, 1995, p. 79

19. *INSEE Première*, n° 588, juin 1998.

20. *Données sociales 1993*, p. 44 ; *INSEE Première*, n° 313, mai 1994 ; et *INSEE Première*, n° 562, décembre 1997.

l'égard du livret A des épargnants alléchés par les perspectives de plus-values en Bourse ou par les placements de type FCP ou SICAV. Or *via* les Caisses d'épargne et la Caisse des dépôts et consignation, la construction des logements sociaux est en partie financée par les dépôts sur le livret A.

Conséquence de l'ensemble des facteurs précédents : alors que, en 1975, 514 500 logements étaient achevés (tous secteurs confondus), ce nombre n'a cessé de baisser au cours des dix années suivantes, tombant à 390 000 en 1980 puis à une moyenne de 240 000 par an de 1989 à 1992 avant de remonter très légèrement entre 1993 et 1996 : 270 000 par an en moyenne [21]. Certes les besoins en logement sont aujourd'hui moins importants que dans les années soixante ou même qu'au début des années soixante-dix, mais l'INSEE les avait estimés malgré tout à 362 000 logements nouveaux par an pour la période 1990-1995 et à 314 000 pour la période 1995-2000 [22]. Il y a donc bien une insuffisance de l'offre de logements neufs, qui risque encore de s'aggraver dans les années à venir....

Une inflexion de la politique des organismes HLM, qui se détournent de plus en plus de leur vocation sociale, accentue encore ces difficultés. Moyen d'accession à la propriété pour les cadres moyens et les employés, voire les ouvriers qualifiés, dans les années soixante [23], la location en HLM est aujourd'hui au contraire réservée à une population de plus en plus paupérisée, celle-là même qui est la plus menacée par le chômage et la précarité. Des situations d'impayés de loyers se multiplient en conséquence : 2,5 % en 1980, 15,3 % en 1989 selon l'Union nationale des fédérations des offices d'HLM [24]. Cette situation conduit les organismes HLM à réagir : sélection de plus en plus stricte de leurs locataires qui conduit au rejet de ceux qui présentent des risques d'insolvabilité, alignement sur les règles du marché entraînant une hausse des loyers sous prétexte de réhabilitation, incitation à l'accession à la propriété des occupants, etc. Entre l'équilibre

21. *Cf.* Henri Heugas-Darraspen, *Le Financement du logement en France*, Paris, La Documentation française, Notes et Études documentaires, n° 4 988, 1994, p. 174 ; et *INSEE Première*, n° 562, décembre 1997.
22. *Cf.* Joseph Niol, *op. cit.*, p. 48.
23. « En 1973, 41 % des ménages logés en HLM avaient un revenu inférieur au revenu médian de l'ensemble des ménages. Cette proportion passe à 48 % en 1978, 59 % en 1984 et 63 % en 1988. » *Cf. Données sociales 1993*, p. 439 ; *cf.* aussi Gérard Curci « Les HLM : une vocation sociale qui s'accentue » *in Économie et Statistique*, n° 206, janvier 1988.
24. Rapport Wrésinski *op. cit.*, p. 41 ; et *Les Équilibres financiers et les équilibres de gestion des offices d'HLM*, Union nationale des fédérations d'offices d'HLM et d'OPAC, Paris, 1992, p. 42.

financier et la vocation sociale de ces organismes, un choix a manifestement été opéré au détriment des plus pauvres...

Dans ces conditions, les allocations visant à solvabiliser la demande de logement (les « aides à la personne ») se sont révélées insuffisantes. Après prise en compte des aides, le part du loyer dans le budget des ménages pauvres, locataires HLM, est passée de 7 % en 1984 à près de 10 % en 1996, et pour leurs homologues du secteur privé de 23 % à 29 %[25]. De plus, les populations qui auraient souvent le plus besoin d'aides sont exclues de leur champ d'application. Résultat : la part des loyers dans le budget des locataires a fortement augmenté, ils représentent 71 % des dépenses courantes de logement en 1996 contre 61 % en 1984 ; et la part des dépenses courantes de logement (qui comprennent aussi les charges diverses et le chauffage) grève plus lourdement que par le passé le budget des ménages : elle est passée de 19,7 % en 1990 à 22,8 % en 1996[26].

Les aides au logement

Créée en 1948, l'allocation logement à caractère familial (ALF) peut être accordée aux couples mariés depuis moins de cinq ans, ayant chacun moins de 40 ans à la date du mariage (ou ayant à leur charge un parent âgé de plus de 65 ans ou un parent atteint d'une infirmité permanente et disposant de ressources modestes) ainsi qu'aux ménages ayant au moins un enfant à charge. Son montant dépend des ressources des bénéficiaires et de plusieurs éléments (montant du loyer ou somme versée pour l'accession à la propriété, taille du ménage, zone d'habitation, etc.). Elle a été complétée à partir de 1971 par une allocation de logement à caractère social (ALS), qui peut être accordée aux personnes âgées, aux infirmes et aux jeunes travailleurs salariés. Peuvent également prétendre à l'ALS depuis 1986 certaines catégories de chômeurs de longue durée et depuis 1989 les RMistes. Son montant est calculé selon le même mode que l'ALS, à quelques détails près. Ces deux allocations sont cependant souvent refusées aux familles qui en auraient le plus besoin : elles sont en effet conditionnées par le respect de normes de peuplement et de confort auxquelles ces familles ne peuvent pas toujours satisfaire du fait de leurs revenus modestes (ou insuffisants). Elles sont de même refusées aux jeunes qui n'ont jamais travaillé. Ainsi, *« dans le Val-de-Marne, par exemple, 34 % des foyers ayant*

25. *INSEE Première*, n° 588, juin 1998.
26. *INSEE Première*, n° 611, octobre 1998. et Laure Pitrou « 1984-1992 : alourdissement des loyers et des charges », *Économie et Statistique*, n° 288-289, 8/9, 1995, p. 61-76.

moins de 40 % du Smic par unité de consommation ne bénéficient pas de ces prestations[27] ». Et, comme les autres allocations sociales, lorsqu'elles sont accordées, elles ne sont pas suffisantes pour couvrir les besoins des allocataires ; ainsi, selon l'étude du Credoc déjà citée, entre 25 % et 33 % des allocataires « pauvres » (disposant de moins de la moitié du revenu moyen par unité de consommation) doivent consacrer au moins 40 % de leurs ressources à se loger. L'aide personnalisée au logement (Apl) est destinée aux locataires, aux accédants à la propriété ou aux propriétaires occupant une résidence construite, acquise ou améliorée avec des prêts aidés par l'État (Pap) ou prêts conventionnés (Pc). Elle est attribuée en fonction des revenus nets imposables du candidat, du nombre de personnes à sa charge, et du montant des charges de remboursement supportées. Mais le principe de l'Apl est souvent faussé : pour y avoir droit, il faut cumuler deux conditions qui sont souvent inconciliables, avoir des ressources limitées et un loyer ou des remboursements de prêt élevés.

■

Les conséquences

Les atteintes au droit au logement ont des conséquences dramatiques. L'exercice de ce droit fondamental conditionne en effet celui de toute une série d'autres droits : droit à la vie familiale, droit à la santé, droit à l'éducation et, en définitive, la possibilité de s'intégrer socialement. Dans les conditions de la vie sociale actuelle, une famille ne peut pas vivre normalement sans disposer d'un logement décent et *a fortiori* d'un logement tout court. D'autant que le recours au centre d'hébergement d'urgence conduit souvent à séparer le père de la mère et de ses enfants.

Au début du siècle, à Paris, alors que des milliers de personnes mouraient encore de la tuberculose, une étude avait établi que la fréquence de la maladie était fonction du quartier et de l'étage. Aujourd'hui encore, on enregistre des pathologies à caractère social directement liées aux conditions d'habitation : des cas de saturnisme (intoxication due à l'ingestion du plomb contenu dans des peintures de mauvaise qualité) ont été observés chez des enfants ; les épidémies de grippe, de diarrhées et de bronchiolite (dépression respiratoire du bébé) frappent en priorité les familles entassées[28]. Défendre le droit au logement et au logement de

---

27. Denise Bauer, Patrick Dubechot, Michel Legros, « Le logement, un des chemins de la précarité », *op. cit.*
28. Sur le saturnisme voir Christian Nicourt, Jean-Marc Girault, « Dans la ville, des écoliers... », *Les Annales de la recherche urbaine*, n° 75, juin 1997.

bonne qualité, c'est donc aussi défendre le droit à la santé et le droit à l'éducation. Comment un enfant peut-il suivre une scolarité normale sans des conditions d'hygiène minimales et sans des conditions propices à son épanouissement affectif et intellectuel qui impliquent un espace privé stable et défini ? Sur tous les plans, les enfants sont les principales victimes des atteintes au droit au logement.

Le logement est, avec l'emploi, une des conditions fondamentales de l'intégration sociale. La perte ou l'absence de logement fixe prive l'individu de la capacité de mener une vie sociale normale, et d'abord l'empêche de conserver ou de retrouver un emploi. Il se forme ainsi un véritable cercle vicieux de l'exclusion : due au chômage ou à la précarité, l'absence ou la perte de logement est aussi ce qui va rendre impossible l'accès à un nouvel emploi, voire tout simplement le maintien sur le marché du travail.

Propriétaire ou locataire ?

La répartition inégale de la propriété

Le nombre de personnes propriétaires de leur résidence principale ou d'accédants à la propriété a augmenté jusqu'en 1990. Leur proportion parmi les occupants des résidences principales est ainsi passée de 35,5 % en 1953 à 54,4 % en 1990. Depuis cette date, et pour la première fois dans l'après-guerre, leur part diminue et revient à 53,6 % en 1992, en raison d'une baisse sensible de la part des accédants, signe des difficultés croissantes à devenir propriétaire[29]. De 1992 à 1996, la part des ménages susceptibles de déménager et envisageant de devenir propriétaires, recule aussi de 43 % à 41 %[30].

Les professions indépendantes ont le pourcentage de propriétaires (de leur résidence principale) le plus élevé : c'est le cas des trois quarts des ménages d'agriculteurs exploitants et des deux tiers d'indépendants non agricoles. Cadres, professions intellectuelles supérieures et professions intermédiaires se situent sous les précédentes, mais sont proches de la moyenne de l'ensemble des ménages : plus d'un ménage sur deux y est propriétaire de son

29 INSEE, Enquêtes logement et *Tableaux de l'économie française 1997-1998*. *Cf.* aussi Thierry Lacroix, « Le recul de l'accession sociale », *Économie et Statistique*, n° 288-289, 8/9, 1995, p. 11-41.
30. *INSEE Première*, n° 563, janvier 1998.

logement. Les ménages d'ouvriers et d'employés ont le taux le plus faible. L'écart de dix points existant entre les ménages d'ouvriers et ceux d'employés s'explique en bonne partie par la part importante de femmes isolées parmi les employés (tableau 8.2). Les ouvriers, employés et surtout les chômeurs sont surreprésentés dans les HLM conventionnés. Les chômeurs habitent aussi fréquemment dans le secteur libre ancien. Les autres catégories se retrouvent dans des secteurs plus favorables : les indépendants non agricoles et surtout les retraités dans le secteur protégé par la loi de 1948, les cadres dans le secteur libre construit après 1948[31].

Tableau 8.2

Répartition (en %) des résidences principales selon le statut d'occupation et la catégorie socio-professionnelle

<table>
<tr><th rowspan="2"></th><th colspan="3">Propriétaire</th><th colspan="3">Locataire</th><th colspan="3">Autre statut</th></tr>
<tr><th>1982</th><th>1990</th><th>1992</th><th>1982</th><th>1990</th><th>1992</th><th>1982</th><th>1990</th><th>1992</th></tr>
<tr><td>Agriculteur exploitant</td><td>77,2</td><td>76,7</td><td>78,0</td><td>6,7</td><td>6,7</td><td>8,2</td><td>16,0</td><td>16,6</td><td>14,0</td></tr>
<tr><td>ACCE</td><td>64,8</td><td>66,1</td><td>66,4</td><td>30,5</td><td>29,4</td><td>28,2</td><td>4,7</td><td>4,5</td><td>5,4</td></tr>
<tr><td>Cadre</td><td>57,5</td><td>59,0</td><td>56,3</td><td>35,0</td><td>35,0</td><td>37,0</td><td>7,5</td><td>6,0</td><td>6,7</td></tr>
<tr><td>Profession intermédiaire</td><td>51,6</td><td>53,7</td><td>54,0</td><td>39,2</td><td>39,1</td><td>39,4</td><td>9,2</td><td>7,2</td><td>6,6</td></tr>
<tr><td>Employé</td><td>34,3</td><td>35,1</td><td>35,2</td><td>54,6</td><td>54,2</td><td>53,0</td><td>11,1</td><td>10,7</td><td>11,7</td></tr>
<tr><td>Ouvrier qualifié</td><td rowspan="2">41,5</td><td rowspan="2">45,3</td><td>48,1</td><td rowspan="2">51,6</td><td rowspan="2">48,8</td><td>47,2</td><td rowspan="2">6,9</td><td rowspan="2">5,9</td><td>4,8</td></tr>
<tr><td>Ouvrier non qualifié</td><td>32,4</td><td>58,6</td><td>9,1</td></tr>
<tr><td>Total</td><td>50,7</td><td>54,4</td><td>53,8</td><td>41,0</td><td>38,2</td><td>37,7</td><td>8,3</td><td>7,4</td><td>8,5</td></tr>
</table>

Source : INSEE, *Tableaux de l'économie française 1986*, p. 49 ; *INSEE Résultats*, n° 265-266, p. 138 ; *INSEE Résultats*, série Consommation modes de vie n° 72/73, mai 1995, p. 162. *Légende :* Propriétaire = propriétaires (y compris les accédants) ; Locataire = locataires d'un local loué vide ; Autre statut = locataires d'un local loué meublé, ménages logés par l'employeur ou logés gracieusement. ; ACCE = Artisan, commerçant, chef d'entreprise.

Les inégalités entre catégories sociales sont plus fortes en ce qui concerne la possession de résidences secondaires (tableau 8.3). Les ménages de cadre ou de profession libérale sont proportionnellement plus de trois fois plus nombreux que les ménages d'ouvrier à en disposer. Dans la mesure où la mise à disposition gratuite d'une résidence secondaire relève le plus souvent de relations familiales (secondairement amicales), on constate à nouveau combien l'accumulation patrimoniale dans le cadre familial contribue à accroître les inégalités sociales.

31. *INSEE Résultats*, série Consommation modes de vie, n° 93-93, octobre 1997, p. 97-102.

Tableau 8.3

Taux de possession (en %) en 1993 de résidences secondaires selon la catégorie socio-professionnelle

	Propriétaire	Locataire à l'année	Disposition gratuite	Total
Agriculteur exploitant	3,4	–	1,3	4,7
ACCE	12,7	0,1	5,5	18,3
Cadre	20,7	0,7	9,0	30,4
Profession intermédiaire	8,9	0,2	7,9	17,0
Employé	3,9	0,1	6,1	10,1
Ouvrier	4,2	0,4	4,2	8,8
Ensemble	8,6	0,3	4,6	13,5

Source : INSEE *Résultats*, Série Consommation modes de vie, n° 76, juillet 1995. *Légende :* ACCE = Artisan, commerçant, chef d'entreprise.

Mais est-il plus avantageux d'être propriétaire que locataire de sa résidence principale ? Et si oui, quels sont ces avantages ? Ceux-ci sont de trois types :

1. D'ordre pratique. Le statut de propriétaire permet davantage de choisir un logement correspondant aux nécessités et aux aspirations du ménage, de l'aménager selon ses goûts et ses convenances, en un mot de se l'approprier. Le logement dont on est propriétaire est, toutes choses égales par ailleurs, en général plus agréable que celui dont on est locataire. Ainsi, alors que seuls 4 % des logements dont les ménages sont propriétaires sont en état de surpeuplement [32], c'est le cas de 20 % de ceux dont les ménages sont locataires ; alors que les ménages propriétaires disposent en moyenne d'une surface habitable supérieure à 100 m², celle dont disposent les ménages locataires est en moyenne inférieure à 70 m² ; alors que près de 60 % des ménages propriétaires peuvent accueillir des amis dans une chambre à part, ce n'est le cas que de 30 % des ménages locataires [33]. Significativement, le pourcentage des propriétaires qui se déclarent satisfaits de la qualité de leur logement ou de son environnement est près de deux fois plus élevé que celui des locataires [34].

2. D'ordre financier. Si l'accédant à la propriété s'endette, parfois lourdement, il finit par en retirer un double bénéfice : d'une part, il se constitue un patrimoine immobilier qu'il pourra le cas

32. Pour la définition de ce terme, *cf. infra* le tableau 8.7.
33. INSEE *Résultats*, n° 26-27, 1989, p. 71, 76, 169.
34. INSEE *Première*, n° 343, septembre 1994

échéant revendre, même si les espoirs de plus-value peuvent se révéler illusoires ; d'autre part, il échappe, à terme, au prélèvement locatif en améliorant d'autant son revenu disponible, notamment au cours de sa retraite. C'est là d'ailleurs, semble-t-il, le mobile essentiel qui pousse à l'accession à la propriété [35].

3. D'ordre symbolique. L'avantage est lié au statut de propriétaire, que l'imaginaire d'une société fondée sur l'appropriation privative continue à valoriser. C'est pourquoi la propriété de la maison individuelle est plus prisée encore que celle d'un appartement en immeuble collectif : en elle se réalise totalement le rêve d'être chez soi, « dans ses murs », au milieu de quelques arpents de terre [36]. Il entre dans cet élément une part évidente de conformisme, avec ce que celui-ci implique d'aliénation de l'autonomie individuelle. Mais, précisément, la prégnance sociale du modèle du propriétaire ne peut qu'être source de satisfaction pour celui qui parvient à le réaliser, source d'insatisfaction dans le cas contraire.

Sans doute, le choix de rester sa vie durant locataire peut aussi être source de satisfactions, à condition toutefois qu'il s'agisse réellement d'un choix. Or l'inégalité majeure est peut-être précisément entre ceux à qui un tel choix est offert et ceux auxquels il est de toute manière refusé, condamnés qu'ils sont par la modicité ou l'insuffisance de leurs revenus à rester locataires leur vie durant.

Le coût inégal d'accession à la propriété

L'effort financier que doit consentir un ménage pour devenir propriétaire de son logement reste très inégal d'une catégorie sociale à l'autre ; et, de ce fait, les possibilités d'accession à la propriété demeurent elles-mêmes très inégales. C'est ce que met en évidence le tableau 8.4. Remarquons pour commencer (colonne du milieu) la disparité des taux d'apport personnel : autour d'un taux moyen de 50 %, ce sont, outre les inactifs non mentionnés dans ce tableau, les ménages de cadre, d'agriculteur exploitant, voire d'artisan et de commerçant qui disposent de l'apport personnel le plus élevé tandis que les ménages d'ouvrier doivent emprunter plus de 70 % du capital nécessaire à l'accession à la propriété.

En conséquence, le surcroît de dépense budgétaire qu'implique l'accès au statut de propriétaire par rapport à celui de

35. *INSEE Première*, n° 124, mars 1991.
36. Parmi les accédants récents, 74 % l'étaient en maison individuelle en 1978, 81 % en 1984, 76,9 % en 1988. *Cf.* ministère du Logement, *Les Ménages et leur logement*, p. 42.

locataire est lui-même très inégal entre les uns et les autres. Cette dépense va s'accroître faiblement pour les mieux placés socialement, de 30 % pour les cadres, de 40 % pour les chefs d'entreprise et professions libérales, de plus de 50 % pour les agriculteurs, artisans ou commerçants. Mais elle doublera pour les employés et sera même multipliée par près de 2,5 dans le cas des ouvriers non qualifiés. Pour un ménage d'ouvrier, accéder à la propriété signifie dépenser en moyenne plus de deux fois plus pour se loger ! On comprend que cela soit impossible pour beaucoup... ou risqué pour ceux qui franchissent le pas : parmi les ménages surendettés du fait des charges d'accession à la propriété plus de la moitié étaient des ménages d'ouvrier[37]. Sans doute ces rapports diminuent-ils pour toutes les catégories quand on compare les montants des remboursements mensuels par m² aux montants des loyers par m² : en effet, comme nous l'avons vu, les logements acquis en propriété sont souvent plus spacieux que ceux occupés sous contrat de location.

Tableau 8.4

Le coût du loyer et de l'accession à la propriété pour les différentes catégories sociales

	Loyer moyen net (F/an)	Loyer moyen net au m² (F/an)	Taux d'effort net (en %)	Taux d'apport personnel (en %)	Remb. moyen net (F/an)	Remb. moyen net au m² (F/an)	Taux d'effort net (en %)
Agriculteur	17 601	170	14,5	51,5	26 835	221	19,2
Ac	24 262	310	16,3	45,7	38 757	335	17,6
Ce et Pl	51 964	496	15,4	42,8	71 530	457	16,3
Cadre	38 328	476	14,8	51,2	49 454	422	15,7
Pi	22 370	320	14,0	42,5		333	16,5
Employé	15 952	246	15,1	41,0	31 796	329	19,1
Oq	14 612	206	11,8	28,6	30 170	300	18,8
Onq	11 056	169	10,8	28,6	26 204	271	18,7
Ensemble	18 225	267	14,3	48,9	35 089	329	17,0

Source : Enquête Logement 1992/93, INSEE *Résultats*, Série Consommation modes de vie, n° 77-78 décembre 1995, p. 44, 70,107. *Légende :* Remb. = Remboursement ; Le taux d'effort est le rapport du montant du loyer annuel (respectivement des remboursements annuels) au revenu annuel déclaré du ménage. Il est dit net, car il est tenu compte des éventuelles allocations de logement ou aides personnalisées dont le ménage peut bénéficier, que ce soit comme locataire ou comme accédant. Le taux d'apport personnel est calculé pour l'ensemble des ménages ayant acquis un logement entre 1988 et 1992. ; Ac = Artisan, commerçant ; Ce = Chef d'entreprise ; Pl = Profession libérale ; Pi = Profession intermédiaire ; Oq = Ouvrier qualifié ; Onq= Ouvrier non qualifié.

37. INSEE *Première,* n° 60, avril 1990.

Tableau 8.5

L'accession à la propriété selon les différentes tranches de revenus (par quartiles)

Tranches de revenu	Taux d'effort net (en %)	Indice d'accession (logements neufs)	Indice d'accession (emménagés récents)	Indice d'accession (ensemble)	Part dans l'ensemble des ménages
Moins de 76 000F	47,2	100	100	100	25 %
De 76 000F à 122 675 F	31,2	445	405	348	25 %
De 122 676 F à 187 283 F	26,3	1094	707	608	25 %
187 283 F et plus	19,2	1590	1102	926	25 %
Ensemble	22,3				

Source : Calculs effectués par nos soins à partir de données de l'Enquête Logement 1992, *INSEE Résultats*, Série Consommation modes de vie, n° 77-78 décembre 1995, p. 73-74. *Légende :* L'indice d'accession est calculé en rapportant la part des accédants de chaque quartile à son poids dans l'ensemble des ménages.

Ces moyennes par catégories cachent toutefois les disparités internes aux catégories. Le classement des ménages par tranches de revenu, par quartiles comme le fait le tableau 8.5, permet de montrer, sans surprise, que l'indice d'accession à la propriété varie de manière inversement proportionnelle au revenu du ménage, en étant de 10 à 16 plus élevé pour la tranche supérieure que pour la tranche inférieure. Si nous avions disposé de statistiques par déciles, voire par centiles, les écarts mis en évidence auraient été bien plus importants encore. De plus, les ménages les moins fortunés consacrent en moyenne près de 50 % de leur revenu disponible au remboursement des prêts d'accession, contre moins de 20 % pour le quart supérieur, ce qui implique une véritable ascèse tout en n'évitant pas à bon nombre d'entre eux de se retrouver en situation de surendettement.

Si l'ensemble des aides à l'accession à la propriété (prêts aidés et prêts conventionnés, à taux réduits, ouvrant par ailleurs droit à l'APL) diminue la charge financière de l'accession pour les ménages aux revenus les plus modestes, il laisse néanmoins subsister des inégalités en la matière : les accédants bénéficiant de ces aides doivent en moyenne consentir un effort plus important que ceux qui n'en bénéficient pas, l'écart pouvant aller du simple au double [38]. À ces inégalités quant au coût financier d'accession à la

38. Au titre de ces aides, il n'est pas tenu compte ici des réductions d'impôt sur le revenu dont bénéficient les accédants. En 1993, celles-ci sont estimées à 11,7 milliards de francs (*cf.* Henri Heugas-Darraspen, *op. cit.*, p. 71). Ces réductions créent une double inégalité. D'une part, entre accédants et locataires : à titre d'exemple, en 1994,

propriété doivent s'ajouter les inégalités quant aux coûts en termes de temps de travail consacré à achever la construction ou l'installation du logement, dont on devine qu'il est plus important chez les « manuels » que chez les « intellectuels », du fait de leurs aptitude et goût pour le bricolage, liés à leurs capacités professionnelles ou du fait de leurs moindres possibilités financières, qui trouvent ainsi à se compenser en partie.

Les inégalités quant à la possibilité d'accéder à la propriété de la résidence principale persistent donc. Elles ont même eu tendance à s'accroître ces dernières années, dans un contexte économique marqué à la fois par le ralentissement de la croissance, voire la baisse du revenu réel des ménages, par une hausse des taux d'intérêt réels et par la flambée spéculative des prix dans l'immobilier de la seconde moitié des années quatre-vingt au début des années quatre-vingt-dix au sein des grandes agglomérations : « *Le revenu moyen des accédants récents enquêtés en 1988 était de 116 % supérieur à celui des enquêtés de 1978, alors que la différence est de 145 % pour le prix moyen du logement. Force est de constater que, globalement, les conditions financières de l'accession se sont dégradées*[39]. » Ce qui n'a pu que renforcer encore les inégalités entre catégories sociales : « *Les ouvriers sont la catégorie socio-professionnelle dont les possibilités d'acquérir une résidence principale se sont les plus réduites (– 31 % de 1985-1988 à 1989-1992). À l'autre bout de l'échelle sociale, les cadres et les chefs d'entreprise ont maintenu constants leurs achats de logement pour occupation personnelle*[40]. » Ajoutons, signe manifeste de l'aggravation incontestable de la situation des ménages populaires, qu'en 1995 les ouvriers représentent à peine 14 % des acheteurs de logements neufs ou anciens parmi les acheteurs actifs identifiés contre plus de 26 % de cadres, soit, au regard de leur poids respectif dans la population active, un taux d'achat près de cinq fois plus élevé pour les seconds[41].

un ménage de deux enfants accédant récent à la propriété d'un logement neuf et ayant payé 30 000 F d'intérêts en 1993, n'aura pas eu à acquitter d'impôt sur un revenu mensuel imposable de 10 000 F ; s'il avait été locataire, toutes choses égales par ailleurs, il aurait acquitté 6 516 F au titre de ce même impôt. Avec un revenu mensuel imposable de 20 000 F, le premier couple n'aura acquitté que 24 810 F d'impôt tandis que celui-ci se sera monté à 33 435 F d'impôt pour le second couple. D'autre part, ces mêmes réductions d'impôt introduisent des inégalités entre les accédants eux-mêmes : limitées aux cinq premières années de remboursement, elles favorisent les accédants qui peuvent rembourser leur emprunt rapidement, donc qui sont capables d'emprunter peu ou de rembourser beaucoup, l'un et l'autre supposant en général des revenus élevés.

39. *Cf.* ministère du Logement, *Les Ménages et leur logement, op. cit.*, p. 49.

40. *Insee Première*, n° 313, mai 1994.

41. *Ses Infos rapides*, ministère de l'Équipement, n° 20, juillet 1997.

Le sens de la propriété

Cependant les possibilités financières inégales d'accession à la propriété n'expliquent pas tout. Comme pour les autres dépenses, celles destinées au logement font intervenir des normes de consommation différentes d'une catégorie à l'autre, qui créent autant de propensions inégales à l'accession à la propriété. C'est ce que soulignent Pierre Bourdieu et Monique de Saint-Martin : « *Les chances d'accéder à la propriété de son logement dépendent du volume du capital possédé, qui intervient sans doute au titre de condition permissive. Mais la propension à acheter son logement plutôt qu'à le louer semble dépendre surtout de la structure du capital, c'est-à-dire du poids relatif du capital économique et du capital culturel qui est le principe de la constitution du système de préférences*[42]. »

Au-dessous d'un seuil de revenu annuel (de l'ordre de 80 000 F en 1984), le taux de propriétaires ne varie pratiquement pas ; en revanche, au-dessus de ce seuil, ce taux s'accroît régulièrement avec le revenu du ménage. « *Tout se passe comme si un volume minimum de capital économique était nécessaire pour former le projet de devenir propriétaire ou comme si, en dessous d'un certain seuil, on n'osait pas envisager l'achat d'un logement*[43]. » Cependant, une fois ce seuil franchi, à niveau de revenu égal, le taux de propriétaires varie fortement d'une catégorie sociale à l'autre : « *C'est parmi les catégories qui sont sensiblement plus riches en capital économique qu'en capital culturel et qui dépendent principalement du capital économique pour leur reproduction, que les proportions de propriétaires sont les plus élevées (...). À l'inverse, la part de propriétaires est nettement plus faible dans les catégories à fort capital culturel*[44]. » Autrement dit, à revenu égal, les chefs d'entreprise sont plus souvent propriétaires que les cadres et professions intellectuelles supérieures, les professions libérales occupant une position intermédiaire, plus proche cependant des premiers que des seconds. De même, au milieu de la hiérarchie sociale, toujours à niveau de revenu égal, le pourcentage de propriétaires est plus élevé parmi les agriculteurs, les artisans et les commerçants que parmi les membres des professions intermédiaires.

42. « Le sens de la propriété » *in Actes de la recherche en sciences sociales*, n° 81-82, mars 1990, p. 56-57.
43. *Id.*, p. 57.
44. *Id.*, p. 57-58.

On retrouve, avec l'exemple du logement, hautement symbolique de l'attachement à la propriété, la propension particulière à accumuler des catégories possédantes, que nous avions déjà relevée en étudiant les inégalités face à la consommation. « *Tout permet de supposer que le fait que ces catégories à très forte hérédité professionnelle dépendent très fortement de l'héritage économique pour leur reproduction les prédispose à penser le logement comme élément de patrimoine transmissible et à en faire le placement de père de famille par excellence (et aussi, pour certains, un véritablement placement spéculatif)*[45]. » Les catégories à fort capital culturel (cadres et professions intellectuelles supérieures) « investiront » en priorité dans l'éducation et la formation scolaire de leurs enfants. Ainsi, les contraintes objectives de reproduction des différentes catégories s'expriment bien dans des normes de consommation différentes et s'intériorisent sous la forme de dispositions subjectives (goûts, préférences) différentes. C'est par ce double biais que les inégalités entre catégories sociales se reproduisent d'une génération à l'autre.

Il y a logement et... logement

Appréhender en termes quantitatifs la qualité du logement et les inégalités auxquelles elle peut donner lieu est difficile. La valeur attribuée au logement n'en fournit qu'un indicateur synthétique grossier. Il fait apparaître que les cadres occupent en moyenne des logements chers mais non pas les plus spacieux, les agriculteurs les logements les moins chers mais non pas les moins spacieux (*cf.* tableau 8.6).

Les données disponibles sur les « caractéristiques physiques » des logements proviennent pour l'essentiel des recensements successifs de la population et des différentes enquêtes (Enquêtes Logement, Enquêtes Biens durables-Ameublement) auxquelles procède l'INSEE. Elles fournissent des indicateurs de peuplement, des éléments descriptifs quant à la surface du logement, la présence d'un certain nombre d'éléments de confort, l'équipement du ménage en matériel électroménager ; enfin elles rendent compte de l'opinion des occupants sur leurs conditions de logement. L'ensemble ne constitue cependant qu'une approche imparfaite de la qualité du logement.

45. *Id.*, p. 58, note 11.

Tableau 8.6

Valeur moyenne des résidences principales selon la catégorie socio-professionnelle

<table>
<tr><th rowspan="2"></th><th colspan="3">Valeur moyenne des résidences principales en 1984</th><th colspan="3">Valeur des logements acquis récemment (1992)</th></tr>
<tr><th>Valeur en F</th><th>Surface en m²</th><th>Valeur au m²</th><th>neuf</th><th>ancien</th><th>ensemble</th></tr>
<tr><td>Agriculteur exploitant</td><td>329 100</td><td>105</td><td>3 130</td><td>744 900</td><td>488 300</td><td>559 200</td></tr>
<tr><td>Artisan, commerçant</td><td>406 600</td><td>95</td><td>4 280</td><td>723 600</td><td>645 800</td><td>669 400</td></tr>
<tr><td>Industriel, prof. libérale</td><td>682 700</td><td>131</td><td>5 210</td><td>1 207 000</td><td>1 175 800</td><td>1 186 000</td></tr>
<tr><td>Cadre</td><td>565 600</td><td>103</td><td>5 490</td><td>1 083 000</td><td>942 100</td><td>980 500</td></tr>
<tr><td>Profession intermédiaire</td><td>426 000</td><td>89</td><td>4 790</td><td>726 700</td><td>558 900</td><td>612 100</td></tr>
<tr><td>Employé</td><td>337 700</td><td>72</td><td>4 690</td><td>660 300</td><td>479 700</td><td>540 900</td></tr>
<tr><td>Ouvrier qualifié</td><td>335 500</td><td>80</td><td>4 190</td><td rowspan="2">545 200</td><td rowspan="2">380 000</td><td rowspan="2">443 300</td></tr>
<tr><td>Autres ouvriers</td><td>280 100</td><td>73</td><td>3 840</td></tr>
</table>

Source : Enquête Logement 1984, *in Économie et Statistique*, n° 202, septembre 1987, p. 50 ; Enquête Logement 92/93, *INSEE Résultats*, Série consommation modes de vie, n° 77-78, décembre 1995, p. 43-44.

L'indice de peuplement

La surface moyenne des résidences principales n'a cessé de s'accroître : de 68 m² en 1970 à 86 m² en 1992. Cependant un important écart persiste entre l'habitat individuel et l'habitat collectif : dans le premier cas, les résidences achevées après 1981 atteignent en moyenne 107 m², dans le second 69 m² seulement [46]. Simultanément, le nombre moyen de personnes par logement s'est réduit, sous l'effet de différents facteurs : diminution du nombre moyen d'enfants par famille, cohabitation moins fréquente des couples avec leurs ascendants, prolongation du célibat, montée du divorce. Conséquence : entre 1963 et 1992, le nombre moyen de personnes a eu tendance à diminuer par logement (de 3,19 à 2,54) et plus encore par pièce (de 0,99 à 0,64), soit une diminution d'un tiers. La surface disponible en moyenne par personne a ainsi pu passer de 22 m² en 1970 à 34 m² en 1992 [47].

Dans ces conditions, le surpeuplement des logements (tableau 8.7) a décliné : il affecte 23,9 % des résidences principales

46. *INSEE Première*, n° 456, mai 1996 ; et *Données sociales 1993*, p. 416.
47. *Données sociales 1993*, p. 417.

en 1970, 10,9 % en 1992[48]. Le recul du surpeuplement est cependant démenti pour les moins de 30 ans, notamment ceux d'origine populaire, qui enregistrent au contraire une dégradation de leur situation depuis le début des années quatre-vingt-dix[49]. Le surpeuplement est très inégalement réparti selon les catégories sociales. Son taux varie presque du simple au triple entre les ménages d'indépendant non agricole ou de cadre (7,5 %) et les ménages d'ouvrier non qualifié (20,2 %). Ces derniers apparaissent comme les ménages souffrant le plus de l'exiguïté de leur logement. À l'inverse, les premiers sont plus de sept fois sur dix en situation de sous-peuplement, alors que c'est le cas seulement pour un ménage sur deux d'ouvrier et d'employé. Mais, une fois de plus, l'INSEE regroupe dans une même catégorie l'ensemble des professions indépendantes non agricoles, ce qui conduit bien évidemment à masquer les disparités existant entre le modeste artisan et le chef d'une grande entreprise, entre le petit commerçant et le notaire ou l'avocat d'affaires, ainsi que les écarts entre ces catégories et les autres.

Tableau 8.7

L'indice de peuplement des résidences principales selon la catégorie socio-professionnelle en 1992

	Sous-peuplement		Peuplement normal	Surpeuplement	
	Accentué	Modéré		Modéré	Accentué
Agriculteur exploitant	57,0	26,1	12,8	3,3	0,8
Indépendant non agricole	49,9	23,4	19,2	6,3	1,2
Cadre	35,3	25,5	21,7	7,0	0,5
Profession intermédiaire	37,8	28,6	24,9	7,9	0,7
Employé	23,3	27,8	32,2	14,8	1,9
Ouvrier qualifié	28,5	30,3	28,7	9,8	2,5
Ouvrier non qualifié	22,0	25,7	32,1	16,0	4,2
Ensemble	39,6	26,7	22,8	9,6	1,3

Source : Enquête Logement 92/93, *INSEE Résultats*, Série consommation modes de vie, n° 77-78, décembre 1995, p. 188. *Légende :* La norme d'occupation d'un logement est calculée de la manière suivante : une pièce pour l'ensemble du ménage ; une pièce pour chaque couple vivant dans le logement ; une pièce pour chaque personne mariée, veuve ou divorcée, dont le conjoint n'habite pas le logement ; une pièce pour toute personne célibataire de plus de 18 ans ; une pièce par groupe de deux enfants de 7 à 18 ans, à condition qu'ils soient de même sexe, sinon une pièce pour chaque enfant ; une pièce par groupe de deux enfants de moins de 7 ans ; une pièce pour l'ensemble des salariés logés par le ménage. Par rapport à cette norme, il y a sous-peuplement modéré s'il y a une pièce en plus et sous-peuplement accentué s'il y a au moins deux pièces en plus ; inversement, il y a surpeuplement modéré s'il manque une pièce et surpeuplement accentué s'il en manque deux ou plus.

48. *INSEE Résultats*, n° 171-172, mars 1992, p. 16 et tableau 8.7.
49. Louis Chauvel, « Les progrès inégaux du logement », *Revue de l'OFCE*, n° 65, avril 1998, p. 345-356.

Le surpeuplement est un facteur supplémentaire de dégradation des conditions de vie qui touche en premier lieu, une fois encore, les enfants. « *La moitié des 2 900 000 enfants dépourvus d'un espace privatif "normal" ont un père ouvrier*[50]. » Ils sont alors privés de la pièce où ils peuvent s'isoler pour jouer, et surtout pour étudier dès lors qu'ils sont scolarisés. On trouve là une des raisons de leur moindre taux de réussite scolaire. Secondairement, en l'absence de chambre d'amis, ce sont aussi les parents et amis qui font les frais du surpeuplement éventuel.

Le degré de confort

Des conclusions analogues s'imposent quant au degré de confort des logements. Celui-ci n'a cessé de s'améliorer en moyenne depuis la fin de la Seconde Guerre mondiale et plus particulièrement au cours de ces trente dernières années. Entre 1970 et 1992, le taux de résidences principales possédant tout le confort est passé de 34,3 % à 79,8 %[51].

De ce point de vue, les agriculteurs exploitants sont, de loin, les moins bien logés : 60 % des agriculteurs disposent de tout le confort, tandis que 13,2 % d'entre eux continuent à vivre dans un logement réputé inconfortable voire très inconfortable, c'est-à-dire dépourvu de l'un au moins de ces quatre éléments de confort que sont l'eau courante, les W-C intérieurs, une baignoire ou une douche et le chauffage central. Mais les écarts restent également significatifs entre les cadres supérieurs et les ouvriers non qualifiés : parmi les premiers, plus de neuf ménages sur dix disposent de tout le confort, alors que ce n'est le cas que de moins de trois ménages sur quatre parmi les seconds (tableau 8.8). Par ailleurs, moins de 1 % des cadres manque de salle de bains ou de W-C contre 8,8 % des ouvriers non qualifiés. Inversement plus de 20 % des cadres ou des indépendants non agricoles disposent de plus d'un W-C *et* de plus d'une salle de bains contre 3 % seulement des ouvriers et des employés[52]. Au total les agriculteurs et les ouvriers sont nettement surreprésentés parmi les mal logés (55 %), tandis que les cadres sont très nettement sous-représentés (moins de 2 %). L'examen des niveaux de revenu par décile montre que le manque de confort est étroitement corrélé avec la faiblesse du

---

50. *Données sociales 1993*, p. 420-421.
51. Enquête Logement 1992/93, *INSEE Résultats*, série Consommation modes de vie, n° 72-73, mai 1995, p. 186.
52. *Id.*, p. 99.

revenu : plus de la moitié des ménages sans W-C ou sans douche appartiennent aux 20 % des ménages les plus modestes[53].

L'inconfort et la situation à l'égard du marché de l'emploi sont également liés. Mais c'est exclusivement le bas niveau de revenu des chômeurs et des précaires qui explique ce lien[54]. Rappelons ici les résultats de l'enquête effectuée dans le Grand Lyon auprès d'allocataires disposant de revenus proches du RMI, très majoritairement chômeurs ou précaires. Parmi ceux disposant d'un logement dans le parc locatif privé, 10 % n'ont pas accès aux normes sanitaires minimales. Par ailleurs, l'ensemble d'entre eux est souvent en situation de surpeuplement, dont 20 % environ en surpeuplement accentué selon les normes INSEE.

Tableau 8.8

Degré de confort des résidences principales selon la catégorie socio-professionnelle de la personne en 1992

	Très inconfortable	Inconfortable	Confortable	Tout confort
Agriculteur exploitant	7,4	5,8	26,1	60,7
Indépendant non agricole	0,7	1,7	12,5	85,1
Cadre	0,2	0,4	7,1	92,3
Profession intermédiaire	0,5	0,8	9,0	89,6
Employé	1,6	1,7	12,0	84,7
Ouvrier qualifié	2,0	2,1	15,7	80,3
Ouvrier non qualifié	4,1	4,1	19,7	72,1
Ensemble	3,0	3,2	14,0	79,8

Source : Enquête Logement 1992/93, *INSEE Résultats*, Série Consommation modes de vie, n° 72-73, mai 1995, p. 186. *Légende :* Sont réputés disposer de tout le confort les logements pourvus à la fois d'eau courante, de W-C intérieurs, d'une baignoire ou d'une douche et du chauffage central. Un logement simplement confortable dispose de ces mêmes équipements, à l'exception du chauffage central. Inversement, un logement inconfortable dispose d'eau courante, de W-C intérieurs sans installation sanitaire, ou bien d'une installation sanitaire sans W-C intérieurs. Quant à un logement très inconfortable, il ne dispose au mieux que de l'eau courante.

L'équipement du logement

La qualité d'un logement dépend aussi de son équipement, notamment électroménager. Certains équipements se sont banalisés, tels la télévision couleur, le lave-linge ou le réfrigérateur. D'autres reflètent des écarts parfois importants entre catégories sociales, qui s'expliquent, comme nous l'avons vu au chapitre 6, à la fois par les inégalités de revenus et par les différences de

53. Enquête logement 1992. INSEE, *Économie et Statistique*, n° 288-289, 8/9, 1995, p. 96.
54. *Économie et Statistique*, n° 288-289, 8/9, 1995, p. 96.

mode de vie (tableau 8.9). Dans le cas des biens relativement récents comme le four à micro-ondes, le sèche-linge ou le micro-ordinateur, les ménages de cadre et de profession libérale font office de pionniers : ils jouent le même rôle moteur dans la diffusion de ces biens qu'on leur a vu jouer à l'égard d'autres biens aujourd'hui banalisés tels l'automobile, le téléphone ou la télévision. Le four à micro-ondes et le sèche-linge sont promis à une large diffusion : en six ans les ouvriers et les employés ont rattrapé l'essentiel de leur retard sur les cadres pour le premier de ces deux équipements. Mais ce n'est pas nécessairement le cas du micro-ordinateur : l'avance des ménages de cadre et profession libérale correspond aussi dans ce cas au privilège qu'ils accordent à la consommation culturelle en général.

Le cas du lave-vaisselle est plus complexe : presque deux ménages sur trois de cadre et de profession libérale en sont pourvus et c'est le cas de moins d'un ménage sur trois parmi les employés et les ouvriers. Mais les taux d'équipement restent stables. Ceci est certainement lié au fait que les femmes continuent à être chargées de la vaisselle, entre autres tâches domestiques, notamment dans les catégories où elles exercent le plus souvent une activité professionnelle : employé et ouvrier.

Tableau 8.9

Taux d'équipement des ménages en appareils électroménagers selon la catégorie socio-professionnelle en 1996

(en % des ménages)

	Combiné*	Congélateur*	Sèche-linge	Lave-vaisselle	Micro-onde	Micro-ordinateur
Agriculteur	23,0	84,7	28,7	49,3	36,3	1,8
ACCE	47,0	58,6	41,6	61,1	63,1	7,6
Cadre	60,2	44,4	41,7	60,2	64,9	31,8
Profession intermédiaire	52,6	47,7	32,5	43,8	59,7	23,6
Employé	47,0	38,9	22,9	28,0	50,4	12,7
Ouvrier	47,5	53,0	24,7	25,0	47,6	12,1
Moyenne	44,9	46,9	23,9	34,9	47,3	15,6

Source : INSEE, *Tableaux de l'économie française 1995-1996 et 1997-1998. Légende :* * : données 1994 ; ACCE : Artisan, commerçant, chef d'entreprise.

Dernier cas éclairant : le congélateur. Si les ménages d'ouvrier sont plus équipés que les ménages de cadre supérieur et de profession libérale, cela s'explique par la différence d'environnement (plus rural ou périurbain pour les premiers que pour les seconds) et d'activités domestiques en liaison avec l'environnement : le congélateur est indispensable à la conservation d'aliments produits par le jardinage ou le petit élevage. Pour preuve, c'est chez les agriculteurs qu'il est de loin le plus diffusé. Les cadres supérieurs et professions libérales, et dans une moindre mesure les cadres moyens, lui préfèrent le combiné (réfrigérateur avec compartiment de congélation), plus facile à loger.

Signalons enfin que l'enquête « Situations défavorisées » de l'INSEE a aussi permis de vérifier que *« la privation de biens d'équipement augmente selon le degré de précarité professionnelle*[55] *»*.

Les indices et critères retenus ici pour juger de la qualité des logements sont très restrictifs. Ils ne satisfont plus entièrement à l'idée que l'on se fait d'un logement de qualité. *« Les critères de confort et de peuplement, qui correspondent à une approche de type essentiellement "hygiéniste", ne sont plus adaptés aux exigences actuelles. Ils ne tiennent compte ni de l'insonorisation, ni des économies d'énergie, ni de l'entretien des parties communes et des espaces extérieurs, plus généralement de l'environnement du logement, tous facteurs qui prennent une importance accrue*[56]. *»* Ainsi 20 % des ménages subissent-ils fréquemment des bruits la nuit, 37 % le jour ; mais ces taux montent à 28 % et plus de 45 % dans les quartiers populaires à habitat collectif[57].

Les inégalités socio-spatiales

Les localisations différentielles des logements dans l'espace peuvent être sources d'autres types d'inégalités, sur lesquelles les données statistiques disponibles ne nous donnent qu'une vue partielle. On se heurte ici directement à la difficulté, voire à l'impossibilité, de traduire en termes quantitatifs la qualité d'un logement et de son espace environnant. Comment par exemple rendre compte, en ces termes, de la qualité d'un paysage ou d'une vue, de l'étendue et de la diversité de l'espace public disponible, de la variété et de la complexité (à l'inverse de la pauvreté) des parcours qu'il offre, de la fréquence plus ou moins grande des rencontres qu'il rend possible, de la richesse ou de la pauvreté de la

55. *Id.*, p. 66.
56. Patrice Lanco, *op. cit.*, p. 5.
57. *INSEE Résultats,* n° 72-73, *op. cit.*, p. 105-106.

monumentalité qui scande cet espace, etc.? Les quelques données disponibles se limitent donc à ce qui est mesurable en la matière.

La localisation dans l'espace

L'examen de la distance entre le logement et le lieu de travail de la personne de référence du ménage permet de montrer l'évolution récente et les principales disparités en ce domaine. Le pourcentage des actifs qui travaillent hors de leur commune de résidence augmente régulièrement : de 45 % en 1975, il est passé à 56 % en 1990 ; et, simultanément, la distance moyenne parcourue par ces « migrants alternatifs » s'est allongée : de 7,4 km en 1975, elle est passé à 14 km en 1990. Soixante-quinze pour cent de ces migrants parcouraient cependant moins de 17 km par jour en 1990, et la moitié moins de 9 km[58]. Autre indicateur : la distance moyenne par personne parcourue par jour de semaine, tous déplacements confondus, est passée de 17,5 km en 1981-1982 à 22,8 km en 1993-1994[59]. La non-coïncidence entre lieu de travail et lieu de résidence explique l'augmentation de ces indicateurs qui se traduit aussi par une pollution urbaine de plus en plus forte. Les contraintes qui pèsent sur le marché de l'emploi comme sur celui du logement sont lourdes, et les arbitrages difficiles à opérer[60].

Les indépendants, agriculteurs (5 %), artisans (18 %), commerçants (26 %) et professions libérales (35 %) sont les moins concernés par les « déplacements alternatifs » ; bon nombre d'entre eux résident sur leur lieu de travail ou du moins logent dans la commune où ils exercent leur profession. Le pourcentage des salariés qui se déplacent est en revanche toujours plus élevé. Parmi eux, ce sont les techniciens (76 %), les cadres d'entreprise (73 %) et les agents de maîtrise (71 %) qui sont le plus souvent obligés de quitter leur commune pour se rendre sur leur lieu de travail. Les indépendants parcourent en moyenne des distances inférieures à celles parcourues par les salariés. Cependant, parmi les salariés, les disparités en termes de distance sont plus grandes qu'en termes de fréquence de déplacement : les cadres et professions intermé-

58. *Données sociales 1987*, p. 288-291 ; *INSEE Première*, n° 202, juin 1992. Les distances réellement parcourues sont plus importantes : d'une part, les distances retenues ici sont calculées à vol d'oiseau ; d'autre part, on ne tient pas compte des déplacements à l'intérieur d'une même agglomération, fût-elle de la taille de Paris.
59. Denise Pumain, Francis Godard (coord.), *Données urbaines*, Paris, Anthropos, coll. « Villes », 1996, p. 190.
60. Brigitte Baccaïni, « Les navettes des périurbains d'Île-de-France », *Population*, n° 2, mars-avril 1997, p. 325 et suivantes ; « L'évolution récente des navettes en Île-de-France », *L'Espace géographique*, 1, 1996, p. 37-52.

diaires se déplacent en moyenne plus loin que les ouvriers et employés[61].

Les équipements collectifs sont, de même, inégalement répartis sur l'ensemble du territoire : « *Le rural profond est mieux équipé que le rural sous influence urbaine, car il doit se suffire à lui-même ; en revanche, il est plus éloigné des équipements qu'il ne possède pas. Les banlieues, à quelques exceptions près (supermarchés, crèches, piscines), sont moins équipées que les centres*[62]. » Inversement le suréquipement touche exclusivement les espaces résidentiels aisés[63]. Constat similaire pour certains services publics ; par exemple, un grand nombre de communes rurales ne disposent pas d'école maternelle ou ne peuvent scolariser les enfants qu'à partir de quatre ans ; ce qui explique notamment la différence de taux de scolarisation entre la ville et la campagne.

Les différentes catégories de la population se répartissent elles-mêmes inégalement sur le territoire, comme le montre le tableau 8.10 : alors que plus de deux ménages de cadre sur trois habitent une ville de plus de 100 000 habitants, ce n'est même pas le cas d'un ménage d'ouvrier non qualifié sur trois ; inversement, ces derniers sont proportionnellement plus de deux fois plus nombreux que les premiers dans les communes rurales. Le monde rural comporte également une importante population d'artisans et de commerçants. L'espace français se structure en effet autour de deux pôles : d'une part, « *une proximité spatiale entre la population agricole, les artisans et petits commerçants, les retraités (particulièrement les anciens ouvriers) et les ouvriers non qualifiés* » et d'autre part « *en opposition à toutes les catégories précédentes, une proximité entre les cadres, techniciens, professions intermédiaires des entreprises et de la fonction publique, contremaîtres, employés et ouvriers qualifiés* ». Tandis que le premier groupe de catégories se concentre plutôt dans les zones de l'espace à prédominance rurale, le second groupe est nettement plus urbanisé : « *On pourrait définir l'opposition entre le rural et l'urbain comme ce qui résulte de la séparation dans l'espace entre le monde des petits indépendants (agricoles ou non) et celui des salariés – voire des salariés à l'exclusion des ouvriers non qualifiés*[64]. »

61. Pour toutes ces indications, *cf.* INSEE *Première*, n° 202, juin 1992.
62. Maryse Marpsat, « Dis-moi où tu habites, je te dirai qui tu es » *in Économie et statistique*, n° 211, juin 1988, p. 59.
63. *Données urbaines*, 1996, *op. cit.*, p. 101.
64. Nicole Tabard, « Espace et classes sociales », *Données sociales 1987*, p. 311.

Tableau 8.10

Répartition (en %) de quelques catégories sociales par type de commune en 1992-1993

	Moins de 2 000 h	Entre 2 000 h et 20 000 h	Entre 20 000 h et 100 000 h	Plus de 100 000 (sauf Paris)	Agglom. parisienne	Ensemble
Agriculteur exploitant	81,2	10,6	4,1	3,5	0,9	100
Indépendant non agricole	27,4	16,5	11,6	27,6	16,9	100
Cadre	11,4	10,3	10,6	30,5	37,2	100
Profession intermédiaire	18,5	15,1	12,9	31,5	22,0	100
Employé	14,0	14,1	16,2	34,3	21,3	100
Ouvrier qualifié	26,0	18,6	14,2	27,4	13,8	100
Ouvrier non qualifié	28,7	20,5	18,1	22,8	9,9	100
Ensemble	24,1	15,8	13,6	29,0	17,5	100

Source : Calculs effectués par nos soins à partir des données de l'enquête logement 1992, *INSEE Résultats*, série consommation modes de vie, n° 72-73, mai 1995, p. 161-162.

Par rapport aux habitants des zones urbaines, les habitants des zones rurales ont un moindre accès aux équipements collectifs et aux services publics. Par exemple, la surconsommation de spectacles ou de loisirs culturels qui caractérise les ménages de cadre supérieur et de profession libérale s'explique aussi par la proximité spatiale des équipements qui sont le siège de ces spectacles et loisirs, très largement concentrés à proximité des grands centres urbains[65]. Une remarque analogue peut être faite sur la surreprésentation des enfants issus de ces mêmes ménages dans les meilleurs lycées de Paris et de province, les classes préparatoires et les grandes écoles. Dans les deux cas, proximité spatiale et distance sociale conjuguent leurs effets pour intégrer les uns à la culture officielle et pour en écarter les autres.

Le même phénomène se produit au sein des grandes agglomérations urbaines. Par exemple dans l'agglomération parisienne les quelque soixante communes de la première couronne sont relativement bien équipées, quelle que soit la composition sociale de leur population. Mais *« dans la plus grande partie de la région*

65. Françoise Lucchini, « Équipement culturels des villes françaises », *in* Denise Pumain et Marie-Flore Mattei, *Données urbaines 2,* Paris, Anthropos, 1998, p. 113-126..

parisienne, c'est au contraire la ségrégation sociale qui est la règle : les quartiers ou communes les mieux équipés ont une population où dominent la bourgeoisie et les classes intellectuelles supérieures et moyennes, et la classe ouvrière est fortement majoritaire dans les zones les plus mal équipées[66] ».

Rappelons-nous de la remarque que nous faisions en introduction au chapitre 4 : tout bilan global de la redistribution des revenus qui s'opère par le biais des finances publiques devrait tenir compte de l'accès inégal des différentes catégories aux équipements collectifs et aux services publics. Nous saisissons ici un des facteurs d'inégalité au sein de cet accès : l'inégale répartition de ces équipements et services sur l'ensemble du territoire. Une étude complète devrait aussi tenir compte d'autres facteurs, tels que les compétences inégales dans l'utilisation de ces équipements et services, liées aux inégalités de formation scolaire et de patrimoine culturel, entraînant une moindre capacité à se les approprier.

Des « beaux... quartiers » aux « quartiers »

C'est un truisme de noter que le lieu de résidence des ménages n'est pas indépendant de leur place dans la hiérarchie sociale : dans la division du travail, dans la distribution des revenus, dans la répartition des patrimoines, etc. Différents facteurs se conjuguent, parmi lesquels les principaux sont l'histoire de l'espace considéré, l'implantation des lieux d'activité et des équipements collectifs, les disparités de coût du logement (disparités des loyers et/ou disparités des prix des logements), les politiques spatiales (politiques du logement, plans d'urbanisme, schémas d'aménagement du territoire) ; mais aussi les pratiques discriminatoires de certains bailleurs, privés ou publics, et les stratégies d'appropriation matérielle et symbolique de l'espace social des différentes catégories sociales (pour celles du moins qui sont capables d'élaborer et de poursuivre une telle stratégie). Le résultat global en est une ségrégation relative des groupes sociaux, chacun tendant à se retrouver dans des espaces qui lui sont réservés ou dans lesquels il est du moins dominant. Cette ségrégation sociale des populations urbaine et périurbaine s'accentue, notamment dans la région

66. Monique Pinçon-Charlot Edmond Preteceille, Paul Rendu, *Ségrégation sociale. Classes sociales et équipements collectifs en région parisienne*, Paris, Anthropos, 1986, cité par Edmond Preteceille, « La ségrégation sociale dans les grandes villes », *Problèmes politiques et sociaux*, n° 684, juillet 1992, p. 25.

parisienne : « les catégories sociales privilégiées accroissent leur poids dans les secteurs où elles sont déjà fortement représentées, alors que les catégories modestes s'installent le plus souvent dans les secteurs où elles sont déjà majoritaires [67] ».

Ségrégation relative, car le statut socio-professionnel et les variables qu'il commande (niveau de revenu, importance et structure du patrimoine, norme de consommation, etc.) ne sont pas les seuls déterminants de l'occupation de l'espace. D'autres facteurs entrent en ligne de compte, dont la structure du ménage et la position des personnes de référence dans le cycle de vie (les deux étant en partie liées). Ainsi une étude récente a-t-elle permis de mettre en évidence que, contrairement à Paris, dans la plupart des grandes villes de province la périphérie est plus riche que le centre. « Contrairement à une idée largement répandue, les banlieues ne sont pas, dans l'ensemble, des zones pauvres entourant un centre riche. En général, c'est exactement le contraire : des banlieues plutôt riches entourent un centre plutôt pauvre [68] ».

La région parisienne offre une typologie de vingt-deux types de communes ou de quartiers différenciés par la ou les catégories socio-professionnelles qui y sont prédominantes [69]. La spécialisation sociale des espaces est d'autant plus accentuée que ceux-ci sont dominés par les catégories supérieures. Autrement dit, les « espaces bourgeois » (ceux où sont majoritaires les chefs d'entreprise, les cadres et les professions intellectuelles supérieures) manifestent la ségrégation la plus poussée : c'est là que non seulement les ouvriers, mais aussi bien les employés et même les professions intermédiaires enregistrent leurs taux les plus faibles. Alors que les « espaces ouvriers » (ceux où les ouvriers sont majoritaires) sont nettement moins spécialisés : sans doute sont-ils ceux où les catégories supérieures précédentes enregistrent leurs taux les plus faibles, mais ce n'est le cas ni pour les employés ni pour les professions intermédiaires [70]. Ajoutons à cela les variations de la fiscalité locale qui est d'autant plus lourde que les communes sont plus pauvres ce qui accentue encore toutes les inégalités que

---

67. Brigitte Baccaïni, « Modalités et causes de la croissance récente des communes périurbaines d'Île-de-France », *Population*, n° 2, mars-avril 1997, p. 291-324.
68. Bernard Henri Nicot, « La répartition du revenu des foyers fiscaux », *Données urbaines*, 1996, *op. cit.*, p. 151. Le cas de villes comme Lyon, Bordeaux, Nice, Strasbourg, Nancy, Dijon, dont les centres apparaissent plutôt riches, est largement minoritaire.
69. *Cf.* Pascale Bessy, « Typologie socio-professionnelle de l'Île-de-France », Paris, INSEE, Direction régionale de Paris, 1990, cité par Edmond Preteceille, « La ségrégation sociale dans les grandes villes », *op. cit.*, p. 13-21.
70. Edmond Preteceille, *op. cit.*, p. 21-24.

nous avons déjà relevées. Ce constat fait dire à J.-S. Klein que les «communes riches font les contribuables heureux[71]».

La volonté de vivre entre «gens du (même) monde» semble caractériser les catégories supérieures, et notamment bourgeoises. Ces catégories vont ainsi choisir leur lieu de résidence. Par exemple *«les familles de la grande bourgeoisie parisienne ne consentent à résider que dans quatre arrondissements (les 7e, 8e, 16e nord et 17e sud) et dans quelques communes de la banlieue ouest, de Neuilly à Saint-Germain-en-Laye. Le choix, libre économiquement, est donc très déterminé sociologiquement. Il en résulte un entre-soi que les intéressés apprécient hautement et qu'ils tendent à renforcer encore en redoublant cette ségrégation spatiale par une ségrégation sociale délibérément organisée dans le cadre d'institutions comme les rallyes pour les jeunes et les adolescents ou les cercles pour les adultes[72]»*. «Entre-soi» que ces mêmes familles accentuent encore par les réseaux de sociabilité qu'elles entretiennent sur la base de leurs résidences secondaires, souvent de grandes demeures patrimoniales, véritable creuset de la permanence familiale, par lequel se transmet non seulement le souvenir des générations disparues mais bon nombre des traits de l'*habitus* propre à ces milieux.

C'est à l'inverse la plus stricte nécessité socio-économique et institutionnelle qui regroupe les populations défavorisées, en les assignant à résidence dans des quartiers non moins défavorisés qu'eux. Ainsi un habitant sur douze réside-t-il dans l'une des 716 «zones urbaines sensibles» instituées par la loi de novembre 1996[73]. Les populations de ces territoires présentent des caractéristiques très proches de celles des «quartiers prioritaires» de la politique de la ville du Xe Plan (1989-1993). Cinq cent quarante-six quartiers avaient alors fait l'objet d'une convention de «développement social des quartiers» ou d'une «convention de quartiers» entre l'État, les régions et les communes. Ils rassemblaient trois millions d'habitants, soit un peu plus de 5 % de la population métropolitaine. Plusieurs études se sont penchées sur 515 d'entre eux[74]. Ils

71. J.-S. Klein, *L'Explosion des impôts locaux,* La Documentation française, 1986, cité par Edmond Preteceille, «Inégalités fiscales et divisions sociales en Île-de-France», *in Données urbaines,* 1996, *op. cit.,* p. 43.
72. Michel Pinçon, «Un habitat "choisi": le cas des familles de la grande bourgeoisie», *Recherches et prévisions,* n° 31, CNAF, mars 1993; sur ce même thème, *cf.* aussi de Michel Pinçon et Monique Pinçon-Charlot, *Dans les beaux quartiers,* Paris, Seuil, 1989; *Grandes fortunes. Dynasties familiales et formes de richesses en France,* Paris, Payot, 1996; et «Le grégarisme des grandes fortunes», *in Données urbaines 2, op. cit.,* p. 231-240.
73. *INSEE Première,* n° 573, avril 1998.
74. *Cf.* notamment Jean-Bernard Champion, Marie-Françoise Goldberger, Maryse Marpsat, «Les quartiers "en convention"», *Regards sur l'actualité,* n° 196, Paris, La Documentation française, décembre 1993, p. 19-28; Philippe Choffel «Les conditions de vie

se singularisent tout d'abord par leur situation relativement excentrée : « *En région parisienne, ces quartiers sont assez loin du centre de Paris (18 km en moyenne). En province, ils sont aussi plus proches de la limite de l'agglomération (0,9 km) que de son centre (2,3 km) (...).* » Seuls 70 (13,6 %) sont des quartiers centraux, généralement d'anciens quartiers ouvriers qui se sont dégradés avec le temps. D'un point de vue morphologique, ce sont souvent des quartiers déstructurés spatialement par les voies de communication qui les traversent ou les longent : « *Treize pour cent d'entre eux sont traversés et 32 % longés par une autoroute, 56 % traversés et 83 % longés par des voies rapides ou de grandes nationales.* » quarante-cinq pour cent sont situés près d'une ligne à haute tension. Dans les deux tiers d'entre eux prédomine l'architecture de « barres » et de « tours » des années soixante et soixante-dix. Les signes extérieurs de pauvreté de l'habitat stigmatisent ces quartiers.

La majorité des habitants y sont locataires en HLM (55,3 %) – contre 14,6 % de l'ensemble de la population de la France métropolitaine – et, dans plus de la moitié de ces quartiers, cette proportion peut s'élever au-dessus de 70 %. Dans neuf cas sur dix, ouvriers, personnels de service et employés y sont majoritaires ; et, à l'exception des employés administratifs des entreprises, ils y sont toujours surreprésentés par rapport aux agglomérations dans lesquelles se trouvent situés ces mêmes quartiers, à l'inverse des autres catégories (tableau 8.11). On y rencontre aussi un fort pourcentage de chômeurs : 24,2 % des actifs lors de l'enquête conditions de vie réalisée fin 1993-début 1994 contre 15 % dans l'ensemble des agglomérations incluant ces quartiers ; en outre 45 % des jeunes de 16 à 25 ans vivent dans un ménage touché par le chômage contre 24,7 % ; enfin 22 % des actifs occupés ont un emploi précaire ou à temps partiel contre 17,6 %. Indices de leur caractère de ghetto social, mais aussi ethnique, puisque ces quartiers comptaient en 1990 18,3 % d'étrangers, contre seulement 6,3 % dans l'ensemble de la France métropolitaine. Résider dans la plupart de ces quartiers constitue un véritable stigmate social et donc souvent un handicap sérieux pour la recherche d'un emploi. L'approche statistique expose cependant ici, comme en d'autres domaines, au risque de gommer les spécificités, les particularités, de chacun de ces 546 quartiers. C'est ce que souligne le cinéaste Bertrand Tavernier : « *Les Grands-Pêchers, ce n'est pas du tout pareil*

dans les quartiers prioritaires de la politique de la ville », in *Données urbaines*, 1996, *op. cit.*, pp. 123-132 ; *Ces quartiers dont on parle*, Éditions de l'Aube, 1997. Les indications suivantes sur ces quartiers sont extraites de ces articles.

que Bel-Air situé à 400 mètres, il n'y a ni les mêmes urgences, ni les mêmes attitudes. Recouvrir ces deux cités de la même étiquette, cela empêche de voir les particularités[75]. »

Tableau 8.11

Profil socio-professionnel (en %) des actifs non agricoles dans les quartiers « sous convention » en 1990

	Type 1	Type 2	Type 3	Type 4	Type 5	Ensemble	Agglo.
Acce	3,1	2,7	10,5	3,4	7,9	3,8	6,3
Cadres	3,6	2,2	8,2	7,8	20,2	5,3	12,8
Pi	13,6	9,3	15,6	19,7	23,3	14,4	21,3
Employés Fp	13,6	9,0	9,8	12,9	8,3	11,9	10,8
Employés Ae	9,6	6,9	9,1	13,8	10,1	9,7	11,1
Personnel de Sdp	6,8	6,1	6,8	5,8	5,6	6,4	4,8
Ouvrier qualifié	24,8	26,4	18,3	19,8	11,6	23,0	17,2
Ouvrier non qualifié	19,2	32,4	16,6	12,1	9,0	20,1	11,3
Pnoe	18,7	13,2	20,1	30,9	28,8	20,2	—

Source : Jean-Bernard Champion, Marie-Françoise Goldberger, Maryse Marpsat, « Les quartiers "en convention" », *Regards sur l'actualité*, n°196, Paris, La Documentation française, décembre 1993, page 25. *Légende :* Type 1 = quartiers ouvriers-employés (secteur public) ; Type 2 = quartiers ouvriers (non qualifiés) ; Type 3 = quartiers d'indépendants ; Type 4 = quartiers des cols blancs des entreprises ; Type 5 = quartiers avec présence de catégories aisées ; Agglo. = agglomérations comportant au moins un quartier « en convention » ; Acce = artisan, commerçant, chef d'entreprise ; Pi : profession intermédiaire ; Employés Fp = employés de la fonction publique ; Employés Ae = employés administratifs d'entreprises ; Personnel de Sdp = personnels de services directs aux particuliers ; Pnoe = professions non ouvrières des entreprises . Certaines de ces catégories ayant déjà fait l'objet d'un décompte distinct, l'addition des pourcentages peut dépasser 100 %.

Ainsi, tandis que les « beaux quartiers » cumulent les avantages, ces quartiers « sous convention » cumulent les handicaps d'une exclusion multiforme : éloignement du centre-ville, urbanisation déstructurée, insuffisance des équipements collectifs et des services publics, moindre qualité de l'habitat (chauffage électrique, bruit, humidité), moins d'emploi, fort taux d'échec scolaire, morbidité accrue de la population, etc. Cumuls qui définissent respectivement la richesse et la pauvreté, comme nous avons déjà eu l'occasion de le signaler, et que l'on retrouve ici concentrés en même temps que métamorphosés en autant d'espaces urbains distincts. Distinction qui tient non seulement aux distances et aux multiples barrières morphologiques qui les séparent généralement sur le terrain, mais encore à la qualité de leur situation dans l'espace urbain, de leur habitat, de leur équipement, de leur image

75. Il a réalisé en 1997, avec son fils Nils, un documentaire sur un de ces quartiers « sous convention » situé à Montreuil : *De l'autre côté du périphérique.*

publique, etc. Distinction dans laquelle les habitants des « beaux quartiers » trouvent le signe visible de leur excellence, de leur domination, tandis que les occupants des quartiers « sous convention » ne peuvent y voir que celui de leur infériorité, de leur exclusion, de leur relégation.

Dès lors, il est inévitable que ces derniers éprouvent le cruel sentiment d'être des laissés-pour-compte, d'être tenus pour quantité négligeable. La mise en spectacle de cette polarité dans et par la réalité urbaine la rend d'autant plus intolérable qu'elle y prend souvent des formes extrêmes, ce qui suscite colère et révolte, notamment chez les plus jeunes.

Les inégalités face à la santé

9.

L'état de santé moyen de la population française s'est considérablement amélioré depuis deux siècles. L'espérance de vie à la naissance est d'abord passée de moins de 30 ans au siècle des Lumières à environ 40 ans dans la première moitié du siècle dernier ; depuis 1870 elle progresse rapidement et assez régulièrement pour atteindre 74,2 ans pour les hommes et 82,1 ans pour les femmes en 1997 [1]. Récemment, entre 1981 et 1991, l'espérance de vie sans incapacité sévère [2] a augmenté en moyenne de plus de deux ans et demi, passant, pour les hommes, de 68,9 à 71,7 ans et, pour les femmes, de 76,3 à 78,8 ans [3]. La mortalité infantile a chuté spectaculairement ces dernières décennies, c'est l'une des plus faibles du monde : 5,1 pour mille en 1997 [4].

Mais, malgré ces progrès incontestables, et à l'exception de la mortalité des tout petits enfants [5], les inégalités sociales face à la santé et devant la mort se sont accrues depuis 1980. Les différentes pathologies frappent en effet presque toujours inégalement : les couches sociales les plus modestes en payent le tribut le plus lourd [6]. Ces inégalités tiennent à de multiples facteurs, aux habitudes de vie et aux inégalités d'accès au système de soin, mais aussi, facteur trop sous-estimé en France, à la qualité de l'environnement professionnel.

Les inégalités sociales devant la maladie et la mort

La mortalité

Les inégalités sociales de mortalité sont bien connues grâce aux enquêtes de l'INSEE et de l'INSERM. Elles sont particulièrement importantes chez les hommes. Les écarts de mortalité entre femmes de milieux sociaux différents sont en effet nettement plus faibles. Ainsi, dans la période 1980-1989 le rapport entre la probabilité de décès d'une femme ouvrière spécialisée et celle d'une

1. *INSEE Première*, n° 566, février 1998.
2. Les personnes en institution, confinées à domicile ou alitées en permanence sont exclues de cet indicateur.
3. *INSEE Première*, n° 281, octobre 1993.
4. *Population*, n° 4, 1998, p. 755-784 et 813-838.
5. Quang Chi Dinh, « Les inégalités sociales de la mortalité infantile s'estompent », *Économie et Statistique*, n° 314, 1998-4, p. 89-106
6. Le rapport du Haut Comité de la santé publique : « *La santé en France 1994-1998* », La Documentation française 1998, note encore à ce propos que « *les inégalités en fonction du sexe, de la catégorie sociale ou de la région demeurent fortes et ne semblent pas avoir tendance à se réduire* ».

femme cadre est de 1,7 entre 35 et 60 ans et de 1,4 entre 50 et 60 ans alors que chez les hommes ces rapports sont deux à trois fois plus élevés. Ces écarts moindres s'expliqueraient notamment par le fait que les métiers exercés par les femmes sont plus souvent de type tertiaire et présentent en général moins de risques que certains métiers masculins. Par ailleurs, les femmes des catégories les plus diplômées, si elles fument moins que les hommes, fument davantage que les ouvrières. Ces risques supplémentaires compenseraient partiellement leur avantage socioculturel.

Une enquête portant sur les hommes de 25 à 54 ans, en activité professionnelle et décédés entre 1988 et 1992, montre que le taux de mortalité prématuré du groupe des ouvriers et employés est 2,7 fois plus élevé que celui des cadres supérieurs et professions libérales[7]. Une autre enquête, portant cette fois sur les hommes de 25 à 64 ans, permet d'observer que ce rapport passe de 2,5 en 1981-1983 à 3 en 1989-1991[8]. La comparaison de catégories plus fines met en évidence des écarts plus importants encore (tableau 9.1). Par exemple, quand on compare la mortalité des hommes actifs entre 35 et 60 ans les moins exposés (les ingénieurs, professeurs et autres professions littéraires et scientifiques) avec celle des manœuvres, le rapport va de 1 à 3,5. Même entre 35 et 75 ans, les seconds ont encore une probabilité de décès deux fois plus élevée que les premiers : 61 % contre 30,5 %.

À âge égal, les inactifs non retraités de sexe masculin ont une mortalité beaucoup plus élevée que les actifs ou que les retraités. Ce constat ne surprend pas dans la mesure où l'inactivité professionnelle résulte souvent d'un mauvais état de santé. Les retraités précoces, c'est-à-dire en fait essentiellement des invalides, ont également une mortalité nettement plus élevée, surtout dans le cas des anciens ouvriers. D'une façon globale, plus le niveau social et culturel est élevé, plus la probabilité de décéder tôt est faible, et par conséquent plus la durée de vie moyenne est importante.

L'écart entre l'espérance de vie des cadres moyens et supérieurs et celle des ouvriers et employés s'est accru depuis une vingtaine d'années. Par exemple entre les ingénieurs et les manœuvres, à 35 ans, il est passé de 6,8 ans à 9,2 ans, et à 60 ans de 3,9 à 5,2 ans. Si, en vingt ans, l'espérance de vie s'est accrue de façon significative pour toute la population (2,1 ans supplémentaires en moyenne contre 1,1 an pour les vingt années qui ont

7. *Insee Première*, n° 429, février 1996.

8. Bernadette Roussille, « État de santé et inégalités en France », *Prévenir*, n° 28, 1995, p. 20-21.

Tableau 9.1

Probabilité de décès pour les hommes entre divers âges par catégories socio-professionnelles en %

(Période 1980-1989)

Pcs	Probabilité de décéder entre...					
	35 et 50 ans	50 et 60 ans	35 et 60 ans	60 et 75 ans	35 et 75 ans	75 et 90 ans
Agriculteurs	4,8	8,3	12,7	32,5	41,1	87,5
Salariés agricoles	9,0	15,0	22,7	43,6	56,4	90,4
Industriels et gros commerçants	4,1	6,4	10,3	31,2	38,2	84,3
Artisans	4,5	9,1	13,2	32,5	41,5	88,4
Petits commerçants	5,8	9,8	15,1	35,9	45,5	86,2
Professions libérales	3,5	7,4	10,7	26,5	34,3	81,9
Professeurs, professions littéraires et scientifiques	2,6	5,5	8,0	26,9	32,7	83,6
Ingénieurs	2,9	5,7	8,4	24,0	30,5	84,8
Cadres administratifs supérieurs	3,3	6,7	9,8	27,1	34,2	81,6
Instituteurs	3,1	7,0	9,9	27,1	34,3	81,3
Techniciens	3,6	8,4	11,7	31,4	39,4	85,1
Cadres administratifs moyens	4,3	8,7	12,7	31,1	39,9	84,5
Employés de bureau	6,0	12,4	17,6	36,3	47,5	88,2
Employés de commerce	5,3	9,4	14,1	35,8	44,9	87,0
Contremaîtres	4,1	8,7	12,4	30,6	39,2	87,6
Ouvriers qualifiés	6,7	12,6	18,5	38,4	49,7	90,3
Ouvriers spécialisés	7,9	13,9	20,7	38,0	50,8	91,6
Manœuvres	11,7	18,2	27,7	46,0	61,0	nd
Personnels de service	7,6	12,9	19,5	42,6	53,8	nd
Armée et police	5,7	10,5	15,6	28,0	39,2	nd
Actifs	5,9	10,8	16,1	35,0	45,5	nd
Inactifs	20,3	27,5	42,2	47,6	69,7	nd
Ensemble	**6,2**	**11,5**	**17,1**	**38,6**	**49,1**	**nd**

Source : INSEE, *Données sociales 1993*, p. 252. *Légende :* nd = non disponible.

précédé), il convient de noter que l'augmentation la plus forte a concerné les ingénieurs, les cadres moyens et les agriculteurs, et dans une moindre mesure l'ensemble des cadres supérieurs, tandis que la moins forte a été celle des employés et des manœuvres (tableau 9.2). Les instituteurs, catégorie qui arrivait en tête de la hiérarchie de l'espérance de vie dans la période 1955-1960 – avant les cadres –, ont connu un recul relatif qui peut s'expliquer par la dégradation de leur place dans la hiérarchie sociale. On peut faire une observation similaire pour les professeurs dont la mortalité a

Tableau 9.2

Espérance de vie à 35 et 60 ans pour les hommes par catégories socio-professionnelles

(Périodes 1960-1969 et 1980-1989)

Pcs	Espérance de vie à 35 ans		Gain sur la période	Espérance de vie à 60 ans		Gain sur la période
	1960-69	1980-89		1960-69	1980-89	
Cadres moyens ou supérieurs	40,6	43,4	2,8	18,9	21,2	2,4
Ouvriers ou employés	36,6	39,1	2,5	16,5	18,6	2,1
Agriculteurs	38,4	41,5	3,1	17,7	20,2	2,6
Salariés agricoles	35,7	38,6	3,0	15,6	18,3	2,6
Artisans, commerçants, chefs d'entreprise	37,9	40,9	3,0	17,4	19,5	2,1
Industriels	*38,9*	*40,5*	*1,6*	*17,9*	*19,0*	*1,0*
Artisans	*38,1*	*41,4*	*3,3*	*17,3*	*20,1*	*2,8*
Petits commerçants	*37,4*	*40,6*	*3,2*	*17,3*	*19,3*	*2,0*
Cadres supérieurs, professions libérales	41,7	44,0	2,3	19,4	21,7	2,3
Professions libérales	*40,4*	*43,1*	*2,7*	*18,1*	*21,4*	*3,4*
Professeurs...	*43,0*	*44,7*	*1,6*	*20,8*	*22,2*	*1,4*
Ingénieurs	*41,0*	*45,0*	*4,0*	*19,2*	*22,3*	*3,1*
Cadres administratifs supérieurs	*42,2*	*43,7*	*1,5*	*19,8*	*21,5*	*1,7*
Cadres moyens	39,8	42,8	3,0	18,3	20,7	2,4
Instituteurs	*43,0*	*43,6*	*0,7*	*20,5*	*21,4*	*0,9*
Techniciens	*39,6*	*42,7*	*3,1*	*18,4*	*20,6*	*2,3*
Cadres administratifs moyens	*39,5*	*42,5*	*2,9*	*187,2*	*20,6*	*2,4*
Employés de bureau	38,2	39,6	1,4	17,3	18,6	1,2
Ouvriers	36,2	39,0	2,8	16,2	18,6	2,4
Contremaîtres	*40,2*	*43,1*	*2,9*	*18,2*	*21,2*	*3,0*
Ouvriers qualifiés	*37,0*	*39,6*	*2,6*	*16,5*	*18,8*	*2,3*
Ouvriers spécialisés	*35,6*	*38,7*	*3,1*	*15,9*	*18,4*	*2,5*
Manœuvres	*34,2*	*35,8*	*1,5*	*15,3*	*17,1*	*1,8*

Source : INSEE, *Données sociales 1993*, p. 254.

régressé plus lentement que celle des ingénieurs, des techniciens ou des artisans.

La morbidité

L'examen des causes des décès permet d'éclairer les résultats précédents et d'évaluer l'ampleur des inégalités sociales face aux maladies. Pour les tumeurs, les maladies de l'appareil circulatoire et celles de l'appareil digestif les écarts sociaux sont considérables. Ainsi entre 1989 et 1991, le taux de mortalité des hommes de 25 à

64 ans, du fait de tumeurs des voies aéro-digestives supérieures, est-il plus de dix fois plus élevé chez les ouvriers et les employés que chez les cadres et professions libérales. L'écart est également très grand pour les maladies dues à l'alcoolisme. Pour la plupart des autres maladies il va de 1 à 3 environ (tableau 9.3).

Tableau 9.3

Taux de décès (pour 100 000) des hommes entre 25 et 64 ans par catégories sociales entre 1989 et 1991

	(1) Ouvriers et employés	(2) Cadres moyens et commerçants	(3) Cadres supérieurs prof. lib.	Rapport (1) / (3)
Cancer du poumon	59,9	27,0	16,6	3,6
Cancer voies aéro-digestives	56,9	15,9	5,6	10,2
Alcoolisme	38,8	12,3	4,2	9,2
Infarctus	61,8	40,6	25,1	2,5
Maladies cardio-vasculaires et hypertensives	29,8	16,6	9,1	3,3
Accidents de la circulation	31,0	19,8	12,0	2,6
Suicides	38,5	26,6	13,5	2,9
Sida	13,0	13,5	17,2	0,8

Source : INSERM, *in* Bernadette Roussille, « État de santé et inégalités en France », *Prévenir*, n° 28, 1995, p. 20-21.

Entre 1954 et 1981, la mortalité masculine due au cancer du poumon a été multipliée par trois alors que la mortalité due au cancer de l'œsophage est restée stable et que celle se rapportant au cancer de l'estomac a baissé de moitié. Par la suite, entre les années 1980-1984 et les années 1988-1992, elle a diminué parmi les cadres supérieurs, qui ont plus fréquemment arrêté de fumer, alors qu'elle a augmenté dans les autres catégories[9]. Les cancers des voies aéro-digestives supérieures et la pathologie alcoolique ont régressé globalement au cours des années quatre-vingt. Les décès dus aux maladies vasculaires et aux infarctus ont également reculé de 1958 à 1978 pour les hommes âgés de 45 à 54 ans ; mais, alors que les professions les plus favorisées enregistraient une baisse de près de 30 %, la mortalité des ouvriers spécialisés, des manœuvres et des salariés agricoles a continué à augmenter[10]. Au

9. *INSEE Première*, n° 429, février 1996.
10. Pierre Aïach et Dominique Cèbe, « Les inégalités sociales de santé », *La Recherche*, janvier 1994.

demeurant, pour la plupart des causes de décès, la diminution a été plus forte pour les catégories aisées que pour les autres. Signalons enfin que les cancéreux des catégories aisées bénéficient aussi d'un nombre plus important de séances de soins anticancéreux que les ouvriers [11]. De même, les femmes de milieu favorisé, qui présentent un risque de cancer du sein plus élevé pour des raisons mal connues, sont bien prises en charge préventivement. En revanche, les femmes de milieu social défavorisé davantage frappées par le cancer du col de l'utérus seraient moins bien suivies que les précédentes [12].

Les maladies infectieuses, dont le poids relatif par rapport à l'ensemble des causes de décès est aujourd'hui très faible, sont les seules à ne pas être étroitement corrélées avec la hiérarchie sociale. En effet, les catégories soumises à une relative surmortalité sont les personnels de service et les cadres administratifs moyens – catégories que nous retrouvons en particulier dans les hôpitaux (aides-soignantes, femmes de service, infirmières) – et les employés de commerce et les commerçants, *a priori* en contact plus fréquent avec un public. Avec l'apparition du sida qui frappe davantage les catégories supérieures, la mortalité causée par les maladies infectieuses, longtemps décroissante, a connu une progression importante entre 1988 et 1996. Les progrès enregistrés dans le traitement ont permis depuis lors d'inverser radicalement la tendance [13]. La recrudescence de la tuberculose a été associée à juste titre à l'épidémie de sida. Les chercheurs soulignent cependant avec force l'influence d'autres facteurs non liés au sida. Ils notent « *la relation constante depuis un siècle entre pauvreté et tuberculose, en dépit de l'introduction des antibiotiques dans le traitement depuis quarante ans et l'avènement d'une couverture sociale généralisée* [14] ». Annie Thébaud-Mony met l'accent sur l'aggravation de la précarité (revenu, logement) et du chômage qui constituent d'importants facteurs de risque de contracter la tuberculose.

Les morts violentes (accidents ou suicides) sont une cause de décès moins inégalement répartie. Les disparités sociales n'en sont

11. Guy Desplanques *in* Bouvier-Colle, Vallin et Hatton, *Mortalité et causes de décès en France,* Doin éditeur-Les éditions de l'INSERM, coll. « Grandes enquêtes », 1990.
12. Pierre Aïach *et al.*(dir.), *Comportements et santé : questions pour la prévention,* Presses universitaires de Nancy, 1992.
13. *Cf. Bulletin épidémiologique hebdomadaire,* n° 37/38, 1997.
14. Annie Thebaud-Mony, « Inégalités sociales et tuberculose en Seine-Saint-Denis dans les années quatre-vingt. Une recherche pluridisciplinaire en santé publique », *Sociétés contemporaines,* n° 3, septembre 1990, L'Harmattan. Cette étude montre notamment que 86 % des malades (ayant un emploi ou au chômage) atteints par la tuberculose dans ce département sont ouvriers ou employés (p. 79).

pas moins criantes. Des études spécialisées montrent que les membres des couches sociales les plus aisées sont plus fréquemment possesseurs de grosses cylindrées. Ceux-ci peuvent par conséquent reproduire sur la route les signes de pouvoir et de force auxquels ils sont attachés dans la vie. Leur style de conduite sera souvent plus hardi, voire téméraire. Résultat : les grosses cylindrées quoique mieux équipées sur le plan de la sécurité ont un taux d'accidents nettement plus élevé [15]. Pierre-Emmanuel Barjonnet montre que les conducteurs qui se savent protégés par des dispositifs de sécurité sophistiqués ont tendance à prendre davantage de risques [16]. Les observations statistiques nous indiquent en outre que les accidents des petites cylindrées font plus de victimes internes (c'est-à-dire parmi les passagers) qu'externes (parmi les piétons, les cyclistes, les autres conducteurs et passagers). Dans les accidents des grosses cylindrées c'est l'inverse : il y a plus de victimes à l'extérieur qu'à l'intérieur [17]. Les gros commerçants, les ingénieurs, les cadres administratifs supérieurs ont trois fois plus souvent des accidents que les professeurs, les agriculteurs ou les ouvriers agricoles [18]. Mais le taux de mortalité par accident de la circulation est 2,5 à 3 fois moins élevé chez les premiers que chez les salariés agricoles [19]. Globalement entre le groupe des ouvriers et des employés et celui des cadres et professions libérales l'écart va de 1 à 2,6. Entre les salariés agricoles et les professeurs, il va même de 1 à 6, dans la mesure où ces derniers ont à la fois une conduite relativement sage et disposent plus souvent d'un véhicule plus sûr [20]. Conséquence : sans vraiment forcer le trait, on peut dire que, sur les routes, les riches écrasent les pauvres !

De manière analogue, on observe que l'écart entre le taux de suicide des catégories les plus fragiles (agriculteurs exploitants, salariés agricoles, mais aussi ouvriers spécialisés) et celui des plus protégées (professeurs, ingénieurs, contremaîtres, techniciens, etc.) va de 1 à 3,5 [21]. Les cadres et les professions libérales de 25 à 64 ans se suicident 3 fois moins que les employés et les ouvriers (tableau 9.3). Entre 25 et 49 ans, le taux de suicide des ouvriers est même six fois plus élevé que celui des cadres et professions

15. INSEE, *Données sociales 1993*, p. 283-291 ; et Pierre Clermont, « Accidents : on roule comme on vit », *Société-magazine*, n° 12, mars 1991, p. 4-7.
16. Pierre-Emmanuel Barjonnet, *Vitesse, risque et accident : psychosociologie de la sécurité*, Caen, Paradigme, 1988.
17. Pierre Clermont, *op. cit.*, p. 6.
18. *Id.*, p. 6.
19. Guy Desplanques, « L'inégalité sociale devant la mort », *Données sociales*, p. 255.
20. *Id.*, p. 255-256.
21. *Id.*, p. 255.

intellectuelles : 61 pour 100 000 contre 10 pour 100 000[22]. Mais, contrairement à ce que laissaient entendre certaines campagnes médiatiques, il n'y a pas de sursuicidité des policiers. Le taux de suicide des policiers est proche de la moyenne[23]. Autre exemple : dans le passé on notait une surmortalité par suicide des militaires, leur taux de suicide est aujourd'hui inférieur à la moyenne. Enfin, il est possible, grâce à une étude récente, d'établir un rapport de causalité direct entre chômage et suicide[24]. Le taux de suicide masculin des 25-59 ans a diminué légèrement entre 1982 et 1992 pour les actifs occupés passant de 33,9 à 32,3 pour 100 000. Mais, parallèlement on observe que non seulement le taux de suicide des personnes inoccupées est plus élevé, mais qu'il a considérablement augmenté entre ces deux dates : de 60,9 il passe à 74,9 pour 100 000. Le rapport entre les actifs occupés et les autres est passé de 1,8 à 2,3. La même tendance est observable pour les femmes, mais avec des taux 3 à 4 fois moins élevés. Les courbes du chômage et du suicide augmentaient parallèlement de 1976 à 1985. Depuis cette date le chômage poursuit sa progression, mais si le taux de suicide global recule, le taux de suicide de ceux qui n'ont pas d'emploi poursuit sa progression. Le suicide est donc bien aussi l'expression d'une détresse sociale, et pas seulement personnelle et relationnelle.

Notons encore que le mariage protège les hommes d'une mort prématurée toute causes confondues, y compris le suicide. Or c'est dans les catégories populaires (ouvriers spécialisés, manœuvres et agriculteurs notamment) que le célibat est de loin le plus important et que la mortalité des célibataires est en outre la plus élevée. Le cumul des handicaps et des facteurs de risques est multiplié pour les hommes qui sont dans une situation socioculturelle et affective défavorable. Pierre Aïach et Dominique Cèbe remarquent que « *tout se passe comme si, à chaque fois qu'un facteur défavorable se manifeste, l'effet négatif était multiplié pour ceux qui sont dans une situation sociale la plus "mauvaise", c'est-à-dire qui sont déjà exposés à l'un de ces facteurs de risques. Et inversement, à chaque fois qu'un facteur favorable intervient, l'effet positif semble plus fort pour les privilégiés (cas du mariage pour les cadres supérieurs)*[25] ».

22. Chiffres de l'INED cités par *Le Monde* du 4 février 1998.
23. Nicolas Bourgoin, « Le suicide dans la police nationale », *Pénombre*, La lettre grise, n° 3, printemps 1997.
24. Josiane Andrian, « Le suicide en pleine force de l'âge : quelques données récentes », *Cahiers de sociologie et démographie médicales*, XXXVIe année, n° 2, avril-juin 1996, p. 171-200.
25. Pierre Aïach et Dominique Cèbe, *op. cit.*

Santé et travail

Pour l'ensemble des affections que nous venons d'évoquer, les facteurs sociaux de risque tiennent à la fois au mode de vie et à l'environnement, notamment professionnel. En France, en dehors des conséquences de l'utilisation ou de la présence d'amiante, largement médiatisées en 1998, l'accent est quasi exclusivement mis sur le mode de vie. Pourtant une corrélation peut être établie entre probabilité de mortalité et conditions de travail, comme le montre le vieillissement prématuré des ouvriers. Les travaux des gérontologues montrent en effet que le vieillissement est plus ou moins rapide selon l'origine sociale. Le vieillissement des ouvriers est accéléré tant sur le plan intellectuel que physique et physiologique par rapport à celui des groupes sociaux plus élevés [26]. Les troubles auditifs, les perturbations du sommeil et de divers métabolismes, de même que des problèmes de la vision sont nettement plus fréquents chez les ouvriers. Cette corrélation se confirme en prenant des catégories professionnelles plus fines : par exemple, le taux de mortalité des plombiers est deux fois plus élevé que celui des outilleurs. Pourtant les deux professions, qui font partie de la catégorie ouvriers qualifiés, ont à peu près les mêmes revenus et les mêmes conditions de vie. En revanche, contrairement aux seconds, les premiers sont exposés au cours de leur activité professionnelle à des substances dont la nocivité est établie.

Le travail, l'exposition au bruit, aux toxiques ou les multiples formes de fatigue qui y sont associées, ne provoquent pas souvent une mort brutale et même rarement des accidents du travail ou un syndrome pathologique brutal. L'effet est différencié et le résultat est plutôt un vieillissement prématuré suite à une usure générale et, au bout du compte, une mort précoce. À ces phénomènes anciens s'ajoute l'intensification contemporaine du travail. Les conditions de travail dans tous les secteurs économiques (industrie, construction, services, agriculture) sont marquées par une pression de plus en plus forte sur les salariés (cadences élevées, flux tendus, nécessité de travailler dans l'urgence), une flexibilisation du temps de travail (travail en équipe, horaires variables) et une précarisation croissante. « Zéro défaut », « qualité totale », « juste à temps » : voilà les nouveaux mots d'ordre des entreprises. Cette intensification du travail, véritable « dictature du temps » a des conséquences considérables sur la santé des travailleurs concer-

26. « Disparités sociales de morbidité en France » , CREDES, 1997.

nés : morbidité augmentée, risque accru d'accidents du travail, mortalité précoce [27].

Le travail sous pression

La dernière grande enquête sur les conditions de travail, réalisée en mars 1991, montre que, si un tiers des salariés est soumis à des normes de production ou à des délais à respecter en une journée au maximum, la proportion atteint les deux tiers dans le cas des ouvriers qualifiés de type industriel [28]. Les délais très courts n'épargnent pas les professions administratives et commerciales, mais les contraintes spécifiques nées de l'utilisation des machines pèsent avant tout sur les ouvriers : le travail d'un ouvrier non qualifié sur six dépend du déplacement automatique d'un produit ou d'une pièce ; celui d'un sur cinq de la cadence automatique d'une machine. Parallèlement au développement des contraintes commerciales pesant sur les ouvriers suite à la mise en œuvre de la production en temps réel avec une quasi-disparition des stocks, des méthodes plus « industrielles » gagnent les professions tertiaires. Aussi les rythmes sont-ils aujourd'hui globalement beaucoup plus rapides par rapport à 1984 pour tous les salariés, cols blancs comme cols bleus (tableau 9.4). En 1991 à peine 10 % des ouvriers et 15 % des cadres, professions intermédiaires et employés semblent échapper aux contraintes de rythme. En effet les salariés subissent de plus en plus un rythme imposé par un ensemble de causes qui découlent d'une plus grande intégration des logiques marchande et industrielle [29].

Quatre-vingts pour cent des cadres ne sont soumis à aucune forme de contrôle horaire, contre à peine un tiers des ouvriers non qualifiés. La forme la plus stricte du contrôle – la pointeuse – concerne avant tout les ouvriers : 27 % des ouvriers non qualifiés doivent pointer contre 6 % des cadres. L'enquête « Conditions de travail » confirme la réalité de la polyvalence et de l'autonomie au travail pour toutes les catégories, mais elle montre aussi la

27. *Cf.* « La dictature du temps », Entretien avec Serge Volkoff, *Page Deux*, n° 7, Lausanne, décembre 1996, pp. 26-33 ; Michel Gollac et Serge Volkoff, « *Citius, altius, fortius.* L'intensification du travail », *Actes de la recherche en sciences sociales*, n° 114, septembre 1996, p. 54-67 ; et Christophe, Dejours, *Souffrance en France*, Paris, Seuil, 1998.
28. *Dossiers statistiques du travail et de l'emploi*, ministère du Travail, de l'Emploi et de la Formation professionnelle, juin 1993 ; *Premières informations* n° 264-265, Ses, ministère du Travail, de l'Emploi et de la Formation professionnelle ; *Données sociales 1993*, p. 185-233.
29. *Dossiers statistiques du travail et de l'emploi*, juin 1993, *op. cit.*, chapitre consacré aux « changements dans l'organisation du travail ».

progression du travail à la chaîne, spécificité exclusivement ouvrière : 5 % des ouvriers qualifiés et 16 % des ouvriers non qualifiés travaillent à la chaîne en 1991 contre respectivement 4 % et 13 % en 1984. D'autres enquêtes confirment ces résultats : d'après les enquêtes sur l'activité et les conditions d'emploi de main-d'œuvre, le travail à la chaîne concernait 6,5 % des ouvriers en 1974, 10,5 % en 1984 et près de 12 % en 1992[30]. Le travail à la chaîne se généralise surtout dans l'industrie de la viande et dans la construction automobile. Il s'étend aujourd'hui au-delà de 40-45 ans dans des tranches d'âge auparavant relativement épargnées. Dans un livre exceptionnel, *Grain de sable sous le capot*, Marcel Durand, ouvrier chez Peugeot depuis plus de vingt ans, nous permet d'approcher ce que signifie l'usure des personnes ayant atteint la quarantaine après avoir travaillé à la chaîne depuis les années soixante-dix[31]. On assiste en effet durant les vingt dernières années à l'extension et à l'approfondissement du taylorisme et non à sa disparition contrairement à ce que prédisaient nombre de théories en vogue en économie et en sociologie du travail durant la même période.

Tableau 9.4

Proportion de salariés ayant des contraintes de rythme

(en %)

Contraintes	Cadres		Professions intermed.		Employés		Ouvriers qualifiés		Ouvriers non qualifiés		Ensemble		
	1984	1991	1984	1991	1984	1991	1984	1991	1984	1991	1984	1991	1993
1	–	–	1	1	–	1	4	8	10	16	3	4	6
2	–	–	1	2	1	2	8	12	15	21	4	6	7
3	8	23	14	32	12	29	31	56	31	54	19	38	44
4	51	67	44	67	48	66	31	45	17	28	39	57	58
5	8	10	14	18	18	23	20	30	24	33	17	23	24

1 : Déplacement automatique d'un produit ou d'une pièce
2 : Cadence automatique d'une machine
3 : Normes ou délais très courts
4 : Demandes de clients ou du public
5 : Contrôle permanent de la hiérarchie

Lecture : chaque salarié peut être soumis à plusieurs contraintes de rythme : un ouvrier qualifié peut à la fois déclarer être soumis à la cadence d'une machine, à des normes et à des délais très courts, et au contrôle permanent de la hiérarchie.
Sources : Enquête sur les conditions de travail 1991, *Dossiers statistiques du travail et de l'emploi*, ministère du Travail, de l'Emploi et de la Formation professionnelle, juin 1993 ; *Premières synthèses*, Dares, n° 54, juin 1994.

30. Cité par *Alternatives économiques* n° 117, mai 1994.
31. La Brèche, 1990. Voir aussi Michel Pialoux, « Stratégies patronales et résistances ouvrières », *Actes de la recherche en sciences sociales*, n° 114, septembre 1996 ; et François Derriennec, Annie Touranchet et Serge Volkoff, *Âge, travail, santé. Études sur les salariés âgés de 37 à 52 ans*, Paris, Inserm, 1996.

Le travail posté (par équipes, type 3 × 8 ou 4 × 8) touche un quart des ouvriers en 1990 contre moins d'un sixième en 1982[32]. Le recul temporaire du nombre des travailleurs postés entre 1974 et 1982 avait résulté pour l'essentiel de la baisse du taux d'utilisation des équipements restreignant le recours aux équipes successives. La nouvelle progression du travail posté depuis 1982 découle à la fois d'une hausse de ce taux et d'une volonté grandissante des directions d'entreprise de développer la flexibilité afin d'utiliser les équipements sur une plage horaire, journalière et hebdomadaire, plus longue, jusqu'à 24 heures sur 24 et 7 jours sur 7, afin d'améliorer la rentabilité. Aussi le travail posté se développe-t-il et le travail de nuit tend-il à se répandre dans l'industrie bien qu'on connaisse aujourd'hui les conséquences néfastes des horaires décalés (actuels et passés), en particulier sur le sommeil[33]. Les dernières enquêtes Emploi de l'INSEE montrent que les horaires atypiques se répandent et sont de moins en moins exceptionnels. Le travail le samedi progresse aussi : il concerne désormais près d'un salarié sur deux. Les petits patrons, commerçants et artisans étaient coutumiers des horaires atypiques, ils ne sont plus les seuls. Même le travail le dimanche a progressé pour les employés et les ouvriers (de 3 points entre 1984 et 1991) : un bon quart de ces derniers travaille maintenant occasionnellement ou habituellement le dimanche en 1991[34]. La pression de la grande distribution spécialisée pèse très fortement en faveur de l'ouverture des magasins le dimanche.

L'enquête du ministère du Travail sur les conditions de travail, réalisée en 1991, montre que celles-ci sont « mal supportées »[35]. Les salariés ressentent les années quatre-vingt comme une période d'aggravation massive et généralisée des conditions de travail. Entre 1984 et 1991 les pénibilités et les nuisances ont augmenté fortement touchant souvent un nombre deux fois plus élevé de salariés. « *L'automation ajoute de nouvelles astreintes sans alléger les anciennes. [...] Chaque salarié cumule, bien plus qu'en 1984, plusieurs sortes de pénibilités*[36]. » Ce que la progression du nombre des accidents du travail laissait entrevoir est ainsi clairement confirmé : la fin des années quatre-vingt a permis aux entreprises de réaliser une intensification du travail sans précédent.

32. Guillaume Duval, *L'Entreprise efficace à l'heure de Swatch et McDonald*, Syros, 1998.
33. *Cf. Actualité et dossier en santé publique*, n° 15, juin 1996, p. 20.
34. *Dossiers statistiques du travail et de l'emploi*, juin 1993, *op. cit.*
35. *Premières synthèses*, n° 14, 12 février 1992 et *Dossiers statistiques du travail et de l'emploi*, juin 1993, *op. cit.*
36. *Op. cit.*

Tableau 9.5

Les expositions aux contraintes physiques en 1994 (en %)

	Station debout plus de 20 h par semaine	Gestes répétitifs à cadence élevée	Manutention manuelle de charges	Nuisances sonores	Nuisances thermiques	Travail sur écran
Cadre	6,0	2,3	8,2	10,4	5,6	66,6
Profession intermédiaire	19,2	6,8	26,9	22,0	13,7	50,6
Employé	25,2	17,2	27,8	12,8	8,1	49,2
Ouvrier	42,3	35,3	59,8	46,7	35,3	8,1

Source : MTAS-DARES. Enquête SUMER 94, *Premières synthèses*, n° 96-10.42-1.

S'agissant enfin de la charge mentale résultant des conditions de travail, la même enquête nous apprend que les facteurs de pénibilité mentale diffèrent selon les groupes sociaux (tableau 9.6). Les cadres et les professions intermédiaires subissent davantage la pression d'une grande quantité d'informations à retenir, ce qui explique peut-être qu'ils sont davantage gênés par le bruit que les ouvriers ou les employés alors que ces derniers subissent manifestement davantage de nuisances sonores (tableaux 9.5 et 9.6). En revanche, ces derniers sont plus souvent soumis à la pression d'un travail contraint à la fois sur le plan physique (station debout prolongée, manutention manuelle des charges, gestes répétitifs à cadences élevée, nuisances thermiques, etc. – tableau 9.5) et sur le plan du rythme (un ouvrier sur deux ne peut faire varier les délais fixés contre un cadre sur quatre, un ouvrier sur trois ne peut interrompre son travail en dehors des pauses contre un cadre sur cinq, près d'un ouvrier sur deux ne peut quitter son travail des yeux contre un cadre sur huit seulement – tableau 9.6) [37]. Enfin, un ouvrier sur trois est soumis à un contrôle permanent de la hiérarchie en 1991 contre un sur deux en 1984 (tableau 9.4). D'une manière générale les statisticiens de l'INSEE et les experts du ministère du Travail soulignent à la fois l'aggravation des conditions de travail et la perception plus nette des nuisances de la part des salariés [38].

37. Voir le rapport du Conseil économique et social présenté par M. Fabre (rapporteur), *Les Accidents du travail et les maladies professionnelles : analyse et prévention*, Avis et rapport du Conseil économique et social, mars 1994, p. 84 -95.

38. Il n'est cependant pas exclu qu'une partie des résultats négatifs proviennent d'un effet d'enquête dans la mesure où les questionnaires utilisés en 1984 et 1991 ne sont pas identiques. Voir *Dossiers statistiques du travail et de l'emploi*, juin 1993, *op. cit.*

Tableau 9.6

Les facteurs de pénibilité mentale les plus fréquents pour les salariés en 1991 (en %)

Facteurs de pénibilité	Cadre	Profession intermédiaire	Employé	Ouvrier qualifié	Ouvrier non qualifié	Ensemble
1	91	80	54	38	21	57
2	55	52	51	42	36	48
3	25	27	36	48	51	37
4	20	25	28	30	34	28
5	33	34	22	23	19	26
6	12	20	22	40	39	26

1 : devoir retenir beaucoup d'informations à la fois

2 : devoir fréquemment abandonner une tâche pour une autre non prévue

3 : ne pas pouvoir faire varier les délais fixés

4 : ne pas pouvoir interrompre son travail en dehors des pauses

5 : même de niveau modéré le bruit gêne

6 : ne pas quitter son travail des yeux

Source : Enquête Conditions de travail 1991, *Dossiers statistiques du travail et de l'emploi*, ministère du Travail, de l'Emploi et de la Formation professionnelle, juin 1993.

Bien que la saleté soit une caractéristique relevant de l'appréciation personnelle, de la tradition ou de la convention, des chercheurs ont tenté d'évaluer l'importance des « sales » boulot, au sens propre du terme ! Les résultats permettent de mettre en évidence l'ampleur des populations concernées par la saleté, au vu de leur propre opinion ou selon l'avis d'experts consultés : plus de 20 % de l'ensemble des salariés estiment en 1984 que leur lieu de travail est « sale », cette proportion atteint 50 % chez les ouvriers ; parmi ces derniers, 22 % subissent la « respiration de fumées », 25 % « l'humidité », 47 % les « courants d'air », 50 % les « poussières » ; 71 % des ouvriers des garages déplorent la « saleté », 62 % de ceux des secteurs de la viande ou du lait se plaignent de l'« humidité » et 79 % de ceux du bâtiment doivent supporter les « courants d'air ». La saleté signifie désagrément et inconfort, mais aussi risques pour la santé. En effet, une enquête s'appuyant sur les opinions de 600 médecins du travail souligne que 40 % des salariés des industries de la viande et du lait sont exposés à des risques infectieux, de même 48 % des ouvriers des garages courent des risques pour la santé [39].

39. Voir le dossier « Boulots sales, sales boulots » coordonné par Ghislaine Doniol-Shaw, *Travail*, n° 22, printemps 1991.

Accidents du travail et maladies professionnelles

Les statistiques des accidents du travail établies par la Sécurité sociale indiquent une relative stagnation du nombre des accidents du travail en France depuis 1993, à un niveau proche de celui atteint en 1988. Cette stabilisation fait suite à une forte hausse entre 1989 et 1992 (tableau 9.7)[40]. Le nombre de décès consécutifs aux accidents du travail enregistre cependant une baisse sensible, de même que les accidents les plus graves (avec incapacité permanente).

Tableau 9.7

Les accidents du travail en France

	1988	1989	1990	1991	1992	1993	1994	1995 (1)	1995 (2)
Effectifs (en milliers)	13 752	14 015	14 414	14 560	14 440	14 140	14 279	14 499	15 043
Accidents avec arrêt (milliers)	690	737	761	787	750	676	668	672	773
Accidents + IP	68 590	64 039	67 233	68 328	61 998	55 077	55 306	60 250	78 420
Décès	1 112	1 177	1 213	1 082	1 024	855	806	712	1 403
Journées perdues par IT (milliers)	23 617	25 851	26 542	28 535	28 234	25 784	25 498	26 021	31 926
Somme des taux d'IP (milliers)	644	616	653	606	603	525	541	559	832

Source : Statistiques technologiques des accidents du travail et des maladies professionnelles. ***Remarques : Année 1995***, CNAMTS, 1997, p. 37, 38, 39, 46. *Légende* : IP : Incapacité permanente ; IT : Incapacité temporaire ; 1995 (1) : Accidents du travail seulement ; 1995 (2) : Accidents du travail + accidents de trajet + maladies professionnelles (y compris DOM)

Ces chiffres demandent cependant à être examinés avec prudence pour une série de raisons liées à la définition même de l'accident du travail ou de la maladie professionnelle[41]. Ils sont en outre affectés par une sous-déclaration croissante due aux pressions exercées par les entreprises dans un contexte de fragilisation des salariés[42]. En effet, dans la période actuelle de montée du chômage, nombre de travailleurs hésitent à déclarer un malaise ou un symptôme lorsqu'ils mettent en balance la perte de revenu découlant d'un changement de poste, voire la perte de l'emploi, et le gain improbable d'une faible indemnité.

---

40. Statistiques technologiques des accidents du travail et des maladies professionnelles. Remarques. Année 1995, CNAMTS 1997.
41. *Cf.* Matthieu Babin, « Les logiques de reconnaissance des maladies professionnelles », *Droit social*, n° 7/8, juillet-août 1998.
42. FNATH (Fédération nationale des accidentés du travail et handicapés), *Livre blanc des accidents du travail et des maladies professionnelles*, 1993.

Les branches qui présentent le plus fort taux d'accidents du travail sont le bâtiment et les travaux publics (BTP), les transports et la métallurgie. Il n'est par conséquent guère étonnant de trouver les ouvriers en tête des accidentés du travail. Ils subissent 77,2 % des accidents alors qu'ils ne représentent que 36 % des salariés. La fréquence des accidents du travail est cinq fois plus élevée pour les ouvriers que pour le reste du personnel (tableau 9.8)[43]. Dans le BTP ce sont les ouvriers étrangers, et en particulier les Maghrébins, qui sont en première ligne. Les étrangers représentent 10 % environ des effectifs, mais plus du cinquième des taux d'incapacité permanente. Cette surreprésentation des étrangers parmi les accidentés s'explique par une plus grande exposition aux risques car l'examen détaillé des chiffres montre qu'à poste équivalent ils n'ont pas plus d'accidents que les autres.

Tableau 9.8

Répartition des accidents suivant la qualification professionnelle

	% des effectifs	% des accidents avec arrêt	% des accidents avec incapacité permanente	% des journées perdues par incapacité temporaire	% des taux d'incapacité permanente
Cadres, techniciens et agents de maîtrise	29,2	5,2	9,2	6,9	10,6
Employés	27,2	12,4	11,2	12,1	9,6
Apprentis	1,2	3,0	0,9	1,5	0,7
Ouvriers non qualifiés	11,3	32,4	29,5	31,2	28,2
Ouvriers qualifiés	23,5	43,1	44,5	44,0	46,2
Divers	7,7	4,0	4,7	4,4	4,6

Source : Statistiques technologiques des accidents du travail et des maladies professionnelles. Années 1993-1994-1995, CNAMTS, 1997, p. 117.

43. *Statistiques technologiques des accidents du travail et des maladies professionnelles. Années 1993-1994-1995*, CNAMTS, 1997, p. 117.

Santé et précarité

Les travailleurs précaires (intérimaires ou en contrat à durée déterminée) sont exposés à des risques deux à trois fois plus élevés que les salariés permanents. Ils sont le plus souvent relégués à des tâches de stricte exécution, avec des conditions de travail plus mauvaises que les travailleurs du noyau stable. N'oublions pas, cependant, que la précarité fonctionne comme un système de fragilisation de tous les salariés, quel que soit leur statut, même si ce sont les salariés les plus précaires qui sont les plus touchés. Les facteurs de risque spécifiques à cette population sont, outre l'âge (ils sont plus jeunes) et la moindre qualification, leur ancienneté limitée au poste de travail et, pour les intérimaires, la difficile relation entre entreprise utilisatrice et entreprise prestatrice qui engendre une prise en charge aléatoire par la première [44] (tableau 9.9). Mais ces travailleurs sont aussi employés dans de fortes proportions par les secteurs les plus dangereux, à commencer par le BTP et l'entretien et la réparation d'installations industrielles [45].

Tableau 9.9

Les risques liés aux emplois précaires

	Salariés permanents	Salariés en CDD	Salariés intérimaires
Fréquence (statistiques. CNAMTS)	29	nd	75
Fréquence (enquête INRS)	26	46	66
% de non qualifiés	17	36	40
Moins d'un mois d'ancienneté	–	37	48
Moins de 25 ans	13	60	53

Source : Travail, n° 30, hiver 93/94, p. 44.

De plus, le travailleur précaire, et plus particulièrement l'intérimaire, est soumis à d'autres contraintes que les salariés permanents dans la mesure où il doit se déplacer de chantier en chantier au gré de l'embauche. Cela perturbe profondément la vie familiale et les modes de socialisation autres que professionnels. Ce « nomadisme professionnel » s'accompagne souvent de l'alcoolisme, parfois de la toxicomanie, du jeu ou de la prostitution. La souffrance spécifique des travailleurs précaires et leur vécu difficile restent généralement occultés [46].

44. *Travail*, n° 30, hiver 1993-1994, p. 44 ; *cf.* aussi le dossier « Santé et Précarité » *in Actualité et dossier en santé publique*, n° 12, septembre 1995.
45. Voir Annie Thébaud-Mony et Béatrice Appay (dir.), *Préconisation sociale, Santé et travail*, Éditions du CNRS, IRESCO 1997. Voir aussi *Alternatives économiques*, n° 158, avril 1998, p. 38-41.
46. Voir *Des médecins du travail prennent la parole*, Paris, Syros, 1998.

Comme le montrent les statistiques des accidents du travail, la sous-traitance du travail est surtout une sous-traitance des risques. Celle-ci rend de plus en plus difficile la connaissance de la nature et de l'ampleur des expositions pathogènes, 10 à 30 ans avant le diagnostic de cancer par exemple. Parallèlement les enquêtes de mortalité dans les entreprises ne prendront pas en compte les précaires lourdement exposés pendant des temps courts dans plusieurs entreprises successives. C'est le cas notamment pour tout ce qui concerne le nettoyage de cuves ou d'installations industrielles dans des secteurs comme la chimie, mais aussi dans le nucléaire civil qui utilise systématiquement des intérimaires pour les interventions dans des secteurs dangereux en raison des radiations [47]. Il a fallu attendre une décision prise le 17 février 1998 pour que le travail intérimaire soit enfin interdit dans les secteurs les plus dangereux des sites nucléaires [48].

■

Les chiffres officiels concernant les maladies professionnelles progressent régulièrement depuis les années soixante-dix. Cette augmentation découle d'un double phénomène. De nouvelles maladies auparavant exclues des tableaux officiels de la Sécurité sociale sont prises en compte à la suite de batailles parfois longues en faveur de leur reconnaissance en tant que maladies professionnelles. La reconnaissance de l'asbestose (ou amiantose) et des cancers provoqués par l'amiante montre cependant qu'il y a un fossé entre le nombre de décès imputables à un produit et le nombre de maladies professionnelles reconnues. Le nombre de décès annuels par mésothéliomes, ce cancer de la plèvre dû à l'exposition à l'amiante, a progressé régulièrement de 1968 à 1993, passant de 320 à 904 cas répertoriés [49]. On estime actuellement à 2 000, chiffre en progression régulière, le total annuel des décès imputables à l'amiante, mais la Sécurité sociale n'en reconnaissait toujours que 31 en 1995 en tant que maladie professionnelle [50]. Pourtant, l'INSERM évalue, sur plusieurs décennies (passées et à venir), à 150 000 le nombre total de décès imputables à l'utilisation de l'amiante.

47. Voir Ghislaine Doniol-Shaw, Dominique Huez, Nicolas Sandret, *Les Intermittents du nucléaire*, Toulouse, Éditions Octarès, 1995.
48. *Le Monde*, 19 février 1998. *Cf.* aussi *Alternatives économiques*, n° 155, janvier 1998, p. 64-67.
49. André Cicollela, « Tirer les leçons du drame de l'amiante », *Politique la Revue*, n° 6, octobre 1997.
50. *Statistiques technologiques des accidents du travail et des maladies professionnelles. Remarques. Année 1995*, CNAMTS, 1997, p. 35.

On pourrait évoquer d'autres exemples. Pensons aux difficultés à obtenir la reconnaissance des maladies provoquées par le bruit [51], ou consécutives à l'exposition à de trop nombreuses substances nocives ou encore dues aux manipulations répétées de charges (voir les nouvelles pathologies apparues chez les caissières de supermarché contraintes à la manipulation incessante de marchandises depuis l'apparition des codes-barres). Pensons aux agriculteurs qui sont victimes des conséquences non encore évaluables statistiquement de l'utilisation des pesticides [52].

Résultat : le nombre de maladies professionnelles reconnues comme telles et pour lesquelles une rente compensatoire est versée reste très faible en France. Ce nombre est dix fois moins important qu'en Allemagne [53]. Il est très inférieur au nombre réel, et même au nombre de déclarations, car une déclaration sur deux seulement aboutit [54]. Le nombre de cancers professionnels, on l'a vu avec l'exemple des cancers dus à l'amiante, est gravement sous-estimé : il n'y a pas de politique sérieuse de prévention, donc pas de données épidémiologiques précises sur les expositions aux substances cancérogènes et sur les populations de travailleurs exposés. Ainsi les estimations épidémiologiques font état de 5 000 à 10 000 cas de cancers d'origine professionnelle par an, mais au total, une centaine de cas seulement sont indemnisés [55] : 99 % des personnes souffrant d'un cancer professionnel ne toucheront donc pas d'indemnités versées par les employeurs, et le coût de leurs soins sera à la charge du régime général de la Sécurité sociale et non du régime spécial « accident du travail-maladie professionnelle » financé exclusivement par les employeurs. Comme le montre le nombre anormalement élevé de cancers pulmonaires dans la région de Salsigne, les enjeux sanitaires et écologiques essentiels sont gravement sous-estimés [56].

Il serait temps que les professionnels de la santé publique s'intéressent aux facteurs collectifs, et en particulier à ceux liés à l'environnement industriel. Les mesures de prévention des cancers professionnels sont indigentes et la lutte contre les facteurs professionnels et environnementaux des cancers n'est toujours pas

---

51. Voir « Les effets physiologiques du bruit », *La Recherche*, février 1991.
52. Voir l'article de Jean-Paul Besset dans *Les Réalités de l'écologie*, juin 1994.
53. *Espace social européen*, n° 398, 21 novembre 1997, p. 7.
54. Annie Thébaud-Mony, *La Reconnaissance des maladies professionnelles*, La Documentation française, 1991.
55. Voir le dossier « Cancer au travail » coordonné par Annie Thébaud-Mony et Bernard Cassou, *in Travail*, n° 23, été 1991.
56. Catherine Pozzo di Borgo, « L'étrange épidémie de Salsigne », *Travail*, n° 23, été 1991.

considérée comme une priorité de santé publique. L'éducation sanitaire reste focalisée sur les changements des modes de vie des individus. Pour Bernard Cassou, «*s'il est nécessaire de changer les comportements, ce sont ceux des employeurs et de l'État qu'il importe de changer, notamment leur façon de prendre en charge les problèmes de santé dans le travail*». Le même auteur souligne que «*le cancer est une maladie multifactorielle*» et que «*dans certains groupes de population (la population ouvrière masculine par exemple) le risque attribuable aux facteurs professionnels peut être élevé*[57] ». Les campagnes de prévention contre le cancer restent centrées sur les comportements individuels et envisagent le plus souvent chaque facteur cancérogène séparément, hors de tout contexte social. Elles s'efforcent en définitive de faire de chaque individu le comptable de ses attitudes. La santé n'est alors envisagée que dans une dimension privée totalement abstraite. Le contexte social dans lequel s'exercent les choix individuels et qui les influence est gommé.

Les statistiques de la Sécurité sociale ne montrent par conséquent, qu'une partie des maladies professionnelles et des accidents du travail. Elles ne rendent que très partiellement compte du rapport entre santé et travail et négligent toute une série de problèmes pourtant bien réels : fatigue diffuse, stress, tension nerveuse, frustrations découlant directement des conditions concrètes de travail, etc. Or, ces phénomènes contribuent pour une large part aux douleurs vertébrales, aux douleurs articulaires, à la consommation d'alcool et de tranquillisants et constituent une fraction non négligeable des problèmes de santé liés au travail. Et *in fine* ils provoquent une accélération de l'usure, un «vieillissement prématuré».

L'inégal accès aux soins

Un second facteur, longtemps sous-estimé par les chercheurs, concourt aussi aux inégalités face aux maladies et à la mort : l'inégal accès aux soins. La dernière enquête sur la santé et les soins médicaux réalisée par l'INSEE et le CREDES, en 1991 et 1992, permet de mesurer et d'analyser l'état et l'ampleur de ces inégalités[58]. La

57. Bernard Cassou, «Une prévention mal orchestrée», *Travail*, n° 23, été 1991.
58. Les résultats en ont été publié dans *INSEE Résultats*, série consommation modes de vie, n° 64-65, novembre 1994. Ils ont été analysés dans de nombreux articles. Nous renvoyons ici notamment à ceux de Pierre Mormiche publiés dans *Économie et Statistique*

comparaison avec les précédentes enquêtes réalisées en 1970 et 1980 contribue à éclairer les évolutions sur la période. Ces inégalités sont d'ampleur variable en fonction du type de praticien consulté. Elles sont assez réduites pour les consultations de médecins généralistes. La différence entre les groupes sociaux extrêmes atteint à peine 20 %. On constate aussi que les chômeurs et ceux qui ne disposent pas d'une assurance complémentaire[59] vont moins souvent chez le médecin généraliste quel que soit le milieu social. L'écart atteint environ 30 % en moyenne par rapport à ceux qui occupent un emploi.

Les écarts sont en revanche bien plus importants dès qu'on examine certaines catégories particulières de praticiens. Par exemple, la part des séances de spécialistes dans l'ensemble des consultations de médecins atteint près de 50 % pour les cadres et à peine plus de 25 % pour les agriculteurs et les ouvriers. Cet écart entre cadres et ouvriers s'est en outre accru depuis 1980 ! En moyenne les cadres dépensent deux fois plus pour les consultations de spécialiste que les ouvriers qualifiés, 2,6 fois plus que les ouvriers non qualifiés (tableau 9.10).

Une autre différence porte sur les tarifs. En effet, depuis 1980, les médecins peuvent, s'ils le souhaitent, pratiquer les honoraires dit « libres », c'est-à-dire des surhonoraires qui se traduisent de fait par un taux de remboursement moindre par les caisses de Sécurité sociale. La proportion des consultations avec dépassements était d'environ 20 % en 1991. Mais le poids de ces honoraires « libres » varie très fortement selon les groupes sociaux : inférieur à 15 % chez les agriculteurs, il atteint 33 % chez les cadres. Ce phénomène résulte en partie de la plus forte attraction des spécialistes qui ont demandé et obtenu plus souvent que les généralistes le passage dans le secteur « libre ». Mais c'est aussi une conduite spécifique aux groupes favorisés : par exemple, si l'on compare les familles de cadres et les familles d'ouvriers, les premières s'adressent dans 18 % des cas à des généralistes ordinaires pratiquant des dépassements contre 8 % pour les secondes, les premières dans 46 % des cas pour les généralistes homéopathes ou acupuncteurs contre 23 % pour les secondes, enfin pour les spécialistes, les premières recourent dans près de la moitié des cas au secteur surtarifé « libre »,

---

n° 265, 1993 ; *Insee Résultats*, série Consommation modes de vie, n° 67-68, novembre 1994 ; *Économie et Statistique*, n° 282, 2, 1995 ; *Insee Méthodes*, n° 64-65, mars 1997 ; de Andrée Mizrahi et Arié Mizrahi publiés dans *Prévenir*, n° 28, 1995 ; Credes, n° 1019 et 1034, 1994 ; n° 1070, 1995 ; et de Mathias Sabourdin, Credes n° 1168, 1997.

59. Sont concernés en premier lieu les jeunes non couverts par leurs parents, les chômeurs (52 % n'en disposent pas) et les étrangers (*cf. Insee Première*, n° 523, juin 1997).

Tableau 9.10

Indice des dépenses de spécialiste selon la catégorie sociale de la personne de référence du ménage en 1991

Catégorie sociale	Dépenses observées	Dépenses à âge et sexe égal	Dépense à âge, sexe et morbidité égal
Agriculteur exploitant	80	71	66
Artisan, commerçant, chef d'entreprise	85	83	81
Cadre	153	155	164
Profession intermédiaire	117	118	122
Employé	117	114	112
Ouvrier qualifié	78	81	82
Ouvrier non qualifié	65	64	62
Avec couverture complémentaire	107	106	107
Sans couverture complémentaire	65	68	65
Ensemble	100	100	100

Source : Enquête INSEE-CREDES 1991/1992, Andrée MIZRAHI et Arié MIZRAHI, « Les inégalités d'accès aux soins », *Prévenir*, n° 28, 1995, p. 16. Pour obtenir les chiffres fictifs des colonnes 2 et 3 on gomme les effets dus à l'âge au sexe, voire à la morbidité.

les secondes dans un tiers des cas seulement. Enfin, les employés, ouvriers et agriculteurs qui fréquentent le secteur libre choisissent en moyenne des tarifs moins élevés que les cadres et les indépendants non agricoles. Sans doute des phénomènes de proximité spatiale jouent-ils aussi dans la mesure où l'espace est marqué socialement, jusqu'au niveau des quartiers : la répartition des médecins et surtout celle des spécialistes et des praticiens pratiquant les honoraires « libres » en sont un élément important.

Enfin, le critère de comparaison le plus éloquent semble être la fréquentation des dentistes. En 1980 déjà, les disparités sociales la concernant étaient nettement plus fortes que celles relatives au recours aux médecins. Ces disparités se sont accrues notamment entre le groupe des cadres et celui des ouvriers, employés et agriculteurs. En 1991, l'écart atteint en moyenne près de 50 % entre les cadres d'un côté et les ouvriers et les indépendants de l'autre. Il est probable que l'attention portée à l'état de la denture personnelle ou familiale est inégale d'un groupe social à l'autre, et elle est sans doute moins soutenue dans les milieux populaires. Même si l'examen des motifs avancés par les enquêtés pour expliquer le non-recours au dentiste montre que les questions de coût et de remboursement sont peu mises en avant par les individus qui insistent davantage sur la gêne (*« Je n'aime pas y aller »*) ou la négligence (*« Ça ne vaut pas la peine »* ou *« Je n'en ai pas besoin »*), il est parfaitement clair aussi que les frais élevés auxquels peuvent conduire les soins dentaires, en matière notamment de prothèses, et la part souvent importante qui reste à la charge du patient peuvent restreindre fortement les consommations des ménages les moins aisés. L'examen des porteurs de prothèse dentaire selon le milieu social confirme largement cette hypothèse : les moins appareillés sont les ouvriers et les agriculteurs, et le port d'une prothèse croît avec la position sociale jusqu'aux cadres. L'enquête ne donne aucune indication sur la qualité de la prothèse (métal, résine, porcelaine, etc.). La prise en compte de ce critère amplifierait probablement ces écarts. En moyenne, les cadres dépensent cinq fois plus pour les soins dentaires que les ouvriers qualifiés. Pour les soins mal remboursés, et par là même chers, les disparités de recours au système de soin sont les plus grandes et, en plus, elles s'accroissent.

Ces disparités ne découlent cependant pas du seul facteur coût. Les différences de culture du corps sont aussi à prendre en compte. Les pratiques et les représentations sociales du corps, de la maladie et de la mort varient selon les milieux socioculturels. Ainsi, les cadres accordent-ils en moyenne plus d'importance à la pratique sportive que les ouvriers. Ces représentations de la maladie qui diffèrent fortement selon les groupes sociaux se traduisent par un recours plus ou moins précoce au système de soins [60].

Ces facteurs culturels jouent aussi un rôle important dans les différences d'attitudes face à la prévention. Les disparités dans ce domaine entre cadres et ouvriers se sont accentuées depuis 1980 au détriment des seconds. Ce constat conforte l'interprétation selon laquelle les catégories populaires consulteraient *«plus tard»*, si ce n'est trop tard ! Cet élément, ajouté aux différences dans les modes de vie, sans parler des conditions de travail dont nous avons déjà analysé l'incidence, permet d'expliquer la hiérarchie inversée que l'on obtient concernant les hospitalisations. Les fréquences d'hospitalisation sont minimales pour les cadres et maximales pour les ouvriers ; 10,5 % des cadres supérieurs ont été hospitalisés en 1992 contre 16,6 % des employés de commerce [61]. Les indépendants se trouvent dans une situation proche de celle des cadres. Ainsi d'après Pierre Mormiche *«les milieux favorisés consulteraient*

60. *Cf.* Luc Boltanski, *Consommation médicale et rapport au corps*, Paris, Centre de sociologie européenne, 1970 ou François Laplantine, *Anthropologie de la maladie. Étude ethnologique des systèmes de représentation étiologiques et thérapeutiques dans la société occidentale contemporaine*, Paris, Payot, 1986.

61. A. Aligon et N. Granfils, *Analyse socio-économique des dépenses d'hospitalisation en 1992*, janvier 1997, CREDES.

davantage, soit pour des motifs bénins, dont on guérit seul, soit pour des morbidités lourdes, mais à un stade d'évolution plus précoce, ce qui leur permet de différer ou d'éviter une hospitalisation[62] ».

La dernière enquête annuelle du CREDES, publiée en janvier 1998, confirme toutes les indications qui précèdent. Plus de 25 % des personnes interrogées en 1996 – contre 21,7 % en 1993 – ont déclaré avoir renoncé au moins une fois à se soigner pour des raisons financières. Ce sacrifice est avoué par 51,8 % des RMIstes, 48,8 % des chômeurs, 33,5 % des employés, 27,8 % des ouvriers, 25,7 % des professions intermédiaires et 15,7 % des cadres. Certaines catégories, comme les allocataires du RMI, pourtant pris en charge à 100 % pour l'ensemble de leurs soins, semblent manifestement ignorer leurs droits. Les soins dentaires arrivent très largement en tête des renoncements (42,6 %) suivis des consultations chez le médecin et les examens (29,1 %). Ces résultats confirment la détérioration de la situation médicale des plus défavorisés.

62. « Les disparités de recours aux soins en 1991 », *Économie et Statistique* n° 265, 1993, p. 49.

Les inégalités face à l'école

10.

La France a connu un développement de la scolarisation d'une ampleur sans précédent depuis le début des années quatre-vingt. En 1998 un Français sur quatre fréquente un établissement d'enseignement, de l'école maternelle à l'enseignement supérieur. Au total il y a plus de 14,5 millions d'élèves et d'étudiants. Au niveau préélémentaire la quasi-totalité des enfants est scolarisée[1]. Après 16 ans, on a enregistré une hausse considérable des taux de scolarisation. Globalement, celui des 16-25 ans a doublé en 15 ans. Il est passé de 32 % en 1982-1983 à plus de 60 % en 1995-1996. En 1997-1998 près de 5 millions de jeunes de 16 à 25 ans sont scolarisés : cela concerne à 18 ans : 84,2 % des jeunes, et à 20 ans : 57 % (tableau 10.1).

Tableau 10.1

Taux de scolarisation, par âge, des 16-25 ans en 1995-1996
(France métropolitaine)

Génération	Âge révolu	Taux (%) de scolarisation	Effectifs scolarisés (en milliers)	Effectifs des générations (idem.)
1979	16 ans	96,4	743,6	771,2
1978	17 ans	92,3	696,7	754,4
1977	18 ans	84,2	640,2	760,5
1976	19 ans	71,5	527,2	737,8
1975	20 ans	57,0	434,2	761,7
1974	21 ans	44,2	357,3	808,9
1973	22 ans	32,7	280,0	857,1
1972	23 ans	22,5	197,7	877,0
1971	24 ans	13,8	121,3	879,1
1970	25 ans	9,6	82,3	961,3
Ensemble	(16-25 ans)	60,1	4 851,7	8 069,0

Source : DEP-MEN, *Repères et références statistiques sur les enseignements et la formation.* (RERS) *Édition 1997*, p. 23. *Remarque :* Une fraction faible, mais croissante depuis quelques années, des 25-30 ans est aussi scolarisée dans le cadre de la formation initiale.

Ce mouvement d'ensemble s'est effectué en deux temps : de 1982 à 1989 la scolarisation dans le second degré a connu une forte poussée, suivie de 1988 à 1996 d'une hausse comparable dans le supérieur. Ainsi vingt à trente ans après la « vague collé-

1. Le taux de scolarisation est de 35,6 % à 2 ans, mais atteint 99,7 % à 3 ans (DEP-MEN [Direction de l'évaluation et de la prospectivve - Ministère dee l'Éducation nationale], *Repères et références statistiques sur les enseignements et la formation* [sera désigné par la suite par RERS] *Édition 1997*, p. 23).

gienne » des années soixante, la scolarisation tend à se généraliser après la classe de troisième[2]. En 1997, plus de 85 % des jeunes vont en classe de seconde ou en BEP. Près de 80 % ont atteint le fameux « niveau bac »[3]. Le nombre de bacheliers a été multiplié par près de deux en seize ans (tableau 10.2) ; 61,2 % d'une génération obtiennent ce diplôme en 1997 contre 26 % seulement en 1981. Enfin, la poursuite d'études supérieures est dorénavant envisagée par la quasi-totalité des bacheliers. Le niveau d'éducation et de formation est donc incontestablement plus élevé pour la quasi-totalité des jeunes par rapport aux générations précédentes[4].

Tableau 10.2

Baccalauréat en 1998, 1993 et 1982

	Nombre de candidats en juin 1998			juin 1993		Rappel 1982 admis	Série du bac en 1982 et 1993
	présentés	admis	réussite en %	admis	réussite en %		
Baccalauréat général	337 846	267 210	79,1	276 704	73,9	157 826	Bac
– série L	82 044	66 536	81,1	71 806	72,7	44 401	A
– série Es	93 640	72 698	77,6	67 011	68,1	37 405	B
– série S	162 162	127 976	78,9	65 483	82,9	33 396	C
				61 463	74,0	48 658	D
				1 532	65,2	–	D'
				9 409	72,3	6 034	E
Baccalauréat technologique	176 421	140 395	79,6	116 440	66,7	82 131	Bac tech
dont : – industriel	53 783	39 918	74,2	34 238	67,3	29 383	
– tertiaire	116 158	95 577	82 4	82 202	66,4	52 748	
Baccalauréat professionnel	96 538	73 483	76,1	49 860	72,0	–	Bac pro
dont : – production	39 339	28 528	72,5	18 460	67,8	–	industriel
– services	57 199	44 955	78,6	31 400	74,6	–	tertiaire
Ensemble	607 565	478 638	78,8	443 004	71,6	239 957	

Sources : DEP-MEN, *Note d'information*, n° 98.22, juillet 1998, *Le Monde*, 15 juillet 1994 et *Données sociales*, 1984.

En mesurant les inégalités sociales devant l'école à trois endroits du système scolaire (collège, accès au baccalauréat, études supérieures), Michel Euriat et Claude Thélot mettent en évidence une stabilité ou, plus souvent, une réduction des *inégalités d'accès*[5].

2. Sur ce point voir notre article : « Le développement de la scolarisation en France : expression d'une forte demande sociale », *Page Deux*, n° 6, Lausanne, novembre 1996, p. 34-38.
3. Très exactement 79 % dès 1994.
4. *Cf.* INSEE *Première*, n° 488, septembre 1996.
5. Michel Euriat et Claude Thélot, « Le recrutement social de l'élite scolaire en France. Évolution des inégalités de 1950 à 1990 », *Revue française de sociologie*, XXXVI, 1995, p. 403-438, en particulier p. 405-413.

Cependant, malgré l'allongement des études, les inégalités perdurent sous des formes renouvelées, car le moment de l'élimination tend à se déplacer, d'autant plus que la valeur sociale des diplômes baisse[6]. Le résultat est une forte stabilité des inégalités scolaires et sociales au cours des 25 dernières années : *« Le niveau monte, mais le classement ne change pas »*, souligne à juste titre Michel Glaude[7].

La diversité des parcours et des filières scolaires

À l'école primaire et au collège

Partons de constats statistiques anciens avant de nuancer nos propos. Dans le primaire, les enfants des milieux populaires sont confrontés nettement plus souvent que les autres à l'échec scolaire. Parmi ceux qui connaissent un ou deux redoublement(s), au cours préparatoire ou au-delà, les deux-tiers proviennent des catégories « défavorisées » (ouvriers, personnels de service ou inactifs). Ces dernières sont en revanche sous-représentées parmi ceux qui effectuent leur scolarité pendant la durée prévue, c'est-à-dire en cinq ans[8]. L'évaluation des acquis scolaires en français et en mathématiques effectuée en septembre 1996, fait toujours ressortir des variations significatives selon l'origine sociale aussi bien à l'entrée au CE2, qu'à l'entrée en 6e, les écarts ayant même tendance à augmenter (tableau 10.3). Au collège, les deux-tiers des élèves en difficulté deux ans après leur entrée sont originaires des milieux défavorisés. Ainsi, plus de la moitié des garçons dont les parents sont inactifs (il s'agit souvent d'une femme seule) et près de 40 % des fils d'ouvriers sont en difficulté. Ce taux est inférieur à 10 % pour les fils de cadres[9].

6. Françoise Œuvrard, « Démocratisation ou élimination différée ? », *Actes de la recherche en sciences sociales*, n° 30, novembre 1979. Voir aussi Michel Forsé, « La diminution de l'inégalité des chances scolaires ne suffit pas à réduire l'inégalité des chances sociales », *Revue de l'OFCE*, n° 63, octobre 1997, p. 229-239.
7. Michel Glaude, « Présentation », *Économie et Statistique*, n° 306, 1997, 6, p. 5. Thème du numéro : « Mobilité sociale : la part de l'hérédité et de la formation ». Voir aussi, dans le même numéro, l'article de Dominique Goux et Éric Maurin, « Démocratisation de l'école et persistance des inégalités », p. 27-40.
8. RERS, édition 1991.
9. Jean-Paul Caillé, « Les élèves en difficulté au début de la scolarité en collège », *Éducation et formation*, n° 36, octobre 1993. Les filles ont cependant toujours de meilleurs résultats quelle que soit la catégorie sociale. Sur ce point *cf.* Alain Bihr et Roland Pfefferkorn, *Hommes-Femmes : l'introuvable égalité*, Paris, Éditions de l'Atelier, 1996, p. 13-55.

Tableau 10.3

Scores moyens en français et en mathématiques à différents paliers en septembre 1996 selon l'origine sociale

Palier	Matière	(1) Cadre	(2) Pi	(3) Ae	(4) Ac	(5) Employé	(6) Ouvrier	Écart (1)-(6)
Entrée au CE2	Français	73,3	68,2	66,1	65,4	64,6	60,8	+12,5
	Mathématiques	75,6	71,2	69,4	68,3	67,2	63,2	+12,4
Entrée en 6e	Français	72,5	67,3	60,4	65,1	62,5	55,6	+16,9
	Mathématiques	73,4	67,3	62,9	66,0	62,6	56,9	+16,5

Source : Dep-Men, *Notes d'information*, n° 97.23 et 97.24, mai 1997. *Légende :* Les chiffres quantifient des résultats moyens obtenus. Pi = Profession intermédiaire ; Ae = Agriculteur exploitant ; Ac = Artisan, commerçant.

Le taux d'accès en 4e générale sans redoublement est toujours très marqué socialement : plus de neuf enfants de cadres sur dix arrivent en 4e générale en deux ans contre à peine plus d'un sur deux dans les catégories ouvrières et assimilées. Le tri social s'effectue aussi par le biais du choix des options : la moitié seulement des enfants des catégories populaires sortant de 4e sans retard choisit deux options contre les trois quarts des enfants des milieux aisés. Les élèves issus des catégories favorisées sont près de trois fois plus nombreux que ceux issus des catégories défavorisées à étudier le latin en 5e (39,5 % contre 14,6 % [10]), en 4e et en 3e générale (41,4 % contre 15,3 % [11]). Le choix de l'allemand en 6e (réputé favoriser l'accès aux meilleures classes) est deux fois plus fréquent dans les familles favorisées par rapport aux familles défavorisées, trois fois plus élevé même dans les familles d'enseignants [12]. Parmi les enfants qui ont redoublé, on observe les mêmes clivages : près de la moitié des enfants des catégories aisées prennent deux options contre le tiers seulement des enfants des catégories moyennes et défavorisées. L'héritage social de l'élève a tendance à se transformer ainsi progressivement, au primaire puis au collège, en capital scolaire légitimé par l'école.

Jusqu'à la fin des années quatre-vingt, les inégalités d'accès à un second cycle long provenaient avant tout des inégalités de réussite pendant la scolarité primaire et durant le premier cycle. Mais un second facteur contribuait à les renforcer : le processus d'orientation. On observait notamment un phénomène d'autosélection

10. *Note d'information*, n° 97.14, mars 1997.
11. *Note d'information*, n° 96.33, août 1996.
12. *Note d'information*, n° 96.40, octobre 1996.

socialement différencié à chacun des paliers d'orientation. Les demandes d'orientation d'élèves, trop modestes dans leurs ambitions par rapport à leurs bons résultats, tendaient à être entérinées par les conseils de classe des collèges sans que ceux-ci proposent d'orientations correspondant mieux, alors que, inversement, ils éliminaient les demandes qui leur paraissaient par trop ambitieuses [13]. Ainsi, tout au long du primaire et du premier cycle du secondaire, se constituait progressivement un écart dans les chances d'accès au second cycle long entre enfants de cadres et d'enseignants et enfants d'ouvriers.

Tableau 10.4

Jusqu'à quel âge les parents d'élèves de collège souhaitent-ils que leurs enfants fassent des études ?

Âge	AE	ACCE	Cadre	PI	Employé	Ouvrier	Inactif	Ensemble
20 ans et +	66	76	94	87	75	66	65	76
18 ans	24	15	2	7	17	24	23	16
16 ans	4	4	0	1	3	4	5	3
Sans réponse	6	5	3	4	6	6	7	5
Ensemble	100	100	100	100	100	100	100	100

Source : Jean-Paul. CAILLÉ, « Les parents d'élèves de collège et les études de leurs enfants : attentes et degré d'implication », *Éducation et formation*, n° 32, novembre 1992. Légende : AE = Agriculteur exploitant ; ACCE = Artisan, commerçant, chef d'entreprise ; PI = Profession intermédiaire.

Depuis près de dix ans, c'est moins dans l'accès au second cycle long que se jouent les différences que dans le choix des filières. La grande majorité des parents d'élèves souhaite que leur enfant fasse des études jusqu'à 20 ans, voire au-delà. Mais, si cette attente est généralisée pour les parents des catégories les plus élevées dans la hiérarchie sociale, une forte minorité des parents des catégories populaires continue à préconiser des études plus courtes pour leurs enfants (tableau 10.4). De même, si la croyance en l'utilité sociale du diplôme est commune à tous les milieux, seuls les diplômes d'enseignement supérieur comptent pour les cadres. Ces diplômes sont toujours perçus comme les plus utiles par les autres familles, mais ce choix est de moins en moins exclusif lorsqu'on descend dans la hiérarchie sociale : finalement, plus les familles ont un grand degré de familiarité avec le système édu-

13. Marie Duru-Bellat, Jean-Pierre Jarousse et Alain Mingat, « Les scolarités de la maternelle au lycée. Étapes et processus dans la production des inégalités sociales », *in Revue française de sociologie*, n° XXXIV-1, janvier-mars 1993.

catif, plus elles se prononcent en faveur de diplômes impliquant des études prolongées.

Les familles qui appartiennent aux milieux les plus favorisés et détiennent les diplômes les plus élevés sont aussi celles qui s'impliquent le plus dans les études de leurs enfants. Tous les parents essaient de contribuer à l'aide au travail scolaire à la maison, mais dès qu'il s'agit d'entrer en contact avec l'institution scolaire on observe les clivages sociaux habituels : les cadres et les membres des catégories moyennes prennent plus souvent l'initiative de rencontrer les enseignants. Ils sont aussi nettement plus souvent membres d'une association de parents d'élèves [14]. De même, la fréquence des conversations sur la scolarité apparaît nettement liée au milieu social : plus de la moitié des enfants de cadres parlent quotidiennement de leurs études avec leurs parents contre à peine un tiers des enfants d'ouvriers. Pour les enfants des catégories moyennes indépendantes ou salariées, ces conversations sur la vie scolaire dépendent fortement de la réussite dans les études : la réussite est plus fortement corrélée avec des conversations régulières tournant autour de l'école, les difficultés scolaires sont, au contraire, liées à un silence relatif entourant la question scolaire, un peu comme dans le milieu ouvrier [15].

Les comportements des élèves en classe se différencient fortement en fonction du sexe et du milieu social d'origine. Les fils et filles de milieu cadre s'investissent davantage dans la compétition scolaire. Les garçons chahutent autant que ceux de milieu ouvrier, mais participent activement à la classe tandis que ces derniers sont plus apathiques. Ces différences d'attitude expliquent la perception contrastée des enseignants et du personnel administratif par les élèves. Les garçons, davantage que les filles, considèrent les adultes de leur collège en tant qu'agents de répression, alors que ces dernières voient plutôt en eux des agents d'éducation. Les filles de milieu ouvrier adopteraient plus souvent des « comportements de coopération » destinés, par exemple, à vérifier les informations ou à prendre l'avis des professeurs [16].

Les élèves des milieux socioculturels favorisés intègrent généralement les exigences de leur scolarité à leur emploi du temps

14. Jean-Paul Caille, « Les parents d'élèves de collège et les études de leurs enfants : attentes et degré d'implication », *Éducation et formation,* n° 32, novembre 1992.
15. Jean-Paul Caille, « Formes d'implication parentale et difficulté scolaire au collège », *Éducation et formation,* n° 36, octobre 1993. Voir aussi « Les familles et l'école », *Les Dossiers d'éducation et formation,* n° 101, juin 1998.
16. Georges Felouzis, « Filles et garçons en classe : comportement et réussite scolaire », *Revue française de sociologie,* n° XXXIV-2, avril-juin 1993.

hors collège : ils consacrent plus de temps à leur devoirs, lisent davantage, sont plus souvent orientés vers des activités encadrées (musique, danse, sports, etc.) et regardent moins souvent la télévision[17]. Mais les filles lisent toujours plus que les garçons. Les discriminations sociales en matière de pratiques artistiques et culturelles sont plus accentuées chez ces derniers. Il existe aussi une différence structurelle de l'habitat et de l'environnement local des élèves en fonction de leur origine sociale. Les enfants des catégories supérieures habitent plus souvent dans des « quartiers sans problèmes », fréquemment à dominante pavillonnaire. Par opposition, on peut souligner la force du lien – social, culturel, affectif – entre l'école et le « quartier » pour les familles ouvrières. L'attente de ces familles vis-à-vis de l'école est certes de plus en plus forte. Mais elle est aussi ambivalente, en raison notamment de l'inquiétude diffuse par rapport à l'avenir professionnel de leurs enfants dans un contexte de chômage persistant et croissant. Les quartiers ouvriers sont souvent stigmatisés en tant que « quartiers défavorisés », voire « quartiers à risques ». L'école est alors perçue, selon les situations ou selon les familles, comme un lieu encore épargné par cette stigmatisation du quartier ou, au contraire, déjà marqué par la réputation ambiante. Mais beaucoup de familles des catégories populaires continuent à la considérer comme un instrument de promotion sociale, *« un des rares lieux où la revendication égalitaire ait quelque chance d'être entendue*[18] *»*. L'ambivalence subjective (méfiance et espérance, investissement et désillusion) caractérise le rapport des familles populaires à l'école.

La façon dont les familles gèrent l'enjeu scolaire apparaît par conséquent comme une dimension constitutive de l'échec comme de la réussite des élèves. Dans chaque milieu social, les parents d'élèves s'investissent à des degrés inégaux et sous des formes symboliques et pratiques différentes dans la scolarité de leurs enfants[19]. Par exemple, la réussite scolaire d'une minorité d'enfants d'immigrés qui accèdent à l'Université montre que les attitudes mobilisatrices des parents sont un facteur déterminant. Dans les familles immigrées qui ont rompu avec les pratiques du pays d'origine et

17. Jean-Paul Caille, « Vie quotidienne des élèves et difficulté scolaire au collège », *Éducation et formation*, n° 36, octobre 1993.
18. Stéphane Beaud, « L'école et le quartier », *Critiques sociales*, n° 5-6, janvier 1994.
19. *Cf.* Jean-Pierre Terrail, « Les ouvriers et l'école : le sens de la réussite », *Société française*, n° 9, 1983 ; et du même auteur : *La Scolarisation de la France. Critique de l'état des lieux*, Paris, La Dispute, 1997, p. 89-103. *Cf.* aussi Bernard Lahire, *Tableaux de famille. Heurs et malheurs scolaires en milieux populaires*, Paris, Gallimard et Seuil, 1995.

celles de la communauté immigrée, la réussite scolaire joue le rôle d'un mythe mobilisateur. Même si les enfants n'ont pas disposé d'aide effective dans le travail scolaire, ils bénéficient de l'intérêt des parents pour les études. L'école est perçue comme la seule institution pouvant les aider à apprendre à maîtriser l'environnement social. *«La prise de conscience des inégalités sociales les stimule et leur inculque la nécessité de la réussite scolaire pour obtenir d'autres conditions de vie*[20]. » Ces investissements des familles favorisent chez les jeunes un mode d'appropriation scolaire marqué par une adhésion plus active aux normes de l'école. Ils montrent une plus grande curiosité intellectuelle, un usage de soi plus intense face aux exigences de l'école, à la formation de projets scolaires, professionnels, familiaux plus ambitieux.

Au lycée

La répartition par catégories sociales de l'ensemble des élèves ayant obtenu un baccalauréat moins de dix ans après leur entrée en 6e en 1980 (sans redoublement ou avec un ou deux redoublements) montrait des écarts sociaux significatifs : quatre enfants de cadres supérieurs et professions libérales sur cinq contre à peine plus d'un sur cinq parmi les ouvriers et les personnels de service obtenaient leur bac à la fin des années quatre-vingt[21]. Les bacheliers «à l'heure» (qui n'avaient jamais redoublé) représentaient alors près de 40 % des enfants de cadres contre moins de 10 % des enfants d'ouvriers. Une décennie plus tard (élèves entrés en 6e en 1989), les pourcentages respectifs sont de 54 % et de 17 %. Le rapport entre les deux a certes diminué, mais l'écart a augmenté. Globalement l'évolution positive a moins profité aux enfants des catégories populaires : ouvriers et employés (tableau 10.5).

Mais tous les baccalauréats ne se valent pas. Un grand nombre de séries ou d'options, plus ou moins anciennes et attrayantes, dont le recrutement et le prestige ont fluctué, promettent à leurs lauréats des destins scolaires et professionnels bien différents. De plus – effet pervers de l'«inflation scolaire» – la valeur sociale du diplôme baisse en proportion de la banalisation de l'examen. Ce phénomène illustre bien le fait que la raison de l'inégalité profonde

20. Zahia Zeroulou, «La réussite scolaire des enfants d'immigrés. L'apport d'une approche en termes de mobilisation», *Revue française de sociologie* n° XXIX-3, 1988. Voir aussi l'excellent rapport du Conseil économique et social du 19 juillet 1994 portant sur *La Scolarisation des enfants d'immigrés.*
21. DEP-MEN, *Repères et références sur les enseignements et la formation*, Éditions 1989 et 1991.

Tableau 10.5

Accès en classe de 2e, en classe de terminale générale et technologique sans redoublement, et réussite au baccalauréat par catégorie sociale

(Cohortes des élèves entrés en 6e en 1980 et 1989)

Pcs des parents	Accès en classe de 2e générale et technolog.		Accès en term. gén. et technol. sans redoubler avant		dont reçus au bac (y compris b. t.)		dont bac général		Évo-lution : 1980/1989
	1980	1989	1980	1989	1980	1989	1980	1989	
Agriculteur exploitant	41	58	21	38	16	33	10	27	+ 17
Acce	51	59	21	32	16	28	13	23	+ 10
Cadre	87	90	46	60	39	54	38	51	+ 13
Profession intermédiaire	61	72	27	41	21	35	17	30	+ 13
Employé	44	55	18	28	14	23	11	18	+ 07
Ouvrier	30	42	12	22	9	17	6	12	+ 06
Écart (Cadre) – (Ouvrier)	+ 57	+ 48	+ 34	+ 38	+ 30	+ 37	+ 32	+ 39	

Source : Menrt-Dpd, *Note d'information*, n° 98-01, janvier 1998. *Légende :* Acce = Artisan, commerçant, chef d'entreprise. b. t. = brevet de technicien.

du jeu scolaire est hors de sa règle propre, dans l'inégalité sociale elle-même. Le choix de la section de première et de terminale reflète des pratiques scolaires nettement différenciées selon le sexe et l'origine sociale de l'élève. Les enfants de cadres et d'enseignants choisissent massivement les sections d'enseignement général, quel que soit le déroulement de leur scolarité antérieure, alors qu'une forte minorité des fils d'ouvriers parvenus en première ou terminale sans avoir redoublé se retrouvent dans le second cycle professionnel ou technologique : les filières sont ainsi socialement et culturellement très typées (tableau 10.6). Les inégalités d'origine culturelle jouent même un rôle croissant depuis 25 ans.

Les enfants de cadres supérieurs représentaient en 1990 13,5 % des jeunes, 15 % des bacheliers technologiques, mais 35 % des bacheliers généraux et même 46,5 % des bacheliers de la série C. Les enfants d'ouvriers, en revanche, représentaient 40 % des jeunes, mais seulement 25 % des bacheliers technologiques, 13 % des bacheliers généraux et moins de 8 % des bacheliers de la série C. Ainsi en 1990, un enfant d'ouvrier avait 8,5 fois moins de chances d'obtenir un bac général qu'un enfant de cadre et 17 fois moins de chances d'avoir un bac C. Au milieu des années quatre-vingt-dix, les enfants de cadres et d'enseignants se retrouvent toujours massivement en classe de première scientifique (S)

Tableau 10.6

Différences de trajectoire selon l'origine sociale

(Cohortes des élèves entrés en 6e et en SES en 1989)

Pcs	Parmi les entrants en 6e en 1989, pourcentage d'élèves qui sont, sept ans après :				Parmi les entrants en 6e en 1980, pourcentage d'élèves qui sont, sept ans après :			
	sortis du syst. scol.	en 2e cycle prof.	en 2e cycle gal ou techn.	entrés dans l'ens. sup.	sortis du syst. scol.	en 2e cycle prof.	en 2e cycle gal ou techn.	entrés dans l'ens. sup.
Agriculteur exploitant	16	20	31	33	41	14	30	16
Artisan, commerçant, chef d'entreprise	21	20	32	27	39	12	33	16
Cadre	5	6	35	54	9	5	47	38
Profession intermédiaire	12	16	37	35	29	12	39	21
Employé	23	23	32	22	44	14	29	13
Ouvrier	29	27	26	17	57	13	22	8
Garçons	25	23	30	23	47	13	28	12
Filles	17	17	32	34	39	11	31	19

Source : MENRT, *RERS*. Édition 1998, p. 89.

contrairement aux enfants d'ouvriers et assimilés. Les enfants de cadres et d'enseignants sont rarement orientés dans les classes de première technologique, même s'ils ont redoublé une classe (tableau 10.7). Il faut ajouter à ce constat la valorisation fortement différenciée du bac S selon l'origine sociale et le sexe : plus de la moitié des fils de cadres et de chefs d'entreprise titulaires du bac S « à l'heure » ou en avance se dirigent vers les classes préparatoires aux grandes écoles contre 30 % des filles de même origine sociale, 20 % des fils d'ouvriers et moins de 10 % des filles d'employés ou d'ouvriers [22].

On a pu montrer dans un passé encore très récent, en étudiant les trajectoires scolaires des 16-32 ans en 1985, que la part des trajectoires du type second cycle général ou enseignement supérieur ne représentait qu'un quart de la population concernée [23]. Les passages par le technique (court et long) étaient presque deux fois plus nombreux. Les sorties précoces et l'apprentissage concernaient encore un peu plus de 20 % des effectifs.

22. MENRT-DPD, *Note d'information*, n° 98.05, mars 1998.

23. Claude Gilain, Annick Kieffer, et Sabine Erbès-Seguin, « Classes de trajectoires scolaires », *Sociétés contemporaines* n° 2, juin 1990.

Tableau 10.7

Décision d'orientation à l'issue de la seconde selon l'origine socio-professionnelle des élèves en fin d'année scolaire 1993-1994 et 1994-1995 pour les redoublants

(Cohortes des élèves entrés en 6e et en SES en 1989)

Élèves parvenus en 2e sans redoublement	Premières générales				Premières technologiques					BEP CAP	Red.	Autre
	L	ES	S	Ens.	STI	STL	SMS	STT	Ens.			
Cadres et enseignants	12,9	15,2	53,6	81,7	1,9	0,2	0,3	1,8	4,2	0,4	12,2	1,5
Ouvriers, non actifs, divers	15,5	14,8	25,9	56,2	6,6	0,6	2,4	11,7	21,3	2,9	16,6	2,0
Toutes catégories sociales	15,5	15,7	37,3	68,5	3,9	0,5	1,6	6,2	12,0	1,7	15,4	2,2
Élèves parvenus en 2e après un redoublement	Premières générales				Premières technologiques					BEP CAP	Red.	Autre
	L	ES	S	Ens.	STI	STL	SMS	STT	Ens.			
Cadres et enseignants	15,3	21,2	23,5	60,0	6,3	1,2	1,6	14,1	23,2	3,6	9,9	3,3
Ouvriers, non actifs, divers	11,7	12,1	8,6	32,4	8,4	2,8	4,7	25,4	41,3	10,8	12,8	2,7
Toutes catégories sociales	12,4	14,9	13,4	40,7	8,0	2,2	3,3	21,7	35,2	7,9	13,1	3,0

Source : DEP-MEN, *RERS Édition 1997*, p. 131. *Légende :* SES = section d'éducation spécialisée ; L = série littéraire ; ES = série économique et sociale ; S = série scientifique ; STI = série technologique industrielle ; STL = série technologique de laboratoire ; SMS = série médico-sociale ; STT = série technologique tertiaire ; Ens. = Ensemble ; BEP = Brevet d'enseignement professionnel ; CAP = Certificat d'aptitude professionnelle ; Red. = redoublement ; autre = vie active et autres sorties du système éducatif.

L'étude des trajectoires scolaires a l'intérêt de porter l'attention sur la périphérie du système scolaire quand la plupart des recherches pendant des décennies mettaient plutôt l'accent sur la partie jugée centrale, à savoir l'enseignement général, voire les humanités classiques. Cette démarche permet par conséquent de rompre avec un point de vue élitiste produit par ceux qui ont un « *rapport spécifique à l'institution scolaire, induit par leurs expériences successives de bon élève, de professeur et parfois de parent d'élève*[24] ». Ces ordres de grandeur concernent il est vrai l'appareil éducatif des années 1970-1984, d'avant « *la vague lycéenne* »[25],

24. Jean-Pierre Briand et Jean-Michel Chapoulie, « L'institution scolaire et la scolarisation : une perspective d'ensemble », *Revue française de sociologie*, n° XXXIV-1, janvier-mars 1993.

25. Paul Esquieu, « La vague lycéenne : un défi pour les années 1990 », *Données sociales 1993*, INSEE. Voir aussi Claude Grignon, « De "l'école du peuple" au "lycée de masse" », *Critiques sociales* n° 3-4, novembre 1992.

mais ils permettent de souligner le poids considérable des formations techniques ou professionnelles dans l'ensemble de l'appareil scolaire (tableau 10.8).

En 1997, 34 % d'une génération décrochent un baccalauréat d'enseignement général. Les autres obtiennent un bac technologique ou professionnel (27 %), ou alors s'arrêtent avant (39 %). Ces quinze dernières années, les lycées professionnels (LP) ont vu leur poids relatif diminuer assez fortement par rapport au second cycle général et technique[26]. Mais ils continuent à accueillir une bonne moitié des enfants des catégories populaires (ouvriers et agriculteurs notamment) alors que les parents appartenant aux catégories favorisées détournent leurs enfants de cette voie qui ne leur est pas destinée. Moins d'un enfant de cadre supérieur ou d'enseignant sur dix entre dans l'enseignement professionnel. Le déroulement des scolarités après la classe de troisième reste par conséquent marqué par de fortes inégalités sociales, même si, globalement, les écarts se sont réduits dans l'accès au lycée.

Tableau 10.8

Classes de trajectoires scolaires

(individus âgés de 16 à 32 ans en 1985)

Définition de la classe	Effectifs	% des 16-25 ans
Sorties précoces (sans formation professionnelle)	1 166 070	9,0
Apprentissage	1 583 178	12,0
Technique court (préparation CAP)	2 537 078	19,0
Technique court (préparation BEP)	2 360 466	17,5
Technique long	780 698	6,0
Sorties en cours du second cycle général achevé ou non	1 319 623	10,0
Formations supérieures au bac	2 129 049	16,0

Source : Claude Gilain, Annick Kieffer et Sabine Erbès-Seguin, « Classes de trajectoires scolaires », *Sociétés contemporaines* n° 2, juin 1990, p. 122.

Dans l'enseignement supérieur

L'accès à l'enseignement supérieur s'est considérablement élargi depuis le début des années soixante . 300 000 étudiants en 1960, près de 1 200 000 à la rentrée 1980, 1 700 000 en 1990 et 2 150 000

26. Les effectifs totaux de l'enseignement professionnel représentaient environ 75 % des effectifs du second cycle long du début des années soixante à la fin des années soixante-dix, ils se maintiennent à 70 % jusqu'en 1984-1985, puis diminuent fortement pour atteindre (avec les « bac pro » !) 47 % en 1996-1997 (d'après *Données sociales 1993,* p. 566 et *RERS. Édition 1997*, p. 75.).

en 1997-1998[27]. En première approximation, « l'étudiant bourgeois du quartier latin » semble avoir laissé la place à « l'étudiant des classes moyennes des villes de province[28] ». Il ne faudrait cependant pas oublier les étudiants issus des catégories populaires, dont une fraction connaît une situation économique difficile : la pauvreté touche en effet un étudiant sur cinq de parent ouvrier[29].

Les différentes composantes des enseignements supérieurs français n'ont pas connu une progression analogue. Le secteur très hiérarchisé des « Grandes écoles » (écoles d'ingénieurs et écoles de commerce, y compris les classes préparatoires) a vu le nombre de ses étudiants augmenter le moins vite : celui-ci a été multiplié par trois de la fin des années cinquante à la fin des années quatre-vingt. L'essentiel de la hausse s'est produit dans la décennie quatre-vingt. Ce secteur regroupe 193 000 étudiants en 1996-1997. Le secteur de l'enseignement technique supérieur (STS : sections de techniciens supérieurs ; IUT : instituts universitaires de technologie) connaît une progression considérable, il passe de moins de 10 000 étudiants en 1959 à 344 000 en 1996-1997. Il regroupe une part de plus en plus importante des bacheliers. Les IUT recrutent essentiellement des bacheliers généraux (deux tiers des étudiants en 1996-1997) tandis que les STS représentent davantage un débouché pour les bacheliers technologiques. Les écoles spécialisées forment un troisième secteur sélectif avec des formations très diversifiées essentiellement centrées sur la santé et le travail social, mais on y trouve aussi les Beaux-Arts, l'École de la magistrature et les IUFM ; ce secteur compte environ 350 000 étudiants en 1994. Le recrutement de ces trois secteurs est plus ou moins sélectif. L'entrée se fait soit sur dossier, soit par concours. Enfin un quatrième secteur, le plus « visible », regroupe les universités. Elles rassemblent (hors IUT) 1 360 000 étudiants en 1996-1997. Leur nombre a été multiplié par près de sept de 1959 à 1996.

Les moyens alloués aux différents secteurs de l'enseignement supérieur sont variables : en 1988, avant le dernier afflux massif d'étudiants, un étudiant ne disposait en moyenne que de 7 m^2 à l'université contre 17 dans les IUT et 70 dans les « Grandes écoles » ; s'agissant des personnels, il y avait 1 enseignant pour 25 étudiants

27. Cependant le nombre d'étudiants stagne, voire diminue légèrement, depuis la rentrée 1996-1997, le maximum ayant été atteint en 1995-1996 avec 2 170 000 étudiants (*Note d'information,* n° 9 745, novembre 1997).
28. Olivier Galland (éd.), *Le Monde des étudiants,* Paris, PUF, 1995, p. 20. Voir aussi Jean-Paul Molinari, *Les Étudiants,* Éditions de l'Atelier, 1992.
29. *Cf.* « Les étudiants, les autres jeunes, leur famille et la pauvreté », *Économie et Statistiques,* n° 308-309-310, 1997, 8/9/10, p. 211 et *sq.*

dans le premier cas contre respectivement 1 pour 12 et 1 pour 11, et un personnel non enseignant pour 34,5 étudiants à l'université contre 1 pour 22 à l'IUT et 1 pour 6 dans les « Grandes écoles »[30]. En 1995, le budget annuel par étudiant était de 8 000 F à l'université contre respectivement 13 600 F dans les IUT et 52 000 F dans les écoles d'ingénieurs[31] ; en 1996 le coût moyen par étudiant, frais de personnel inclus, s'élève à 35 500 F à l'université, 53 500 F dans les IUT, 64 400 F dans les STS, 75 500 F dans les classes préparatoires aux grandes écoles, 89 200 F dans les écoles d'ingénieurs dépendantes des universités[32].

Tableau 10.9

Origine socio-professionnelle des étudiants français dans les universités

(France métropolitaine, 1996-1997)

PCS	Droit	Économie	Lettres	Sciences et STAPS	Santé	IUT	Total université	CPGE	STS	Autres enseignements	Origine sociale
AE	2,2	3,0	2,7	3,1	2,6	4,0	2,8	2,4	3,2	4,2	3,5
ACCE	10,4	10,4	8,5	7,9	8,1	9,6	8,9	7,4	9,5	14,3	8,2
Cadre	39,2	33,6	30,2	37,9	54,0	25,7	35,2	50,8	13,9	44,5	13,5
PI	16,3	17,4	20,7	21,2	16,3	22,1	19,6	16,0	17,1	16,3	17,8
Employé	12,9	13,1	14,0	11,9	7,1	14,2	12,7	8,9	16,2	10,1	12,5
Ouvrier	10,5	13,7	14,2	11,9	6,7	18,2	12,8	6,9	26,0	5,2	40,4
Retraité, inactif	8,5	8,9	9,7	6,2	5,2	6,2	8,0	7,6	7,7	5,4	4,1
Total	100	100	100	100	100	100	100	100	100	100	100
Effectif	172 840	136 896	467 433	313 977	128 292	104 486	1 323 924	61 488	142 365	355 844	12 114 560

Source : DEP-MEN, *RERS*, édition 1997, p. 167. *Légende :* AE = Agriculteur exploitant ; ACCE = Artisan, commerçant, chef d'entreprise ; PI = Profession intermédiaire ; CPGE = classes préparatoires aux grandes écoles ; Origine sociale : Origine sociale des jeunes de 20-24 ans en 1990.

Toutes disciplines confondues, en 1996, les enfants d'ouvriers ont encore près de 7 fois moins de chances d'accéder à l'université que les enfants de cadres, contre il est vrai, 11 fois moins quinze ans plus tôt et 28 fois moins trente ans plus tôt[33] (voir

30. Statistiques officielles (DEP-MEN), citées par Jean-Michel Berthelot, « Les effets pervers de l'expansion des enseignements supérieurs. Le cas de la France », *Société contemporaine*, n° 4, décembre 1990.
31. *Note d'information*, n° 97.50, décembre 1997.
32. *Note d'information*, n° 97.35, août 1997.
33. Calculs effectués à partir des chiffres ministériels précisant l'origine socio-professionnelle des étudiants par rapport au poids des enfants des différentes CSP dans la population. *Cf.* aussi Michel Euriat et Claude Thélot, *op. cit.*, p. 410-413.

tableau 10.9). Même les IUT, au recrutement réputé populaire, sont globalement 3,5 fois plus accessibles aux seconds qu'aux premiers. De plus, nombre de spécialités d'IUT ont un recrutement social plus proche de celui des écoles d'ingénieurs que des STS. Ces dernières, recrutant principalement parmi les titulaires des baccalauréats technologiques, sont le secteur de l'enseignement supérieur ayant le plus d'étudiants d'origine populaire[34]. À l'université, les enfants de cadres ont cinq fois plus de chances de faire des études de lettres que les enfants d'ouvriers. L'écart va de 1 à 9 en droit, de 1 à 19 pour les études supérieures du secteur de la santé (médecine, pharmacie et odontologie). La part des étudiants d'origine modeste diminue quand on passe du 1er au 3e cycle. Les enfants des cadres supérieurs et des professions libérales représentent la moitié des étudiants des 3e cycles : statistiquement ils ont près de 17 fois plus de chances de faire des études à ce niveau que les enfants d'ouvriers. On retrouve des écarts semblables pour l'accès aux classes préparatoires aux grandes écoles (tableau 10.10).

Tableau 10.10

Origine socio-professionnelle des étudiants français dans les universités par sexe et par cycle

(France métropolitaine, 1996-1997)

PCS	1er cycle		2e cycle		3e cycle		Tous cycles	
	H	F	H	F	H	F	H	F
Agriculteur exploitant	2,2	3,3	2,4	3,4	2,2	2,9	2,2	3,3
Artisan, commerçant, chef d'entreprise	8,9	9,1	8,6	9,0	8,0	8,6	8,7	9,0
Cadre	35,0	30,6	38,2	34,6	47,0	46,7	37,4	33,6
Profession intermédiaire	20,2	20,0	29,7	19,9	16,2	16,6	19,6	19,6
Employé	13,5	14,3	11,7	12,1	8,7	8,5	12,4	12,9
Ouvrier	13,5	15,4	11,0	12,3	6,7	6,8	11,9	13,5
Retraité	3,5	4,0	5,7	5,7	7,5	6,5	4,9	4,8
Inactif	2,9	3,4	2,8	3,1	3,7	3,5	2,9	3,3
Total	100,0	100	100	100	100	100	100	100
Effectif	310 239	397 531	184 373	267 056	78 353	86 372	572 965	750 959

Source : DEP-MEN, *RERS*, édition 1997, p. 167

34. Paul Bouffartigue, « Jeunes diplômés » : la quête identitaire », *Société française*, n° 39, avril-juin 1991.

Les universités sont le seul secteur ouvert à tous les bacheliers, c'est-à-dire non sélectif à l'entrée, du moins en principe. De ce fait, le nombre des étudiants inscrits dans les universités a augmenté jusqu'en 1995-1996 et au niveau de certains premiers cycles elles tendent à devenir des zones de relégation. Tout se passe comme si un processus de détournement généralisé était à l'œuvre, la sélection scolaire détournant les meilleurs élèves de l'université pour les orienter vers les autres secteurs. La part des bacheliers se dirigeant vers les universités diminue en effet dans les années soixante-dix et quatre-vingt : elle est inférieure à 50 % depuis le début des années quatre-vingt.

Les inégalités sociales dans le recrutement des étudiants restent importantes dans le secteur des grandes écoles menant aux positions dominantes. Au début des années quatre-vingt-dix, dans les écoles d'ingénieurs et les écoles d'architecture, l'écart entre les chances d'accès des enfants d'ouvriers et de cadres va de 1 à 25. Il va même de 1 à 50 pour les écoles normales supérieures et de 1 à 73 pour les écoles de commerce [35]. Michel Euriat et Claude Thélot notent que la proportion des jeunes d'origine « populaire » envisagée de manière très (trop?) large (père paysan, ouvrier, employé, artisan ou commerçant) dans quatre grandes écoles prestigieuses (École polytechnique, École normale supérieure, ENA, HEC) a beaucoup diminué depuis 40 ans : 29 % des élèves étaient d'origine « populaire » dans la première moitié des années cinquante, seulement 9 % aujourd'hui [36]. L'élite scolaire est bien le produit d'une élite sociale, elle l'est même de plus en plus. Les parcours et les filières scolaires des catégories privilégiées se distinguent de ceux des catégories moyennes ou populaires. À la relative ouverture sociale des universités s'oppose le maintien des frontières sociales dans le secteur des « Grandes écoles » [37].

35. *RERS*, édition 1991.
36. Michel Euriat et Claude Thélot, *op. cit.* p. 413-438. Les catégories les plus représentatives des couches populaires – les ouvriers et les employés – ne représentent qu'une partie de cette catégorie dite « populaire » (un septième seulement dans le cas des élèves de Polytechnique).
37. Pierre Merle, « Les transformations socio-démographiques des filières de l'enseignement supérieur de 1985 à 1995. Essai d'interprétation », *Population*, 6, 1996, p. 1181-1210.

La formation professionnelle continue (FPC)

«*La FPC doit être la seconde chance de toutes les victimes des disparités sociales*». C'est en ces termes que le secrétaire d'État chargé de ce secteur résumait, en 1975, l'un des objectifs essentiels de la mise en œuvre de la FPC. Elle devait être l'instrument principal de la construction d'une «*société de l'égalité par la promotion du travail manuel*[38]». Avec le recul, le bilan est sévère au regard des ambitions affichées. La FPC se traduit surtout par un resserrement du lien employé-employeur et bénéficie aux salariés les plus qualifiés, ayant déjà une bonne formation initiale et des diplômes élevés[39] (tableau 10.11).

Ainsi, qu'il s'agisse des stages courts décidés par les entreprises ou des stages longs financés par l'État, la formation va à la formation. La FPC vient renforcer la hiérarchie des diplômes issue de la formation initiale. C'est désormais le diplôme initial qui ouvre ou ferme les carrières, d'autant plus que dorénavant la quasi-totalité des embauches d'ouvrier qualifié, d'employé, de profession intermédiaire ou de cadre s'effectue avec un diplôme correspondant, voire plus élevé[40]. Les premiers bénéficiaires sont des salariés bien insérés dans des entreprises de taille importante situées dans des secteurs en développement ayant une gestion active de leur personnel et de sa formation[41]. En outre, les stages proposés par les entreprises débouchent rarement sur un diplôme monnayable sur le marché du travail (6 % seulement des salariés formés en 1992 obtiennent un CAP ou un BEP). Cela permet d'expliquer que moins de 10 % des salariés déclarent avoir perçu un salaire plus élevé à l'issue de leur période de formation. La FPC n'a pas d'effet propre très important sur les salaires de ceux qui en bénéficient, par contre elle accroît la stabilité de leurs emplois[42]. Les actions de formation ont en effet pour «*objectif de donner au personnel les moyens de s'adapter aux évolutions propres à chaque métier, plutôt que de lui offrir des perspectives de promotion individuelles*[43]».

Dans la période 1959-1971, elle permettait à des salariés des couches moyennes et supérieures du salariat de rétablir leur position d'origine après un échec scolaire ou un accident biographique. Depuis une vingtaine

38. Paul Granet, secrétaire d'État *in* Claude Dubar, *La Formation professionnelle continue*, La Découverte, 1990
39. *Cf.* Dominique Goux et Éric Maurin, «Les entreprises, les salariés et la formation continue», *Économie et Statistique*, n° 306, 1997, 6, p. 41 et *sq.*
40. INSEE, cité par *Alternatives économiques*, hors série n° 18, 1993
41. *INSEE Première*, n° 512, février 1997.
42. Dominique Goux et Éric Maurin, «Les entreprises et la formation continue», *Économie et Statistique*, n° 306, 1997-6, p. 41-55.
43. *INSEE Première*, n° 314, mai 1994.

Tableau 10.11

Salariés ayant reçu une formation professionnelle continue entre janvier 1992 et mai 1993

Pcs et diplômes	Effectifs formés (en milliers)	Taux de formation (en %)
Pcs		
Cadres	783	31,8
Professions intermédiaires	1 516	31,3
Employés	1 067	18,4
Ouvriers qualifiés	443	11,8
Ouvriers non qualifiés	96	4,5
Diplômes		
Supérieurs à bac + 2	483	30,4
Bac + 2	591	34,6
Baccalauréat	822	30,2
CAP, BEP ou équivalent	1 072	19,4
BEPC	394	23,9
CEP ou sans diplôme	543	9,4

Source : Insee Première, n° 314, mai 1994

d'années elle ne vise plus la promotion sociale [44], mais plutôt l'adaptation professionnelle pour des emplois en mutation rapide, voire l'insertion ou la réinsertion sur le marché du travail pour ceux dont la formation initiale est insuffisante. Il faut cependant noter que seules les politiques publiques de FPC se préoccupent de ces derniers cas. Les résultats des formations destinées aux chômeurs (jeunes, ou de longue durée) sont très décevants. Le bilan du « Crédit formation individualisé Jeunes » (CFI) établi par l'Éducation nationale en mai 1994 fait apparaître des résultats pour le moins mitigés [45]. Le CFI a été présenté comme une « seconde chance » pour la mise en œuvre d'un droit à la qualification pour les 16-25 ans en mal d'insertion et cumulant les handicaps. Résultat : plus de la moitié des « bénéficiaires » du CFI n'obtiennent rien à l'issue de leur parcours, moins de 20 % des intéressés obtiennent un CAP ou un BEP, 28 % d'entre eux bénéficiant d'une « validation partielle » de leur formation. Ajoutons enfin que, d'après de nombreuses études, la formation professionnelle continue engagée par un salarié ayant un emploi permet d'obtenir de bien meilleurs résultats et à moindre coût que la formation d'un chômeur vivant dans l'incertitude du lendemain [46].

44. Avant 1974, 50 % des salariés ont obtenu une promotion contre 17 % seulement entre 1974 et 1989. Pour les ouvriers non qualifiés les chiffres sont respectivement de 76 % et 19 % et pour les ouvriers qualifiés et les employés d'environ 40 % et 18 % (INSEE, cité par *Alternatives économiques*, hors série n° 18, 1992).

45. *Note d'information* n° 9 422, mai 1994.

46. Vincent Merle, « Faut-il former les chômeurs ? », *Éducation permanente*, n° spécial 98, juin 1989.

La mise en œuvre des politiques de FPC depuis vingt ans a par conséquent débouché sur des *inégalités accrues* entre les salariés des entreprises, grandes et petites, modernes et traditionnelles, dominantes et dominées. Claude Dubar observe qu'entre un travailleur non qualifié d'une petite entreprise appartenant à une branche peu active en matière de formation et un cadre d'une grande entreprise d'un secteur de pointe dépensant beaucoup pour la formation, le rapport des chances d'accès annuel à la FPC était de 1 à 100 [47].

■

Diplôme et entrée dans la vie active

Après avoir examiné les inégalités sociales dans l'accès aux différents échelons et dans les différentes filières du système éducatif, qu'en est-il de l'usage inégal de la formation et des titres scolaires en fonction de l'origine sociale? La première inégalité est bien sûr celle de l'accès à un emploi (voir chapitre 1). La corrélation entre la qualité de l'insertion professionnelle et le niveau de formation et de diplôme est toujours très forte. Plus le niveau de formation et de diplôme est élevé, plus grande est la protection, certes relative depuis le début des années quatre-vingt-dix, contre la précarité et le chômage. En 1997, les moins diplômés sont deux fois et demie plus exposés au chômage que les diplômés de l'enseignement supérieur : le taux de chômage des non-diplômés et des titulaires du certificat d'études primaire atteint 17,5 % contre 7,3 % pour les titulaires d'un diplôme du 2e ou 3e cycle du supérieur [48]. Par ailleurs, plus on s'élève dans la hiérarchie des diplômes, plus le taux d'accès à un premier emploi stable est élevé, et plus le passage d'un premier emploi précaire vers un emploi stable est rapide. Le diplôme protège même davantage du chômage aujourd'hui qu'hier : de ce point de vue, le diplôme ne s'est pas dévalorisé, bien au contraire il s'est valorisé [49]. Mais, si le diplôme est de plus en plus nécessaire pour trouver un emploi, il est de moins en moins suffisant pour accéder au même statut socio-économique que les générations précédentes [50].

47. Claude Dubar, *op. cit.*
48. Enquête-emploi 1997, citée par *Alternatives économiques*, n° 156, février 1998.
49. Claude Thelot, *L'Évaluation du système éducatif*, Nathan, 1994.
50. Dominique Goux et Éric Maurin, « Démocratisation de l'école et persistance des inégalités », *Économie et Statistique*, n° 306, 1997-6, p. 27-36. *Cf.* aussi Louis Chauvel, « La seconde explosion scolaire : diffusion des diplômes, structure sociale et valeur des titres », *Revue de l'OFCE*, n° 66, juillet 1998.

Le chômage des diplômés qui restait limité jusqu'en 1992, s'est mis à grimper, de même que la déqualification professionnelle. En 1993, 150 000 diplômés à un niveau bac + 4 se sont présentés sur le marché du travail alors que le nombre des recrutements externes de cadres s'est limité à 71 900 (– 17 % par rapport à 1992). À peine 21 800 de ces recrutements ont concerné des jeunes diplômés. Bref, en 1993, moins de 15 % de diplômés à un niveau bac + 4 ont donc trouvé un emploi de cadre[51] ! La majorité des titulaires d'un DUT ou d'un BTS tertiaire, une part importante des diplômés de niveau II et I en lettres ou en sciences humaines ou sociales, ne sont qu'employés, au lieu d'accéder au moins aux professions intermédiaires.

■

Nomenclature des niveaux de formation

Niveau VI	Sorties de 6e, 5e, 4e, CPPN, CAP et assimilé.
Niveau V*bis*	Sorties de 3e et des classes de second cycle court avant les classes terminales.
Niveau V	Sorties de l'année terminale des cycles courts professionnels (titulaires ou non d'un CAP ou d'un BEP notamment) et abandon de la scolarité du second cycle long avant la classe terminale.
Niveau IV	Sorties des classes terminales du second cycle long (avec ou sans bac général, technologique ou professionnel) et abandon de scolarisation post-bac avant d'atteindre le niveau III.
Niveau III	Sorties avec un diplôme de niveau bac + 2 ans (DUT, BTS, DEUG, etc.).
Niveau II et I	Sorties avec un diplôme de 2e ou 3e cycle universitaire, ou un diplôme de grande école.

■

51. Association Pour l'Emploi des Cadres (APEC) cité par *L'Université syndicaliste*, n° 339, 13 mai 1994.

Tableau 10.12

Situation professionnelle en mars 1996 des jeunes, selon leur niveau de diplôme, cinq ans après leur sortie du système éducatif

	Écoles d'ing., com., etc	DEA, DESS, Doctorat	Licences et maîtrises	Bac + 2	Bac	CAP, BEP	Aucun diplôme ou brevet	Ens.
Nb moyen de sortants (milliers)	28	23	39	109	123	165	133	628
Profession supérieure (%)	72	65	33	8	2	0	0	11
Profession intermédiaire (%)	15	20	33	52	18	4	3	18
Employés, ouvriers (%)	3	4	13	24	55	65	48	43
Chômeurs (%)	5	7	8	9	12	19	29	16
Emplois salariés à temps plein sur contrat ordinaire :								
% de sortants concernés	76	72	67	72	60	55	38	57
salaire médian (en F)	13 000	11 000	9 300	8 400	6 600	6 000	5 500	7 000

Source : Note d'information, n° 97.09, mars 1997, p. 6. *Champ :* jeunes sortis de formation initiale depuis environ 5 ans (sortants 1990,1991,1992)

De nombreuses études ont établi que, selon l'origine sociale, les diplômés négocient plus ou moins bien leurs titres, en termes notamment de niveau de salaire (tableau 10.12). La faiblesse du *« capital social »* des membres des catégories populaires ne leur permet que rarement l'accès aux postes de cadres administratifs du secteur privé. De plus, la sélection sociale très forte à l'entrée des grandes écoles limite leur accès dans la haute fonction publique. Ces phénomènes expliqueraient en partie le « choix » prédominant des diplômés du supérieur issus des catégories populaires et moyennes pour les postes de cadres A ou B de la fonction publique[52]. La stabilité de l'emploi qui en découle et une certaine ascension sociale pour la fraction la plus populaire d'entre eux font oublier le niveau des salaires plus réduit. Bref, à diplôme d'enseignement supérieur équivalent, les postes et les gratifications matérielles et symboliques sont socialement très contrastés. À diplôme donné, les individus ont donc une nette tendance à

52. François de Singly et Claude Thélot, *Gens du privé, gens du public : la grande différence*, Dunod, 1989.

reproduire la situation sociale de leur parents[53]. Dans la période de plein-emploi des années soixante et encore dans les années soixante-dix, les diplômés de l'enseignement supérieur trouvaient au moins des débouchés correspondant à leur niveau de formation. Dans les années quatre-vingt-dix une fraction importante des diplômés du supérieur doit se contenter cinq ans après la fin des études d'un emploi dans les professions intermédiaires, sinon comme employé ou ouvrier.

Tableau 10.13

Nombre de diplômes délivrés attestant une qualification professionnelle

	1987		1992		1996	
Niveau V (CAP, BEP)	394 370	69,5 %	414 371	60 %	400 468	54,6 %
Niveau IV (Bac techno, pro, B.t., B.p.)	112 221	20 %	184 201	27 %	217 417	29,6 %
Niveau III (BTS, DUT)	60 965	10,5 %	93 375	13 %	115 715	15,8 %
Total	567 556	100 %	691 947	100 %	733 600	100 %

Source : DEP-MEN, *Note d'information*, n° 97.40, septembre 1997 et n° 96.23, mai 1996 ; et *L'Université syndicaliste*, n° 339, 13 mai 1994.

Parallèlement à la « vague lycéenne » vers le second cycle général, on a aussi assisté à l'aspiration vers le haut de la filière professionnelle. En neuf ans, la part des diplômes professionnels de niveau IV ou III (voir encadré p. 275) est passée de 30 % à 45 % (tableau 10.13). Mais 60 % à 70 % des diplômés de niveau IV des filières industrielles et 70 % de ceux des filières tertiaires ne trouvent pas un emploi stable à l'issue de leurs études. Ces proportions sont plus faibles pour le niveau III, avec cependant des clivages importants entre les filières : par exemple, les débouchés des sciences de la vie et de la terre ou de la chimie sont assez restreints. Les conditions d'insertion des nouvelles promotions de « bac pro » se sont dégradées, puisque 50 % seulement des « bacs pro » diplômés ont trouvé un emploi en moins de six mois en 1996 contre 90 % en 1988[54]. Le phénomène de déqualification relative joue à plein puisque 70 % des « bacs pro » industriels deviennent ouvriers et la plupart des « bacs pro » tertiaires employé(e)s ! Mais on peut se demander aussi, au-delà des discours présentant ces nouveaux diplômes, si ces débouchés ne correspondent pas à leur finalité réelle ?

53. Dominique Goux et Éric Maurin, « Destinées sociales : le rôle de l'école et du milieu d'origine », *Économie et Statistique*, n° 306, 1997-6, p. 13-26.
54. *Note d'information*, n° 9 708, mars 1997.

Ce phénomène conduit à la disqualification totale des plus démunis qui sortent sans qualification ou sans diplôme de niveau V. Le taux d'emploi [55] des sortants de niveau VI s'est effondré de 60 % en 1976 à 10 % en 1988, celui des sortants de niveau V*bis* de 75 % à 25 %, et celui des sortants de niveau V de plus de 80 % à 35 % en moyenne [56]. Le reclassement relatif des uns aboutit au déclassement des autres. Or la « translation vers le haut » des niveaux de formation et de diplômes exigés a cet effet pervers en raison de l'insuffisance du nombre des emplois, d'autant que l'hypothèse d'une technicisation croissante des activités productives a été remise en cause depuis la publication du rapport Tanguy en mai 1991 [57].

Une cinquantaine de dispositifs gouvernementaux destinés à faciliter l'insertion professionnelle des jeunes ont accompagné la montée du chômage depuis 1977. Entre la sortie du système éducatif et l'emploi stable, la transition tend à s'allonger. Les dispositifs jeunes deviennent un passage quasi obligé, y compris maintenant pour les bac + 2 et plus. Ces dispositifs ont un effet pervers : ils contribuent à la remise en cause du droit des jeunes salariés à un emploi stable et à un salaire régi par la réglementation générale sans discrimination (*cf.* chapitre 1). La plupart des dispositifs aboutissent en effet à exonérer totalement ou partiellement des charges sociales les entreprises qui embauchent les jeunes. Le risque d'une dérive vers une discrimination généralisée des conditions d'emploi et de rémunération des jeunes est grand. Un double effet de disqualification des dispositifs d'insertion peut être observé : une tendance à accueillir des jeunes de plus en plus diplômés sur des dispositifs censés accueillir des jeunes en grande difficulté qui se trouvent ainsi privés de toute perspective d'insertion ; et un sentiment de « déchéance » pour des jeunes diplômés qualifiés qui expérimentent un nouveau degré de la stigmatisation sociale.

Une fraction importante des sortants de niveau IV est maintenant amenée à occuper des emplois d'ouvriers et d'employés. C'est la règle, notamment pour les non-diplômés et les bacheliers industriels. La tendance du bac à devenir la norme s'accompagne corrélativement d'une probabilité accrue d'un devenir ouvrier des

---

55. Il est mesuré par le rapport entre ceux qui ont un emploi et l'ensemble formé des chômeurs, de ceux qui ont un emploi et de ceux qui entrent dans les dispositifs d'insertion.
56. Charlot, Lochet, Pottier et Pouch, « Diplôme et entrée dans la vie active », *Regards sur l'actualité*, n° 167, janvier 1991, La Documentation française.
57. Lucie Tanguy, *Quelle formation pour les ouvriers et les employés en France*, La Documentation française, 1991.

bacheliers. « Dans dix ans les bacheliers seront ouvriers » pronostiquait un responsable patronal [58] qui ajoutait « les bacheliers de l'an 2000 ne pourront pas effectuer la même carrière que ceux des années soixante ». Le devenir « ouvrier » risque de ne pas correspondre au niveau d'aspiration des sortants de niveau IV. Lors de leur accès au marché du travail, ces jeunes sont le plus souvent déclassés par rapport à leur niveau de formation et exercent un emploi ne correspondant pas à leur niveau de diplôme. Ce risque de déclassement affecte les bacheliers et dans une certaine mesure les diplômés de l'enseignement supérieur, mais varie selon les spécialités. Cependant, quand on interroge les salariés, à peine 6,3 % déclarent être surdiplômés ou surqualifiés, 12,1 % estimant avoir une formation insuffisante ou inadéquate quand plus de 80 % pensent que la formation est plutôt bien adaptée [59]. Le décalage (sous des formes différentes) entre leurs ambitions et leur carrières probables affecte aussi les ingénieurs comme les diplômés de niveau BTS-DUT. Malgré les discours sur la nouvelle professionnalité, certains BTS-DUT sont enfermés dans des activités parcellaires et routinières [60].

On retrouve ici des phénomènes depuis longtemps décrits par Pierre Bourdieu [61] : dans un contexte de dévaluation des diplômes, la tentation est grande chez les différents acteurs d'attendre des titres scolaires d'aujourd'hui les bénéfices que certes procurait un état antérieur du système scolaire et de la distribution des postes et des places, mais qu'il est vain désormais d'escompter. Cette dévaluation des diplômes vaut inégalement selon la hiérarchie des titres, et le processus « inflationniste » tend à s'alimenter de lui-même. En effet, si « le bac ne donne plus rien aujourd'hui », il devient encore plus urgent de l'avoir, car sans lui c'est pire.

Enfin, se pose la question de l'adéquation formation-emploi. Le fameux objectif des 80 % au niveau bac découle en effet, en partie au moins, du diagnostic porté sur les besoins en qualifications du système productif. Qu'on se rappelle les déclarations de Jean-Pierre Chevènement, alors ministre de l'Éducation nationale : *« Dans la guerre économique, les troupes ne sont pas composées de soldats, mais d'ouvriers, d'ingénieurs et de cadres. (...) À tous les*

58. *Le Monde*, 24 juin 1992.
59. *INSEE Première*, n° 525, juin 1997.
60. Paul Bouffartigue, « De l'école au monde du travail. La socialisation professionnelle des jeunes ingénieurs et techniciens », *Société française*, n° 47, juillet-septembre 1993.
61. Pierre Bourdieu, « Classement, déclassement, reclassement », *Actes de la recherche en sciences sociales*, n° 24, novembre 1978.

échelons de la hiérarchie sociale, nous avons besoin de femmes et d'hommes hautement qualifiés[62]*.»* Lucie Tanguy porte un jugement cruel sur ce type de réflexion : «*Les industriels que nous avons rencontrés hésitent eux-mêmes à se prononcer sur l'avenir à plus de six mois, et les responsables des branches professionnelles à plus de trois ans, alors que les temps d'adaptation du système éducatif sont plutôt de l'ordre de trois à dix ans*[63]». Les vues prospectives sont d'autant plus fragiles qu'elles ne tiennent pas compte de la mauvaise image de certains métiers, ni de l'absence de perspectives professionnelles et des faibles salaires découlant de certains diplômes professionnels ou techniques comparativement à ceux de l'enseignement général (voir le chapitre 2). La principale faiblesse de la prospective en matière d'emploi tient finalement à son occultation de la dimension sociale et politique des problèmes posés.

Des inégalités entre établissements qui confortent les inégalités sociales

Les inégalités sociales étant distribuées dans l'espace, il n'est pas étonnant *a priori* que les établissements scolaires soient socialement très typés. Le «collège unique» recouvre ainsi de grandes disparités : une moitié de collèges «moyens» avec un public assez hétérogène et une autre moitié de collèges avec un public très typé. Parmi ces derniers, on distingue d'abord les «collèges ruraux» (21 % de l'ensemble) qui sont plus petits, où les enfants d'agriculteurs, d'artisans et de petits commerçants sont surreprésentés, avec une présence significative d'enfants d'ouvriers et d'employés, mais un taux réduit d'enfants de cadres. En somme, les collèges ruraux sont fréquentés par la population rurale ! Les «collèges de bons élèves» (15 %) regroupent nettement plus d'enfants de cadres. Enfin les «collèges en zone sensible» (12 %) regroupent beaucoup plus d'enfants d'ouvriers, qui sont aussi plus souvent d'origine étrangère. Dans cette dernière catégorie d'établissements, la part des élèves en retard d'un an à l'entrée en 6e est deux fois plus élevée que dans la précédente. Les retards de deux ans et plus y sont même trois fois plus nombreux. Les parents de la moi-

62. Conférence de presse de Jean-Pierre Chevènement, 12 novembre 1985, cité par Yvan Bruchon et Georges Collonges «Les visées socio-économiques de la politique scolaire des années quatre-vingt», *Société française* n° 46, printemps-été 1993.
63. Lucie Tanguy, *op. cit.*

tié d'entre eux sont sans diplôme ou ne possèdent que le certificat d'études primaires. Les familles sont deux fois plus souvent confrontées au chômage [64].

Mais la diversité entre collèges tient aussi à des facteurs internes au système éducatif. Par exemple, le nombre d'élèves par classe, le type d'enseignants, le rattachement à une ZEP, l'offre en langues vivantes ou anciennes dépendent de décisions administratives. Ainsi, dans les collèges dits de « bons élèves » la moitié des professeurs sont certifiés ou agrégés, contre 16 % seulement dans les collèges « ruraux », et l'offre d'options, notamment en langues vivantes, y est deux fois plus grande [65]. Finalement, les meilleurs résultats au brevet des collèges se rencontrent dans ces établissements, mieux dotés et regroupant davantage d'enfants de milieux aisés.

C'est en principe pour remédier à ces inégalités que les zones d'éducation prioritaires (ZEP) ont été instituées en 1981. Elles devaient bénéficier d'une augmentation sélective des ressources attribuées aux unités locales dont la population était spécialement défavorisée et les élèves plus souvent qu'ailleurs en échec [66]. L'objectif des actions mises en œuvre dans les ZEP était explicitement la réussite scolaire des élèves le plus en difficulté. Ces élèves proviennent trois fois plus souvent que les autres des catégories ouvriers non qualifiés, chômeurs ou inactifs autres que retraités. Quarante pour cent de ces élèves sont issus de ces deux catégories contre 13 % ailleurs. Les ZEP regroupent en effet des élèves particulièrement défavorisés socialement. Au total près de 75 % des élèves de ZEP viennent de familles ouvrières ou assimilées contre seulement 40 % pour l'ensemble des élèves. Inversement, les enfants des catégories moyennes et supérieures rassemblent 25 % seulement des élèves alors qu'elles représentent plus de 50 % de l'ensemble de la population scolaire. La part des élèves étrangers

64. D. Trancart, « Disparités entre collèges publics », *Éducation et formation*, n° 31, avril-mai 1992. *Cf.* aussi *Éducation et formation*, n° 43, octobre 1995 : « Le système éducatif en milieu rural ».

65. *Op cit.* La répartition des agrégés sur le plan national montre aussi une très grande disparité : 19,7 % d'agrégés à Paris contre 6,4 % dans l'académie de Lille qui comporte aussi le plus grand nombre de professeurs de moins de trente ans et de non-titulaires (DEP-MEN, *Géographie de l'école*, 1997).

66. Pour l'essentiel, il s'agissait d'écoles primaires, de collèges et de LP : les 554 ZEP recensées pour la période 1990-1993 représentent 9,4 % des écoles regroupant 12,6 % des élèves du premier degré, 16 % des collèges regroupant 15,1 % des élèves des collèges, 9 % des LP regroupant 9,2 % des élèves et 2,2 % des autres lycées regroupant 2 % de ces autres lycéens (DEP-MEN, « L'évaluation des zones d'éducation prioritaires. Description, typologie, fonctionnement, résultats », *Les Dossiers d'Éducation et formation* n° 14, septembre 1992).

est deux fois et demie plus grande en ZEP que dans la moyenne des établissements. Un quart des ZEP ont plus de 40 % d'élèves étrangers. Mais le taux de passage d'un niveau à un autre des élèves étrangers, à catégorie socio-professionnelle identique, est tout à fait comparable à celui des élèves français, et depuis 1989, il est même légèrement plus élevé [67].

Le bilan des actions menées est très décevant [68]. Les inégalités entre les établissements classés en ZEP et les autres sont restées pour l'essentiel inchangées ou se sont même accentuées, notamment pour les établissements classés en ZEP tout au long de ces années. Les écarts ont augmenté entre les deux types d'établissements en ce qui concerne la part des élèves en difficulté à l'école primaire et la part des élèves en retard en CM ou en 6e. C'est que le classement en ZEP a aussi un effet de stigmatisation qui conduit les familles les moins défavorisées à élaborer des stratégies d'évitement, ce qui se traduit par l'accumulation d'indicateurs d'autant plus « négatifs ».

Les travaux des chercheurs de l'IREDU [69] montrent que c'est essentiellement pour les élèves « moyens » sur le plan scolaire que le type d'établissement induit des différences significatives, les décisions d'orientation étant quasi automatiques pour les autres élèves. Ces élèves moyens représentent une bonne moitié de l'ensemble. Les enfants des milieux aisés sont sous-représentés dans ce groupe d'élèves « moyens ». Tout se passe comme si le collège adaptait ses pratiques d'orientation à sa population dominante, moindre sélectivité quand elle est majoritairement d'origine sociale favorisée et plus forte sélectivité dans le cas contraire. *« Les inégalités sociales d'orientation sont donc plus marquées dans les collèges populaires, même si (...) les enfants de cadres "perdent" à être scolarisés dans de tels collèges. »* Les inégalités sociales d'orientation ne s'expliquent par conséquent pas seulement par un niveau d'aspiration moyen plus faible des élèves et des familles populaires, mais aussi par *« des pratiques effectivement plus sélectives »*. Par ailleurs, les auteurs de ces travaux remarquent que les inégalités dans les résultats scolaires obtenus correspondent certes d'abord à des inégalités réelles d'acquisition à l'école primaire et surtout au collège. Mais elles tiennent aussi à des biais sociaux dans l'évaluation de ces acquis. *« Les enfants de cadres supérieurs*

67. *RERS*, édition 1992.
68. *Cf.* pour un bilan Jean-Pierre Terrail (dir.), *La Scolarisation de la France*, La Dispute, 1997, p. 123-139.
69. Institut de recherche en économie de l'éducation (Dijon).

sont mieux notés que les enfants d'ouvriers, à niveau de connaissances comparables[70]. »

Une étude récente menée par les mêmes chercheurs montre que les fortes disparités existant entre collèges sont accentuées par la pratique des classes de niveau. Ces classes de niveau se constituent fréquemment sur la base du choix d'une langue (allemand en 6e) ou d'une option (latin en 4e)[71]. L'étude, réalisée sur la base de données de la DEP portant sur 212 collèges, montre que les élèves progressent d'autant plus qu'ils sont scolarisés dans une classe de bon niveau. Cet effet est sensiblement plus fort pour les élèves dont le niveau individuel est inférieur à celui de leur classe. Les classes de niveau faible s'avèrent moins favorables à la progression des élèves. L'étude souligne l'effet plutôt positif des scolarités en classes hétérogènes et note que la constitution de classes hétérogènes est sans doute la meilleure façon d'élever le niveau moyen de l'ensemble des élèves, au bénéfice des plus faibles et sans pénalisation notable des plus brillants[72].

Le recrutement social est donc un facteur de différenciation décisif entre établissements ou entre classes au sein d'un même établissement. Cependant l'engagement plus ou moins grand des principaux acteurs des établissements scolaires en faveur de la réduction des inégalités sociales joue aussi un rôle dans l'ampleur des inégalités effectives observées d'un établissement à un autre. D'après les travaux de chercheurs bordelais[73], il semble que l'absence de cohésion ou les relations conflictuelles entre enseignants au sein d'un collège ou d'un lycée pénalisent davantage les enfants des catégories populaires. En revanche la mobilisation des enseignants et de l'équipe de direction en vue de réduire les inégalités sociales permet d'amener un maximum d'élèves au plus haut niveau possible. Cette dernière attitude s'accompagne d'une

70. Marie Duru-Bellat et Alain Mingat, « Le déroulement de la scolarité au collège : le contexte "fait des différences"... », *Revue française de sociologie*, n° XXIX-4, octobre-décembre 1988.

71. *Éducation et formation*, n° 48, décembre 1996 ; *Note d'information*, n° 97.30, juillet 1997. Les enfants d'enseignants et de cadres choisissent deux à trois fois plus souvent l'allemand comme première langue en classe de 6e que les enfants d'employés, d'ouvriers ou d'agriculteurs. En quatrième, la moitié des enfants d'enseignants choisissent l'option latin contre 13 % seulement des enfants d'ouvriers ou d'employés.

72. Marie Duru-Bellat et Alain Mingat, *La Gestion de l'hétérogénéité des publics d'élèves au collège*, IREDU, 1997.

73. François Dubet *et al.*, « Mobilisation des établissements et performances scolaires. Le cas des collèges », *Revue française de sociologie*, n° XXX-2, avril-juin 1989 ; Olivier Cousin et Jean-Philippe Guillemet, « Variations des performances scolaires et effet d'établissement », *Éducation et formation* n° 31, avril-juin 1992 ; Olivier Cousin, « L'"effet d'établissement" dans les collèges et les lycées », *Revue française de sociologie*, n° XXXIV-3, juillet-septembre 1993.

appréciation positive des élèves. Les professeurs ne parlent pas de « baisse de niveau », mais ont la volonté de travailler autrement, notamment avec les lycéens d'origine populaire. Cette mobilisation trouve ses racines aussi bien dans un engagement politique ou syndical des enseignants, dans la pression exercée par l'environnement, dans le désir de changer l'image et la réalité de l'établissement ou du métier d'enseignant ou encore dans le hasard de réseaux d'amitié qui peuvent donner l'envie de travailler ensemble. À l'inverse d'autres auteurs soulignent la responsabilité des enseignants qui semblent parfois plus préoccupés *« du respect formel des consignes de travail par les élèves que de leur activité de pensée »* et qui s'attachent alors moins à la formation qu'au respect des règles et des normes. Dans ces conditions on peut comprendre que les élèves en difficulté qui ne perçoivent que l'aspect disciplinaire, autoritaire et normatif de l'école ne parviennent pas à donner sens aux savoirs scolaires [74].

Les travaux d'Alain Léger [75] montrent que l'existence de deux secteurs de scolarisation (public et privé) permet aux familles des catégories supérieures d'avoir de véritables stratégies scolaires. Déjà privilégiées par les taux de réussite scolaire, elles disposent, en cas d'échec, des possibilités les plus étendues d'utiliser à leur profit les deux secteurs. Mais elles ne s'en servent pas seulement comme recours possible. Le souci de distinction et la volonté de se retrouver « entre soi » dans un milieu social élevé jouent aussi un rôle important dans le choix de certains établissements du privé. En tenant compte des élèves qui utilisent même temporairement l'enseignement privé, on constate que 46,1 % des enfants de cadres ont recours au privé contre 26,9 % des enfants d'ouvriers (37 % en moyenne). Les différentes catégories sociales ne se retrouvent donc pas à égalité devant les possibilités de « choix ». Ajoutons que la taille des divisions est nettement plus réduite dans le privé : en 1996-1997 les lycées publics ont en moyenne 28,4 élèves par classe contre 24,8 dans le privé [76]. Enfin le secteur privé, comme le public, est hétérogène, les établissements de chacun des deux secteurs sont de plus en plus hiérarchisés. La hausse de la fréquentation du secteur privé par les enfants des catégories

74. Bernard Charlot, Elisabeth Bautier et Jean-Yves Rochex, *École et savoir dans les banlieues... et ailleurs*, Armand Colin, 1992.
75. Alain Léger, « Enseignement public et privé : idées fausses et réalités » (1re partie), *Société française*, n° 36, juillet-septembre 1990 ; 2e partie, *Société française*, n° 37, octobre-décembre 1990.
76. *RERS, Édition 1997*, p. 31.

populaires (qui restent cependant sous-représentés) ne conduit par conséquent pas à un « brassage social ». Mais de ce point de vue le public n'est pas mieux loti.

Depuis la décentralisation, les collectivités locales (régions, départements et communes) sont théoriquement en mesure d'introduire une régulation plus souple dans le système éducatif parce que leur connaissance des déséquilibres est souvent plus fine par rapport à celle de l'administration centrale. Il n'en reste pas moins que, poussé à l'extrême, ce fonctionnement risque de donner lieu à de nouvelles inégalités entre les campagnes et les villes et entre les villes suivant leurs ressources financières et leur degré de mobilisation[77].

La mise en place des secteurs et des districts scolaires, en 1963, répondait à une motivation gestionnaire, mais elle était aussi un outil pour éviter que se maintienne, voire s'aggrave, l'inégalité d'accès aux études. La carte scolaire a été conçue comme un moyen *« de réaliser la démocratisation de l'enseignement, démocratisation étant entendue au sens de suppression des inégalités d'accès aux études[78] »*. Son premier objectif était d'empêcher la ségrégation sociale que la liberté de choix génère. La « désectorisation », c'est-à-dire le retour à la liberté de choix de l'établissement scolaire par les familles, expérimentée depuis 1984, puis progressivement étendue, touche la moitié des collèges et plus d'un quart des lycées dès 1990. Elle accentue la concurrence entre les établissements et renforce la polarisation. Les réglementations antérieures étaient certes peu efficaces et contournées par de multiples stratégies de dérogations et d'évitement qui permettent aux parents informés de se détourner de tel établissement mal coté, parce que (socialement) « mal fréquenté ». À défaut du secteur public, des établissements privés permettent à ces parents de mettre en application leur « liberté de choix », c'est-à-dire, dans les faits, d'éviter le mélange social.

Robert Ballion[79] insiste sur l'inégale distribution de l'information relative au « marché scolaire ». Les parents des catégories favorisées disposent d'un plus grand nombre de sources d'information, qu'ils se procurent le plus souvent par eux-mêmes, ils

77. Agnès Henriot-Van Zanten, « Les politiques éducatives locales entre l'État et le marché », *Société française*, n° 48, octobre-décembre 1993.
78. B. Giraud, *La Carte scolaire*, La Documentation Française, 1973.
79. Robert Ballion, *La Bonne École*, Hatier, 1992. Voir aussi son article « Le choix du collège : le comportement “éclairé” des familles », *Revue française de sociologie*, n° XXVII-4, octobre-décembre 1986.

représentent ainsi de véritables « parents d'élèves professionnels ». Les familles de ces milieux sont par conséquent en mesure de choisir le « bon » collège ou le « bon » lycée, mais aussi la « bonne » filière, bref d'appliquer une véritable stratégie. Déjà, avant les mesures de désectorisation, ces familles, par le biais des options mais aussi par l'usage de l'école privée, mettaient en œuvre ce type de choix. Alors que les familles modestes dépendent des informations et des conseils des professionnels de l'orientation que sont les enseignants et les conseillers d'orientation.

Une étude menée sur les lycées parisiens où la carte scolaire a été supprimée montre que les familles – et surtout les élèves pour l'entrée en seconde – choisissent tendanciellement un établissement dont les résultats scolaires moyens sont d'un niveau correspondant à la valeur scolaire de l'élève, ceci surtout pour les établissements à résultats élevés. Compte tenu de la relation existant entre la réussite scolaire et le milieu socioculturel d'appartenance de l'élève, la ségrégation scolaire se double d'une ségrégation sociale [80]. Les établissements sont mis en concurrence, certains deviennent des « établissements vitrines ». Les « bons » établissements éclipsent ceux dont la réputation laisse à désirer. Les « mauvaises écoles » tendent à se dégrader davantage et les « bonnes écoles » sont amenées à pratiquer une sélection plus forte. Le passage d'un système unifié où chaque élève dépend d'un secteur ou d'un district, à un marché scolaire, où les parents deviennent des « consommateurs d'école », renforce par conséquent les inégalités.

Agnès Henriot-Van Zanten souligne le risque d'une dualisation du système éducatif où *« l'un des secteurs verrait ses conditions matérielles, les attentes des élèves et des parents et la motivation des enseignants se dégrader »*. L'efficacité de l'autre secteur s'améliorerait, mais *« au prix d'un renoncement à l'idéal de l'école démocratique et intégratrice* [81] *»*. En somme, la déréglementation accentue les inégalités en augmentant la distance sociale entre les écoles ghettos et les pôles d'excellence. C'est ce que confirme un rapport de l'Inspection générale de l'Éducation nationale qui dresse en 1998 un constat sévère de l'aggravation des inégalités entre établissements [82]. Il souligne la responsabilité de l'administration dans ce processus.

80. Robert Ballion et Françoise Œuvrard, « Le choix de l'établissement scolaire : le cas des lycées parisiens », *Éducation et formation,* n° 29, septembre-décembre 1991
81. Agnès Henriot-Van Zanten, *op. cit.*
82. Bernard Toulemonde, Rapport de l'Inspection générale de l'Éducation nationale, cité par *Le Monde*, 12 février 1998.

Outre des différences lourdes de moyens accordés[83], suivant les régions et suivant les établissements, qui privilégient systématiquement les catégories sociales favorisées, le rapport stigmatise les *« stratégies consuméristes des familles »* et les *« complicités sociales »* qui engendrent *« un processus de plus en plus précoce et de plus en plus profond de ségrégation sociale »*.

83. Le rapport note par exemple que le budget consacré aux heures de « colle » des classes préparatoires aux grandes écoles d'un lycée lyonnais représente 21 000 heures supplémentaires, c'est-à-dire 6 millions de francs par an. *« Si on faisait la même chose pour des élèves de ZEP, on obtiendrait certainement de bons résultats »*, commente-t-il.

Les inégalités face aux usages sociaux du temps

11.

Les enquêtes consacrées aux emplois du temps permettent de recueillir des indications sur les activités quotidiennes des hommes et des femmes. Elles considèrent en général que le temps libre équivaut au « temps passé aux loisirs ». C'est donc un temps passé hors du lieu de travail et non lié au travail. Ce temps libre n'est en outre ni un temps de formation ni un temps « physiologique », consacré au sommeil, à l'hygiène ou aux repas. Les concepteurs de ces enquêtes défalquent aussi du temps libre l'ensemble du travail domestique : ménage, cuisine, jardinage, bricolage, couture. Ces activités ont été longtemps qualifiées de « semi-loisirs » par l'INSEE alors que d'autres auteurs associant loisir et plaisir transforment tous les individus en épicuriens en puissance et font fi des conditions socio-économiques concrètes d'accès au « loisir-plaisir ». Les auteurs des rapports consacrés aux pratiques culturelles des Français retiennent souvent une définition du temps libre qui prend en compte les « loisirs-travaux domestiques » [1]. Cette démarche ne permet cependant pas toujours de séparer clairement les activités indispensables à la vie, voire à la survie, du groupe familial et celles qui, tout en résultant aussi d'un « choix positif », relèvent en partie au moins du « choix du nécessaire [2] ». Pour clarifier cette discussion revenons brièvement sur la distinction entre « temps nécessaire » et « temps libre », proposée par Michel Verret [3].

Temps nécessaire et temps libre

Le « temps nécessaire », c'est d'abord le temps consacré au travail, y compris au trajet pour s'y rendre. Mais c'est aussi une partie au moins du « travail de consommation », temps consacré à se nourrir, à se vêtir, à s'approvisionner, à consommer ce qui est nécessaire

1. *Cf.* les enquêtes publiées par le département des études et de la prospective du ministère de la Culture et de la Communication : Olivier Donnat, *Les Pratiques culturelles des Français, Enquête 1997*, La Documentation française, 1998 (la plupart des chiffres cités dans les pages qui suivent et relatifs à l'année 1997 sont extraits de cet ouvrage), *Nouvelle Enquête sur les pratiques culturelles des Français en 1989*, La Documentation française, 1990 ; *Les Pratiques culturelles des Français, 1973-1989*, La Découverte-La Documentation française, 1990.

2. Pierre Bourdieu, *La Distinction, critique sociale du jugement*, Minuit, 1979. Pierre Bourdieu ramène les choix des membres des classes populaires au seul goût de nécessité et au principe de conformité, en raison de la domination qui s'exerce sur eux. Il ne laisse aucune marge d'autonomie aux classes dominées.

3. *Cf.* Michel Verret, *La Culture ouvrière*, ACL Édition, 1988 (réédité par L'Harmattan, 1996) ; et M. Verret, « Pour une théorie du temps libre ouvrier », *Chevilles ouvrières*, Éditions de l'Atelier, 1995, p. 211-225.

à la vie et à sa reproduction : cela inclut donc une partie du temps consacré chez soi à la famille, aux enfants, au ménage, au linge, à la cuisine, etc.

Ce « temps nécessaire » détermine l'ampleur du temps libre. Ce dernier varie fortement selon le sexe et selon la catégorie sociale. Les classes les plus aisées, libérées notamment des contraintes productives, disposent du temps de « faire ce qui plaît ». Déjà au siècle dernier, les théâtres de Paris et des grandes villes étaient fréquentées par une clientèle qui disposait d'un temps libre important. Qu'on pense au monde décrit par Marcel Proust, aux vacances bourgeoises de la fin du XIXe ou du début du XXe siècle, à Cabourg, à Nice, à Royan, ou encore dans les villes d'eau. De ce point de vue, 1936 marque une rupture symbolique forte : les congés payés entament le monopole de la bourgeoisie sur le temps libre et les vacances. Cependant le départ en vacances ne s'est diffusé que très progressivement au sein d'une classe ouvrière qui redoutait d'affronter la vacance d'un temps libre à occuper, mais aussi celle d'une inactivité coupable, longtemps assimilée au chômage [4]. La progression du temps libre s'est poursuivie depuis, sous l'effet cumulé de l'allongement de la durée de la vie, de la baisse de l'âge de la retraite et de la réduction du temps de travail hebdomadaire et annuel. Aujourd'hui, il dépasse en importance le temps contraint, y compris pour les ouvriers ou les employés. Ce sont les petits indépendants (agriculteurs exploitants surtout, mais aussi artisans ou commerçants) qui ont aujourd'hui les journées de travail les plus longues, suivis par les membres des professions libérales, certains cadres ou chefs d'entreprise.

La diminution du temps de travail annuel est considérable depuis le milieu du siècle dernier. Au début des années soixante le temps de travail moyen des salariés était encore, de fait, de 46 heures par semaine, sous l'effet des heures supplémentaires imposées à ceux dont les salaires étaient trop faibles. Depuis 1982, la durée moyenne de travail d'un salarié permanent à temps complet a cependant tendance à stagner autour de 39 heures hebdomadaires pendant 45,5 semaines [5]. La mise en place des 35 heures à l'horizon de l'an 2000 n'arrive donc pas trop tôt. Mais, parallèlement à cette baisse du temps de travail, le temps passé à se rendre au

4. *Cf.* Jean-Claude Richez, Léon Strauss, « Généalogie des vacances ouvrières », *Le Mouvement social*, n° 150, 1990.
5. *Premières synthèses*, 97.07 - n° 27.3, DARES ; *Premières informations*, 97.11 – n° 47.1, DARES. L'INSEE évalue cependant cette durée hebdomadaire moyenne à 41 heures (*cf.* INSEE *Première*, n° 545, septembre 1997).

travail n'a pas cessé de croître : le déménagement vers la périphérie des villes entraîne un éloignement des hommes et des femmes de leur lieu de travail (*cf.* chapitre 8).

Les familles de la bourgeoisie disposent d'un autre avantage en temps grâce aux fournisseurs à domicile, au recours aux domestiques et à la fréquentation plus courante des restaurants. Le développement de l'alimentation à l'extérieur du domicile depuis une trentaine d'années présente cependant des caractéristiques variables. La fréquentation des cantines et autres restaurants d'entreprise ou même celle, rapide, d'un restaurant avec des collègues lors de la pause de midi s'apparente davantage au « temps nécessaire » ou au « temps contraint ». En effet, il s'agit là d'abord d'un temps lié au travail au même titre que le déplacement pour s'y rendre. La sortie au restaurant, en couple ou avec des amis, est, en revanche, de nature très différente. Occupation généralement plaisante, cet usage du temps libre est affecté par des inégalités importantes.

La bourgeoisie s'est depuis longtemps accoutumée à prendre son temps, y compris pour manger. En revanche, le temps libre de la classe ouvrière est davantage compté, ainsi ne reste-t-elle plus longtemps à table que les dimanches ou les week-ends. Des enquêtes réalisées dans les années soixante et quatre-vingt montrent que le temps pris pour préparer les repas est plus de deux fois plus court parmi les femmes de cadres que parmi les épouses d'ouvriers [6]. Des écarts comparables se rencontrent en ce qui concerne le temps de travail ménager. En revanche, la situation s'inverse quand on examine le temps passé à prendre les repas. Il est plus important chez les cadres et, de manière générale, chez ceux qui ont des revenus plus élevés. Du début des années soixante à la fin des années quatre-vingt le temps passé à prendre les repas augmente cependant plus vite dans les catégories populaires que dans les catégories aisées. Il est intéressant de noter que les week-ends, ces dernières consacrent à peine plus de temps aux repas que les jours de la semaine. Les catégories moyennes et populaires consacrent à l'inverse 40 % à 50 % plus de temps à manger les week-ends que les jours de la semaine, c'est-à-dire 20 % à 30 % de plus que les catégories aisées [7].

---

6. En 1963, en France 23 min contre 49 min (Enquête comparative de budgets-temps, *Revue française de sociologie*, 1965, p. 487-512). En 1988, en Belgique, 15 min dans les catégories ayant les revenus les plus élevés contre environ 30 min dans les autres catégories [Peter Scholliers, *in* Aymard, Grignon et Sabban (dir.), *Le Temps de manger*, MSH, INRA, 1993, p. 130].
7. Peter Scholliers, *op. cit.*, p. 131.

Peter Scholliers tire de l'examen de ces données historiques et sociologiques se rapportant à différents pays une «loi» qu'il formule de la manière suivante : *«Le temps passé à s'approvisionner, à cuisiner et à faire la vaisselle est inversement proportionnel au revenu, et le temps consacré à manger augmente au contraire en même temps que celui-ci*[8]. *»* Cette «loi» est cependant loin d'être universelle. En effet, l'écart entre le groupe des ouvriers et employés et celui des cadres est bien moindre en France par rapport à d'autres pays. Claude Grignon montre que le modèle français des repas est l'aboutissement temporaire d'un processus historique, concurrentiel et souvent conflictuel, le produit de la rencontre entre des usages sociaux propres à des groupes, à des classes et à des cultures de classes différentes. Ce modèle n'est pas le produit du «tempérament» ou de la «psychologie» du «peuple» français[9]. Il est bien sûr exposé aux altérations de la constellation historique singulière qui l'a produit : les crises du modèle familial, de l'emploi, de l'idéologie dominante pèsent aussi sur la vie domestique. La précarisation, la flexibilisation du travail et la déréglementation des temps de la vie sociale exercent en effet une pression sur ce modèle culturel qui risque de le modifier. Mais ce modèle français des repas est aussi devenu un élément des règles culturelles *«allant de soi»* dont la remise en cause semble impensable. Ce modèle, à l'origine un élément de la vie bourgeoise, est devenu une revendication, puis une garantie pour les catégories populaires : un patrimoine commun fait d'éléments provenant de cultures de classe différentes, *«échangées, empruntées, disputées, réappropriées et tombées pour finir dans une sorte de domaine public*[10] *»*. C'est devenu un refuge où les conquêtes sociales peuvent espérer devenir des acquis définitifs, passer dans les évidences qui définissent une «vie normale», «décente».

En dehors des clivages de classes, ce sont les inégalités entre sexes qui sautent aux yeux en matière de gestion du temps. Le temps consacré par les femmes au travail ménager dit de «routine» diminue certes nettement avec l'augmentation du nombre d'heures de travail rémunérées par semaine. Mais leur temps contraint reste plus important que celui des hommes, surtout pour celles qui sont salariées, car la majeure partie du travail domestique continue à leur échoir. La double journée de travail réduit par conséquent le

8. Peter Scholliers, *op. cit.*, p. 133-134.
9. Claude Grignon, *in Le Temps de manger*, *op. cit.*, p. 275-323.
10. Claude Grignon, *op. cit.*, p. 320.

temps libre disponible des femmes. Au cours du XXe siècle, la durée du travail domestique féminin a diminué grâce au développement de l'usage des appareils ménagers, à l'extension du travail salarié féminin et, en faible partie et très récemment, à une participation un peu plus importante des hommes au travail ménager [11].

Tableau 11.1

Probabilité de prise en charge d'une tâche domestique par l'homme ou par un tiers rémunéré selon la Pcs ou le statut professionnel de l'homme

(en %)

Pcs de l'homme	Probabilité de prise en charge d'une tâche...					
	... « féminine »		...« masculine »		...négociable	
	par l'homme	par un tiers	par l'homme	par un tiers	par l'homme	par un tiers
Agriculteur	0,1	0	55,2	1,4	4,9	0
Artisan	2,7	4,2	71	6,7	13,2	2,4
Commerçant	0,8	2,6	84	18,5	12,9	3,1
Chef d'entreprise	0,0	7,0	79,5	26,2	7,3	8,4
Profession libérale	1,8	18,0	77,9	32,8	10,9	11,9
Cadre	5,8	7,9	79,5	25,3	30,3	6,7
Prof. intermédiaire	4,3	1,8	87,5	8,9	23,3	1,2
Employé	3,3	0,8	90,9	9	27,1	0,5
Ouvrier	2,8	0,4	88,5	3,6	21,2	0,6
Total indépendants	1,0	2,9	65,4	8,3	9,4	2,4
Total salariés	3,6	1,8	87,7	8,4	23,7	1,3

Source : Pierre Zarca, « La division du travail domestique », *in Économie et Statistique* n° 228, janvier 1990, p. 29-40. Remarque : Les tâches « féminines » sont principalement effectuées par l'homme dans moins de 5 % des cas : laver le linge, repasser, recoudre un bouton, faire les sanitaires ; les tâches « négociables » sont de fait principalement assurées par les femmes dans plus de 50 % des cas, mais dans 10 % des cas au moins elles sont effectuées principalement par l'homme ou par les deux conjoints également : faire la cuisine, les vitres, la vaisselle, les courses, passer le balai ou l'aspirateur, mettre le couvert ; enfin les tâches masculines sont effectuées majoritairement par les hommes : laver la voiture, porter le combustible.

La prise en charge d'une tâche domestique par l'homme s'accroît lorsque l'épouse exerce une activité professionnelle. Les hommes des professions indépendantes sont les plus passifs. La même tendance se retrouve chez les hommes salariés issus de ces milieux. La probabilité de prise en charge d'une tâche « féminine » par l'homme est de 1 % chez les indépendants contre à peine... 4 %

11. *Cf.* Alain Bihr et Roland Pfefferkorn, *Hommes-Femmes : l'introuvable égalité*, Éditions de l'Atelier, 1996.

chez les salariés. Les probabilités de prise en charge d'une tâche « négociable » s'élèvent respectivement à environ 9% et 24%. La probabilité de prise en charge de tâches par des tiers, c'est-à-dire généralement par du personnel domestique, est vingt fois plus élevée pour les cadres qui emploient près de la moitié de l'ensemble des femmes de ménage par rapport aux ouvriers (tableau 11.1)[12].

Une fois l'importance respective du temps nécessaire et du temps libre approximativement cernée, l'usage social de ce dernier pourra être étudié[13]. Quelles différences et inégalités peut-on observer relativement aux « pratiques culturelles » répertoriées comme telles (lecture, fréquentation des concerts, musées, théâtres et autres salles de spectacle...) ? Mais aussi en ce qui concerne des pratiques culturelles plus « invisibles » parce que moins légitimes et par conséquent plus rarement mentionnées dans les enquêtes (par exemple les différentes formes de bricolage ou autoproduction et les autres activités sociales spécifiques aux milieux populaires)[14] ? Quelle est l'importance des « loisirs », si tant est que cette notion ait un sens pour tous les groupes sociaux? Enfin, qu'en est-il des vacances, ces périodes sociales particulières de « temps libre concentré » ?

L'usage social inégal du temps libre

Le temps libre est occupé par diverses activités non contraintes. Ces dernières peuvent être menées de manière individuelle ou collective, de façon plus informelle ou dans le cadre d'une association. Elles peuvent se pratiquer à domicile ou à l'extérieur. Même si la distinction est quelque peu arbitraire, nous examinerons successivement les activités centrées sur le domicile et les activités tournées vers l'extérieur. Les activités en famille ont la préférence des personnes des milieux populaires, notamment des agriculteurs et des ouvriers, contrairement aux membres des catégories moyennes ou supérieures : 47% des agriculteurs et 30% des

12. *Insee Première*, n° 411, novembre 1995.
13. Le bouleversement croissant des rythmes de vie, notamment leur désynchronisation, lié au développement des horaires de travail atypiques et à la flexibilité modifie fortement le rapport au temps. Ceci est particulièrement marquant pour les catégories populaires (en premier lieu les employés de commerce et les ouvriers) qui sont particulièrement affectées par cette évolution. *Cf.* à ce sujet l'entretien avec Francis Godard dans *Alternatives économiques*, mars 1998, p. 42-43.
14. Voir les exemples proposés par certaines enquêtes ethnographiques : Florence Weber, *Le Travail à-côté*, Ehess-Inra, 1988 ; ou Michel Pinçon, *Désarrois ouvriers*, L'Harmattan, 1987.

ouvriers contre 20 % des cadres ou 25 % des employés préfèrent les activités de « loisir » pratiquées en famille. Les ouvriers déclarent trois fois plus souvent que les cadres préférer s'occuper des enfants et de la maison en cas de disponibilité. Les cadres en revanche ont une attirance marquée pour les activités en couple ou pour les activités solitaires, et ils préfèrent aussi, plus que les ouvriers, « se cultiver » pendant leurs loisirs [15].

Les activités centrées sur le lieu d'habitation

La télévision et les autres médias audiovisuels

La télévision est aujourd'hui omniprésente : en 1997, 96 % des ménages disposent d'au moins un poste ; 45 %, de deux postes ou plus. En vingt-cinq ans le temps passé devant la télévision a pratiquement doublé. Mais le maximum semble avoir été atteint en 1991. Depuis cette date on enregistre en effet une légère inversion de tendance malgré l'augmentation de l'offre de programmes. En 1997, les adultes regardent la télévision plus de trois heures par jour en moyenne. Plus de 80 % des ouvriers la regardent tous les jours contre 61 % des cadres. Trente-sept pour cent des cadres regardent moins de dix heures par semaine, contre à peine 15 % des membres des catégories populaires (ouvriers, employés). À l'opposé, plus de 20 % des ouvriers y consacrent plus de trente heures contre à peine 6 % des cadres. En moyenne les cadres passent quatorze heures devant la télé contre vingt-quatre pour les ouvriers non qualifiés. On retrouve cette tendance chez les enfants : ceux des catégories supérieures passent beaucoup moins de temps devant la télévision que les enfants des catégories populaires. Près de la moitié des premiers ne regardent la télévision que moins d'une demi-heure par jour contre le quart seulement des seconds [16].

La télévision, le magnétoscope et les cassettes-vidéo représentent une faible part des dépenses culturelles des familles de cadres ou des étudiants célibataires, dont l'essentiel est consacré aux sorties et à la musique. En revanche, ce type de dépenses a un poids relatif important au sein des familles ouvrières, et même prépondérant chez les agriculteurs retraités et veufs dont les dépenses culturelles globales restent très faibles [17]. Mais, par-delà ces diffé-

15. Olivier Donnat, *Les Pratiques culturelles des Français, Enquête 1997,op. cit.*, p. 25-27.
16. Olivier Donnat, *Les Pratiques culturelles des Français, Enquête 1997, op. cit.*, p. 61-77 ; *Développement culturel*, n° 120, octobre 1997 ; *Insee Première*, n° 355, janvier 1995 ; *Insee Résultats*, série consommation modes de vie, n° 23-24, 1991 ; François de Singly, *Lire à 12 ans, une enquête sur la lecture des adolescents*, Nathan, 1989.
17. *Données sociales 1990*, p. 210-212.

rences quantitatives qui rappellent la prégnance de la télévision en milieu populaire, on peut observer de grandes différences qualitatives, d'abord en ce qui concerne l'offre audiovisuelle de complément. En 1997, les catégories populaires sont moins souvent abonnées à Canal + (18 % des ouvriers non qualifiés contre 32 % des cadres). En revanche les choses s'inversent pour la connexion au câble (18 % et 9 %) et pour l'équipement en antenne parabolique (8 % et 7 %) en raison de la demande spécifique de certains téléspectateurs d'origine étrangère [18].

TF1 et M6 sont massivement regardées par les ouvriers et les employés, alors qu'à l'inverse les cadres regardent plus souvent France 2 ou Canal + (et une forte minorité privilégie Arte). Certaines séries télévisées, les émissions de divertissement et de jeux sont en général prisées par les catégories populaires (comme « Des chiffres et des lettres » ou « Le juste prix »). On retrouve là l'« esprit du jeu » qui caractérise les ouvriers. Ils sont aussi de grands amateurs du jeu de cartes et très attirés par les jeux de hasard. Les ouvriers restent les plus grands joueurs du jeu de hasard social : loto, PMU, tac-au-tac, etc. [19]. *« Si aliénant soit-il, au jugement du calcul rationnel et de l'éthique de l'épargne,* remarque Michel Verret, *le jeu de hasard ouvre au moins à l'ouvrier ces deux libertés-là : celle de n'être plus totalement jouet, puisqu'il y devient joueur. Celle d'imaginer au moins, dans l'illumination fugace de la réversibilité, l'échange social du malheur de hasard contre le bonheur de même nom [20]... »*

Les émissions plébiscitées par les catégories supérieures sont diffusées plus tard dans la soirée ou sont estampillées « culturelles » comme « Les mercredis de l'histoire » (11 % de cadres contre 5 % des ouvriers, des employés ou des agriculteurs), « Bouillon de culture » (11 % de cadres contre 1 % des ouvriers). Les émissions économiques (comme « Capital ») ou de « politique-spectacle » semblent convenir aux cadres et aux agriculteurs mais sont largement boudées par les ouvriers. « La marche du siècle » attire 37 % de cadres contre 11 % des ouvriers non qualifiés. Les informations régionales sont davantage suivies par les membres des catégories populaires, surtout celles des campagnes, tandis que les informations nationales, notamment celles du soir, sont suivies de manière plus

18. *INSEE Première*, n° 505, janvier 1997 ; Olivier Donnat, *Les Pratiques culturelles des Français, Enquête 1997, op. cit.*, p. 69.
19. *INSEE Première*, juillet 1993 et Olivier Donnat, *Les Pratiques culturelles des Français, Enquête 1997, op. cit.*, p. 141-142. Les ouvriers qualifiés sont 23 % à jouer au loto ou au tac-au-tac contre 7 % des cadres, 9 % à jouer au PMU contre 1 %.
20. Michel Verret, *La Culture ouvrière, op. cit.*

équilibrée par les différentes catégories sociales. Il existe aussi des émissions « inter-classistes » comme « Thalassa », « Stade 2 » ou le téléfilm « L'instit ». Certaines d'entre elles ont un public jeune et d'autres un public plus âgé (tableau 11.2).

Tableau 11.2

Cadres et ouvriers non qualifiés face à la télévision en 1997

(en %)

	Cadres	Ouvriers non qualifiés
Ne possèdent aucun poste de TV	8	4
Regardent tous les jours	61	81
Regardent moins de 10 heures par semaine	37	11
Regardent plus de 30 heures par semaine	6	28
Regardent le plus souvent TF1	15	42
Regardent le plus souvent France 2	22	9
Regardent le plus souvent M6	7	28
Regardent le plus souvent Arte	8	0
Regardent le plus souvent Canal +	16	4
Quelques émissions préférées :		
Le juste prix	2	18
Des chiffres et des lettres	4	13
Tout est possible	3	19
La marche du siècle	37	11
Les mercredis de l'histoire	11	5
Bouillon de culture	11	0
Capital	41	21
Stade 2	11	14
Thalassa	40	22
Téléfilm « L'instit »	10	14
Faut pas rêver	30	15
Les grosses têtes	8	27
La série « X-Files »	19	30

Source : Olivier Donnat, *Les Pratiques culturelles des Français, Enquête 1997*, La Documentation française, 1998, p. 61-148.

Dans les différents groupes sociaux, le magnétoscope sert avant tout à l'enregistrement et à l'écoute différée des programmes télévisés. Il est donc d'abord un moyen de regarder davantage la télévision, tout en maîtrisant mieux son temps, et de choisir le moment passé devant le poste. Des différences importantes s'observent en fonction des classes d'âge : les jeunes sont en effet les premiers consommateurs de vidéo ; la circulation des cassettes et les invitations adressées à des parents ou des amis à venir regarder des vidéocassettes témoignent du caractère convivial de cette pratique [21].

Les inégalités quantitatives entre groupes sociaux se sont atténuées un peu en ce qui concerne l'équipement en disques compacts et en baladeurs. Les différences qualitatives concernent le genre musical : la musique dite « classique », l'opéra, le jazz ou la musique contemporaine sont des genres distinctifs, les « musiques du monde », la chanson, le rap ou le rock sont plus populaires. Les ouvriers ou les agriculteurs qui écoutent de la musique classique écoutent généralement aussi des chansons, mais les cadres n'associent que rarement la musique classique aux chansons : l'éclectisme musical chic des cadres consiste à mêler musique classique et jazz (et éventuellement le rock) [22].

Tableau 11.3

Taux d'équipement en Minitel et micro-ordinateur

(en %)

	Minitel	Micro-ordinateur
Agriculteur exploitant	32,8	1,8
Artisan, commerçant, chef d'entreprise	30,9	7,6
Cadre	38,6	31,8
Profession intermédiaire	24,1	23,6
Employé	13,8	12,7
Ouvrier	9,3	12,1
Retraités	12,5	8,5
Autres inactifs	3,1	2,0
Total	17,7	15,6

Source : INSEE, *Tableaux de l'économie française, 1997/1998*, p. 43.

L'usage des moyens modernes de communication oppose les différentes catégories sociales. Certes le téléphone est aujourd'hui largement répandu dans toutes les couches de la population, mais son utilisation est loin d'être comparable. L'enquête sur les loisirs des jeunes montre que la pratique intensive du téléphone est

21. *Développement culturel*, n° 120, octobre 1997 ; Olivier Donnat, *Les Pratiques culturelles des Français, Enquête 1997, op. cit.*, p. 79-152.
22. Olivier Donnat, *Les Pratiques culturelles des Français, Enquête 1997, op. cit.*, p. 99-166.

propre aux filles de cadres. Les enfants de cadres téléphonent nettement plus souvent et plus longtemps que ceux des ménages ouvriers [23]. La possession d'un micro-ordinateur à domicile est presque aussi distinctive que celle d'un piano. L'ordinateur domestique est globalement trois fois plus diffusé parmi les familles de cadres que parmi les familles ouvrières. L'usage du micro-ordinateur est très fréquent parmi les fils des cadres. Le Minitel se rencontre même quatre fois plus souvent parmi les cadres que parmi les ouvriers (tableau 11.3).

La lecture

Si la part de la population sans aucun contact avec le livre a baissé depuis vingt-cinq ans, il n'en reste pas moins que la pratique de la lecture et la diffusion du livre n'ont guère augmenté [24]. En effet la part des grands lecteurs (20 livres et plus) diminue et celle des lecteurs un peu moins assidus (moins de 10 livres) progresse (tableau 11.4). Les femmes lisent significativement plus que les hommes : en 1994, 55 % des femmes ont lu au moins un livre au cours des trois derniers mois contre à peine 41 % des hommes [25]. La pratique de la lecture a mieux résisté dans les milieux très diplômés, les plus cultivés, qui ont des rapports plus étroits avec le livre (tableau 11.5). Le recul est accentué dans les catégories moyennes et populaires. En 1997 plus d'un tiers des cadres étaient des grands lecteurs contre moins d'un cinquième des membres des catégories populaires.

Malgré les progrès de la scolarisation on observe aussi un vieillissement général des lecteurs et un recul de la lecture chez les 15-24 ans. Plus de la moitié de ceux qui possèdent plus de 500 livres sont des cadres ou des membres des professions intermédiaires. Les agriculteurs, les ouvriers et les employés qui représentent 60 % de la population active ne sont que 20 % de ces gros détenteurs de livres. L'approvisionnement se fait soit par l'achat, soit par le prêt entre amis, ou encore auprès d'une bibliothèque. Dans ces trois cas, on constate que ce sont les catégories de lecteurs qui lisent le plus, les cadres et les professions intermédiaires, qui sont les plus représentées (tableau 11.4 et 11.5). Certes 58 % des cadres ne vont jamais dans une bibliothèque, mais ceux qui les fréquentent sont assidus : les cadres ont une fréquentation globale 1,5 fois plus élevée que les ouvriers qualifiés,

23. Michel Bozon, « Les loisirs forment la jeunesse », *Données sociales 1990*, INSEE.
24. Louis Dirn, « Les tendances de la société française », *Revue de l'OFCE*, n° 64, janvier 1998, pp. 205-206.
25. INSEE, *Tableaux de l'économie française 1997-1998*, p. 47.

Tableau 11.4

Approvisionnement en livres et nombre de livres lus par Pcs en 1997

(en %)

	Possèdent		Inscrits dans une bibliothèque	Ont lu au cours des 12 dernier mois		
	0 livre	200 livres et plus		0 livre	1 à 9 livres	20 livres et plus
Cadres	1	56	42	7	24	39
Professions intermédiaires	2	33	32	13	37	27
Employés	8	17	23	19	43	20
Artisans, commerçants, chefs d'entreprise	6	28	19	24	46	13
Ouvriers qualifiés	9	11	15	36	40	10
Ouvriers non qualifiés	9	10	9	30	43	12
Agriculteurs exploitants	5	5	14	47	28	14

Source : Olivier Donnat, *Les Pratiques culturelles des Français, Enquête 1997*, La Documentation française, 1998, p. 183-214.

Tableau 11.5

Diplôme et rapport à la lecture en 1997 (en %)

Diplôme de fin d'études	lisent régulièrement un quotid. région.	lisent régulièrement un quotid. nation.	lisent 0 livre	lisent 1 à 9 livres	lisent 10 à 49 livres	lisent 50 livres et plus	lisent beaucoup ou moyennement	inscrits en bibliothèque	prêtent ou empruntent des livres	aucun livre acheté en 12 mois
Aucun, CEP	43	8	41	35	18	6	38	10	37	54
BEPC	31	14	13	45	33	9	55	34	66	22
CAP-BEP	39	12	25	40	29	6	44	14	49	37
Bac et équiv.	32	16	10	32	45	13	63	37	68	16
Études sup.	25	27	6	24	54	17	77	47	77	8

Source : Olivier Donnat, *Les Pratiques culturelles des Français, Enquête 1997*, La Documentation française, 1998, p. 178-202.

mais 15 % des cadres y vont au moins une fois par mois contre 5 % des seconds.

On rencontre les mêmes clivages sociaux avec en plus un effet d'âge pour les lectures liées à l'école et certains genres : la BD, la science-fiction ou le fantastique sont prisés par les jeunes, le roman historique par les personnes plus âgées. Les BD se rencontrent dans tous les groupes sociaux, mais une analyse plus fine permet d'opposer les lecteurs, plus aisés, de BD « modernes » (style Tardi ou Bretecher) à des lecteurs, plus populaires, de BD d'humour ou d'aventures (style Gaston Lagaffe ou Blek le Roc). Par ailleurs *«plus on s'élève dans la hiérarchie sociale, plus l'éventail de livres lus a de chances d'être diversifié, et plus la* BD *apparaît comme une lecture secondaire ou complémentaire : ainsi, 56 % des ouvriers qualifiés déclarant lire le plus souvent des* BD *les citent également comme leur genre de livre préféré, alors que seulement 28 % des cadres supérieurs sont dans ce cas*[26] ». D'autres clivages plus fins peuvent encore être observés. Les romans sont lus par tous les milieux sociaux, mais ils se partagent en deux catégories assez tranchées : les grands auteurs reconnus du XXe siècle qui sont lus par les catégories les mieux dotées en « capital culturel » ; et les romans sentimentaux qui sont lus par un public populaire féminin. La littérature classique reste très liée à l'école. Les cadres disent préférer ce genre près de deux fois plus que la moyenne. Les livres pratiques (de cuisine, de bricolage ou de jardinage...) se rencontrent davantage chez les non-diplômés, les agriculteurs ou les ouvriers.

La lecture des journaux quotidiens a fortement reculé depuis vingt ans. Les lecteurs les plus fidèles sont les retraités et les petits indépendants ; ils sont plutôt masculins et d'autant plus grands lecteurs qu'ils habitent des communes plus petites. Le diplôme joue un rôle négligeable dans ces clivages. Les jeunes se détournent très nettement des quotidiens régionaux. Il convient cependant de distinguer le lectorat urbain, diplômé et plus jeune des catégories supérieures, qui lit de manière irrégulière un quotidien national, du lectorat rural, peu diplômé, âgé, qui lit de manière ritualisée un quotidien régional pour trouver des informations locales. La presse magazine a en revanche connu une progression spectaculaire avec des différenciations par sexe et par âge très marquées. Les disparités sociales sont nettes en ce qui concerne les hebdomadaires d'information, les « news », qui sont avant tout prisés par les cadres supérieurs[27].

Ces différences sociales observées dans le rapport à la lecture se retrouvent parmi les jeunes. François de Singly a montré que ceux dont le père ou la mère est cadre ou professeur ont un volume de lecture, des niveaux de compétence et d'appropriation littéraires supérieurs à ceux des adolescents dont le père ou la mère est ouvrier ou employé. Les jeunes qui vivent dans les meilleures conditions sociales et culturelles adoptent plus facilement que d'autres la lecture ; le livre accompagne ceux et celles

---

26. *Les Pratiques culturelles des Français, 1973-1989, op. cit.*, 1990, p. 97 ; Olivier Donnat, *Les Pratiques culturelles des Français, Enquête 1997, op. cit.*, p. 203-210
27. Olivier Donnat, *Les Pratiques culturelles des Français, Enquête 1997, op. cit.*, p. 178-181.

qui disposent de bons atouts pour réussir. Cependant le clivage apparaît moins grand que celui observé sur le terrain de la compétition scolaire (voir chapitre 10). L'auteur nous montre aussi que le milieu social favorable ne suffit pas à déterminer l'amour de la lecture. Si les déterminismes sociaux jouent un rôle certain, les histoires individuelles des garçons et des filles, avec des parents lecteurs ou non, avec des facilités dans l'apprentissage de la lecture ou non, la réussite ou l'échec scolaires, font que la lecture devient ou non un loisir attrayant. La présence de livres et la lecture ont des conséquences sociales considérables dans la mesure où elles conditionnent, en partie au moins, la pratique de l'écriture [28].

Les «pratiques artistiques»

Les pratiques artistiques amateur semblent se développer depuis vingt ans [29]. Mais les clivages sociaux restent très importants (tableau 11.6). Les cadres ont une pratique musicale deux fois plus élevée que la moyenne des Français. La pratique musicale est toutefois plus fréquente chez les jeunes. Mais, si près de 20% des enfants de cadres ou de professions intermédiaires jouent régulièrement d'un instrument de musique, ils ne sont plus que 4% parmi les enfants d'employés et 6% parmi les enfants d'ouvriers qualifiés [30]. L'examen des modes d'apprentissage de la musique montre que la majorité des cadres ont appris avec un professeur particulier ou dans une école de musique (58%), alors que l'immense

Tableau 11. 6.

Pratiques artistiques selon la Pcs (en %)

Personnes ayant pratiqué au moins une activité artistique au cours...		
	...de leur vie	...des 12 derniers mois
Agriculteur exploitant	41	21
Artisan, commerçant, chef d'entreprise	46	21
Cadre	63	29
Profession intermédiaire	49	21
Employé	44	20
Ouvrier	39	17

Source : Enquête activités artistiques amateur 1994, *Données sociales 1996*, p. 417.

28. François de Singly, *op. cit*, p. 89-94.
29. Olivier Donnat, *Les Activités artistiques amateur des Français*, Département des études et de la prospective, La Documentation française, 1996; *cf.* aussi *Données sociales 1996*, p. 415-420.
30. *Données sociales 1990*, *op. cit.*, p. 218. *Cf.* aussi Frédérique Patureau, *Les Pratiques culturelles des jeunes*, La Documentation française, 1992.

majorité (70%) des ouvriers a appris à l'école «ordinaire» ou en autodidacte (seul ou avec des amis). La possession des instruments de musique confirme ces données: si la flûte est relativement répandue dans les foyers en raison de la pratique musicale dans les collèges, les autres instruments de musique sont tous nettement plus répandus dans les milieux aisés, la palme de l'élitisme revenant à des instruments comme le violon ou le piano. Ce dernier reste un bien culturel rare cantonné dans les familles à capital «économique» et surtout «culturel» élevé. Il convient cependant de noter que les pratiques musicales se traduisent aussi par d'importantes différences tant dans le répertoire que dans le type de sociabilité qu'elles impliquent. Songeons, par exemple aux différences entre une fanfare ou une «clique» municipale de province et une chorale des beaux quartiers de Paris, ou encore entre la pratique amateur d'un ensemble de musique de chambre et celle d'un groupe de rap.

La pratique de la photographie n'a que peu progressé depuis la célèbre étude de Pierre Bourdieu et de ses collaborateurs[31]. En 1973 déjà, les trois quarts des Français disposaient d'un appareil photo. Cependant l'usage dominant de cette pratique vise la production de souvenirs, l'intention esthétique étant secondaire, pour ne pas dire inexistante. Ce que montrent les deux faits suivants: la majorité des détenteurs d'appareils ne disposent en effet que d'un appareil simple. La moitié de ceux qui utilisent leur appareil ne s'en servent qu'au moment des fêtes ou pendant les vacances[32].

Pour d'autres pratiques artistiques comme la peinture, le dessin, la sculpture, l'écriture (poèmes, nouvelles...), le théâtre amateur[33], la danse[34] ou encore l'artisanat d'art, on observe des écarts significatifs entre groupes sociaux, y compris dans les classes d'âge les plus pratiquantes: les moins de 25 ans ou les 25-34 ans. Le taux global de pratique pour les sept activités mentionnées n'est que de l'ordre de 32%, c'est-à-dire en moyenne par activité des taux très faibles[35]. Ces activités font partie des pratiques distinctives des enfants des catégories supérieures: par exemple ces derniers sont deux fois plus nombreux que les enfants d'ouvriers non qualifiés

31. Pierre Bourdieu, Luc Boltanski, Robert Castel, V. Jean-Claude Chambredon, *Un art moyen*, Paris, Minuit, 1965.
32. Olivier Donnat, *Les Pratiques culturelles des Français, Enquête 1997*, *op. cit.*, p. 295-299.
33. *Cf. Développement culturel*, n° 114, 1996.
34. *Cf. Développement culturel*, n° 112, 1996.
35. Olivier Donnat, *Les Pratiques culturelles des Français, Enquête 1997*, *op cit.*, p. 293.

à écrire pour leur plaisir ou six fois plus nombreux à faire du théâtre amateur[36].

La pratique de la collection se diffuse depuis une quinzaine d'années. Parmi l'ensemble des Français, on note que près d'une personne sur trois fait une collection, dont près de la moitié avec assiduité, c'est-à-dire en s'en occupant une fois par mois au moins. Tous âges confondus les cadres sont cependant un peu plus assidus que les ouvriers non qualifiés[37]. Cette tendance est nettement accentuée parmi les jeunes[38]. Collectionner des vieux disques, des trains miniature, des boîtes de biscuit, des étiquettes de camembert, des pin's, ou des cartes de téléphone demande non seulement du temps, mais aussi quelques moyens financiers.

D'après les commentaires qui, souvent, accompagnent les enquêtes statistiques, les activités « artistiques » permettraient à celles et ceux qui s'y livrent de « s'exprimer ». Ces activités seraient aussi marquées par le désintéressement et une disponibilité particulièrement grande qui caractériseraient pour l'essentiel les catégories supérieures[39]. Les ouvriers déclarent en effet plus souvent que les cadres chercher à se reposer pendant leur temps libre et affirment moins souvent vouloir « s'exprimer » dans leurs loisirs. Les activités que nous venons de présenter sont cependant aussi classées comme « artistiques » parce qu'elles sont distinctives, parce qu'elles permettent aux membres des catégories supérieures de s'opposer aux autres groupes sociaux. D'autres activités, non prises en compte dans les « pratiques artistiques », classées dans d'autres rubriques moins nobles : bricolage, tricot, couture, jardinage, en sont probablement exclues en premier lieu parce que les membres des catégories supérieures les ignorent ou les dédaignent. Mais ne permettent-elles pas, elles aussi, à ceux et à celles qui s'y consacrent, de « s'exprimer » ?

Bricolage, jardinage, couture...

Les activités d'autoproduction sont avant tout des activités populaires. Le bricolage assidu oppose nettement les ouvriers aux patrons de l'industrie et du commerce, aux cadres supérieurs et aux professions libérales. Les deux tiers des premiers ont réalisé

36. *Données sociales 1990, op. cit*, p. 218.
37. Olivier Donnat, *Les Pratiques culturelles des Français, Enquête 1997*, *op. cit.*, p. 301-306.
38. *Données sociales 1990*, *op. cit.*, p. 218.
39. *Cf.* par exemple *Les Pratiques culturelles des Français, 1973-1989*, *op. cit.*, p. 127-141.

eux-mêmes, seuls ou avec des amis, la dernière prise en charge de travaux à la maison contre à peine un quart des seconds. Inversement les deux tiers des artisans et commerçants ont recours au travail d'une entreprise contre un quart seulement des ouvriers [40]. L'enquête sur les pratiques culturelles de 1997 indique certes des clivages réduits pour les travaux de bricolage [41], mais les catégories populaires prennent probablement en charge des tâches plus importantes que les catégories plus aisées. Les ouvriers qualifiés plus encore que les ouvriers non qualifiés déclarent bricoler ou entretenir et réparer la voiture par opposition aux cadres et aux indépendants non agricoles : faire des réparations sur sa voiture ou sur ses appareils ménagers est plus de trois fois plus fréquent chez les ouvriers que chez les cadres [42]. Le bricolage n'apparaît par conséquent pas comme le symbole de la « société de loisirs » dans la mesure où on bricole toujours et d'abord par nécessité économique : pour près des deux tiers des bricoleurs, c'est la première raison qui explique leur activité et près de 90 % mettent la nécessité dans les trois premières raisons. Mais ils bricolent aussi *« parce que cela distrait »* (63 % placent cette explication dans les trois premières raisons), ou parce que « cela permet de faire quelque chose de manuel » et qu'ils « en ont besoin » (près de 50 % placent cette explication dans les trois premières raisons).

Le bricolage est l'occasion d'échanges informels plus ou moins larges et plus ou moins fréquents. Ces échanges peuvent être dictés par la nécessité ou par le plaisir : échanges de services parce que les compétences peuvent être complémentaires ou échanges de matériels plus ou moins sophistiqués et plus ou moins onéreux. Les trois cercles successifs les plus concernés par ces échanges sont la famille, les voisins et amis, et enfin les collègues de travail. C'est dans ce dernier cercle que se pratique le plus de « travail au noir » rémunéré. Ces échanges concernent avant tout les catégories populaires, ils sont très limités pour les membres des milieux aisés : à peine 20 % de ces derniers sont concernés, et même seulement 12 % des professions libérales. À l'opposé, 39 % des membres des catégories moyennes, 45 % des membres des catégories populaires, et même 57 % des ouvriers travaillant dans des petites entreprises participent à ces échanges informels. Les échanges sont particulièrement nombreux pour les ouvriers ruraux et pour les

40. CREDOC, *Consommation-modes de vie*, n° 38, avril 1989.
41. Olivier Donnat, *Les Pratiques culturelles des Français, Enquête 1997*, La Documentation française, 1998, p. 32-33.
42. INSEE *Première*, n° 109, 1990.

hommes vivant en couple. Pour ces derniers, il est indéniable que le bricolage leur permet aussi d'affirmer le rôle masculin et qu'il participe de la symbolique de la virilité[43]. Les plus jeunes ont cependant tendance à bricoler un peu moins que les plus âgés. Mais là encore la pratique du bricolage est plus importante chez les jeunes d'origine populaire : 30 % des enfants d'agriculteurs, 25 % des enfants d'ouvriers qualifiés s'y consacrent une fois par semaine au moins contre 14 % des enfants de cadres[44].

Les activités manuelles spécifiquement féminines sont proches par bien des aspects du bricolage masculin, tout en relevant d'une symbolique opposée. Elles sont constituées par cet ensemble formé par les arts textiles : couture, tricot, broderie, confection de vêtements et crochet[45]. On peut y ajouter les réalisations saisonnières de conserves à partir de produits provenant du petit élevage, du jardin, du verger ou de la cueillette (fruits, baies, champignons). Ce type d'activité enregistre un recul très net depuis une trentaine d'années en raison d'un double phénomène : le développement de l'activité salariée des femmes et la baisse importante du coût relatif des produits textiles et alimentaires. Il n'en reste pas moins que les femmes des milieux populaires s'y consacrent toujours bien davantage que celles des milieux aisés : confectionner un vêtement ou faire des conserves est plus de trois fois plus fréquent en milieu ouvrier qu'en milieu aisé[46]. En outre, ces femmes déclarent plus souvent que dans les années soixante, y trouver du plaisir[47]. Les catégories moyennes ont une activité manuelle de loisir domestique tout à fait spécifique par opposition aux autres groupes sociaux : essayer de nouvelles recettes de cuisine[48]...

Le jardinage oppose aussi les hommes et les femmes des catégories populaires (surtout les agriculteurs, les retraités et les ouvriers) aux catégories supérieures. Les « jardins ouvriers » en bordure des voies de chemin de fer ou à proximité des cités, portent bien leur nom, bien qu'ils se transforment parfois pudiquement en « jardins familiaux ». Les membres des catégories populaires se consacrent avant tout au jardin potager, tandis que le jardinage d'agrément est davantage pratiqué parmi les cadres, indépendants non agricoles

43. En 1994, 62 % des hommes disent bricoler contre 13 % seulement des femmes (*Tableaux de l'économie française 1997-1998*, p. 47).
44. *Données sociales 1990*, *op. cit.*, p. 218.
45. En 1994, plus de 40 % des femmes contre moins de 3 % des hommes affirment tricoter (*Tableaux de l'économie française 1997-1998*, p. 47).
46. *INSEE Première*, n° 109, 1990.
47. *Premiers résultats*, n° 148, octobre 1988.
48. Olivier Donnat, *Les Pratiques culturelles des Français, Enquête 1997*, *op. cit.*, p. 32.

et professions intermédiaires[49] (tableau 11.7). De plus, le jardin d'agrément des uns sera plus grand, plus richement planté, tandis que celui des autres mettra davantage en œuvre l'art de la récupération et du bricolage. Dans les jeunes générations, le jardinage est moins pratiqué, les enfants d'agriculteurs et d'ouvriers non qualifiés restent cependant près de 20 % à pratiquer le jardinage deux fois par semaine au moins.

Tableau 11.7.

Travaux de bricolage et jardinage selon la Pcs en 1997

	Travaux de bricolage		Jardinage	
	Ont pratiqué	Dont régulièrement	Jardin potager	Jardin d'agrément
Agriculteur	59	32	52	46
Artisan, commerçant, chef d'entreprise	49	23	18	46
Cadre	51	23	10	45
Profession intermédiaire	60	28	20	44
Employé	50	23	15	28
Ouvrier qualifié	52	24	21	35
Ouvrier non qualifié	54	20	13	27
Ensemble	50	23	21	40

Source : Olivier Donnat, *Les Pratiques culturelles des Français, Enquête 1997*, La Documentation française, 1998, p. 32-33.

D'autres activités absentes de la plupart des enquêtes peuvent encore être mentionnées. Pensons au petit élevage et à la sociabilité si particulière qui l'entoure. La presse quotidienne régionale rend assez largement compte des nombreuses expositions et concours organisés un peu partout par des associations de petits éleveurs de lapins ou de volailles. Ce petit élevage est certes une activité qui permet comme le jardinage, le bricolage ou encore l'affouage, de réduire des frais, d'économiser sur la nourriture, les réparations ou le chauffage. Mais c'est aussi une activité à laquelle nombre de ruraux, notamment des ouvriers, se livrent par plaisir, parce qu'ils aiment cette activité et parce que les produits provenant de l'autoproduction sont réputés bien meilleurs que ceux du circuit marchand. On retrouve ici une certaine conception du bien vivre et du bien manger, généralement déniée par les membres des catégories supérieures, qui n'a rien à voir avec le « goût de nécessité ». Un véritable art de produire pour l'usage immédiat et

49. *Insee Première*, n° 338, août 1994.

non pour l'échange marchand, un véritable art de vivre, s'exprime dans les catégories populaires, et singulièrement parmi les ouvriers.

Certaines activités collectives, telles, par exemple, la préparation d'un défilé ou d'une cavalcade, avec la décoration d'un ou de plusieurs chars, peuvent organiser la vie commune en dehors du travail. Ces pratiques culturelles sont au cœur d'une sociabilité populaire de quartier ou de village. Parce que populaires, elles sont souvent ignorées par les rapports savants sur les pratiques culturelles des Français. Florence Weber présente ce type d'activités dans une recherche ethnographique originale [50]. L'auteur récuse par la même occasion la notion de « loisir » qui ne recouvre pas les pratiques ouvrières hors travail. Elle propose de retenir plutôt la notion indigène de « travail à-côté » qui met davantage l'accent sur le caractère actif de l'occupation du temps libre. Pour désigner le même type de pratiques, Michel Pinçon parle d'« autoproduction » en considérant plutôt le résultat de l'activité que l'activité elle-même [51]. La notion de « loisir » semble cependant convenir pour cerner les pratiques des catégories moyennes ou supérieures.

Les activités tournées vers l'extérieur

Examinons maintenant les activités extérieures : pratiques sportives, spectacles (sportifs, culturels ou autres), visites et sorties (musée, fêtes, restaurant, etc.). De 1960 à la fin des années quatre-vingt, la pratique sportive a progressé, notamment parmi les femmes. Pendant les années quatre-vingt-dix on a cependant assisté à un tassement, notamment pour le jogging et le footing. La pratique reste globalement nettement plus importante en milieu aisé qu'en milieu populaire : les cadres sont plus de 80 % à déclarer pratiquer un sport contre seulement 47 % des ouvriers ou 30 % des agriculteurs. Les catégories supérieures dédaignent cependant les sports d'équipe et choisissent plutôt les sports individuels ou de duels (tableau 11.8). Mais la pêche, activité qui peut se pratiquer seul, intéresse peu les membres des catégories supérieures. Cette occupation est avant tout ouvrière, surtout à la campagne, tandis que la chasse rassemble plutôt une petite minorité d'indépendants. Les catégories moyennes et supérieures à niveau d'étude élevé évitent encore davantage la chasse que la pêche (en 1997 respectivement 9 % et 4 % de personnes déclarant avoir pêché ou chassé au moins une fois durant les derniers 12 mois). En dehors de la

50. Florence Weber, *Le Travail à-côté*, EHESS-INRA, 1988.
51. Michel Pinçon, *op. cit.*

Tableau 11.8

Quelques pratiques sportives selon les Pcs en 1997 (en %)

Pcs	Jogging, footing	Gymnastique, éducation physique	Randonnée (à pied, en vélo)	Pêche	Chasse
Cadres	29	34	56	6	0
Ouvriers qualifiés	19	19	36	23	6
Ouvriers non qualifiés	12	15	26	21	1
Acce	16	15	30	11	7
Agriculteurs exploitants	8	6	17	20	20

Source : Olivier Donnat, *Les Pratiques culturelles des Français, Enquête 1997, op. cit.*, p. 35-37.

pêche et de la chasse qui voit le nombre de ses adeptes reculer fortement, l'effet d'âge joue considérablement : la pratique sportive concerne d'abord les moins de 20 ou 25 ans.

L'examen approfondi de la pratique sportive des jeunes présente donc un intérêt évident. Une fois encore le clivage de classe est particulièrement net. Le tennis, la natation, le ski de piste sont des loisirs distinctifs au même titre d'ailleurs que le ping-pong ou la randonnée (tableau 11.9). La « démocratisation » est limitée aux enfants des catégories moyennes. Le ski de fond, moins onéreux, est davantage pratiqué par les milieux populaires que le ski de piste. Le football est toujours une pratique masculine populaire. Les pratiques sportives de l'élite sociale sont plutôt exclusives, même si certains sports peuvent avoir des adeptes de milieux sociaux opposés. En effet qu'y a-t-il de commun entre une station de sports d'hiver haut de gamme et une station genre « Hlm des neiges » ? La pratique du tennis dans un club sélect, avec des tarifs élevés ou des conditions sociales d'entrée particulières, sur la base de la cooptation, n'a rien à voir avec celle du club communal rural. Ainsi les terrains de tennis ne risquent pas de voir se croiser très souvent des joueurs de milieux nettement différents [52].

La sortie la plus courante mène aujourd'hui au restaurant [53]. Puis viennent la discothèque, le cinéma et le spectacle sportif. Ces quatre sorties sont les seules à avoir une fréquence moyenne supérieure à dix fois par an. Les autres sorties viennent loin derrière. Depuis la fin des années soixante, la plupart des types de spectacles enregistrent une baisse régulière, quoique parfois faible, de

52. Voir les exemples précis de trois clubs de tennis strasbourgeois dans Anne-Marie Waser, « Le marché des partenaires. Étude de trois clubs de tennis », *Actes de la recherche en sciences sociales*, n° 80, 1989, p. 2-21.
53. *Insee Première*, n° 295, février 1994.

Tableau 11.9

Activités sportives et de plein-air des jeunes de moins de 21 ans

Pcs du père	Ski de piste	Natation	Tennis	Ski de fond	Ping-pong	Football
Cadre	53	39	36	17	17	7
Prof. intermédiaire	33	28	22	12	10	9
Employé	27	23	22	7	6	6
Ouvrier qualifié	20	23	16	8	9	12
Ouvrier non qualifié	10	11	11	11	11	15
Agriculteur	17	17	19	14	9	15
Artisan, commerçant	40	33	22	11	15	8

Source : Michel Bozon, «Les loisirs forment la jeunesse», *Données sociales 1990*, p. 218.

Tableau 11.10

Opposition entre ouvriers non qualifiés et cadres pour quelques sorties en 1997 (en %)

Sorties le soir	ouvriers non qualifiés	cadres
Au restaurant ... souvent	3	24
... de temps en temps	31	48
... jamais	66	28
Chez des parents ... souvent	32	23
... jamais	51	59
Chez des amis ... souvent	32	46
... jamais	34	20
Au spectacle ... souvent	0	10
... jamais	94	51
Au cinéma ...souvent	5	23
...jamais	74	38

Source : Olivier Donnat, *Les Pratiques culturelles des Français, Enquête 1997, op. cit.* p. 49-51.

leur fréquentation. Le cas du cinéma, qui avant l'avènement du petit écran, attirait aussi les catégories populaires et moyennes, est bien connu. Mais les spectacles sportifs – des matchs de football aux combats de boxe – et le théâtre partagent avec le septième art la relative désaffection du public. Certaines sorties ou visites sont même manifestement engagées dans un processus de désaffection accentué qui apparaît à travers le vieillissement des ses adeptes, comme la visite du zoo, la sortie au bal ou encore le spectacle de music-hall.

Des clivages par type d'habitat et par classes d'âge apparaissent dans toutes les enquêtes sur les spectacles, ou les autres types de sorties. Ils opposent la campagne à la ville (en faveur de cette dernière), et les plus vieux aux plus jeunes (qui sortent davantage).

Tableau 11.11

Évolution de la fréquentation de différents lieux culturels

(taux de pénétration en %)

	Théâtre				Spectacle de danse				Concert musique classique			
	1973	1981	1988	1997	1973	1981	1988	1997	1973	1981	1988	1997
Cadre	39	29	40	44	14	13	18	21	22	25	31	27
Prof. intermédiaire	30	21	21	21	11	9	9	12	12	13	14	11
Ouvrier	6	6	7	6	4	3	4	4	4	4	4	3
	Visite exposition temporaire				Visite monument historique				Visite musée			
	1973	1981	1988	1997	1973	1981	1988	1997	1973	1981	1988	1997
Cadre	50	52	54	54	62	56	56	57	56	60	61	65
Prof. intermédiaire	37	39	38	38	51	50	39	44	48	49	43	43
Ouvrier	12	15	15	11	29	28	21	21	25	24	23	23

Source : D'après *Les Pratiques culturelles des Français*, 1973-1989, *op. cit.*, p. 109 ; et Olivier Donnat, *Les Pratiques culturelles des Français, Enquête 1997, op. cit.*, p. 252-269.

Exemple significatif : l'une des rares catégories de spectacles dont la fréquentation progresse fortement est le concert de rock, prisé surtout par les plus jeunes. Les sorties enregistrent aussi des écarts significatifs suivant les différentes catégories sociales (avec une seule exception : la promenade).

Il est particulièrement instructif d'examiner à cet égard les sorties et visites à caractère culturel[54] : théâtre, spectacle de danse, concert de musique classique, visite d'une exposition temporaire, visite d'un monument historique, visite d'un musée (tableau 11.11). La structure du public culturel n'a guère changé depuis vingt-cinq ans. Dans certains cas, la part des ouvriers décroît même assez fortement : concert de musique classique ou visite de musée. En tenant compte de l'importance démographique de chacun des groupes ici examinés, on s'aperçoit que la fréquentation par les ouvriers des lieux traditionnels de la culture légitime (théâtre, salles de concert) est 6 à 8 fois plus faible que celle des cadres et en particulier des plus diplômés d'entre eux, notamment les enseignants. Les écarts des taux de fréquentation des expositions temporaires, des monuments historiques, voire des musées, sont en revanche plus réduits entre les trois catégories sociales examinées. Il n'empêche, les ouvriers vont deux fois et demie moins souvent visiter des monuments historiques, trois fois moins les musées, et trois fois et demie moins les expositions temporaires,

54. *Les Pratiques culturelles des Français, 1973-1989, op. cit.*, p. 101-125.

que les cadres et professions intellectuelles supérieures. On observe même une augmentation de l'écart entre les deux groupes entre 1973 et 1997 pour toutes les activités examinées. D'où l'intérêt d'une étude portant sur la fréquentation de musées un peu particuliers, par exemple les musées du train et de l'automobile de Mulhouse [55]. Elle montre que la fréquentation ouvrière y est significativement plus élevée que dans les musées d'art, de peinture ou encore d'histoire. En effet, on y compte quatre fois plus d'ouvriers et de techniciens que parmi les visiteurs du musée d'impression sur étoffes de la même ville qui est perçu comme un musée d'art, mais les ouvriers restent tout de même sous-représentés par rapport à leur poids socio-démographique, malgré leur plus grande proximité avec la culture technique que ces musées mulhousiens mettent en valeur.

Une étude déjà ancienne portant sur la fréquentation des théâtres montre que le public est de plus en plus typé. À la fin des années quatre-vingt, le taux de fréquentation des cadres supérieurs et professions libérales était 11 fois plus élevé que celui des ouvriers, alors qu'il était 7 fois plus élevé au début de la décennie. La connaissance des auteurs et l'intérêt pour les pièces sont inégalement partagés : les cadres (en fait surtout des professeurs et des diplômés d'études supérieures) identifient les auteurs et apprécient la représentation deux fois plus souvent que les ouvriers. Les attentes du public sont diverses : les cadres sont motivés par l'interprétation, la mise en scène et la qualité du texte, les employés par le plaisir de sortir et de voir certains comédiens, les ouvriers, enfin, sont à la fois plus attentifs aux décors et plus sensibles à l'humour. Les trois quarts des membres des catégories populaires trouvent les prix des places cher mais c'est aussi le cas de la moitié des cadres [56].

Une étude plus récente portant sur les publics de la Comédie-française illustre bien ces tendances. Ce temple parisien du classicisme est fréquenté par un public privilégié (36 % de cadres), très diplômé (les deux tiers ont au moins un niveau bac + 3), plutôt féminin (60 %) et assez âgé (46 ans en moyenne malgré la présence de près de 20 % d'étudiants). Ce public effectue beaucoup plus de sorties culturelles que la moyenne des Français : neuf de ses membres sur dix fréquentent régulièrement les musées, les

55. Anne-Marie Rieu, *Les Visiteurs et leurs musées, le cas des musées de Mulhouse*, La Documentation française, 1988.
56. Jean-Michel Guy et Lucien Mironer, *Les Publics du théâtre, fréquentation et image du théâtre dans la population française âgée de 15 ans et plus*, La Documentation française, 1988.

monuments historiques ou les galeries d'art, plus de la moitié vont à l'opéra contre à peine 4% des Français. En revanche ce public va deux fois moins souvent à une fête foraine que la moyenne des Français, et moins souvent aussi en discothèque, aux spectacles sportifs ou en salle de jeu[57].

Le financement partiel, par des subventions publiques, de ce type d'activités, équivaut de fait à un transfert indirect de fonds publics vers des catégories sociales plutôt aisées. Ce constat ne signifie pas pour autant que ces subventions publiques n'ont pas lieu d'être. Le problème ne réside pas dans le financement public de ces activités, mais dans le constat qu'elles restent réservées à un groupe privilégié. La politique de démocratisation culturelle affirmée haut et fort à leur manière par André Malraux puis par Jack Lang a donc été un échec : les pratiques culturelles « savantes » ne se sont pas davantage diffusées, le noyau dur des pratiquants réguliers ne s'est pas renforcé, et l'élargissement vers un public plus populaire n'a pas eu lieu[58]. Malgré la croissance de la scolarisation, on observe pour les sorties ou visites à caractère culturel un phénomène comparable à celui déjà observé pour la lecture, les barrières matérielles et surtout symboliques continuent à en limiter l'accès, parfois même de manière renforcée.

Mais ce clivage se retrouve aussi pour des sorties moins « savantes », par exemple les sorties au restaurant, au music-hall, au cirque, au concert rock, ou chez un brocanteur. Sur 24 sorties étudiées, seules 6 échappent à la suprématie du groupe privilégié : les spectacles sportifs où les indépendants arrivent en tête, la discothèque qui attire les catégories moyennes, le bal public encore prisé par les agriculteurs, le zoo, le parc d'attraction et la fête foraine (que les cadres délaissent). Les sorties caractérisent certes davantage les jeunes par opposition aux adultes et aux vieux. Mais une fraction du troisième âge, y compris dans les catégories populaires, participe de manière croissante à certaines sorties spécifiques (visite de musée, excursion d'une journée, sortie au restaurant), souvent dans un cadre plus ou moins associatif.

Tous les clivages sociaux que nous avons évoqués se retrouvent chez les moins de 21 ans[59] (tableau 11.12). Seule la fréquentation du cinéma est largement répandue. Les enfants d'ouvriers, et plus

57. Valérie Beaudoin et Bruno Maresca, *Les Publics de la Comédie-Française. Fréquentation et image de la salle Richelieu*, La Documentation française, 1997.
58. Sur les politiques culturelles mises en œuvre en France depuis Malraux voir Philippe Urfalino, *L'Invention de la politique culturelle*, La Documentation française, 1996.
59. *Données sociales 1990*, *op. cit.*, p. 219 ; Jean-Michel Guy et Romuald Ripon, « Les sorties culturelles des 12-25 ans », *Données sociales 1996*, p. 410-414.

Tableau 11.12

Spectacles, sorties et ressources des jeunes de moins de 21 ans selon l'origine sociale (en % de la Pcs)

	CA	PI	EMP	OQ	ONQ	AE	ACCE
Cinéma (au moins une fois par mois)	56	45	54	35	31	27	51
Danse hebdomadaire	6	11	17	19	14	21	14
Danse (5 fois par an environ)	52	49	37	40	31	42	51
Pas de danse	42	40	46	41	55	38	35
Cafés (2 fois par semaine ou plus)	32	27	34	31	16	20	34
Spectacles sportifs (2 fois par an)	21	25	28	24	22	38	18
Fêtes foraines ou locales (3 fois par an)	12	25	14	24	23	36	28
Musées (2 fois par an)	39	25	17	16	6	15	17
Monuments historiques (2 fois par an)	37	28	10	14	6	6	17
Cirque (1 fois par an)	14	20	16	15	19	7	9
Spectacle de variété (1 fois par an)	16	17	13	16	12	3	13
Association	22	18	12	12	6	13	15
Restaurant	18	13	12	5	8	5	16
Théâtre	27	14	9	7	4	6	14
Exposition artistique (2 fois par an)	20	13	8	7	5	9	11
Concert rock jazz (1 fois par an)	13	14	14	4	5	4	8
Concert classique (1 fois par an)	9	7	2	1	1	5	1
Ressources :							
Bandes d'amis	66	68	69	55	48	53	67
Argent de poche régulier	76	73	50	57	45	45	58
Vélo	60	66	47	57	45	70	51
Mobylette	21	26	22	23	18	31	22
Travail d'été	21	19	20	13	12	31	26
Baby sitting	12	6	8	7	5	9	7
S'ennuie le dimanche, même rarement	53	52	52	52	61	41	49

Source : Michel Bozon, « Les loisirs forment la jeunesse », *in Données sociales 1990*, p. 219. Légende : Les fréquences minimales en % pour chaque loisir examiné varient en fonction de l'intensité de la pratique en moyenne ; CA = Cadre ; PI = Profession intermédiaire ; EMP = Employé ; OQ = Ouvrier qualifié ; ONQ = Ouvrier non qualifié ; AE = Agriculteur exploitant ; ACCE = Artisan, commerçant, chef d'entreprise.

encore les enfants d'ouvriers non qualifiés, cumulent défauts et privations : ils vont moins danser, ils fréquentent moins le café, ils n'assistent presque jamais aux spectacles de rock, ils ont peu de moyens de déplacement autonomes, et ils s'ennuient plus souvent que la moyenne le dimanche. Des contraintes économiques fortes entravent leurs activités de loisirs et réduisent leur sociabilité. Un style de loisir populaire ne peut s'épanouir qu'avec une certaine stabilité matérielle dont seules disposent, en général, les familles d'agriculteurs et d'ouvriers qualifiés. Ces dernières partagent nombre de caractéristiques avec les catégories moyennes anciennes ou nouvelles. Le développement de la précarité et l'extension du chômage brident davantage encore les loisirs de l'ensemble des jeunes de milieu populaire. À l'opposé, les enfants de cadres disposent de tous les atouts culturels, mais aussi matériels, pour développer des loisirs distinctifs de leurs aînés. Ils disposent en général de plus d'argent de poche. Les filles peuvent pratiquer plus facilement du baby-sitting dans les réseaux proches des parents. Les fils des membres des professions indépendantes trouvent plus facilement des boulots d'été que les enfants d'ouvriers. À l'âge de 12 ans, la moitié des enfants des catégories supérieures est inscrite à deux activités organisées non scolaires ou plus, contre un quart seulement des enfants de milieu populaire. Les premiers suivent davantage que les seconds des activités de type artistique, les seconds, peu nombreux à suivre des activités extérieures organisées, sont pour la plupart inscrits à des activités sportives[60]. Les enfants des catégories supérieures constituent le public privilégié des cours de musique ou de danse, ils pratiquent plus souvent du théâtre amateur... Ils développent en outre de manière générale une sociabilité de condisciples sur leurs lieux d'études et fréquentent plus rarement les groupes constitués de jeunes du voisinage. Bref, ils restent entre eux.

L'espace des sorties met finalement en relief trois grandes oppositions : loisirs ruraux (chasse, pêche, sports d'équipe) *versus* loisirs urbains (cinéma, théâtre, restaurant), loisirs culturels (cinéma, théâtre, concert) *versus* loisirs non culturels (spectacles sportifs), sports d'équipe *versus* sports individuels ou de duels[61]. Au total ces oppositions se ramènent à une opposition entre sorties distinctives qui caractérisent les catégories supérieures et les sorties communes, voire l'absence ou l'extrême rareté des sorties, qui caractérisent les catégories populaires. Certes, les clivages internes sont nombreux et réels, entre les sorties des « intellectuels », par exemple, et les sorties de ceux qui sont économiquement dotés, entre celles des ouvriers ruraux et celles des ouvriers des grandes villes. Mais la caractéristique fondamentale des sorties est bien d'être propres à une minorité de la population regroupant avant tout les plus diplômés, les plus urbains, et les plus aisés. Les cadres sortent en moyenne davantage plusieurs fois par semaine que les

60. François de Singly, *op. cit.*, p. 47.
61. Olivier Choquet, « Les sorties : une occasion de contacts », *Économie et Statistique*, n° 214, octobre 1988, p. 19-25.

personnes appartenant aux catégories populaires, c'est aussi la catégorie qui déclare le plus rarement ne jamais sortir. Ceux qui développent une «culture de sortie», tout en restant entre eux, s'opposent à ceux qui se replient sur leur «monde privé»: agriculteurs, employés et surtout ouvriers. Le «monde privé des ouvriers» est d'abord constitué par l'espace de la famille : quand ils reçoivent c'est plutôt la famille, ensuite les amis, puis, plus rarement, les collègues, contrairement aux cadres qui sont davantage tournés vers les amis, voire les collègues. Mais le monde ouvrier est aussi un monde «privé» de ressources, matérielles et symboliques, dont disposent les membres des catégories supérieures[62].

Les vacances

À la notion de vacances est généralement associée l'idée de départ. L'INSEE élève au rang de vacances tout séjour d'au moins quatre nuitées consécutives passées à l'extérieur du domicile. Ses enquêtes montrent ainsi que 60% environ des Français sont partis en vacances ces dernières années[63]. La part de ceux qui ne partent pas a légèrement augmenté à la fin des années quatre-vingt et au début des années quatre-vingt-dix. Une comparaison avec la situation des années soixante montre cependant que le taux de départ a significativement augmenté, puisqu'en 1964 à peine 45% des habitants de notre pays partaient en vacances.

En 1994, près des deux tiers des agriculteurs, 43,5% des ouvriers et des personnels de service, et un tiers des employés et des artisans et commerçants ne sont pas partis. En revanche, les professions intermédiaires partent presque aussi souvent que les cadres et les professions libérales : moins d'un cinquième d'entre eux ne sont pas partis en 1994. En 1964 ces derniers partaient déjà presque aussi souvent qu'aujourd'hui. En revanche, les agriculteurs, les petits patrons et les ouvriers partaient nettement moins (tableau 11.13). On observe aussi une grande disparité sociale suivant la durée des vacances. Les inactifs – pour l'essentiel des retraités – partent le plus longtemps, mais ils sont suivis de très près par les actifs qui partent le plus : les cadres et les professions libérales. Ces deux catégories partent près de 35 jours par an.

62. *Cf.* Olivier Schwartz, *Le Monde privé des ouvriers*, PUF, 1989.
63. Voir notamment *INSEE Résultats*, série consommation modes de vie : n° 32-33, janvier 1992 ; n° 52-53, juillet 1993 ; n° 80-81, mars 1996 ; et *INSEE Première*, n° 245, février 1993 ; n° 299, février 1994. Les enquêtes de l'INSEE permettent notamment de cerner les destinations et les formes de séjour.

Tableau 11.13

Taux de départ en vacances sur l'ensemble de l'année

	1964		1990		1994	
	Taux de départ (%)	Nombre de jours*	Taux de départ (%)	Nombre de jours*	Taux de départ (%)	Nombre de jours*
Agriculteur exploitant	11,9	18,5	36,3	13,4	38,2	18,3
ACCE	47,5	25,5	58,2	24,0	64,9	21,4
Cadre	86,6	41,2	88,2	34,0	85,3	34,2
Profession intermédiaire	73,6	34,3	81,4	28,1	81,8	26,7
Employé	62,7	27,9	68,6	25,8	66,1	24,1
Ouvrier	44,3	26,9	52,2	22,8	56,5	21,1
Inactifs	31,7	34,1	46,3	33,9	48,4	34,6
Ensemble	43,6	29,9	59,1	27,9	62,0	27,3

Source : INSEE *Résultats*, série Consommation modes de vie n° 80-81, mars 1996, p. 36 et 38. *Légende :* ACCE = Artisan, commerçant, chef d'entreprise ; * Nombre moyen de jours par personne partie.

À l'opposé, les exploitants et les salariés agricoles, non seulement partent le moins, mais aussi le moins longtemps : à peine 18 jours par an en moyenne pour ceux qui partent. Les ouvriers, personnels de service, employés et petits patrons partent aussi moins longtemps que la moyenne : entre 21 et 24 jours. Parallèlement à l'extension depuis le début des années soixante du nombre de personnes partant en vacances, la durée moyenne des séjours a diminué : de 30 jours en 1964, on est passé à 27 jours en 1994. Ce phénomène est probablement lié aussi aux restrictions budgétaires que s'imposent les ménages suite aux mesures d'austérité et à l'incertitude qui pèse sur les emplois.

Il n'en reste pas moins que les familles populaires qui ne partent pas ont des attitudes diversifiées par rapport au temps de vacances. Certaines familles diffèrent le départ en vacances espéré pour des raisons essentiellement économiques. Cependant plus de la moitié des non-partants se déclarent satisfaits d'être restés chez eux[64]. Souvent ils ne perçoivent ni l'utilité, ni le sens d'un départ en vacances. Leur non-départ ne répond pas forcément à l'ordre de la nécessité, il témoigne davantage d'une indifférence au phénomène vacancier et non pas toujours d'un sentiment de privation ou de manque[65]. Ces familles opposent au modèle du séjour vacancier d'autres goûts, d'autres pratiques d'une culture popu-

64. *INSEE Première*, n° 402, septembre 1995.
65. Pierre Périer, « Les vacances familiales sans départ », *Recherches et prévisions*, n° 47, 1997, p. 65-78.

laire d'occupation sédentaire du temps. Les congés à domicile sont alors l'occasion de se reposer ou de recevoir sa famille ou ses amis. Ce «temps libre concentré» offre aussi un cadre privilégié propice notamment aux différentes activités d'autoproduction déjà évoquées plus haut.

Tableau 11.14

Départs en vacances en 1994 selon la saison

	Vacances d'hiver 1993-1994*				Vacances d'été 1994*	
	Taux de départ (%)		Nombre de jours par personne partie		Taux de départ (%)	Jours par personne
	Ensemble	dont sport d'hiver	Ensemble	dont sport d'hiver		
Agriculteur exploitant	13,0	3,3	16,6	7,6	34,9	14,4
ACCE	27,1	13,9	11,3	8,2	59,1	18,0
Cadre	60,3	28,6	14,4	9,7	82,1	24,6
Prof. intermédiaire	40,5	17,2	12,6	8,5	77,7	21,1
Employé	36,0	11,3	10,9	8,1	62,5	20,1
Ouvrier + personnel de serv.	17,8	5,7	10,3	8,0	53,0	18,9
Retraités	21,9	19,1	19,1	11,7	44,3	27,8
Ensemble	29,6	10,2	13,8	8,9	58,1	22,0

Sources : INSEE Résultats, série consommation modes de vie, n° 80-81, mars 1996, p. 68, 70, 105, 107, 116, 118.
Légende : ACCE = Artisan, commerçant, chef d'entreprise ; * par convention l'INSEE considère que l'été va du 1.05 au 30.09 et l'hiver du 1.10 au 30.04.

Près de 60 % des Français partent en été, mais seulement 30 % en hiver (tableau 11.14). Les inégalités sociales sont beaucoup plus fortes en hiver qu'en été. La plupart de ceux qui partent en hiver partent aussi en été, si bien que nous avons d'une part un quart des Français qui prennent des vacances en été et en hiver et d'autre part 40 % qui ne vont pas en vacances du tout. Par ailleurs, un tiers des vacanciers d'hiver partent aux sports d'hiver proprement dits et les écarts suivant les catégories sociales sont alors beaucoup plus élevés. Moins de 20 % des ouvriers ou des agriculteurs partent en hiver, les sports d'hiver attirant moins de 6 % des ouvriers et à peine 3 % des agriculteurs. Les employés, plus encore que les ouvriers, s'arrangent quand ils partent en vacances d'hiver, pour se faire héberger, près de deux fois sur trois, chez des parents ou des amis. En revanche, plus de 60 % des cadres et près de la moitié des professions intermédiaires partent durant cette saison, les sports d'hiver attirant plus du tiers de ces catégories de vacanciers. Ces dernières années, la part de ceux qui sont hébergés chez des parents ou des amis a augmenté, tandis que la proportion des locations est en recul.

Les adeptes des sports d'hiver partent en moyenne de 8 à 10 jours contre 10 à 15 jours pour ceux qui partent pour d'autres raisons. Quatre-vingt-quatorze pour cent des cadres et professions libérales qui partent aux sports d'hiver partent tous les ans contre 60 % à 75 % de ceux des membres des catégories populaires, voire moyennes, qui sont dans ce cas[66]. Le coût de certains sports d'hiver, notamment du ski de piste, explique certainement cette forte polarisation sociale, car les différences sociales sont atténuées dans le cas de la pratique du ski de fond. Certains massifs montagneux, le Jura, les Vosges, voire les Pyrénées ou certaines zones des Alpes sont financièrement plus accessibles aux couches populaires et moyennes. En revanche les stations huppées des Alpes françaises ou suisses pratiquent des prix tels que les couches privilégiées restent entre elles.

L'examen des modalités d'hébergement permet de montrer en quoi les vacances des uns n'ont pas grand-chose à voir avec celles des autres (tableau 11.15). Les membres des professions indépendantes et les cadres fréquentent le plus les hôtels et les résidences secondaires dont ils sont propriétaires, accessoirement celles de leurs parents ou amis. Ils fréquentent beaucoup plus rarement les camping-caravaning et sont parmi les moins nombreux à aller dans la résidence principale de parents ou amis. En revanche, les employés et les ouvriers vont souvent en vacances chez des parents ou des amis et, bien souvent, ils retournent à cette occasion dans leur région voire leur pays d'origine. C'est pourquoi les ouvriers vont plus souvent en vacances à la campagne que les cadres ou les petits patrons[67]. Et c'est bien sûr la raison pour laquelle les ouvriers non qualifiés, qui sont fréquemment des travailleurs immigrés, vont aussi souvent à l'étranger : près d'un tiers part à l'étranger durant ses vacances d'été, soit bien plus souvent que tous les autres groupes sociaux. Globalement les ouvriers vont presque aussi fréquemment à l'étranger que les cadres et les professions libérales[68]. Mais 67 % d'entre eux vont dans leur famille, alors que ce pourcentage est de 20 % seulement pour les cadres. De même, nous observons que la grande majorité des résidents en France qui part en vacances dans les pays du Maghreb, au Portugal

66. *Insee Première*, n° 245, février 1993 ; et n° 299, février 1994.
67. En 1994, 26 % des ouvriers contre 22,2 % des cadres ou 17,7 % des patrons de l'industrie et du commerce. Ces chiffres ainsi que ceux de notes suivantes sont tirés d'*Insee Résultats*, n° 80-81, *op. cit.*
68. Environ 20 % de ceux qui partent dans chaque catégorie en 1994.

Tableau 11.15

Les différents modes d'hébergement en 1994

Été 1994 (en %)

	Hôtel	Location	Résid. sec.	Parents et amis		Tente	Carav.	Autres*
				Résid. princ.	Résid. sec.			
Agriculteur	17,3	14,2	8,5	29,0	4,5	9,7	12,0	4,9
ACCE	14,5	13,9	9,2	29,0	18,1	4,3	4,5	6,5
Cadre	13,4	17,8	11,6	21,6	15,1	5,9	4,4	10,2
Prof. intermédiaire	11,2	18,1	9,1	26,4	12,3	7,4	7,6	7,9
Employé	7,4	15,5	3,4	33,8	13,8	8,4	8,1	9,4
Ouvrier	5,9	15,5	5,4	34,6	7,1	9,2	14,5	7,9
Inactifs	19,8	11,0	14,5	31,8	6,8	1,7	6,8	7,7
Ensemble	12,1	15,4	9,3	29,4	10,8	6,3	8,4	8,3

Source : INSEE *Résultats*, série consommation modes de vie, n° 80-81, mars 1996, p. 127. *Légende :* ACCE = Artisan, commerçant, chef d'entreprise ; *Villages de vacances, auberges de jeunesse, etc.

Hiver 1993/1994 (en %)

	Hôtel	Location	Résid. sec.	Parents et amis		Tente et Carav.	Autres*
				Résid. princ.	Résid. sec.		
Agriculteur	10,8	18,8	15,3	36,8	5,6	0,0	12,8
ACCE	21,8	19,4	16,1	26,9	7,1	0,9	7,9
Cadre	12,8	14,9	14,6	35,5	15,9	0,6	4,6
Prof. intermédiaire	13,1	17,4	14,4	35,1	9,3	0,9	9,7
Employé	10,2	12,3	1,6	52,3	9,8	2,7	11,2
Ouvrier	6,9	20,2	5,9	43,4	11,8	2,8	9,0
Inactifs	11,4	9,2	18,4	49,1	6,1	0,9	4,9
Ensemble	12,0	15,0	13,1	40,8	10,8	1,2	7,2

Source : INSEE *Résultats*, série consommation modes de vie, n° 80-81, mars 1996, p. 81. *Légende :* ACCE = Artisan, commerçant, chef d'entreprise ; *Villages de vacances, auberges de jeunesse, etc.

ou en Turquie retournent auprès de leur famille. Par exemple, la quasi-totalité de ceux qui sont partis en Algérie durant l'été 1994 sont allés dans leur famille, près de 75% de ceux qui étaient au Portugal ou 63% de ceux qui étaient en Turquie. Des enquêtes auprès des travailleurs étrangers montrent aussi qu'une partie d'entre eux regroupe les congés une année sur deux afin de pouvoir rester plus longtemps dans leur pays d'origine. Le trajet s'effectue le plus souvent en voiture, chargée au maximum, à l'aller comme au retour, pour des voyages de 30, 40, 50 heures ou plus, avec juste quelques arrêts improvisés de quelques heures au bord des routes ou des autoroutes pour manger et pour se reposer, des embouteillages monstres, les jours des grandes migrations. L'avion est encore rarement utilisé par les familles, son usage se développe lentement [69].

Les ouvriers sont, avec les agriculteurs, surreprésentés parmi les campeurs et les adeptes du caravaning. Pierre Sansot a décrit dans son livre *Les Gens de peu* [70] cette pratique populaire du camping et notamment l'objet qui la symbolise : le pliant. Les membres des catégories populaires sont aussi des clients plus occasionnels des agences de voyage, dont les indépendants et les cadres utilisent plus de deux fois plus souvent les services. Par contre, pour partir en vacances, ils ont recours plus fréquemment aux comités d'entreprise [71].

En résumé, les catégories populaires partent moins en vacances, mais pas toujours par nécessité. Les ouvriers non qualifiés, par exemple, partent plus de 2 fois moins souvent en vacances d'été, 6 fois moins souvent en vacances d'hiver, et près de 20 fois moins souvent aux sports d'hiver que les cadres supérieurs. Mais les inégalités entre groupes sociaux s'observent aussi sur la durée ou la fréquence, et bien sûr le coût et le confort du séjour. Les différentes catégories sociales ne se mélangent pas plus pendant les vacances que pendant le restant de l'année. Ainsi, même au bord de l'océan Atlantique, et sans chercher les oppositions les plus tranchées, on peut constater qu'il n'y a pas grand-chose de commun entre le public des rues et des plages bondées de Saint-Jean-de-Mont et la fréquentation d'une station balnéaire plus mondaine comme La Baule.

69. En 1994, par exemple, 7,2 % des ouvriers prenaient l'avion pour aller en vacances contre 13,1 % des cadres.
70. PUF, 1992.
71. 5,1 % des ouvriers ont utilisé en 1994 les services des comités d'entreprise pour les vacances, contre 1,2 % des cadres et 0,8 % des patrons de l'industrie et du commerce.

Les inégalités face à l'espace public

12.

L'objet de ce chapitre est d'examiner l'ampleur des inégalités dans la participation à la vie publique, le rapport aux médias et à la justice. L'enjeu est ici le pouvoir exercé par certains groupes sociaux dans et sur la société civile et les appareils d'État – il s'agit des inégalités de pouvoir entre les différents groupes sociaux ayant finalement pour fonction d'assurer la pérennité de toutes les autres formes d'inégalités étudiées les chapitres précédents.

La participation à la vie associative et syndicale

La vie associative

La participation à la vie associative a fait l'objet de nombreuses études. Elles soulignent toutes l'importance des disparités suivant les différentes catégories sociales [1].

On peut distinguer trois types d'associations :

– Les associations qui rassemblent des adhérents ayant une activité commune, les plus nombreuses et les moins distinctives (associations sportives, clubs de troisième âge, etc.). Elles sont plutôt des prestataires de services. Souvent elles ne sont qu'une formule de gestion d'équipements collectifs mis en place par les administrations ou les collectivités locales.

– Les associations qui rassemblent des adhérents défendant des intérêts communs (syndicats, parents d'élèves, locataires, associations de quartier, etc.). La défense d'intérêts particuliers mobilise cependant davantage que la défense d'intérêts communs ou de convictions générales.

– Les associations politiques, religieuses, humanitaires, écologistes, consuméristes, etc., destinées à défendre une « cause » générale, universelle. Elles mobilisent relativement peu.

Le militantisme ne représente qu'une faible part du mouvement associatif qui offre en fait une image plus conventionnelle. Le « renouveau associatif » des années soixante-dix/quatre-vingt, censé incarner une participation nouvelle, plus volontaire, à la vie

1. *Cf.* notamment INSEE, *Économie et Statistique,* n° 208, mars 1988 avec un dossier important consacré au « monde associatif » dont deux articles de François Héran : « Un monde sélectif : les associations » et « Au cœur du réseau associatif : les multi-adhérents » ; OFCE, *Observations et diagnostics économiques,* n° 45, 1993 ; *Documents du CERC,* n° 109, 3e trimestre 1993, « Précarité et risque d'exclusion en France », p. 79-84 ; *INSEE Première,* n° 542, septembre 1997 ; CREDOC, *Consommation et modes de vie,* n° 123, 31 janvier 1998 ; et Jean-Louis Laville et Renaud Sainsaulieu (dir.), *Sociologie de l'association,* Desclée de Brouwer, 1997.

de la cité, doit donc être ramené à des proportions modestes, d'autant plus qu'un recul a été enregistré de 1983 à 1996.

La diversité du public de bon nombre d'associations ne doit pas faire illusion. Il est en effet nécessaire de confronter l'éventail social des adhérents à la composition sociale de l'ensemble de la population pour pouvoir tirer des conclusions sur le degré de participation à la vie associative. C'est pourquoi les études s'intéressent beaucoup plus à la comparaison du taux d'adhésion des différents groupes sociaux et moins à la simple structure sociale des adhérents. Globalement les hommes sont plus souvent membres d'une association que les femmes (l'écart est cependant moins important en 1996 qu'en 1983). Les cadres et les professions intellectuelles supérieures ont le plus fort taux d'adhésion, quel que soit le type d'association. Parmi eux, les professeurs se distinguent particulièrement. Ces derniers sont au moins six fois plus souvent membres d'associations politiques, humanitaires ou religieuses que les ouvriers qualifiés. Leur taux d'adhésion reste encore près de deux fois plus élevé dans le cas des associations sportives. À cette sociabilité « plus militante » des professeurs, s'opposerait une sociabilité « plus fonctionnelle » d'autres catégories. Les ingénieurs et cadres techniques sont très présents dans les associations d'anciens élèves, les professions libérales dans les clubs à l'américaine (réseaux fermés où ne sont admis que les détenteurs d'un poste ou d'un titre). Les instituteurs et les travailleurs sociaux devancent les professeurs dans les « associations culturelles ou musicales ». Mais, sans doute, le contenu de cette catégorie est-il trop hétérogène pour qu'on puisse en tirer des conclusions, puisqu'on y range aussi bien les membres d'une « clique » municipale que les abonnés à un cycle de musique de chambre [2].

Les deux seules véritables exceptions sont les associations d'anciens combattants (ou les « classes » rassemblant les personnes d'une classe d'âge issues de la même localité) et les clubs de troisième âge qui se distinguent par des taux d'adhésion plus élevés dans les catégories populaires (agriculteurs, ouvriers, mais aussi artisans et commerçants) surtout en milieu rural. Ces deux types d'associations se distinguent aussi par l'âge de leurs membres (la plupart ont plus de 60 ans) et par le faible niveau d'études (moins de 8 % ont le baccalauréat).

Dans les campagnes, les membres des catégories supérieures ont un taux d'adhésion aux associations deux fois plus élevé

2. François Héran, « Un monde sélectif : les associations », *Économie et Statistique* n° 208, mars 1988, p. 27-28.

seulement que les ouvriers non qualifiés. La participation des membres des catégories populaires semble donc plus intense dans le cadre restreint d'une communauté locale où l'interconnaissance va de soi. Dans les petites villes, l'écart va de 1 à 5. L'usage associatif intense des membres des catégories supérieures permet à certains d'entre eux d'acquérir une stature de notable. Enfin, dans les grandes villes et à Paris, l'écart est plus grand encore, puisqu'il va de 1 à 9.

Le degré de participation est lui aussi très variable. Si les cadres investissent le plus dans le réseau associatif, ils semblent cependant modérément engagés, car ils doivent répartir leurs investissements entre diverses adhésions. Plus fréquemment multi-adhérents, ils se dessaisissent souvent des responsabilités au profit des membres des autres groupes sociaux, notamment des professions intermédiaires. Cette prise de distance ne doit cependant pas tromper. Les études ethnographiques montrent en effet que les cadres (ou les notables locaux) abandonnent souvent, notamment dans les clubs sportifs, les tâches matérielles ou la formation des jeunes, tandis qu'ils monopolisent de préférence les fonctions de représentation, plus gratifiantes sur le plan relationnel[3]. Les multi-adhérents ne participent pas pour autant à un intense mélange social. Michel Bozon montre, au contraire, à partir de l'exemple d'une petite ville, que les individus des différentes catégories sociales intégrés au réseau associatif se retrouvent « entre soi », au sein de réseaux séparés. François Héran en déduit que *« plus on est intégré au réseau associatif, (...) moins on s'intègre au reste de la société*[4] » !

L'importance de l'engagement associatif est liée au niveau du « capital culturel » et aux inégalités de temps libre. L'engagement associatif *« exige moins la fortune que la maîtrise du temps et la maîtrise du verbe*[5] ». Cette double maîtrise explique en partie la multiplication des adhésions des cadres qui jouent un rôle essentiel dans le milieu associatif militant. Les diplômés, hommes, de la catégorie « cadres et professions intellectuelles supérieures » représentent près des deux-tiers des multi-adhérents contre moins de 4 % de ceux qui sont rétifs à toute forme d'association[6].

La participation à la vie associative est la plus réduite parmi les catégories populaires les plus défavorisées. La situation des pré-

3. Michel Bozon, *Vie quotidienne et rapports sociaux dans une petite ville de province. La mise en scène des différences*, Presses universitaires de Lyon, 1984.
4. François Héran, « Au cœur du réseau associatif : les multi-adhérents », *Économie et Statistique* n° 208, mars 1988, p. 44.
5. François Héran, « Un monde sélectif : les associations », *op. cit.*, p. 30.
6. François Héran, « Au cœur du réseau associatif : les multi-adhérents », *op. cit.*, p. 33-44.

caires et des chômeurs se rapproche fortement de ces dernières[7]. Le chômage se traduit par une rupture progressive avec les réseaux de sociabilité. Dans les années trente, des sociologues avaient déjà relevé la tendance au repli sur soi des chômeurs[8]. Le travail est en effet le moteur de la vie sociale, un repère essentiel des hommes et des femmes, notamment dans l'organisation de leur vie quotidienne. Le temps social est rythmé par le travail. Toutes les autres activités en dépendent, y compris celles de la vie associative. Les effets de la précarité professionnelle sont particulièrement perceptibles en milieu ouvrier (tableau 12.1). *« Il est frappant de constater, note le rapport du CERC, que l'adhésion aux associations d'un cadre au chômage depuis moins de deux ans est trois fois supérieure à celle d'un ouvrier privé d'emploi depuis la même période.* » Il semble par conséquent que les uns compenseraient plus facilement leur inactivité professionnelle par d'autres activités en attendant de retrouver un emploi, alors que les autres intérioriseraient davantage la logique du processus de *« disqualification sociale »* et contribueraient par leur repli sur eux-mêmes à la renforcer[9].

Tableau 12.1

Proportion de personnes qui participent à la vie associative selon leur catégorie sociale et leur situation par rapport à l'emploi (en %)

	Emploi stable non menacé	Emploi stable menacé	Emploi instable	Chômage moins de 2 ans	Chômage plus de 2 ans	Ensemble de la population
Cadre	63	58	67	48	ns	62
Profession intermédiaire	58	50	42	37	32	54
Employé	36	30	23	19	29	32
Ouvrier	37	31	26	16	17	30
Ensemble	46	37	30	21	24	39

Source : « Précarité et risque d'exclusion en France », *Documents du CERC*, n° 109, 3e trimestre 1993, p. 82.
Légende : ns = non significatif.

7. *Documents du CERC*, n° 109, 3e trimestre 1993, « Précarité et risque d'exclusion en France », p. 79 à 84.
8. Paul Lazarsfeld *et al.*, *Les Chômeurs de Marienthal*, Éditions de Minuit, 1981 (1re édition 1931).
9. *Cf.* Serge Paugam, *La Disqualification sociale, essai sur la nouvelle pauvreté*, PUF, 1991.

La vie syndicale

Le taux d'adhésion à des organisations syndicales a fortement baissé. Il est passé de 14% en 1983 à 8% en 1996[10]. Il varie suivant l'âge et le sexe, avec un avantage pour les hommes et les 30-50 ans. Les salariés du privé sont nettement moins syndiqués que les salariés du public et les indépendants (tableau 12.2).

Tableau 12.2

Taux d'adhésion aux syndicats ou organisations professionnelles par sexe, âge et catégorie sociale en 1982-1983 (en %)

	Hommes			Femmes		
	30 ans	40 ans	50 ans	30 ans	40 ans	50 ans
Indépendants	35	45	45	21	14	12
Salariés du public	27	33	33	21	23	21
Salariés du privé	10	13	14	5	6	7

Source : Économie et Statistique, n° 208, mars 1988, p. 19.

Ces écarts se sont renforcés durant les années quatre-vingt et au début des années quatre-vingt-dix quand le syndicalisme ouvrier, déjà affaibli, a enregistré de nouveaux reculs, surtout dans les entreprises privées[11]. Ces reculs ont plusieurs causes : la diminution très importante des effectifs ouvriers dans un certain nombre de secteurs industriels (sidérurgie, construction navale, automobile, etc.) ; la répression antisyndicale dans les entreprises qui a accompagné une individualisation croissante du rapport salarial ; la propagande antisyndicale qui anime les milieux libéraux[12] ; la perte d'influence des utopies collectives en partie incarnées par le syndicalisme ouvrier. Le secteur public et parapublic en revanche a été marqué dans la même période par des luttes collectives : enseignants, postiers, cheminots, fonctionnaires des impôts ou encore infirmières y ont participé. Quand la confiance envers les organisations syndicales anciennes a été remise en cause, on a observé un développement de nouvelles

10. *Insee Première*, n° 542, septembre 1997.
11. Sur le contexte économique et social de ce recul voir Alain Bihr, *Du grand soir à l'alternative, le mouvement ouvrier européen en crise*, Éditions de l'Atelier, 1991.
12. Les ouvrages de François de Closets (notamment *Toujours plus*, Grasset, 1982 et *Tous ensemble, pour en finir avec la syndicratie*, Grasset, Seuil, 1984) sont typiques de ce genre de littérature.

organisations[13]. Globalement l'adhésion aux syndicats s'est maintenue dans ces secteurs à un niveau nettement plus élevé que dans le privé. On retiendra en particulier que les professeurs sont cinq fois plus souvent syndiqués que les ouvriers qualifiés et six fois plus que les ouvriers non qualifiés (voir tableau 12.3).

Tableau 12.3

Taux d'adhésion des différentes catégories sociales aux organisations syndicales ou professionnelles

Hommes (en %)	1	2	3	4	5	6	7	8	9	10	11	12	13
Syndicat de salariés	49	//	33	25	16	17	16	//	8	9	8	//	2
Org. prof. d'indépendants	//	69	2	//	//	//	0	21	//	//	//	33	//

Légende : 1 : Professeurs ; 2 : Professions libérales ; 3 : Instituteurs et travailleurs sociaux ; 4 : Cadres fonction publique ; 5 : Ingénieurs et cadres d'entreprises ; 6 : Employés fonction publique ; 7 : Autres professions intermédiaires ; 8 : Artisans, commerçants, patrons ; 9 : Autres employés ; 10 : Ouvriers qualifiés ; 11 : Ouvriers non qualifiés ; 12 : Agriculteurs ; 13 : Ouvriers agricoles.

Femmes (en %)	1	2	3	4	5	6	7	8	9	10	11	12	13	14
Syndicat de salariés	30	13	33	15	16	9	8	8	4	//	2	1	5	//
Org. prof. d'indépendantes	//	11	//	//	//	//	//	//	//	7	//	//	//	5

Légende : 1 : Professeurs ; 2 : Professions libérales et cadres ; 3 : Institutrices ; 4 : Intermédiaires santé et travail social ; 5 : Intermédiaires fonction publique ; 6 : Techniciennes, contremaîtres ; 7 : Intermédiaires des entreprises ; 8 : Employées fonction publique ; 9 : Employées administratives en entreprises ; 10 : Artisans, commerçantes ; 11 : Employées de maison ou de commerce ; 12 : Ouvrières qualifiées ; 13 : Ouvrières non qualifiées ; 14 : Agricultrices.

Source : Économie et Statistique, n° 208, mars 1988, p. 26-27.

Les membres des professions indépendantes adhèrent, eux aussi, nettement plus souvent à des organisations « syndicales » (les « *organisations professionnelles* » du tableau 12.3) que la plupart des salariés. Le faible degré de syndicalisation des ouvriers, et de manière plus générale des salariés du secteur privé, a bien entendu des conséquences en termes de défense des salaires ou du statut, notamment en ce qui concerne la stabilité professionnelle. Par conséquent, les représentations les plus communes du syndicalisme renvoyant au syndicalisme ouvrier sont assez largement décalées par rapport à une réalité nettement plus diversifiée. Il est vrai cependant que le syndicalisme ouvrier était porteur d'un projet pour l'ensemble de la société, ce qui n'était pas le cas des

13. Phénomène sensible dans l'Éducation nationale avec le déclin de la FEN et l'émergence de la FSU, mais aussi à la Poste, aux Télécom, puis à la SNCF où se développe SUD.

syndicalismes d'employés, de fonctionnaires ou d'agriculteurs défendant plutôt des intérêts corporatifs immédiats sans perspective d'ensemble. Ce projet syndical, éminemment politique, vise précisément la construction d'une société plus juste parce que moins inégalitaire.

La participation à la vie politique

La participation aux élections

Pour participer aux élections, les personnes qui remplissent les conditions légales doivent d'abord s'inscrire sur les listes prévues à cet effet. Les non-inscrits représentent 10 % de l'électorat potentiel [14]. Le taux d'inscription augmente logiquement au fur et à mesure que les individus avancent en âge : 40 % environ des non-inscrits ont moins de 25 ans et 20 % entre 25 et 34 ans [15]. Ces non-inscrits sont plus nombreux parmi les jeunes issus de familles d'ouvriers ou d'employés que parmi ceux originaires de milieux plus aisés [16]. Ainsi le quart des ouvriers grenoblois n'étaient pas inscrits sur les listes électorales contre 10 % des indépendants et 4 % des cadres : l'écart entre ouvriers et cadres allait de 1 à 6 [17]. Autre exemple, les professionnels de l'armée : en 1995, des hommes du rang aux officiers supérieurs, la part des inscrits passe de un à quatre [18]. Les professions qui se signalent par des taux de non-inscription les plus élevés appartiennent aux catégories ouvriers et employés et cumulent les facteurs de repli : absence de diplôme, de liens familiaux solides, de contrat de travail stable [19].

Un phénomène analogue s'observe pour la participation des électeurs inscrits. En 1995, l'abstention aux deux tours des élec-

---

14. En 1995 ce taux serait de 9 % (*INSEE Première*, n° 397, juillet 1995).
15. D'après le CEVIPOF.
16. C'est aussi parmi les jeunes gens de milieu populaire que l'on observe les plus forts pourcentages de privation du droit de vote suite à des condamnations pénales : entre 20 et 24 ans, les privations de capacité électorale touchent un ouvrier qualifié sur 28, un ouvrier non qualifié sur 20 et un employé de commerce sur 17 contre un pour 1 000 parmi l'ensemble des professions libérales (*INSEE Première*, n° 397, juillet 1995).
17. Pierre Bréchon et Bruno Cautrès, « L'inscription sur les listes électorales : indicateur de socialisation ou de politisation ? », *Revue française de science politique*, n° 4, vol. 37, août 1987, p. 509. L'enquête a été réalisée à Grenoble en 1986, elle concernait la population en âge de voter ; le taux moyen de non-inscription grenoblois était alors proche du taux moyen (estimé) sur le plan national.
18. *INSEE Première*, n° 397, juillet 1995.
19. *Idem*.

tions présidentielles combinée à la non-inscription oppose nettement les ouvriers non qualifiés et les employés de commerce qui restent massivement à l'écart de la vie politique et un ensemble regroupant instituteurs, professeurs, professions libérales, cadres et agriculteurs qui, à l'opposé s'y investissent. Les premiers restent 2,5 fois plus à l'écart que les seconds [20] (tableau 12.4). L'absence d'insertion professionnelle renforce ce phénomène : les chômeurs et les précaires s'abstiennent en effet deux fois plus que ceux qui ont un emploi à temps complet [21]. Un bilan de la participation aux élections de 1995 à 1997 montre toutefois que 8 % seulement des inscrit se sont abstenus à tous les scrutins. Un électeur sur deux pratique le « vote intermittent ». L'absence de diplôme et d'emploi stable serait le premier facteur de l'abstention durable [22].

Tableau 12.4

Fréquence d'abstention des différentes catégories sociales

(en %)

	Présidentielles 1995	Municipales 1995	Législatives 1997
Agriculteur	12,5	27,9	26,2
Cadre + Prof. interméd. du public	10,4	21,7	16,9
Cadre du privé	5,3	20,3	18,2
Employé + Contremaître	13,2	24,8	22,7
Ouvrier	17,0	30,0	28,0
Ouvrier non qualifié	14,0	26,0	25,9
Inactifs et chômeurs	14,8	28,2	27,5

Source : INSEE, Fichier de la participation électorale, cité par *Chiffres pour l'Alsace*, décembre 1997, p. 15.

La première explication de cette participation inégale à la vie politique renvoie aux inégalités de compétence des membres des différentes catégories sociales. C'est notamment l'axe central de l'argumentation de Pierre Bourdieu [23]. Le taux de non-inscription et le taux d'abstention varient en raison notamment de la répartition inégale du « capital culturel » mesuré par le niveau de diplôme. Il s'agit là d'un critère discriminant fort. La proportion des non-inscrits et des abstentionnistes est nettement plus élevée pour les

20. *Idem*.
21. *INSEE Première*, n° 414, novembre 1995.
22. *INSEE Première*, n° 546, septembre 1997.
23. Pierre Bourdieu, « Questions de politique », *in Actes de la recherche en sciences sociales*, n° 16, septembre 1977, p. 55-89.

« sans-diplômes » en comparaison de ceux qui ont un diplôme supérieur au baccalauréat [24]. Les membres des catégories populaires subiraient ainsi, suivant l'expression de Daniel Gaxie, un *« cens caché* [25] *»*. Fréquemment submergés par les problèmes immédiats d'une vie quotidienne difficile, isolés, ces derniers sont souvent dans l'impossibilité d'envisager l'avenir, de se situer socialement ou dans un contexte national, voire même local, d'acquérir le minimum de conscience politique indispensable à la pratique démocratique.

Cependant la montée importante de l'abstentionnisme en France depuis le milieu des années quatre-vingt renvoie aussi à une seconde explication. Des taux d'abstention voisins ou supérieurs à 50 % sont atteints à partir de la fin des années quatre-vingt lors de certaines consultations électorales. Même les scrutins considérés comme plus décisifs enregistrent un recul important de la participation : les premiers tours des législatives de 1988 et 1993 par exemple voient la participation électorale reculer de 10 points par rapport à 1986 [26]. Les législatives de 1997 et les régionales couplées aux cantonales de 1998 ont largement confirmé cette tendance. Les sondages postélectoraux montrent que l'électorat populaire désabusé s'est incontestablement démobilisé dans la mesure où l'enjeu des élections s'éloignait de plus en plus du changement de société espéré. Cette démobilisation n'est pas sans lien avec le tournant libéral pris entre 1982 et 1984. Comme aux États-Unis, l'abstention d'une partie significative des catégories populaires peut donc aussi s'expliquer par l'absence d'alternative politique crédible. Un indice supplémentaire corroborant cette hypothèse nous est donné par le fait que l'effondrement électoral du parti communiste entre 1978 et 1986 et celui du parti socialiste après 1988 se soient accompagnés non seulement d'une augmentation de l'abstention, mais aussi de celle du vote blanc ou nul. Ce dernier, sans qu'il soit possible de distinguer entre les deux modalités, passe de moins de 1 % des suffrages exprimés lors des premiers tours des élections de 1981 ou encore lors des élections européennes de 1984, à environ 5 % aux européennes de 1994 ou aux régionales de 1998 malgré le grand nombre de listes en présence. Enfin le vote à l'extrême droite d'une

24. *Insee Première*, n° 397, juillet 1995 ; et n° 414, novembre 1995.
25. Daniel Gaxie, *Le Cens caché*, Seuil, 1978.
26. Pierre Bréchon, « L'abstentionnisme en France depuis 1988 », *Regards sur l'actualité*, n° 164, septembre-octobre 1990, La Documentation française, p. 11 à 20 ; « La participation électorale d'avril 1988 à mars 1989 », Insee, *Données sociales 1990*, p. 394-397 ; Louis Chauvel, « La double dérive de l'électeur » *in Revue de l'Ofce* n° 49, avril 1994, p. 237.

partie des anciens électeurs déboussolés de droite et de gauche peut aussi s'interpréter en ce sens [27].

La non-inscription sur les listes électorales et l'abstention sont en définitive plus élevées chez tous ceux qui auraient de bonnes raisons de contester l'ordre inégalitaire établi que parmi ceux qui en tirent largement parti, au vu de ce que nous avons eu l'occasion d'établir dans les onze chapitres précédents.

L'ancrage social des principaux partis politiques

L'étude de la structure des adhérents et des cadres des différents partis politiques français permet de souligner les caractéristiques communes à l'ensemble des partis politiques et les spécificités qui marquent telle ou telle formation. On observe dans tous les partis une distorsion nette entre la structure des adhérents et la structure de l'encadrement : les catégories les plus populaires (ouvriers, employés, agriculteurs, artisans et petits commerçants), de même que les femmes, sont en effet largement exclues de l'encadrement de tous les partis politiques, à l'exception toutefois du Parti communiste. Dans ce parti, les permanents issus de l'aristocratie ouvrière ou de la fonction publique jouent un rôle prépondérant [28]. Dans le cas de l'UDF on ne peut pas parler de distorsion dans la mesure où, pour ce «*parti de privilégiés* [29] », les adhérents appartiennent, de fait, au personnel politique. En revanche, au Front national, la distorsion est forte, les indépendants et les cadres dominent largement au sommet et parmi les élus tandis que la fraction d'employés ou d'ouvriers présente à la base du parti d'extrême droite disparaît totalement à ce niveau [30]. Les bénéficiaires de cette sélection sociale au sein des partis sont d'abord les cadres et les professions intellectuelles supérieures (les professions libérales et les cadres du privé dans les partis de droite, voire d'extrême droite ; les enseignants et les cadres du public dans les partis de gauche, notamment au parti socialiste) et, de manière plus limitée, les professions intermédiaires. Les éléments rassemblés dans le tableau 12.5 à propos du RPR et du PS, à des périodes différentes, illustrent largement ce phénomène [31].

27. *Cf.* Louis Chauvel, «La double dérive de l'électeur» *op. cit.*, p. 236-243.
28. Bernard Pudal, *Prendre parti. Pour une sociologie historique du PCF*, Presses de la FNSP, 1989.
29. L'expression est de Colette Ysmal, *Les Partis politiques sous la Ve République*, Montchrestien, 1989, p. 215 et *sq.*
30. Colette Ysmal, *op. cit.*, p. 224.
31. *Cf.* aussi Jacques Lagroye, *Les Militants politiques dans trois partis français (PC, PS, UDR)*, Pédone, 1976 et William R. Schonfelt, *Ethnographie du PS et du RPR. Les éléphants et l'aveugle*, Economica, 1985.

Tableau 12.5

Adhérents et délégués du RPR et du PS

	RPR				PS			
	1 adhér. 1977	2 délég. 1978	3 adhér. 1984	4 délég. 1984	5 adhér. 1973	6 délég. 1973	7 milit. 1984/85	8 délég. 1985
Agriculteur	6	3	4	3	11	1	–	1
ACCE	17	12	18	11	12	3	6*	6*
Cadre + étudiant	29	56	26	38	18	55	35	40
PI	11	17	8	17	19	26	38	35
Employé	–	3	13	8	19	8	10	7
Ouvrier	20	2	3	2	19	3	10	2
Inactifs	17	14	28	21	2	4	–	11
% indépendants	31	28	28	24	25	13	6	7

Sources : 1 et 3 : Délégation à la communication du RPR citée par Colette Ysmal *Les Partis politiques sous la Ve République*, Montchrestien, 1989, p. 205 ; 2 : Enquête réalisée par Roland Cayrol et Colette Ysmal au congrès extraordinaire du RPR du mois de novembre citée par Colette Ysmal, *op. cit.*, p. 207 ; 4 : Enquête réalisée par Bréchon, Derville et Lecomte aux Assises de Grenoble, « Les cadres du RPR », *Cahiers du CERAT* n°1, juillet 1986, IEP, Université des sciences sociales de Grenoble ; 5 : Sondage au 25e sur le fichier national du PS, P. HARDOUIN, Les caractéristiques sociologiques du parti socialiste, *Revue française de sciences politiques*, n° 2, vol 28, avril 1978 ; 6 et 8 : enquêtes réalisées par Roland Cayrol (et Colette Ysmal pour la seconde) citées par Colette Ysmal, *op. cit.*, p. 197 ; 7 : enquête réalisée par Henri Rey et Françoise Subileau auprès de 30 fédérations regroupant 40 % des effectifs citée par Colette Ysmal, *op. cit.*, p. 197. *Remarque :* Ces chiffres sont des ordres de grandeur en raison de l'hétérogénéité et de la fiabilité variable des sources. Les catégories très diverses de regroupement ont été harmonisées en prenant comme base les CSP de l'INSEE. *Légende :* ACCE = Artisan, commerçant et chef d'entreprise ; PI = profession intermédiaire ; * = les professions libérales y sont classées exceptionnellement.

La composition sociale des partis politiques est très éloignée de la structure sociale d'ensemble. Les délégués de l'UDF ou du RPR ne comprennent quasiment pas d'ouvriers ou d'employés, le groupe des indépendants est représenté avant tout par des professions libérales et des chefs d'entreprise. Le parti néo-gaulliste est cependant davantage que l'UDF implanté dans les catégories moyennes traditionnelles en déclin. Les cadres supérieurs présents dans ces deux partis travaillent essentiellement dans le secteur privé ; les professeurs et même à un degré moindre les ingénieurs sont très peu représentés [32]. Les responsabilités nationales au sein de ces deux formations sont monopolisées par le groupe des cadres et professions libérales [33].

Le Front national avait une structure sociale relativement proche des deux partis de droite. Les étudiants en droit et en médecine,

32. Bréchon, Derville et Lecomte, « Les cadres du RPR », *Cahiers du CERAT* n° 1, *op. cit.*, p. 29 et Colette Ysmal, *op. cit.*, p. 208-219.
33. Bréchon, Derville et Lecomte, *Cahiers du CERAT* n° 1, *op. cit.*, p. 33.

les professions libérales et les cadres supérieurs du secteur privé étaient en 1978 les catégories les plus fortement surreprésentées. Au cours des années quatre-vingt et quatre-vingt-dix, sa base se popularise : le poids des ouvriers, employés et petits indépendants progresse. Son encadrement reste en revanche constitué essentiellement de chefs d'entreprise et de professions libérales, voire de hauts fonctionnaires et d'universitaires [34].

Les enseignants et les cadres sont surreprésentés au sein du Parti socialiste. Les ouvriers, les employés, les jeunes et les femmes sont largement sous-représentés. Alors que, dans la population française, les ouvriers et les employés sont deux fois plus nombreux que les cadres supérieurs et les professions intermédiaires, ils sont au sein du Ps très largement dominés par les catégories moyennes et supérieures : 20 % contre 67 %. Dans les années soixante-dix et au tout début des années quatre-vingt, ce parti était avant tout un parti d'enseignants dont beaucoup étaient certes des enfants d'ouvriers et de petits employés, mais, depuis la fin de la IIIe République, ce n'était plus un parti d'ouvriers. Au début des années quatre-vingt-dix, le Ps est davantage un parti d'enfants d'enseignants. Son noyau principal est dorénavant composé de fonctionnaires ou de salariés à statut, essentiellement des cadres : plus de la moitié des militants appartiennent au secteur public et parapublic [35].

Le Parti communiste reste un parti populaire, implanté dans le monde ouvrier [36]. Mais, au-delà même de son orientation stratégique, son insertion privilégiée dans des secteurs industriels en déclin et dans des couches ouvrières qualifiées traditionnelles le plaçait, dès la fin des années soixante-dix, dans une situation pour le moins décalée dans l'ensemble des rapports de force essentiels au sein de la société française. Il reste le seul « grand » parti politique français à avoir une composition sociale largement populaire. Du fait du déclin considérable de son influence, et des caractéristiques sociologiques du Ps et du parti des Verts [37] (ce dernier étant clairement dominé par les catégories moyennes et

34. *Cf.* Alain Bihr *Le Spectre de l'extrême droite. Les Français dans le miroir du Front national*, Éditions de l'Atelier, 1998, p. 29-34.

35. Voir outre les ouvrages cités en note 31, Henri Rey et Françoise Subileau, *Les Militants socialistes à l'épreuve du pouvoir*, Presse de la FNSP, 1991, Annie Philippe et Daniel Hubscher, *Enquête à l'intérieur du parti socialiste*, Albin Michel, 1991 et Colette YSMAL, *Les Partis politiques sous la Ve République*, Montchrestien, 1989, p. 198- 204.

36. D'après l'enquête menée au congrès de janvier 1994, on retiendra notamment que 24 % des délégués étaient des ouvriers professionnels, 19 % d'autres salariés de l'industrie, 10 % des employés, 10 % des enseignants, 6 % des chômeurs (*Le Monde*, 17 septembre 1994, p. 13).

37. *Le Monde*, 17 septembre 1994, p. 13.

supérieures salariées), les catégories populaires sont largement orphelines sur le plan politique[38].

Sociologie des élus

La surreprésentation des catégories supérieures dans les instances de représentation politique est bien connue grâce aux travaux de Daniel Gaxie. Il a montré à partir de l'ensemble des résultats des élections à l'Assemblée nationale de 1945 à 1978 que les catégories supérieures étaient constamment surreprésentées, et pour certaines très fortement, alors que toutes les fractions des catégories moyennes ou populaires sont sous-représentées dans l'hémicycle, quand elles n'en sont pas évincées. La représentation parlementaire fournit ainsi une image inversée de la structure sociale puisque plus des trois quarts des députés sont issus du décile le plus favorisé – économiquement et culturellement – de la population[39]. Sur l'ensemble de cette période Gaxie, montre que plus de 90 % des députés de Démocratie libérale[40], de Force démocrate ou du RPR appartiennent aux catégories supérieures, avec près de 98 % dans les deux premiers cas et, pour ces trois partis, une prépondérance nette des cadres du privé, des professions libérales et des chefs d'entreprise. Les deux tiers au moins, parfois les trois quarts, des députés du PS appartiennent aussi aux catégories supérieures, mais le poids des détenteurs de capital culturel, notamment des professeurs, est plus important. Le seul parti au sein duquel les catégories populaires bénéficient d'une représentation plus importante est le PCF. Cependant, même au sein de ce parti, les catégories moyennes et supérieures sont surreprésentées.

Depuis 1981, cette tendance lourde s'est largement confirmée, elle a même eu tendance à s'amplifier en raison à la fois du déclin du PCF et d'un recrutement social de plus en plus élitiste du PS. Un examen détaillé de l'origine professionnelle des députés du PS montre que la tendance à l'exclusion des membres des catégories moyennes et populaires s'est accentuée depuis 1981. De 38 % sous

---

38. « PCF : l'érosion spectaculaire », *Autrement* n° 122, mai 1991 ; et Colette Ysmal, *op. cit.*, p. 190-198 et 295-298 pour une bibliographie conséquente. Jean-Louis Quermone aboutit au même constat en observant la réalité (limitée) de l'alternance au pouvoir (majorité parlementaire, gouvernement, président) depuis 1946 (*in* Yves Mény, « Idéologies, partis politiques et groupes sociaux », FNSP, 1991.
39. Daniel Gaxie, « Les logiques du recrutement politique », *Revue française de sciences politiques*, 1, 30, février 1980, p. 5-45.
40. Quand les partis politiques ont changé de nom au cours de la période considérée, nous retenons pour éviter des énumérations fastidieuses la dernière étiquette.

Tableau 12.6

Composition socio-professionnelle de la représentation nationale depuis 1981

	Nombre de députés de chaque Pcs					Députés de chaque Pcs en %					Sénat (1995)	
	1981	1986	1988	1993	1997	1981	1986	1988	1993	1997	nb	%
Agriculteur	10	18	11	22	18	2	3	2	4	3	31	10
ACCE	12	36	30	64	54	2	6	5	11	9	25	8
dont AC	–	–	–	5	3	–	–	–	1	1	6	2
CE	–	–	–	59	51	–	–	–	10	9	19	6
Cadre	389	460	483	439	417	79	80	84	77	72	154	48
dont PL	89	122	116	137	100	18	21	20	24	17	56	17
CPRI	72	96	81	98	85	15	17	14	17	15	30	9
CPUB	85	107	135	107	92	17	19	23	19	16	25	8
PROF	143	135	151	97	140	29	23	26	17	24	43	13
PI	38	29	28	16	22	8	5	5	3	4	10	3
Employé	12	8	5	7	9	2	1	1	1	2	3	1
Ouvrier	22	18	11	4	4	4	3	2	1	1	1	0
Autres	7	8	7	25	53	1	1	1	4	9	97	30
Total	491	577	575	577	577	100	100	100	100	100	321	100

Source : Afin de faciliter les comparaisons le tableau a été recomposé par nos soins en utilisant la nomenclature des PCS de l'INSEE. Les documents de l'Assemblée nationale (service de la Communication) et du Sénat (service de la Séance) établis à partir des déclarations des intéressés ont servi de base de travail. *Légende :* nb = nombre ; ACCE = Artisan, commerçant (AC) et chef d'entreprise (CE) ; PL = Professions libérales ; CPRI = cadres du secteur privé ; CPUB = cadres du secteur public et assimilés ; PROF = professeurs et assimilés + instituteurs et assimilés ; PI = Professions intermédiaires ; Autres = Pensionnés, retraités, permanents politiques, autres professions et sans profession. Le total des pourcentages n'est pas toujours égal à 100 car les chiffres ont été arrondis à l'unité la plus proche.

la IVe République et 25 % à 30 % environ entre 1958 et 1978, la part de ces dernières est passée à 10 % seulement depuis 1981[41]. Le recrutement social des élus du Ps est ainsi, sous cet aspect, de plus en plus comparable à celui des élus de droite. Le résultat sur la composition sociale de l'Assemblée nationale est implacable : 80 % à 90 % de l'ensemble des députés sont originaires des

41. Calculs effectués par Daniel Gaxie (« Les logiques du recrutement politique », *op. cit.*) pour la période d'avant 1981 et par nos soins pour la période 1981-1997 à partir des chiffres fournis par l'Assemblée nationale. L'ascension exceptionnelle mais marginale de militants syndicaux ou associatifs ne doit pas faire illusion. Dès 1985, Daniel Gaxie et Michel Offerlé remarquaient fort justement en conclusion d'une étude portant sur ces cas atypiques que « *le temps ne pouvait que favoriser la marginalisation ultérieure* (de ces derniers) » (« Les militants syndicaux et associatifs au pouvoir ? » *in Les Élites socialistes au pouvoir*, publié sous la direction de Pierre Birnbaum, PUF, 1985). Voir aussi l'étude d'Annie Collovald, « La République du militant. Recrutement et filières de la carrière politique des députés socialistes (1981) » dans le même ouvrage, *op. cit.*, p. 11-52.

Tableau 12.7

Appartenance sociale des députés, sénateurs, conseillers régionaux, conseillers généraux et maires

	(1) Députés	(2) Sénateurs	(3) Conseillers régionaux	(4) Conseillers généraux	(5) Maires
	1997	1995	1998	1998	1996
AE + ACCE	12	18	8	17	29
Cadre	72	48	54	46	22
dont PL	17	17	16	15	5
CPRI + CPUB	31	17	21	19	11
PROF	24	13	17	13	6
PI + EMP + OU	7	4	25	12	16
Autres	9	30	13	26	34
Total	100	100	100	100	100

Sources : (1) et (2) voir tableau précédent ; (3), (4) et (5) : Ministère de l'Intérieur. *Remarque :* L'importance de la catégorie « autres » parmi les sénateurs, les conseillers généraux et les maires s'explique par le poids des retraités parmi ces élus. *Légende :* AE = Agriculteur exploitant ; ACCE = Artisan, commerçant et chef d'entreprise ; PL = Professions libérales ; CPRI = cadres du secteur privé ; CPUB = cadres du secteur public et assimilés ; PROF = professeurs et assimilés + instituteurs et assimilés ; PI = Professions intermédiaires ; EMP = Employé ; OU = Ouvrier ; Autres = Pensionnés, retraités, permanents politiques, autres professions et sans profession.

catégories supérieures[42], quels que soient les résultats des élections, tout au long de la période 1981-1997 (tableau 12.6).

Une comparaison de l'origine sociale des parlementaires avec celle des conseillers régionaux, généraux ou des maires montre la même tendance générale avec toutefois une représentation un peu plus grande des catégories moyennes (tableau 12.7). Les catégories supérieures obtiennent en effet en moyenne 70 % à 80 % des sièges[43], les catégories moyennes, quoique nettement sous-représentées, obtiennent environ 10 % à 20 % des sièges, mais les catégories populaires sont, comme dans la représentation nationale, quasi absentes. Ajoutons que l'importance des successions politiques au sein des mêmes familles a suscité la curiosité des chercheurs qui ont constaté que ce phénomène a tendance à s'accentuer depuis une vingtaine d'années[44].

42. Ceci d'autant plus que, aux cadres et professions intellectuelles supérieures, il faut ajouter les agriculteurs qui sont presque toujours de confortables propriétaires fonciers, et les indépendants qui sont beaucoup plus souvent des chefs d'entreprise que des petits commerçants ou des artisans.
43. Les chiffres présentés ne permettent pas de distinguer les chefs d'entreprise et les propriétaires fonciers des autres indépendants (artisans, petits commerçants ou agriculteurs).
44. Claude Patriat et Jean-Luc Parodi (sous la dir.), *L'Hérédité en politique*, Economica, 1992. La contribution de Étienne Criqui (« Le canton en héritage », p. 199-217) montre

Tableau 12.8

Indice de représentation des différentes catégories sociales à l'Assemblée nationale en 1997

	(1) Députés en mars 1997 %	(2) Population active en mars 1997 %	(3) Indice de représentation
Agriculteur exploitant	3,1	2,9	107
Artisan et commerçant (AC)	0,5	6,1	8
Chef d'entreprise (CE)	8,8	0,5	1760
Profession libérale (PL)	17,3	1,3	1330
Cadre du secteur privé	14,7	7,0	210
Cadre du secteur public (CPUB)	15,9	1,1	1445
Professeur, instituteur et assimilé	24,3	5,8	419
Profession intermédiaire (PI)	3,8	16,6	23
Employé (EMP)	1,6	29,3	5
Ouvrier (OU)	0,7	27,1	2,5
Autres	9,2	–	–
Total	100,0	100	100
CE + PL + CPUB	42	2,9	1448
AC + PI + EMP + OU	6,6	79,1	8,3

Source : (1) : voir tableau 12.8. (2) : INSEE, *Enquête emploi*, mars 1997. *Légende :* Autres : Permanents politiques, autres professions et sans profession ; (3) : L'indice de représentation politique est calculé en faisant le rapport (1)/(2), soit : le % de députés issus d'une catégorie socioprofessionnelle donnée divisé par le % de cette catégorie dans la population active x multiplié par 100*. Quand ce rapport est supérieur à 100, la catégorie sociale est sur-représentée, quand il est inférieur à 100, elle est sous-représentée.

* Nous reprenons ici la méthode mise en œuvre par Daniel Gaxie à propos du recrutement politique en France de 1945 à 1978, propre à chaque organisation politique.

Une analyse des résultats des législatives de 1997 suivant l'appartenance sociale des députés montre que l'immense majorité de la population (ouvriers, employés, professions intermédiaires, artisans et petits commerçants) représentant près de 80 % de la population active fournit à peine 6,6 % des députés (tableau 12.8) ! Inversement, privilégiés parmi les privilégiés, un petit groupe représentant moins de 3 % de la population active (les chefs d'entreprise, les professions libérales et les cadres de la fonction publique – qui recouvrent notamment les hauts fonctionnaires) en fournit près de la moitié. Bref, l'indice de représentation de cette minorité est 175 fois plus élevé dans cette assemblée pourtant majoritairement à gauche que celui de l'ensemble des catégories

notamment que de 8 tentatives de transmission par an entre 1966 et 1980 on passe à plus de 10 de 1981 à 1990.

populaires et moyennes (ouvriers, employés, professions intermédiaires, artisans et petits commerçants). L'écart va même de 1 à 700 si on compare la représentation des ouvriers avec celle des chefs d'entreprise.

Ministres et cabinets ministériels

Les caractéristiques sociales du personnel gouvernemental de la Ve République, de 1958 à nos jours, sont à l'image de celles des parlementaires. Les membres des gouvernements sont presque toujours choisis au sein des catégories supérieures de la société [45]. Depuis 1958, on note une quasi-absence des catégories moyennes et populaires, leur poids se situant aux alentours de 5 % seulement (tableau 12.9). Trois groupes dominent : les cadres de la fonction publique (et en leur sein les hauts fonctionnaires), les professions libérales et les dirigeants et cadres supérieurs des entreprises privées. Après 1981, quand la gauche est au pouvoir, on note cependant la croissance du poids des enseignants et, parallèlement, le recul des chefs d'entreprise et des hauts fonctionnaires. Autre différence liée à la précédente, moins de 20 % des ministres d'avant 1981 étaient issus de familles des catégories moyennes ou, plus exceptionnellement, populaires, alors que près de la moitié des ministres des premiers gouvernements socialistes en sont issus [46]. Pour autant, le cas de l'autodidacte Pierre Bérégovoy ne doit pas cacher le niveau d'étude significativement plus élevé des ministres des gouvernements socialistes, puisque près de 70 % d'entre eux ont un diplôme supérieur à la licence contre 50 % des ministres des gouvernements d'avant 1981 [47].

Le monopole des catégories supérieures dans les sphères élevées de l'appareil d'État se retrouve dans les ministères puisque les membres des cabinets, à quelques très rares exceptions près, viennent de ce monde [48]. Les hauts fonctionnaires, en particulier les membres des « grands corps », occupent l'essentiel des postes (tableau 12.10). Certaines filières universitaires permettent d'accéder de manière privilégiée au sommet de l'État : droit et sciences

45. *Cf.* Daniel Gaxie, « Immuables et changeants : les ministres de la Ve République », *Pouvoirs*, n° 36, 1986, p. 61-78 ; et Brigitte Gaïti « Politique d'abord : le chemin de la réussite ministérielle dans la France contemporaine » *in* Pierre Birnbaum (dir.), *Les Élites socialistes au pouvoir*, *op. cit.*, p. 53-85.
46. Brigitte Gaïti , *op. cit.*, p. 62.
47. Brigitte Gaïti, *op. cit.*, p. 66.
48. Monique Dagnaud, Dominique Mehl, *L'Élite rose. Sociologie du pouvoir socialiste 1981-1986*, Nouvelle édition augmentée, Ramsay, 1988, p. 372 à 375. On trouvera en annexe de cet ouvrage (p. 355-429) un ensemble de tableaux statistiques sur le monde des cabinets ministériels.

Tableau 12.9

Origine professionnelle des ministres

(profession exercée au moment de la *première* activité politique)

Pcs	Ve République		1959-1974		1974-1981		1981-1986	
	Nb	%	Nb	%	Nb	%	Nb	%
Cadres + Chefs d'entreprise	242	92,3	112	93,5	84	88,4	64	91,5
Hauts fonctionnaires	73	27,9	39	32,5	31	33,0	13	18,6
Enseignants (sup. et second.)	42	16,0	14	11,7	8	8,5	21	30,0
Autres fonctionnaires	12	4,5	6	5,0	5	4,4	3	4,3
Professions libérales	41	15,6	17	14,2	14	14,9	11	15,7
Chefs d'entreprise	24	9,2	11	9,2	13	13,8	1	1,4
Cadres du secteur privé	23	8,8	12	10,0	7	7,4	6	8,6
Journalistes et écrivains	14	5,3	5	4,2	3	3,2	6	8,6
Professionnels de la politique	13	5,0	8	6,7	3	3,2	3	4,3
Agriculteurs exploitants	6	2,3	2	1,6	4	4,3	1	1,4
Sans profession	4	1,5	1	0,8	2	2,1	1	1,4
Prof. intermédiaires + Employés	2	0,8	1	0,8	1	1,0	1	1,4
Artisans, commerçants	4	1,5	3	2,5	2	2,1	1	1,4
Ouvriers	4	1,5	1	0,8	1	1,0	2	2,9

Source : D'après Jacques Cabannes, *Le Personnel gouvernemental sous la Ve République (1958-1986)*, Bibliothèque constitutionnelle et de sciences politiques, tome 71, Librairie Générale de Droit et de Jurisprudence, 1990, page 121. Nous avons reclassé les différentes catégories en fonction de la nomenclature des CSP de l'INSEE. Le lecteur intéressé trouvera la répartition des ministres des différents gouvernements de la Ve République, selon leur dernière profession exercée, *in* Brigitte GAÏTI *op. cit.*, p. 60. *Légende :* Nb = Nombre ; Autres fonctionnaires = magistrats, officiers, etc.

politiques avant tout, complétés le plus souvent par l'ENA. Mais l'examen des facteurs ayant motivé l'accès aux cabinets ministériels montre que ce ne sont pas tant la compétence professionnelle, voire la confiance politique, à elles seules, qui expliquent le recrutement, mais c'est bien avant tout une question de relations personnelles (tableau 12.11).

Le changement de majorité politique en mai 1981 ne s'est pas traduit par un changement de la composition sociologique du personnel au sommet de l'État. Étudiant le cas des directeurs d'administration centrale, Danièle Lochak souligne que le nouveau pouvoir a continué *« à puiser dans le même vivier que ses prédécesseurs*[49] *»*. De surcroît, il faut souligner les liens, nombreux, entre

49. Danièle Lochak, « La Haute Administration à l'épreuve de l'alternance », *in* Pierre Birnbaum (dir.), *Les Élites socialistes au pouvoir*, *op. cit.*, p. 163-193.

Tableau 12.10

Profession des membres des cabinets ministériels avant leur entrée dans le cabinet

	(1) 1945 à 55	(1) 1958	(1) 1968	(2) 1981	(3) 1986
Grands corps et assimilés (a)	69	65	82	21	21
Autres hauts fonctionnaires	69	13	5	44	45
Enseignants	7	4	4	10	4
Autres (permanents, privé, etc.)	24	18	9	25	30

Sources : (1) : Monique Dagnaud, Dominique Mehl, *L'Élite rose. Sociologie du pouvoir socialiste 1981-1986*, nouvelle édition augmentée, Ramsay, 1988, p. 363 ; (2) : *Idem*, p. 356-358 ; (3) : Idem, p. 412. *Remarques :* (a) : Inspection des Finances, Conseil d'État, Cour des Comptes, Mines, Pont et Chaussée + les hauts fonctionnaires occupant des postes de direction ou de sous-direction du secteur public ou parapublic.

Tableau 12.11

Facteurs ayant motivé l'accès au cabinet en 1981

	Directeur de cabinet (Nb = 46)	Chef de de cabinet (Nb = 34)	Conseiller technique (Nb = 42)	Ensemble
Compétence professionnelle	9	3	12	8
Confiance politique	0	6	5	4
Relation personnelle	6	41	12	18
Compétence + Politique	24	9	22	18
Compétence + Relationnel	11	6	14	10
Politique + Relationnel	22	23	14	21
Compétence + Politique + Relationnel	28	12	21	21
Total	100	100	100	100

Source : Monique Dagnaud, Dominique Mehl, *op. cit.*, p. 400.

les membres de la haute administration et les milieux dirigeants des grandes entreprises. C'est en effet l'une des spécificités du capitalisme français de mêler étroitement, dans un circuit fermé de carrières, de solidarités et de contrats, la puissance publique et le capital privé. Cette symbiose est facilitée par les formations communes (grandes écoles, grands corps), les réseaux de sociabilité, les stratégies résidentielles, voire les relations familiales[50]. Les passages d'un monde à un autre sont relativement fréquents :

50. *Cf.* par exemple, Renaud Dorandeu, « Le cercle magique », *Pouvoirs*, n° 68 , 1994, p. 111-123. .

le « pantouflage » est institutionnalisé en toute illégalité [51]. Le développement des « affaires » (de corruption) et le recul de l'éthique de service public en sont aussi une conséquence.

En résumé, les membres des catégories populaires et moyennes sont écartés, de fait, des instances du pouvoir politique central qui articule l'ensemble des relations inégalitaires sur lesquelles est édifiée la société française actuelle. La représentation politique fonctionne, en définitive, comme une véritable épreuve de sélection sociale. Dans la plupart des partis, les membres de ces catégories ne sont que faiblement représentés parmi les adhérents ou parmi les militants. Leur poids au sommet des organisations politiques est insignifiant. De ce fait, les candidats aux élections, et plus encore, les élus présentent une structure sociale totalement inversée par rapport à celle de l'ensemble de la société. À droite, les catégories moyennes et populaires sont quasi absentes dans des partis qui rassemblent d'abord une élite de professionnels de la politique, issue pour l'essentiel des catégories supérieures. À gauche, même quand il s'agit de membres des catégories populaires, les militants deviennent des porte-parole institutionnels, des « professionnels de la représentation des masses », ayant à la fois un rapport pédagogique et un rapport de commandement avec ces dernières. Les discours des porte-parole tendent alors consciemment ou inconsciemment à reproduire le modèle de domination offert par la hiérarchie étatique [52].

Au sommet de l'État, les membres des groupes sociaux privilégiés se retrouvent entre eux, partageant avantages et vision du monde, ignorant tout ou presque des conditions matérielles et des aspirations de l'immense majorité de la population. On retrouve ainsi cette « élite du pouvoir [53] », minorité gouvernante fonctionnant en cercle fermé, qui fait régner la « loi d'airain de l'oligarchie » déjà stigmatisée par Robert Michels au début de ce siècle [54]. Cette réalité rend d'autant plus dérisoires les vaines tentatives de tous ceux qui cherchent à faire partager, à longueur d'éditoriaux ou de gloses savantes, le mythe de « l'égale expression de tous » en politique.

51. *Cf.* par exemple, Bauer et Danic, *Le Pantouflage des inspecteurs des finances*, CNRS-Heydrick and Struggle, 1990. *Le Canard enchaîné* tient régulièrement la comptabilité de ces pratiques.
52. Denis Berger, « La fin des porte-parole », *Futur antérieur*, n° 22, 1994/2, L'Harmattan, p. 151.
53. Selon l'expression de Charles Wright Mills, *L'Élite du pouvoir*, 1956, (rééd., Maspero, 1966).
54. Robert Michels, *Les Partis politiques : essai sur les tendances oligarchiques des démocraties* (1911), Flammarion, 1971.

Les inégalités face aux médias

Si la vision du monde social donnée par les médias, en particulier par la télévision, aussi bien à travers les informations ou les reportages, qu'à travers les fictions, les divertissements ou les jeux, nous apparaît aussi irréelle, c'est qu'elle ne ressemble que de très loin à ce que l'expérience de la vie quotidienne nous donne comme perception immédiate de la réalité de ce monde. Il est frappant de constater que les catégories supérieures peuplent à elles seules, la quasi-totalité de l'espace social de la plupart des fictions télévisées. Les personnages représentés n'ont ni problèmes de travail ou d'emploi, ni soucis d'argent, les intrigues tournent autour de rivalités de pouvoir ou de cœur, et les scènes se déroulent dans des intérieurs luxueux où les biens matériels abondent.

Les invités des émissions d'information ou de divertissement sont des vedettes (du cinéma, du sport, de l'édition, de la presse, de la télévision), des « experts », des hommes politiques, des hommes d'Églises ou des (grands) patrons [55]. L'image proposée du monde social est manifestement tronquée. Même lors d'un mouvement social important, comme lors des grèves de novembre-décembre 1995, on a davantage entendu les dissertations de pseudo-experts, que les paroles des grévistes. En revanche, les faits-divers voient les catégories populaires faire leur apparition. Les proches, voisins, connaissances, habitants de la même commune ou du même quartier sont alors très sollicités alors que ce « grand public » l'est rarement, voire jamais, à propos de questions économiques, sociales ou politiques, comme le chômage, le niveau des salaires, les conditions de vie ou de travail. Manière de suggérer que les catégories populaires sont disqualifiées sur ces sujets, qu'elles n'ont aucune compétence légitime en la matière. Pour en parler on invitera systématiquement les « experts », pour nous expliquer que les salaires sont trop élevés, que les charges pèsent trop sur les entreprises, que les emplois précaires sont une solution face au chômage et à l'exclusion, etc. Pour décliner une nouvelle variation du credo libéral, hauts fonctionnaires, hommes politiques et chefs d'entreprise ont systématiquement la parole à la télévision, à la radio, dans les magazines, les quotidiens [56].

55. *Cf.* par exemple, Patrick Champagne, « L'heure de vérité ». Une émission politique très représentative », *Actes de la recherche en sciences sociales*, n° 71/72, mars 1988, p. 98-101.

56. *Cf.* aussi Pierre Bourdieu, *Sur la télévision*, Liber-Raisons d'agir, 1996, et Alain Accardo, avec G. Abou, G. Balastre et D. Marine, *Journalistes au quotidien Outils pour une socioanalyse des pratiques journalistiques*, Le Mascaret, Bordeaux, 1995.

Les responsables des médias, presse écrite et audiovisuelle, sont issus du même monde que le personnel politique. Ils en partagent les valeurs. Par exemple, en 1989, sur 65 dirigeants nationaux de télévision, 11 appartenaient aux grands corps (ENA, Polytechnique...), 35 étaient des cadres dirigeants, 14 des journalistes et 5 des producteurs. *« Ces dirigeants vivent et s'épanouissent à l'ombre de la politique davantage qu'ils veulent bien l'avouer*[57]*. »* Ils se fréquentent (dîners en ville, réunions informelles), appartiennent à des réseaux de pouvoir, voire entretiennent des relations familiales. Ils sont hissés à la tête du pouvoir cathodique *« au fil d'un processus où s'entremêlent des effets d'identification mutuelle entre personnes du même monde, et des renvois d'ascenseurs*[58] *»*.

Contrairement aux membres de l'élite de pouvoir, les catégories populaires n'ont pas les moyens de contrôler les représentations d'elles-mêmes. Culturellement démunies, elles ont déjà du mal à s'exprimer dans les formes requises par les grands médias qui versent souvent dans le misérabilisme ou dans le populisme. C'est ce que révèle l'image des catégories populaires donnée par certains jeux, émissions récréatives ou reality-shows. Cette image est alors soit terre à terre, « matérialiste », proche à la limite de la vulgarité, soit conformiste, gentille, « familialiste ».

Lorsque des populations marginales ou défavorisées attirent l'attention des journalistes, l'événement exceptionnel est systématiquement recherché et mis en scène, par exemple, les actions violentes, les affrontements avec la police, le vandalisme, les voitures qui brûlent, ou le centre commercial dévasté (*cf.* la plupart des reportages sur les « banlieues »). Le spectaculaire est obtenu d'autant plus facilement avec l'effet de dramatisation découlant de la mise en images et l'effet d'évidence des images sélectionnées par les reporters. Les reportages semblent parfois construits sur le modèle des fictions. La fabrication de l'événement échappe aux populations concernées. Le premier résultat de cette construction médiatique est la stigmatisation de ces « nouvelles classes dangereuses ». Ces représentations sociales contribuent à renforcer les interprétations spontanées, à mobiliser les préjugés et donc à les redoubler. Quand exceptionnellement une agence vidéo refuse de céder à ce spectaculaire plus ou moins fabriqué et tente de faire comprendre la vie des jeunes dans les grands ensembles en présentant des entretiens avec des chômeurs ou des animateurs au

57. Monique Dagnaud, Dominique Mehl, « La hiérarchie cathodique », *Pouvoirs*, n° 51, 1989, p. 33. Voir aussi Serge Halimi, *Les Nouveaux Chiens de garde,* Liber-Raisons d'agir, 1997

58. *Id.*, p. 36.

lieu de mettre en scène des casseurs ou des dealers, la chaîne de télévision privée à l'origine de la commande, refuse de le diffuser[59]. Ces quelques remarques ne font que davantage regretter l'inexistence de toute étude d'ensemble sur les représentations médiatiques des différentes catégories sociales.

Ce qui vient d'être dit brièvement à propos de la télévision pouvait aussi s'appliquer *mutatis mutandis* au cinéma des années quatre-vingt. Le contraste avec les années trente est saisissant. Alors que le cinéma français de ces années avait su produire de nombreux films mettant en scène des milieux populaires (notamment ouvriers), dans leur vie quotidienne (travail, amours, etc.), mais aussi dans leurs luttes sociales (grèves, manifestations, etc.), on n'observe pas grand-chose de comparable dans les années quatre-vingt. La représentation du monde populaire semble moins inspirer les réalisateurs français. Et quand le chômage, la précarité, en un mot la « galère », sont portés à l'écran, c'est d'abord pour en faire rire (*cf.* « Viens chez moi, j'habite chez une copine », « Le père Noël est une ordure »). C'est un peu comme si les modèles dominants de la publicité avaient complètement vampirisé le septième art. La « pub » met en effet en scène de manière quasi systématique des hommes ou des femmes dynamiques, jeunes, aisés, évoluant dans un monde sans aspérités. Elle occulte totalement les problèmes sociaux, en particulier bien sûr les inégalités sociales. Et quand exceptionnellement une figure « populaire » est mise en scène, comme par exemple la « Mère Denis », elle est complètement folklorisée.

Les années quatre-vingt-dix ont cependant été marquées par un renouveau du cinéma français dont une partie semble de plus en plus en phase avec la société actuelle. Le succès rencontré par certains de ces films qui racontent des histoires de gens ordinaires est plus que revigorant (*cf.* « Marius et Jeannette », « Western », « Y aura-t-il de la neige à Noël ? », etc.).

Les inégalités face à la justice pénale

Les faits

« *La nature de la profession ou l'absence de profession*, constate un chercheur du Centre de recherche sociologique sur le droit et

59. Patrick Champagne, « La construction médiatique des "malaises sociaux" », *Actes de la recherche en sciences sociales*, n° 90, décembre 1991, p. 68.

les institutions pénales (CESDIP), *sont plus discriminantes que l'âge et la nationalité dans la répartition des condamnés par infraction et sanction*[60]. »

Tableau 12.12

Répartition des hommes prévenus selon leur situation et leur CSP

	Prévenu libre	Prévenu gardé à vue, déféré, ou détenu
Inactifs	81,5	16,7
Sans emploi stable	34,0	55,8
Ouvriers non qualifiés	65,5	29,4
Ouvriers qualifiés industrie	75,4	20,9
Ouvriers qualifiés artisanal	80,8	14,6
Professions intermédiaires	78,9	14,6
Cadres, indépendants, personnes morales	88,6	7,8

Source : D'après Bruno Aubusson de Cavarlay, « La diversité du traitement pénal », *Données sociales 1987*, p. 592. *Remarque :* Les totaux sont inférieurs à 100 car on n'a pas fait figurer le cas des individus non entendus ou en fuite

L'inégalité est flagrante aux différentes étapes de la procédure pénale. Au cours de l'enquête préalable et durant la phase d'instruction tout d'abord, les personnes mises en cause, *sans emploi stable*, sont nettement plus souvent gardées à vue, déférées au parquet, ou détenues avant jugement pendant l'instruction. Après cette population professionnellement instable, viennent les *ouvriers non qualifiés* soumis à des restrictions de liberté plus fréquentes que les autres catégories. En revanche, les membres des professions libérales, les indépendants et les cadres supérieurs sont neuf fois sur dix des prévenus libres (voir tableau 12.12). Et quand un chef d'entreprise importante est inculpé, voire incarcéré, comme ceci a pu se produire quelquefois ces dernières années, le travail des magistrats est d'emblée remis en cause par les organisations patronales, une partie de la presse, des hommes politiques, voire des membres du gouvernement. On a même vu des grands patrons payer des pages entières de publicité dans les quotidiens pour soutenir un de leur collègues mis en cause par la justice.

Ensuite, le choix de la procédure a une importance considérable : plus elle est rapide, moins l'inculpé aura de chances de

60. Bruno Aubusson de Cavarlay, *Les Filières pénales*, CESDIP, 1987, p. 57.

comparaître libre devant le tribunal, et inversement. Car, on sait que 90 % des personnes comparaissant à l'audience en étant détenues provisoires sont condamnées à l'emprisonnement, ne serait-ce que pour couvrir la détention provisoire. C'est ce qui rend particulièrement préjudiciables les procédures rapides – flagrant délit hier et comparution immédiate aujourd'hui. Or, précisément au niveau de ces procédures, il s'opère une forte sélection « sociale » mettant en jeu de manière très nette la nationalité, puis les caractéristiques concernant l'insertion sociale (emploi, domicile, situation familiale)[61].

Les « flags » ont changé de clientèle de la fin des années soixante-dix au milieu de la décennie suivante : du voleur pris en flagrant délit, on est passé à l'étranger en situation irrégulière[62]. Depuis des années, 30 % des personnes emprisonnées sont des étrangers, alors qu'on ne compte qu'un étranger sur six parmi les personnes mises en cause[63]. Cette surincarcération des étrangers tient d'abord à la répression de l'immigration clandestine. Un rapport du CESDIP note que *« sans ce contentieux, la part des étrangers serait stable dans les statistiques de la police depuis 1976 et même leur taux de mise en cause aurait plutôt tendance à s'éroder[64] »*. La délinquance des migrants résulte donc pour une bonne part *« d'un changement dans la politique de main-d'œuvre[65] »*. Comme ce contentieux met en cause une *« population à haute visibilité »*, une *« police de l'apparence »* se développe pour ces infractions sans victimes. Un tiers des détenus étrangers ont été poursuivis et condamnés pour ce chef.

Enfin, on observe des inégalités au niveau des sanctions. L'emprisonnement ferme frappe une fois sur deux les « sans-pro-

61. René Lévy, *Pratiques policières et processus pénal : le flagrant délit*, CESDIP, 1984, et René Lévy, « Police et sociologie pénale en France », *in L'Année sociologique* n° 35, 1985, p. 167-177.
62. René Lévy, « Police et sociologie pénale en France », *L'Année sociologique*, 1985, p. 167-177.
63. 29,7 % au 1er avril 1994 ; 30,5 au 1er avril 1993 ; 29,8 en 1992 ; 30,0 en 1991 29,5 en 1990 (source : ministère de la Justice, *Statistiques trimestrielles de la population prise en charge en milieu fermé*, n° 59, situation au 1er avril 1994)
64. Pierre Tournier et Philippe Robert, *Les Étrangers dans les statistiques pénales*, CESDIP, 1989, p. 73. En 1976, les étrangers représentent 14,4 % des personnes mises en cause hors infractions à la police des étrangers, de 1983 à 1990 environ 13 %. Voir aussi des mêmes auteurs, *Étrangers et délinquances, les chiffres du débat*, L'Harmattan, 1991, et l'annexe II, « Étrangers : police, justice, prison, approche statistique », au rapport au Premier ministre du Haut Conseil à l'intégration, *La Connaissance de l'immigration et de l'intégration Décembre 1992*, collection des rapports officiels, La Documentation française, 1992, p. 134-169.
65. Pierre Tournier et Philippe Robert, *Les Étrangers dans les statistiques pénales*, *op. cit.*, p. 74.

fession» (ou chômeurs), une fois sur sept les ouvriers, mais une fois sur trente seulement les employeurs (tableau 12.13). Bruno Aubusson de Cavarlay montre que *« l'amende est bourgeoise et petite-bourgeoise, l'emprisonnement ferme est sous-prolétarien, l'emprisonnement avec sursis est populaire*[66] ». Parmi les hommes condamnés à l'emprisonnement ferme en 1978, 35 % sont « sans-profession », 52 % ouvriers ou employés, les autres (indépendants, cadres, etc.) ne représentent que 13 % contre 31 % de l'ensemble des condamnations[67].

Tableau 12.13

Répartition des condamnations contradictoires pour crime, délit ou contravention de 5e classe selon la peine et la catégorie sociale des condamnés hommes

(en %) – 1978

Types de peines / Catégorie sociale	Emprisonnement ferme %	Emprisonnement sursis simple %	Amende %	Autres peines %	Total (%)	Total (Effectif)
Agriculteurs	3	17	75	5	100	8 685
Artisans	5	11	79	6	100	12 578
Indépendants commerce	11	17	66	5	100	17 952
Employeurs industrie et com.	3	10	83	4	100	8 328
Encadrement privé	5	16	74	6	100	33 966
Encadrement public et social	7	20	66	7	100	9 729
Ouvriers	14	26	53	8	100	170 947
Employés	9	25	58	8	100	27 229
Sans profession	49	21	23	7	100	37 563
Inactifs	7	22	64	7	100	15 183
Total des condamnations	15	22	56	7	100	342 160

Source : Bruno Aubusson de Cavarlay, « Hommes, peines et infractions : la légalité de l'inégalité », *in L'Année sociologique* 1985, p. 291.

Au 1er janvier 1982, 35 % des personnes emprisonnées étaient sans profession, et parmi celles ayant une activité seuls 0,4 % étaient des cadres ou des professions libérales et 10 % des patrons (mais cette catégorie regroupe surtout des petits commerçants ou

66. Bruno Aubusson de Cavarlay, « Hommes, peines et infractions : la légalité de l'inégalité », *in L'Année sociologique* 1985, p. 293.
67. *Op. cit.*, p. 293.

des artisans et très peu de chefs d'entreprise), alors que les ouvriers, les employés et les personnels de service représentent 78 %[68]. Jusqu'à cette date, les statistiques de l'administration pénitentiaire étaient données par profession ; depuis, les *« statistiques de la population prise en charge en milieu fermé »* ne sont fournies, en dehors des variables judiciaires, qu'en fonction du sexe, de l'âge et de la nationalité. Par conséquent, la structure sociale des prisonniers n'est plus directement lisible dans les statistiques officielles.

Les causes

Les inégalités de traitement selon la catégorie sociale tiennent en premier lieu à une différence de nature des infractions. Les vols « ordinaires », par exemple, impliquent une population pour qui le chômage et le passage en prison peuvent devenir les deux faces d'un même phénomène. À l'inverse, les cadres supérieurs ou les chefs d'entreprise sont davantage poursuivis pour des infractions de type économique (escroquerie, fraude fiscale, abus de biens sociaux, corruption active, etc.). Les témoignages abondent sur le contraste entre la sévérité relative des juges envers les vols à la tire et autres larcins du même type et leur relatif laxisme envers les infractions en « col blanc ». Cela ne s'expliquerait-il pas par le fait que le premier genre d'infractions, dont l'archétype est représenté par le hold-up, remet directement en cause les valeurs de la bourgeoisie ce qui n'est pas le cas des seconds ?

À cela s'ajoute, en second lieu, un « effet de partialité » de la part des juges qui se traduit par une « surcondamnation importante » des « sans-profession » et par une moindre condamnation des agriculteurs, des employeurs, des inactifs et des cadres pour des infractions comparables[69]. *« Une certaine partialité dans les sanctions selon la classe sociale renforce la différenciation dans le recours à l'emprisonnement ferme imputable à des répartitions inégales selon le type d'infraction*[70] *»*, conclut Bruno Aubusson de Cavarlay. Cette inégalité devant la loi s'expliquerait, d'après une étude récente, par l'ensemble des caractéristiques sociales et personnelles des prévenus (profession, façon de s'habiller et de parler, comportement durant le procès) et par la qualité de la défense,

68. Ministère de la Justice, *Statistiques trimestrielles de la population prise en charge en milieu fermé*, 1982
69. Bruno Aubusson de Cavarlay, « Hommes, peines et infractions : la légalité de l'inégalité », *in L'Année sociologique* 1985, p. 293 à 295.
70. *Op. cit.*, p. 295.

notamment le fait de disposer ou non d'un avocat de confiance[71]. Une enquête, plus ancienne, avait montré que les *« jeunes prolétaires »* perdaient leur procès une fois sur deux, contre une fois sur cinq seulement pour les *« jeunes bourgeois »*. Cette partialité de la justice serait inhérente à *« l'organisation bureaucratique de la magistrature lorsque le personnel judiciaire se recrute dans une société de classe[72] »*. Autrement dit, on risque d'autant moins de se faire condamner que l'on est plus proche sociologiquement du milieu auquel appartiennent les juges eux-mêmes. Cette protection différentielle selon l'origine sociale jouerait à plein pour les délits bénins.

Cela nous conduit à un constat trivial : les trois quarts des accusés sont issus des milieux populaires, et notamment des couches sociales les plus démunies, alors que ceux qui ont pour fonction de les juger proviennent essentiellement des catégories supérieures. C'est que la magistrature reste en cette fin de XXe siècle l'une des professions les plus fermées socialement[73], même si ce corps a fortement changé depuis les années soixante. *« Un magistrat sur dix est d'une famille de magistrats, un sur cinq d'une famille de juriste et un sur deux d'une famille du service public[74]. L'existence d'un héritage administratif transmis par le milieu familial est nette, de même que la fermeture de ce milieu[75]. »* On note une très forte surreprésentation des professions libérales et des cadres supérieurs et parallèlement une sous-représentation encore plus grande du monde ouvrier : plus de 50 % des magistrats sont originaires des professions libérales ou des cadres supérieurs. Inversement, seuls 3,6 % des magistrats sont fils d'ouvriers, d'ouvriers agricoles ou de membres du personnel de service. Un enfant du premier groupe a près de 200 fois plus de chances de devenir membre de la magistrature qu'un enfant d'ouvrier[76] (tableau 12.14).

71. A. Cottino et M. G. Fischer, « Pourquoi l'inégalité devant la loi ? », *Déviance et société*, vol. 20, n° 3, septembre 1996, p. 199-214.
72. Nicolas Herpin, *L'Application de la loi : deux poids, deux mesures*, Seuil, 1977, p. 98-100 et 136.
73. *« 20 % des magistrats ont dans leur famille au moins un magistrat »* (p. 136), *« 10 % ont un père magistrat lors de leur entrée en fonction »* (p. 135) (*« 28 % au XIXe siècle »*, p. 126*)* ; *« 17 %, si on ajoute les autres professions juridiques »* (p. 137) ; *« 54 % des magistrats ont une hérédité judiciaire et/ou fonction publique »* (p. 138). Jean-Louis Bodiguel, *Les Magistrats un corps sans âme ?*, PUF, 1991.
74. 45,3 % des magistrats ont un père salarié de l'État, des collectivités locales ou des grands services publics. Pour les anciens élèves de l'ENA – 46,7 %, et pour les cadres A des administrations centrales – 45,3 % – les chiffres sont tout à fait comparables (Jean-Louis Bodiguel, *Les Magistrats un corps sans âme ?*, *op. cit.*, p. 138).
75. Jean-Louis Bodiguel, *Les Magistrats un corps sans âme ?*, *op. cit.*, p. 139.
76. *Id.*, p. 140 et 141.

De plus, le rythme d'avancement des magistrats est étroitement corrélé à leur origine sociale. Les rares magistrats d'origine ouvrière ou paysanne, de même que ceux dont le père faisait partie du petit personnel de l'armée ou de la police, ont un avancement très lent ; à l'opposé, les fils de membres de professions libérales et de cadres supérieurs ont un avancement rapide, et les autres sont plutôt dans la moyenne [77].

Tableau 12.14

Professions des pères des magistrats à l'entrée dans la magistrature entre 1931 et 1978 (en %)

	Pères	Population active 1954*
Agriculteur exploitant	4,3	18,6
Artisan, commerçant, chef d'entreprise	13,3	11,6
Cadre	51,6	3,8
Profession intermédiaire	16,5	5,6
Employé	6,3	7,8
Ouvrier	3,6	49,6
Autres catégories	3,3	3,0
Rentiers, propriétaires	1,1	–
Effectif	4 142	100,0

Source : Jean-Louis Bodiguel, *Les Magistrats un corps sans âme ?*, PUF, 1991, p. 140. *Remarque :* * = L'auteur de l'étude a retenu le recensement de 1954 pour effectuer une comparaison d'ensemble car cette année partage à peu près en deux la population des magistrats entrée dans la magistrature entre 1931 et 1978.

L'inégalité d'accès à la magistrature est très forte. Jean-Louis Bodiguel remarque qu'elle a diminué de manière significative entre la période 1945-1955 et la période 1956-1969. En revanche elle a diminué « *d'une manière moindre depuis 1970* [78] ». Le même auteur note encore que « *le recrutement traditionnel se maintient à un haut niveau malgré l'introduction en 1959 d'un système de recrutement considéré comme plus "démocratique" : le concours* [79] ».

Dans les jurys d'assises, on observait un phénomène analogue de sélection sociale jusqu'au 1er janvier 1980. Les membres des catégories supérieures (patrons, cadres, professions libérales)

77. *Id.*, pp. 69 et 70.
78. *Id.*, p. 163.
79. *Id.*, p. 169.

étaient nettement surreprésentés, en raison du système de recrutement alors en vigueur (tirage au sort sur une liste départementale dont la composition relevait d'un choix discrétionnaire des maires – ou des secrétaires de mairie)[80]. Le recours aux listes électorales comme base du tirage au sort rectifie un certain nombre des biais sociaux d'alors. Cependant certaines catégories, ne figurant pas sur ces listes, restent écartées : les étrangers, les jeunes en grande partie, et les groupes sociaux les plus marginaux et les plus démunis.

Soulignons, en dernier lieu, que les inégalités face à la justice tiennent au système pénal. Celui-ci fonctionne en effet avec des filtres dont les interstices sont larges pour la délinquance économique, sociale et financière, et étroits pour les autres formes d'infractions[81].

Les délits économiques, par exemple, sont peu visibles. Leur découverte ne se fait qu'après de longues et difficiles enquêtes. Les victimes des escroqueries financières ou des abus de biens sociaux – entreprises, banques – ont souvent peu intérêt à porter plainte, de peur que le scandale ne les éclabousse aussi[82]. De même, les délits douaniers ou fiscaux n'aboutissent que rarement à des plaintes de l'administration, car les propositions de transaction à l'amiable permettent presque toujours de régler les contentieux avant l'ouverture d'une information judiciaire[83]. Les sommes mises en jeu par l'ensemble des délits en col blanc atteignent pourtant des niveaux considérables[84]. La fraude fiscale coûte 386 fois plus à la société que les hold-up[85].

80. On dispose de données précises sur plusieurs cours d'assises, notamment la Seine-Maritime en 1976 (Anne-Marie Mabille, « Lettre à propos de la composition sociale des jurys d'assises », *Actes de la recherche en sciences sociales*, n° 32-33, avril 1980), les Bouches-du-Rhône en 1974 et 1975 (R. Gassin, « Contribution des recherches sur la criminalité dans le région d'Aix-en-Provence et dans les Bouches-du-Rhône à la connaissance du fonctionnement de la justice pénale », *in Le Fonctionnement de la justice pénale*, colloque du CNRS, CNRS, 1979), le Rhône ou Paris (*L'Année sociologique*, 1982, p. 385 et 386) .

81. Philippe Robert, *Les Comptes du crime : les délinquances en France et leurs mesures*, Le Sycomore, 1985

82. À l'exemple de telle grande banque française qui a attendu des années avant d'engager des poursuites contre son client le plus connu, affairiste notoire entre dans le football et la politique, avant d'être rattrapé par les « affaires ».

83. Jean-Paul Jean et François Guichard, « La justice comme amplificateur des clivages sociaux », *Le Monde diplomatique*, août 1988.

84. Mais les effectifs du personnel chargé de la répression des délits financiers ne représentent qu'à peine 1 % de l'ensemble des services de police et de gendarmerie !

85. Thierry Godefroy et Bruno Laffargue, « La fraude fiscale coûte 386 fois plus cher à l'économie que les hold-up, *in Data-Larousse*, Larousse, 1989. Voir aussi « Les coûts du crime en France », rapport du CESDIP, 1995, repris dans *Problèmes économiques*, n° 2468, avril 1996, et *Pénombre*, n° 17, décembre 1998, p. 3-4.

En définitive, les moyens dont dispose la justice pénale pour réprimer les infractions aussi bien que la sévérité des condamnations qu'elle administre sont inversement proportionnels au coût social de celles-ci[86]. Dans cette mesure même, elle contribue a redoubler les inégalités sociales.

86. Thierry Godefroy et Bruno Laffargue, « Pauvreté, crime et prison », *Regards sur l'actualité*, n° 184, septembre-octobre 1992, La Documentation française, p. 23-32.

Le système des inégalités

13.

Par souci de clarté, nous avons dans les chapitres précédents présenté de façon relativement indépendante les différentes formes d'inégalités entre catégories sociales. Certes, nous avons souligné à l'occasion combien elles pouvaient être liées entre elles : ainsi les inégalités de revenu disponible engendrent des inégalités de patrimoine ; inversement, ces dernières contribuent aux premières par le biais des revenus patrimoniaux ; de même, les inégalités de conditions de travail engendrent des inégalités face à la maladie et à la mort ; et les inégalités face au logement contribuent aux inégalités face à la santé et à l'école. Ou encore les inégalités de situation des parents dans la division sociale du travail engendrent chez leurs enfants des dispositions et des capacités diverses face à la formation scolaire, qui se traduiront par des résultats scolaires inégaux, débouchant sur des qualifications professionnelles inégales et des insertions inégales dans la division du travail. Mais il faut aller plus loin, et comprendre ce que ces exemples suggèrent : les inégalités forment *système*. C'est-à-dire qu'elles s'engendrent les unes les autres ; elles constituent un processus cumulatif, au terme duquel les privilèges s'accumulent à l'un des pôles de l'échelle sociale tandis qu'à l'autre pôle se multiplient les handicaps ; et, elles tendent à se reproduire dans le cours des générations.

Les interactions entre inégalités

La représentation des interactions entre les inégalités étudiées sous forme de graphique est difficile : leur nombre (plus d'une cinquantaine) rendrait un tel graphique illisible. Nous nous sommes résolus à les représenter sous la forme du tableau 13.1.

Dans ce tableau, les différentes inégalités étudiées figurent deux fois. Une première fois en lignes comme caractéristique à expliquer ; une seconde fois en colonnes comme variable explicative. La relation entre la variable et la caractéristique à expliquer est symbolisée par un signe mathématique qui en indique le sens (+ ou –) et l'intensité (+, ++...). Les inégalités étudiées ont été répertoriées de 1 à 12 suivant le numéro du chapitre où elles sont analysées. Dans ce tableau, nous avons introduit deux nouveaux types d'inégalités, celles structurant les rapports de production (numérotées I) et celles existant au sein des compromis institutionnalisés (numérotées II). Ni les unes ni les autres n'ont été décrites dans les chapitres précédents ; elles se trouvent pour-

Tableau 13.1

Les interactions entre inégalités

	I	II	1	2	3	4	5	6	7	8	9	10	11	12
I		–										+		
II	++													
1	++								++	+	+	++		+
2	++		++						+			++		
3	++	++												
4		– –	++	++										
5				++	–	–								
6	++						++					++		
7	+						++			+		+		
8			++				++		+					
9	++	– –	+			+	+			+		+	+	
10	++	–					++			+	+		++	
11	++						++				+	++		+
12	++						++		++			++	+	

Légende : I = inégalités au sein des rapports de production ; II = inégalités au sein des compromis institutionnalisés ; 1 = inégalités face à l'emploi ; 2 = inégalités de revenus primaires ; 3 = inégalités face aux prélèvements obligatoires ; 4 = inégalités face aux prestations sociales ; 5 = inégalités de revenus disponibles ; 6 = inégalités face à la consommation ; 7 = inégalités de patrimoine ; 8 = inégalités face au logement ; 9 = inégalités face à la santé ; 10 = inégalités face à l'école ; 11 = inégalités face aux usages sociaux du temps ; 12 = inégalités face à l'espace public ; + = variable aggravant modérément l'inégalité considérée ; ++ = variable aggravant fortement l'inégalité considérée ; – = variable atténuant modérément l'inégalité considérée ; – – = variable atténuant fortement l'inégalité considérée.

Lecture : en colonnes figurent les variables explicatives, en lignes les caractéristiques à expliquer. Exemple : les inégalités face à l'emploi (1) sont une variable aggravant fortement les inégalités face au logement (8).

tant à l'arrière-plan de bon nombre des analyses, et il est temps d'en dire quelques mots vu leur importance dans la genèse des inégalités.

Le concept de rapport de production, issu de l'analyse marxiste, désigne les relations que les hommes entretiennent avec leurs moyens de production et leurs moyens de consommation, ce que l'on nomme les conditions matérielles de leur reproduction. Dans la société française contemporaine, un premier clivage apparaît ainsi entre ceux qui sont propriétaires de leurs moyens de production (les indépendants et les propriétaires et dirigeants d'entreprise) et ceux qui en sont expropriés (les salariés : cadres non dirigeants, professions intermédiaires salariées, employés et ouvriers). Un second clivage s'y superpose, entre ceux qui sont réduits à des fonctions d'exécution (approximativement, les ouvriers et les employés) et ceux à qui sont réservées des fonctions de direction et d'encadrement des précédents ou de la société en général (en gros, les cadres et les professions intermédiaires).

Quant à la notion de compromis institutionnalisé [1], elle permet de rendre compte de la forme, de la structure et des fonctions des appareils d'État dans une société divisée en classes sociales en lutte les unes avec, ou contre, les autres. Elle explique que les institutions – la Sécurité sociale, le système scolaire, etc. – puissent entériner les inégalités inhérentes aux rapports de classe, tantôt en les aggravant, tantôt au contraire en les atténuant.

L'entrecroisement des différentes variables au sein du tableau 13.1 permet de retrouver mais aussi de préciser et de compléter les principaux résultats des chapitres précédents. C'est ainsi que les *inégalités face à l'emploi* apparaissent déterminées en premier lieu par les inégalités au sein des rapports de production : les taux de chômage, de précarité et de sous-emploi sont étroitement corrélés avec la position des agents au sein de ces rapports, plus élevés parmi les salariés que parmi les indépendants, et parmi les salariés d'exécution (ouvriers et employés) que parmi les professions intermédiaires et les cadres. Mais tout aussi déterminantes sont de ce point de vue les inégalités face à l'école ainsi que les inégalités de patrimoine : c'est essentiellement par le biais de l'accumulation ou de la disposition préalable d'un capital scolaire (constitué de diplômes et de titres) ou d'un capital économique (notamment un patrimoine professionnel) que l'on peut espérer échapper au processus de prolétarisation ainsi qu'à ses effets en termes d'instabilité professionnelle [2]. À cet égard, les inégalités face au logement ou à la santé et les inégalités de « capital social » apparaissent comme des handicaps réels mais de second ordre sur le marché du travail.

Les inégalités de revenus primaires sont quasiment réductibles à la double incidence des inégalités au sein des rapports de production et des inégalités face à l'emploi. Ces revenus dépendent en effet d'abord de la possibilité d'exercer une activité professionnelle, mais aussi de la situation dans les rapports de production : toutes choses égales par ailleurs, ils sont plus élevés en moyenne chez les indépendants que chez les salariés, et bien évidemment plus élevés chez les cadres que chez les salariés d'exécution. Les inégalités de formation scolaire et professionnelle jouent essentiellement par le biais des inégalités précédentes au sein des rapports de production et face à l'emploi. Enfin, les revenus patri-

1. D'abord développée par Antonio Gramsci, cette notion a été exposée par Christine André et Robert Delorme dans « Compromis institutionnalisé, État inséré et crise de l'État inséré », *Critiques de l'économie politique*, n°26/27, Paris, La Découverte, 1984.
2. Nous empruntons ici les notions de capital économique, capital culturel, capital scolaire, capital social, à Pierre Bourdieu, en leur laissant le sens qu'il leur a donné, comme nous l'avons déjà fait précédemment. Ce n'est pas ici le lieu de procéder à une critique du choix de ces termes, pourtant discutable.

moniaux, contribuent de façon non négligeable à la formation des inégalités de revenus primaires.

Les inégalités face aux prélèvements obligatoires relèvent à la fois des inégalités au sein des rapports de production et des inégalités au sein des compromis institutionnalisés. Les premières permettent par exemple aux revenus des indépendants d'échapper dans une mesure importante aux prélèvements aussi bien sociaux que fiscaux, en les rendant largement opaques. Quant aux compromis institutionnalisés, par le biais de la définition des assiettes comme des taux d'imposition, ils sont responsables de privilèges tels que la faible imposition globale des revenus de la propriété ou le plafonnement des revenus imposés au titre de certaines cotisations sociales.

Les inégalités face à l'emploi et les inégalités de revenu primaire déterminent de fortes *inégalités face aux prestations sociales.* Cependant, une logique de solidarité, imposée par les compromis institutionnalisés, compense, en partie, les effets de la logique précédente.

Les inégalités de revenu disponible résultent mécaniquement de l'effet des trois inégalités antérieures. Fortement déterminées par les inégalités de revenus primaires, elles sont légèrement corrigées par les effets de certains prélèvements obligatoires et de certaines prestations sociales. Toutefois, la présentation habituelle de la réduction des inégalités de revenu par le biais du mécanisme redistributif est un trompe-l'œil (*cf.* chapitre 5).

Les inégalités de revenu disponible déterminent plus ou moins fortement toutes les inégalités suivantes. À commencer par les *inégalités face à la consommation* et les *inégalités de patrimoine.* Pour ces dernières, le revenu disponible n'explique pas tout, loin de là : il faut encore tenir compte de la norme de consommation, étroitement déterminée par la position au sein des rapports de production, mais aussi par le niveau de formation scolaire, les deux étant étroitement liés. Les inégalités au sein des rapports de production et face à l'école sont ici des facteurs déterminants, plus importants en ce qui concerne les inégalités de consommation que vis-à-vis des inégalités de patrimoine, pour lesquelles le seul facteur de premier ordre reste les inégalités de revenu disponible. Dans ce dernier cas, il faut aussi tenir compte des inégalités face au logement (notamment en ce qui concerne l'accession à la propriété de la résidence principale).

Les *inégalités face au logement* nous ont paru être essentiellement déterminées par les inégalités de revenu disponible et par les inégalités face à l'emploi. Secondairement, on retrouve ici l'incidence des inégalités de patrimoine (l'héritage déterminant en partie le taux d'accession à la propriété de la résidence principale).

Les *inégalités face à la santé* sont surtout la conséquence des inégalités face aux conditions de travail et des inégalités au sein des rapports de production : accidents du travail, maladies professionnelles et usure physique et psychique générale en sont les principaux facteurs. Mais une morbidité comme une mortalité supérieures peuvent aussi s'expliquer par une plus grande instabilité professionnelle, de mauvaises conditions de logement, un emploi du temps plus contraint et des occupations extraprofessionnelles moins réparatrices, enfin une information et une formation générales moindres en matière d'alimentation, d'hygiène et de santé. Les inégalités concernant l'emploi, le logement, les usages sociaux du temps et l'école déterminent ainsi les inégalités face à la santé. De même, les inégalités de revenu disponible et les inégalités face aux prestations sociales peuvent limiter l'accès au système de soins. Ce dernier exerce une action correctrice des inégalités face à la santé, notamment du fait de la socialisation des dépenses de santé, et ce, en dépit des inégalités persistantes qui caractérisent son accès.

Les *inégalités face à l'école* sont directement déterminées par les inégalités de capital culturel et surtout scolaire accumulé dans la famille. Elles nous sont apparues étroitement liées aux inégalités au sein des rapports de production ainsi qu'aux inégalités dans les usages sociaux du temps. L'accès aux formations supérieures est également conditionné (et, le cas échéant, limité) par le revenu disponible. Quant aux inégalités en matière de logement et de santé, elles sont essentiellement discriminatoires à l'égard des enfants issus des populations les plus modestes. Les compromis concernant l'école n'ont eu qu'un effet limité : la « démocratisation » des études secondaires (et dans une moindre mesure supérieures) qu'ils ont permise a en définitive davantage profité aux jeunes issus des catégories moyennes qu'à ceux issus des familles populaires.

Les *inégalités face aux usages sociaux du temps* dépendent essentiellement, là encore, des inégalités de situation dans les rapports de production, qui conditionnent fortement les inégalités de temps libre ; les inégalités de revenu disponible mais aussi les inégalités face à l'école conditionnent à leur tour, pour l'essentiel, l'usage inégal ou différentiel de ce temps.

Ce sont ces facteurs qui, pour l'essentiel, déterminent dans une large mesure les *inégalités face à l'espace public* ; mais il faut ajouter dans ce cas les inégalités de patrimoine et, dans une moindre mesure, les usages sociaux du temps : il vaut mieux être bien né, disposer d'une solide fortune, d'un vaste réseau de relations pour mettre la justice de son côté, se faire un nom dans les médias ou encore entrer dans la carrière politique.

Le tableau 13.1 ne se contente pas de synthétiser les enseignements des chapitres précédents. Il permet aussi de hiérarchiser les différentes inégalités, en mettant en évidence celles qui sont le plus fréquemment déterminantes. Pour cela, après les lignes, scrutons les colonnes.

De toutes les colonnes, c'est la première qui est la plus chargée. Les inégalités au sein des rapports de production figurent ainsi dans 10 cas sur 13 en position de facteur déterminant, dont 9 fois comme facteur de premier rang. Et lorsqu'elles ne figurent pas parmi les facteurs directs, elles sont à l'arrière-plan immédiat. Ainsi, les inégalités au sein des rapports de production déterminent-elles, directement ou non, l'ensemble des inégalités que nous avons étudiées.

Deux autres colonnes apparaissent particulièrement bien fournies. Il s'agit, d'une part, de celle correspondant aux inégalités face à l'école : on les retrouve 8 fois en position de facteur déterminant, dont 5 fois comme facteur de premier rang. Ce sont les seules inégalités étudiées qui rétroagissent sur les inégalités au sein des rapports de production, en tendant plutôt à les aggraver ; il existe donc un bouclage étroit entre les deux. Leur effet s'exerce conjointement, comme facteurs de premier rang, sur les inégalités face à l'emploi, sur les inégalités de revenu primaire, sur les inégalités face à la consommation, enfin sur les inégalités face aux usages sociaux du temps et face à l'espace public. On ne peut pas cependant les placer sur le même plan : les rapports de production jouent un rôle fondamental dans la *production* des inégalités sociales, ils en constituent la matrice ; l'école est, pour sa part, un appareil assurant leur *reproduction* et leur *légitimation*[3], y compris en permettant à certains individus des catégories défavorisées de s'élever socialement. C'est aussi en tant que telle que l'école est un terrain et un enjeu privilégiés des luttes opposant les différentes catégories pour conserver ou améliorer leur position au sein de la hiérarchie sociale, comme nous l'avons vu au chapitre 10.

Le rôle des inégalités de revenu disponible est massif, mais concentré dans le bas du tableau. Inégalités de second ordre par définition, puisque subordonnées à celles structurant les rapports de production, les revenus primaires, le mécanisme redistributif et

---

3. Cette double fonction de reproduction et de légitimation scolaire des inégalités sociales a été mise en évidence par les études classiques de Pierre Bourdieu et Jean-Claude Passeron, *Les Héritiers* et *La Reproduction*, Paris, Éditions de Minuit, 1964 et 1970 ; et de Christian Baudelot et Roger Establet, *L'École capitaliste en France*, Paris, Maspero, 1972. Nous y reviendrons plus loin en étudiant la mobilité sociale.

l'école, elles jouent essentiellement un rôle de diffusion des inégalités au sein de l'immense champ des pratiques de consommation au sens large. En ce sens, elles rétroagissent notamment sur les inégalités de patrimoine ou sur les inégalités face à l'école qui les font naître.

L'importance des inégalités de patrimoine apparaît somme toute limitée au sein du système des inégalités. Elles ne sont en position déterminante que 4 fois, dont 2 seulement comme facteur de premier rang, agissant sur les inégalités face l'emploi et à l'espace public. Leur influence est par ailleurs limitée sur les inégalités de revenus primaires, mais s'accroît cependant au fur et à mesure que l'on s'élève dans la hiérarchie des revenus. Leur importance réduite est toutefois conforme à la nature capitaliste de notre société, qui réalise pleinement l'adage selon lequel « l'argent n'a pas de maître », lui qui est le maître de tout et de tous. Par essence, la fortune mobilière est destinée à changer de main, tôt ou tard. Nous verrons pourtant plus loin que les inégalités de patrimoine continuent à jouer un rôle non négligeable dans le processus de mobilité sociale.

L'importance des autres inégalités apparaît plus limitée. Ne nous méprenons pas toutefois sur les inégalités face à l'emploi : par l'intermédiaire des inégalités de revenu disponible qu'elles déterminent fortement, elles exercent une action bien au-delà de ce que suggère le tableau 13.1.

La quasi-totalité des interactions sont positives : seuls les *compromis institutionnalisés* modèrent les inégalités face aux prestations sociales, les inégalités de revenus disponibles (par le biais du mécanisme redistributif), ainsi que les inégalités concernant la santé et l'école. En l'absence de tels compromis, d'importants processus d'aggravation cumulative des inégalités sont à l'œuvre.

Le cumul des inégalités

Tout système se caractérise en effet non seulement par les interactions entre l'ensemble de ses éléments constitutifs, mais encore par le caractère rétroactif de certaines de ces interactions. Cette rétroaction peut être positive, l'effet renforçant ainsi sa propre cause qui le renforcera à son tour en un processus cumulatif ; ou, au contraire, négative, aboutissant dans ce cas à l'établissement d'un équilibre par autorégulation. Les relations entre les inégalités sociales relèvent manifestement davantage du premier type de rétroaction que du second, au vu du tableau précédent. Il en résulte une polarisation sociale importante, conduisant à l'accumulation des handicaps d'un côté et des privilèges de l'autre.

Synopsis des inégalités

Les différentes inégalités s'établissent aussi bien à l'avantage qu'au détriment des mêmes catégories. C'est ce que met en évidence le tableau 13.2 qui fournit une vue synoptique de la position des différentes catégories sociales au sein du système des inégalités. Des indices statistiques donnant une vue synthétique des inégalités entre les différentes catégories socio-professionnelles ont été sélectionnés, permettant de situer chacune d'elles par rapport à la moyenne de l'indice considéré [4].

Le contraste entre les quatre colonnes situées à la droite du tableau (correspondant aux employés et aux ouvriers) et les autres colonnes frappe immédiatement : alors que les signes négatifs s'accumulent au sein de celles-ci, ce sont au contraire les signes positifs qui abondent dans les autres. Il y a là l'indice net d'une forte polarisation séparant les catégories du salariat d'exécution de toutes les autres. Mais l'analyse demande à être affinée et nuancée catégorie par catégorie.

La catégorie ouvrière apparaît la plus défavorisée de toutes : sur les 32 indicateurs retenus, elle se trouve presque toujours en position défavorable, elle occupe la position la plus défavorable 25 fois ! Inversement, elle n'est en position la plus favorable qu'une fois. La situation des ouvriers non qualifiés est en général encore plus défavorable que celle des ouvriers qualifiés, dans tous les cas où l'on peut les distinguer.

La situation des employés apparaît légèrement plus favorable que celle des ouvriers : sur les 32 indicateurs retenus, ils sont 21 fois en position défavorable et occupent 3 fois la position la plus défavorable, mais dans 11 cas, ils parviennent à atteindre ou dépasser la moyenne. Leur situation apparaît plus favorable que celle des ouvriers dans le bas du tableau, relativement aux inégalités face à la santé (meilleures conditions de travail), voire à l'école (en raison de l'hétérogénéité de la catégorie, certains employés conservant des situations voisines de celles des professions intermédiaires), ainsi que dans les usages sociaux du temps (incidence de leur forte féminisation), mais non par rapport à l'espace public.

Les professions intermédiaires occupent une position supérieure à la moyenne dans près des trois quarts des cas. Mis à part les effets du mécanisme redistributif, elles sont défavorisées sur le

4. L'idée de ce tableau nous a été inspirée par celui, semblable, proposé par P.-A. Mercier et Y. Scardigli, « Pourquoi des pauvres ? De l'inégalité à l'exclusion sociale », *Droit social*, n°11, Paris, 1974, p. 11, et repris par François Mariet dans *La Réduction des inégalités*, Paris, 1978, Hatier, collection « Profil », p. 62-63.

Tableau 13.2

Tableau synoptique de certains indices d'inégalité entre les catégories socio-professionnelles

	AE	ACCE			INA	CPIS			PI	EMP	O		
		APC		GI		PL		CS			OQ		ONQ
Taux d'emploi stable	+		+				++		+	-	-		--
Taux de chômage	++		+				+		+	-	=		--
Taux d'emploi à temps partiel	-		++				+		+	--	+		--
Revenus moyens par actif à temps plein	+		+			++		+	+	-	-		--
Revenus patrimoniaux moyens par ménage	+				++			+	+	-		--	
Taux global de prélèvements obligatoire sur le revenu primaire	++				+			-	-	-		--	
Effet d'ensemble du mécanisme redistributif	++				-			--	-	-		+	
Revenu disponible par ménage	-	+		++		++		+	+	-	-		--
Proportion de ménages pauvres	-	-		++			++		+	=	=		--
Montant des dépenses par Uc	-	+		++				+	+	--		-	
Patrimoine moyen net	+	+		++		+		+	-	-	-		--
Patrimoine de rapport	+		+			++		+	=	-	-		--
Taux de possession de la résidence principale	++		+				+		=	--	-		--
Valeur des résidences principales	-	=		++		++		+	=	-	-		--
Indice de surpeuplement du logement	++				+			+	+	-	=		--
Indice de confort du logement	--				+			++	+	+	+		--
Taux de mortalité entre 35 et 60 ans des hommes	+	+		+		+		++	+	+	-		--
Espérance de vie à 35 ans des hommes	+		+				++		+	=	=		--
Indice de dépenses de médecin spécialiste	-		-				++		+	+	-		--
Résultats scolaires à l'entrée en 6e	-		=				++		+	=		--	
Bac sans redoublement	+	-		+			++		+	-		--	
Taux d'étudiants à l'université	-		=				++		+	-		--	
Recours à une femme de ménage	--	+		+		++		+	-	-		-	
Recours à une entreprise pour les gros travaux domestiques	n.d.		+				++		+	+		--	
Degré de liberté à l'égard de la télé.	+		+				++		+	+	-		--
Pratique de la lecture	--		=				++		+	+	-		-
Part du poste culture dans le budget à montant de consommation égal	--	-		+		+		++	+	+	-		-
Nombre de sorties avec un tiers extérieur au ménage	--		-				++		+	-	++		-
Taux de départ en vacances	--		+				++		+	+		-	
Taux d'adhésion aux organisations syndicales ou professionnelles (hommes)	+		+			++		+	+	-		--	
Taux de participation à la vie politique	n.d.		+				++		+	-		--	
Indice de représentation à l'Assemblée nationale	+	-		+		++		+	-	-		--	

Source : Tableaux 1.3, 1.8, 1.12, 2.1, 2.2, 2.4, 2.5, chapitre 3 et 4, 5.3, 5.5, 5.6, 6.1, 7.2, 7.4, 8.2, 8.4, 8.6, 8.7, 8.8, 9.1, 9.2, 9.4, 10.4, 10.6, 10.10, 10.11, 11.1, 11.2, 11.4, 11.7, 11.12, 11.16, 12.3, 12.4, 12.8. **Légende** : ++ : position la plus favorable ; + : position plus favorable que la moyenne ; = : position équivalente à la moyenne ; – : position moins favorable que la moyenne ; – – : position la moins favorable. AE = agriculteurs exploitants ; ACCE = artisans, commerçants et chefs d'entreprise ; APC = artisans et petits commerçants ; GI = industriels et gros commerçants ; INA = indépendants non agricoles (artisans, commerçants, chefs d'entreprise et professions libérales) ; PL = professions libérales ; CS = cadres supérieurs ; CPIS = cadres et professions intellectuelles supérieures ; PI = professions intermédiaires ; EMP = employés ; O = ouvriers ; OQ = ouvriers qualifiés ; ONQ = ouvriers non qualifiés ; n. d. = non disponible.

plan du patrimoine et de la représentation politique, et elles occupent une position moyenne pour l'accession à la propriété de la résidence principale.

Avec les cadres et professions libérales – que la plupart des indicateurs retenus ne permettent pas de distinguer –, on aborde les catégories situées au sommet de l'échelle sociale. Seul le mécanisme redistributif leur est défavorable. Leur situation apparaît particulièrement favorable dans la moitié inférieure du tableau où elles totalisent les meilleures positions. Revenus et patrimoines distinguent cependant cadres et professions libérales, à l'avantage de ces dernières.

La situation des artisans, commerçants et chefs d'entreprise apparaît à peine moins enviable. Sans doute leur situation est-elle moins brillante dans le bas du tableau (école, santé et usages du temps), mais elle est plutôt meilleure dans le haut du tableau (revenus et patrimoines). Dans les deux cas, il faut distinguer entre les «petits» et les «gros»: les enfants des «industriels et gros commerçants» réussissent en moyenne mieux sur le plan scolaire que ceux des «artisans et petits commerçants»; et c'est parmi les premiers que se concentrent les patrimoines les plus importants, que l'on considère leur montant global ou les seuls patrimoines de rapport; de même les «gros» sont mieux représentés politiquement que les «petits». C'est l'occasion de regretter une nouvelle fois que la catégorie des «chefs d'entreprise» soit le plus souvent camouflée dans le maquis des «indépendants non agricoles», car c'est parmi elle que se situent les plus grosses fortunes ainsi que les revenus les plus élevés.

Les agriculteurs constituent la catégorie dont la situation est la plus contrastée. Sur les 30 indicateurs où elle figure, elle occupe 16 fois une position favorable (dont 5 fois la plus favorable) tout en se retrouvant dans 4 autres cas dans la position la plus défavorable; par exemple, c'est la catégorie qui compte le plus fort pourcentage de propriétaires de leur logement, mais c'est aussi celle dont les logements sont en moyenne les moins confortables. Dans le haut du tableau (emploi, revenu et patrimoine), ils se rapprochent plutôt des (petits) indépendants non agricoles, alors que dans le bas du tableau (école et usages sociaux du temps), leur profil est voisin de celui des ouvriers.

Toujours moins : de la pauvreté à l'exclusion

Dans le chapitre 5, nous avions défini la pauvreté en termes exclusivement économiques. Cette approche nous avait conduits à retenir comme critères non seulement l'insuffisance globale des revenus (à partir de la définition d'un seuil de pauvreté), mais encore leur irrégularité, en liaison avec l'instabilité de la situation professionnelle et la dépendance à l'égard des transferts sociaux et des dispositifs institutionnels qui les organisent. Ce qui a commencé à donner corps à l'idée alors avancée que la pauvreté est *une réalité multidimensionnelle*, qui ne se réduit pas à l'insuffisance de ressources, même si cette dernière demeure en tout état de cause fondamentale.

Les analyses des chapitres précédents ont confirmé et illustré cette idée, en mettant progressivement en évidence une multiplicité de signes extérieurs de pauvreté concernant l'ensemble des aspects de l'existence individuelle et collective : forte instabilité professionnelle, faiblesse des revenus primaires, dépendance importante à l'égard des revenus de transferts, insuffisance des revenus disponibles par unité de consommation, faiblesse du patrimoine, difficultés de logement (pour accéder à un logement et pour s'y maintenir, logement surpeuplé ou inconfortable), morbidité et mortalité élevées du fait notamment de la durée et de la pénibilité du travail, faible niveau de formation générale et professionnelle, peu de loisirs, manque d'ouverture à la culture « savante », relations sociales limitées, éloignement de la vie politique, marginalisation par rapport aux institutions politiques et aux médias, forte dépendance vis-à-vis des institutions judiciaires.

En définitive, la pauvreté n'est pas seulement le *défaut d'avoir* (expropriation des moyens de production et de consommation, revenus insuffisants ou irréguliers, absence de réserve et de patrimoine). C'est plus fondamentalement le *défaut de pouvoir* : absence de maîtrise sur les conditions matérielles et institutionnelles de sa situation, précarité (faible capacité à faire face aux aléas de l'existence) et dépendance institutionnelle (notamment à l'égard des organismes de protection sociale) qui en résultent, fragilité des réseaux de socialisation (milieu professionnel, voisinage, association), souvent limités à la famille, absence de capacité politique (de capacité conflictuelle, de capacité à transformer sa propre situation par la lutte collective ou les médiations organisationnelles ou institutionnelles). La pauvreté, c'est enfin, le *défaut de savoir* : non seulement la disqualification scolaire, le défaut de capital scolaire (l'absence de titres scolaires) et culturel (l'extranéité à la culture « savante »), mais plus fondamentalement encore la faible capacité à symboliser, à se construire une représentation cohérente du monde, à s'y repérer et à s'y orienter de manière à pouvoir le transformer à son avantage.

Si la pauvreté est multidimensionnelle, c'est qu'elle relève d'un processus cumulatif. Nous la définirons par l'accumulation de handicaps (de défauts, de déficits) résultant d'inégalités tendant à se renforcer réciproquement.

Ainsi, des situations défavorables au sein des rapports de production, se traduisant par des travaux déqualifiés ou des emplois instables, s'accompagnent presque toujours de faibles rémunérations et d'un faible niveau de vie ; elles valent à ceux qui les exercent une morbidité et une mortalité supérieures à la moyenne ; ceux-ci n'accèdent de surcroît que difficilement à de bonnes conditions de logement ; ils n'ont pratiquement aucune chance de bénéficier d'une promotion par le biais de la formation professionnelle continue ; et leurs loisirs se réduiront de même à peu de choses. Dans ces conditions, la scolarité de leurs enfants est hypothéquée dès le départ ; ils se trouvent privés des conditions matérielles, relationnelles, même affectives qui seules permettent la construction d'un projet de vie ; et ils ont toute (mal)chance de se retrouver dans la même situation que celle de leurs parents. En un mot, le handicap appelle le handicap : celui qui subit les effets des inégalités sociales sous un angle déterminé risque fort de les subir sous d'autres angles. Ce phénomène de cumul des handicaps, intuitivement perceptible et confirmé par toute notre analyse antérieure, a pourtant jusqu'à présent été peu étudié. Quelques monographies en donnent des illustrations saisissantes [5]. Mais on dispose de peu d'études statistiques sur ce phénomène.

Au terme de cette accumulation de handicaps, se profile l'éviction des modes de vie considérés comme normaux dans notre société, qui marque le degré extrême de la pauvreté. Dans sa dernière étude, le CERC a tenté d'évaluer ces risques à partir des résultats de l'enquête « Situations défavorisées » menée par l'INSEE en 1986-1987 [6]. Il confirme l'importance du phénomène de cumul des handicaps, et distingue trois types de populations.

Le premier type, représentant 80,3 % des actifs, rassemble une *population intégrée économiquement*, grâce à un emploi stable, mais aussi *socialement*, grâce à un revenu régulier ainsi qu'à un capital social (des réseaux de relations familiales, sociales et associatives) et culturel (des titres scolaires) bien constitué ; au sein de cette population se concentrent les personnes disposant de revenus supérieurs à 110 % du SMIC par UC, les propriétaires ou les accédants à la propriété (ainsi que ceux logés gratuitement), ceux

5. *Cf.* Michèle Debonneuil, « Les familles pauvres d'une ville moyenne », *Économie et Statistique*, n° 105, novembre 1978.

6. CERC, « Précarité et risque d'exclusion en France », *Documents du CERC*, n° 109, *op. cit. Cf.* notamment le chapitre VI, « Risque d'exclusion : approche synthétique », p. 85-95.

dont l'état de santé est en général bon et qui n'ont pas connu de problèmes dans leur jeunesse.

La situation du second type est moins enviable : cette population est formée d'individus marqués par une forte instabilité professionnelle (emploi précaire, chômage depuis moins de deux ans) et par des liens sociaux qui restent faibles en raison précisément de cette précarité professionnelle ; il s'agit pour l'essentiel de jeunes (moins de 25 ans), voire de très jeunes en attente d'une meilleure insertion, composant donc une *population fragile*. Celle-ci représente 14,5 % des actifs, dont la fragilité s'accroît au fur et à mesure que perdure leur situation d'instabilité professionnelle.

La troisième population, enfin, plus âgée dans l'ensemble, comprend les individus en *situation de retrait du marché de l'emploi* (chômage de plus de 2 ans ou inactivité de plus de 5 ans) et qui connaissent simultanément une forte pauvreté matérielle (des revenus inférieurs à 60 % voire à 40 % du SMIC par UC, des difficultés financières pour s'alimenter et se loger) mais aussi relationnelle (des relations quelquefois réduites aux enfants et au voisinage immédiat), et dont l'état de santé est en général médiocre ou même mauvais ; cette population défavorisée représente 5,2 % des actifs.

Évidemment, les cadres supérieurs et membres des professions intermédiaires se concentrent parmi le premier type et les ouvriers non qualifiés dans le dernier[7]. Cette étude souligne l'importance décisive du rapport à l'emploi. Elle mesure aussi le risque de perte de son statut qui menace chacun de ces trois types de populations, en présupposant que ce risque est d'autant plus fort que l'individu accumule plus de handicaps. À cette fin, deux critères seulement sont retenus, tous deux étroitement corrélés à l'emploi, et liés entre eux dans une moindre mesure (par le biais des solidarités familiales et sociales) : un critère de pauvreté économique (défini par le revenu par UC, mesuré en pourcentage du SMIC) et un critère de vulnérabilité sociale (défini par l'extension et l'intensité des relations familiales, sociales et associatives). L'étude considère qu'un individu présente un faible risque de perte de son statut s'il n'est affecté par aucun de ces deux handicaps que constituent la pauvreté économique et la vulnérabilité sociale ; qu'il présente au contraire un fort risque s'il est affecté par l'un de ces deux handi-

7. Robert Castel distingue de même « une zone d'intégration », « une zone de vulnérabilité » et « une zone d'exclusion, de grande marginalité, de désaffiliation ». *Cf.* « De l'exclusion comme état à la vulnérabilité comme processus » *in* Joëlle Affichard et Jean-Baptiste de Foucault, *Justice sociale et inégalités*, Paris, Éd. Esprit, 1992, p. 135-148.

caps ; et que ce risque est très fort s'il est affecté par les deux handicaps à la fois.

S'agissant de la population intégrée économiquement et socialement, le risque qu'elle encourt est celui de la fragilité (de la perte de l'emploi stable) ; ce risque affecterait ainsi fortement 30,6 % et très fortement 3,3 % des personnes dans cette situation. Ceux qui sont déjà en situation de fragilité risquent le retrait du marché de l'emploi ; 40,8 % des personnes ayant un emploi instable ou sans emploi depuis moins de 2 ans seraient fortement menacées par ce risque et 10,3 % seraient même très fortement menacées. Enfin, les personnes en situation de retrait du marché du travail risquent de sombrer dans la marginalité, au sens de la privation de tout revenu, de la perte du logement, etc. ; ce risque affecterait fortement 41,9 % et très fortement 23,3 % des chômeurs de plus de deux ans ; et, parmi ces derniers, ce sont respectivement les ouvriers non qualifiés (33,6 %), les ouvriers qualifiés (20,7 %) et les employés (15,4 %) qui seraient les plus menacés, contre seulement 4,4 % des membres de l'ensemble des autres catégories !

On constate ainsi que le risque de plongée dans la pauvreté puis dans la misère s'accroît (quantitativement) au fur et à mesure qu'il s'aggrave (qualitativement) : plus ce risque est lourd de conséquences, plus sa fréquence est grande. Autrement dit : on risque d'autant plus de s'appauvrir (de cumuler des handicaps et des handicaps de plus en plus lourds) que l'on est déjà pauvre (c'est-à-dire frappé par des handicaps). Le cumul des handicaps est donc aussi cumul des risques de « disqualification sociale », pour reprendre l'expression de Serge Paugam [8].

Toujours plus : fortune, pouvoir et prestige

Comme pour la pauvreté, nous avions abordé la question de la richesse en termes économiques, notamment dans le chapitre 5. Nous avions souligné que, de ce point de vue, elle ne se mesurait pas tant par des revenus élevés (dont la définition prêterait de toute manière à discussion) que par un patrimoine de rapport capable d'assurer par lui-même à ses détenteurs un revenu disponible supérieur au revenu moyen. Mais, pas plus que la pauvreté, la richesse ne se réduit à cette seule dimension économique : elle se présente aussi comme une réalité embrassant l'ensemble des aspects de l'existence individuelle et collective.

8. *Cf. La Disqualification sociale. Essai sur la nouvelle pauvreté*, Paris, PUF, 1993.

En partant des résultats des chapitres précédents, condensés dans le tableau 13.2, nous pouvons construire une définition multidimensionnelle de la richesse analogue à celle de la pauvreté. La richesse, c'est sans doute d'abord la *fortune* : la perception de revenus élevés, assurant l'accès à une consommation somptuaire, sans commune mesure (en quantité et plus encore en qualité) avec la consommation moyenne, mais surtout la détention et l'accumulation de droits de propriété sur la richesse sociale, plus exactement sur les sources de cette richesse, la nature et le travail ; c'est la capacité de s'approprier de manière privative aussi bien l'une que l'autre. Tel est bien, en définitive, le propre de tout patrimoine de rapport.

La richesse est, plus fondamentalement encore, le *pouvoir* : la maîtrise sur les conditions matérielles et institutionnelles de reproduction de sa situation personnelle, comme sur celles de la société globale ; la stabilité et la pérennité de sa propre situation et de celle des siens, qui en résultent ; l'ampleur et la diversité d'un réseau de relations sociales, dans lequel on occupe plus souvent la position de dominant que d'obligé, par lequel on étend le champ d'exercice de son pouvoir personnel ; et la capacité d'infléchir les décisions et actions des pouvoirs publics dans le sens de ses intérêts.

C'est enfin le *prestige* : l'accumulation de titres culturels ou scolaires, alors simple procédure de légitimation des positions de pouvoir déjà occupées dans les champs économique et politique ; le contrôle sur les organes d'élaboration et de diffusion du savoir et de l'information (université, édition, média) ; et surtout la possibilité d'imposer comme culture dominante sa propre culture (ses goûts, son style, ses mœurs et ses valeurs), de diffuser comme allant de soi sa propre vision du monde au sein de l'ensemble de la société.

Ces multiples dimensions de la richesse forment système, comme dans le cas de la pauvreté, en se renforçant réciproquement en un processus cumulatif. Les mêmes enchaînements et rétroactions entre les inégalités, qui conduisent à l'accumulation de handicaps à l'un des pôles de la hiérarchie sociale, produisent une accumulation d'avantages et de privilèges à l'autre pôle. Est-il nécessaire de rappeler qu'une position dominante au sein des rapports de production (comme chef d'entreprise, comme cadre de direction, comme gros indépendant ou comme rentier) vaut, presque à coup sûr à son détenteur, tout à la fois, de solides revenus primaires, un haut niveau de vie et d'importantes possibilités d'accumulation patrimoniale ; un logement situé dans les « beaux quartiers », spacieux et bien équipé, complété par une (ou même plusieurs) résidence secondaire ; une moindre usure au travail, dont l'effet bénéfique pour la santé sera encore renforcé par des vacances et des loisirs fréquents et variés ; de multiples relations dans le monde des affaires, de la politique ou du spectacle qui, à elles seules, sont susceptibles de garantir l'avenir de ses enfants ; en dehors même de la possibilité de leur offrir les meilleures chances de succès scolaires, grâce à leur imprégnation précoce de la culture dominante (qui est aussi, pour l'essentiel, la culture académique), à une large ouverture au monde, à la fréquentation des meilleurs établissements publics ou privés. Autrement dit, de même que le handicap appelle le handicap, le privilège donne naissance au privilège ; et celui que la fortune favorise sous un angle a toutes les chances de la voir lui sourire sous tous les autres.

Certes, les trois dimensions précédentes de la richesse peuvent être diversement accentuées d'une catégorie privilégiée à l'autre ; ce qui permet d'ailleurs de les distinguer entre elles. Un professeur au Collège de France ne présente pas, sous ce rapport, le même profil qu'un industriel ou un banquier ; et il en va de même en ce qui concerne le « patron » d'un grand service hospitalier relativement à un haut fonctionnaire. Mais, sous des formes et à des degrés divers, chacun d'entre eux jouit bien du triple privilège de la fortune, du pouvoir et du prestige.

Une telle définition multidimensionnelle pourrait servir de base et de fil conducteur à l'étude des catégories privilégiées, et notamment des plus privilégiées d'entre elles – la grande bourgeoisie et l'aristocratie fortunée, formant ce qu'on pourrait nommer « l'élite de l'élite ». Malheureusement, comme nous l'avons déjà signalé au chapitre 5, ces dernières constituent encore une *terra incognita* des sciences sociales malgré les monographies de « grandes familles »[9], les synthèses historiques[10], et quelques études ethnographiques remarquables[11].

L'une des raisons clés de la pauvreté des études consacrées aux (très) « riches » tient sans doute au fait que ceux-ci ont le pouvoir d'ériger de multiples barrières destinées à les protéger de tout regard indiscret, *a fortiori* de tout regard critique. Si les plus

9. *Cf.* par exemple Michel Pinçon et Monique Pinçon-Charlot, *Les Rothschild. Une famille bien ordonnée*, Paris, La Dispute, 1998.
10. Par exemple Régine Pernoud, *La Bourgeoisie*, Paris, PUF, 1985.
11. *Cf.* avant tout Michel PINÇON et Monique Pinçon-Charlot, *Grandes fortunes. Dynasties familiales et formes de richesses en France*, Paris, Payot, 1996 ; voir aussi Béatrix le Witta, *Ni vue ni connue. Approche ethnographique de la culture bourgeoise*, Paris, Éditions de la Maison des Sciences de l'Homme, 1988.

démunis ne peuvent guère se dérober au regard extérieur, dépendants qu'ils sont d'institutions qui les soutiennent, les encadrent et les contrôlent à la fois, y compris dans leur vie privée, les plus fortunés manifestent au contraire une farouche volonté de défendre leur intimité et en ont les moyens. Et ce n'est évidemment pas le moindre de leur privilège que de pouvoir ainsi mettre à l'abri leurs privilèges !

Les études disponibles à leur sujet confirment toutes leur volonté de demeurer « entre soi », de constituer un « milieu » vivant à l'écart du restant de la société, en se mettant à distance des autres catégories sociales, y compris les plus proches (par exemple les « nouveaux riches »). Les « riches » ont ainsi leurs espaces résidentiels propres, les « beaux quartiers », dont le prix du mètre carré bâti écarte tous ceux qui ne jouissent pas de revenus très élevés [12]. Ils disposent de leurs propres équipements collectifs, de leurs propres établissements scolaires, souvent privés, où ils assurent à leurs enfants « bonne compagnie » et « bonne éducation », prolongeant l'éducation familiale et confortant l'*habitus* du milieu, voire de la lignée, ainsi que le sentiment de leur propre excellence sociale, les préparant à tenir leur futur rang, dans la famille comme dans la société [13]. Ils veillent de même jalousement à la qualité de leurs relations sociales, de manière à éviter toute promiscuité avec des personnes qui ne seraient pas de leur monde, qui compromettraient leur capital symbolique (leur réputation) ; telle est l'une des fonctions essentielles des dictionnaires biographiques type *Bottin mondain* [14], comme de ces multiples cercles ou associations dans lesquels on n'entre que sur parrainage et à la condition de posséder déjà un nom, donc d'être soi-même membre ou mieux encore héritier d'une « grande famille » [15]. La même volonté de se retrouver « entre soi » explique la forte homogamie de ce milieu (pratique qui en renforce singulièrement la cohésion), les entrecroisements répétés et les réenchaînements d'alliances, grâce à un contrôle étroit sur les relations de leurs enfants.

12. *Cf.* Michel Pinçon et Monique Pinçon-Charlot, *Dans les beaux quartiers*, Paris, Seuil, 1989, p. 20-21.
13. *Cf.* Monique de Saint-Martin, « Une "bonne" éducation : Notre-Dame des Oiseaux à Sèvres », *Ethnologie française*, XX, 1990, 1, p. 62-70.
14. *Cf.* Bruno Duriez, « La bourgeoisie répertoriée : le Livre des familles du Nord », *Ethnologie française*, XX, 1990, 1, p. 71-84 ; et Cyril Grange, « La "liste mondaine" : analyse d'histoire sociale et quantitative du *Bottin mondain* », *idem*, p. 85-90.
15. *Cf.* Michel Pinçon et Monique Pinçon-Charlot, *Dans les beaux quartiers, op. cit.*, chapitre 11 ; et « Le nom de la lignée comme garantie de l'excellence sociale », *Ethnologie française, op. cit.*, p. 91-97.

La fonction essentielle de cet « entre soi » est de garantir la transmission du capital économique, social et symbolique de la famille, par conséquent, de fonder ou perpétuer une lignée. Rien n'est plus frappant que cette volonté dynastique des familles de la grande bourgeoisie, que souligne leur volonté de s'enraciner dans un terroir, en acquérant ou en se faisant construire manoirs et châteaux. On peut certes y voir un effet d'imitation de l'aristocratie, à laquelle elles se mêlent et avec laquelle elles s'allient matrimonialement[16]. Mais c'est aussi une manière de faire oublier que, contrairement à une famille aristocratique, une famille bourgeoise ne doit pas sa situation à un privilège de naissance, mais à une histoire singulière, avec ce qu'elle implique de contingence et de déterminisme non contrôlés ; une manière aussi de mettre ses membres à l'abri de cette même histoire qui continue, avec le risque toujours présent d'un revers de fortune (dans tous les sens du terme), qui leur ferait perdre leur place dans l'élite sociale. En formant un monde à part pour contrôler autant que possible leur reproduction, en cherchant par conséquent à se constituer en véritable caste (sans pour autant y parvenir), les « grandes familles » conjurent en définitive, aussi bien pratiquement qu'imaginairement, le spectre de leur propre fin.

La reproduction des inégalités

Parler de *système des inégalités*, c'est présupposer que celles-ci tendent à se reproduire de génération en génération. À cette affirmation s'oppose l'idée communément répandue que notre société serait ouverte, que le destin d'un individu n'y serait pas tracé d'avance, que chacun y aurait des chances d'améliorer sa situation sociale de départ, en accédant à une catégorie sociale supérieure à celle de ses parents ou même supérieure à sa propre catégorie sociale de départ (celle dans laquelle il a fait son entrée dans la vie professionnelle et sociale). Et chacun connaît – car ces *success stories* font l'objet d'une abondante diffusion – la saga de ces *self-made men* qui, partis de rien ou presque, par la grâce de leurs qualités personnelles (travail, persévérance, épargne, audace, intelligence, etc.) et avec l'aide de la chance, sont parvenus à se hisser aux plus hautes places de la hiérarchie sociale. Certes, notre

16. *Cf.* Luc Arrondel et Cyril Grange, « Logiques et pratiques de l'homogamie dans les familles du *Bottin mondain* », *Revue française de sociologie*, XXXIV-4, octobre-décembre 1993, p. 597 et *sq.*

société n'est pas une société de castes : la situation sociale de chacun n'y est pas strictement déterminée par sa naissance. Mais les développements antérieurs laissent deviner qu'elle n'est pas non plus cette méritocratie que certains se plaisent à dépeindre. Qu'en est-il donc de la mobilité sociale dans notre société ? Dans quelle mesure et comment les inégalités sociales en sont-elles affectées ? Dans quelle mesure et comment se reproduisent-elles à travers elle et malgré elle [17] ?

L'immobilité l'emporte sur la mobilité

La mobilité intergénérationnelle est généralement appréhendée à partir de ce qu'on nomme une « table de mobilité ». Il s'agit d'un tableau où l'on rapporte traditionnellement la situation sociale des fils à celle occupée par leur père (toutes deux étant définies par l'appartenance à leur catégorie sociale respective). Un tel tableau peut être lu dans deux sens différents et permet donc de répondre à deux questions :

1) Dans le sens père/fils : comment se répartissent entre les différentes catégories sociales les personnes issues d'une catégorie donnée ? On s'intéresse ici à la destinée des individus selon leur catégorie d'origine.

2) Dans le sens fils/père : de quelles catégories sociales viennent les personnes composant une catégorie sociale déterminée ? On s'intéresse alors à l'origine des individus selon leur catégorie actuelle d'appartenance.

Le tableau 13.3 condense les derniers chiffres disponibles en la matière, livrés par l'enquête « Formation-qualification professionnelle » menée par l'INSEE en 1993 en se limitant aux personnes de nationalité française. Un tel tableau qui ne prend pas en compte les étrangers est cependant assez pertinent quand on privilégie l'analyse des destinées, dans la mesure où les pères des étrangers appartenaient le plus souvent à d'autres sociétés que la société française.

Le tableau 13.4 présente les résultats en prenant en compte l'ensemble des personnes de 40 à 59 ans présentes sur le territoire

17. Faute de place, nous nous en tiendrons ici à la seule mobilité intergénérationnelle (entre deux ou plusieurs générations) à l'exclusion de la mobilité intragénérationnelle (celle qui peut affecter un même individu au cours de sa vie active). Celle-ci présente d'ailleurs en gros les mêmes caractéristiques que celle-là. *Cf.* à ce sujet Dominique Goux, « Coup de frein sur les carrières » et Éric Maurin, « La rigidité de l'offre de carrières entretient les déséquilibres du marché du travail », *Économie et Statistique*, n°249, décembre 1991 ; et document CERC n° 108, *Revenus et conditions d'existence des personnes de plus de soixante ans (1. Les revenus), op. cit.*, chapitre II (« Le passé »).

Tableau 13.3

Catégorie socio-professionnelle du fils
en fonction de celle du père en 1993
– Français – (en %)

Catégorie du père	Catégorie du fils						
	Ae	Acce	Cpis	Pi	Emp	Ou	Ensemble
Ae	**24,6** 84,8	**7,7** 11,4	**10,3** 9,2	**14,5** 10,6	**8,0** 14,2	**34,9** 18,2	**100** 16,8
Acce	**1,6** 4,5	**29,6** 34,7	**21,7** 15,3	**20,2** 11,6	**6,7** 9,5	**20,1** 8,3	**100** 13,3
Cpis	**0,5** 0,3	**10,7** 7,6	**52,9** 22,6	**20,7** 7,2	**8,4** 7,2	**6,8** 1,7	**100** 8,1
Pi	**0,8** 1,6	**8,8** 7,9	**35,5** 19,1	**30,1** 13,2	**9,6** 10,3	**15,3** 4,8	**100** 10,2
Emp	**0,2** 0,4	**7,4** 6,9	**22,2** 12,6	**32,2** 14,9	**11,0** 12,5	**27,0** 9,0	**100** 10,7
Ou	**0,8** 6,4	**8,7** 28,7	**9,8** 19,4	**24,3** 39,3	**10,7** 42,6	**45,7** 53,3	**100** 37,5
Inconnue	**2,2** 1,5	**9,8** 2,9	**11,1** 2,0	**22,4** 3,2	**10,3** 3,6	**44,2** 4,6	**100** 3,3
Ensemble	**4,9** 100	**11,4** 100	**18,9** 100	**23,2** 100	**9,4** 100	**32,2** 100	**100** 100

Source : « Mobilité sociale – tome 1, Enquête sur la formation et la qualification professionnelles », *Insee Résultats, série emploi-revenus*, n° 86-87-88, 1993, juin 1995, p. 59. Les pourcentages ont été calculés par nos soins.
Champ : Hommes français âgés de 40 à 59 ans en 1993 (il s'agit des fils qui sont enquêtés), tranche d'âge où l'on peut estimer que la situation sociale de l'individu ne connaîtra plus de grand changement.
Lecture : dans chaque case, le chiffre du haut (en gras) indique les destinées : sur 100 fils d'agriculteurs, 24,6 deviennent eux-mêmes agriculteurs, 7,7 artisans, commerçants ou chefs d'entreprise, etc ; le chiffre du bas indique au contraire les origines : sur 100 agriculteurs, 84,8 sont fils d'agriculteurs, 4,5 fils d'artisans, de commerçants ou de chefs d'entreprise, etc.
Légende : Ae = agriculteurs exploitants ; Acce = artisans, commerçants et chefs d'entreprise ; Cpis = cadres et professions intellectuelles supérieures ; Pi = professions intermédiaires ; Emp = employés ; Ou = ouvriers. La catégorie sociale du père est celle occupée au moment de la fin des études du fils, soit en gros au même âge que les fils enquêtés ; la catégorie sociale du fils est celle occupée au moment de l'enquête (à défaut la dernière occupée).

français, quelle que soit leur nationalité. Dans la mesure où la catégorie ouvrière a été assez largement alimentée par l'immigration, et ce depuis le milieu du siècle dernier, quand on privilégie l'analyse des origines des fils, il vaut mieux prendre en compte l'ensemble de la population quelle que soit la nationalité des intéressés.

Avant de commenter ces deux tableaux, signalons les trois principales limites d'une telle approche de la mobilité sociale.

1. Jusqu'en 1993, en se limitant au croisement entre les catégories sociales des pères et celles des fils, on excluait du champ d'étude la mobilité sociale des femmes, soit celle de la moitié de la population. Cette exclusion des femmes tenait à la double convention qui consiste à ramener la situation sociale d'un individu

Tableau 13.4

Catégorie socio-professionnelle du fils en fonction de celle du père en 1993

– Français et étrangers – (en %)

Catégorie du père	Catégorie du fils						
	AE	ACCE	CPIS	PI	EMP	OU	Ensemble
AE	**21,0** 84,0	**7,1** 11,5	**8,7** 9,0	**13,4** 11,1	**7,7** 15,4	**42,1** 22,0	**100** 18,3
ACCE	**1,5** 4,0	**28,7** 33,6	**20,1** 15,0	**20,0** 11,9	**7,0** 10,1	**22,7** 8,6	**100** 13,3
CPIS	**0,7** 1,2	**11,0** 7,5	**52,7** 22,9	**20,7** 7,2	**8,1** 6,8	**6,9** 1,5	**100** 7,7
PI	**0,7** 1,6	**9,8** 8,3	**34,8** 18,8	**30,1** 13,1	**9,3** 9,8	**15,2** 4,2	**100** 9,6
EMP	**0,2** 0,4	**7,8** 7,1	**21,7** 12,6	**31,8** 14,9	**11,7** 12,1	**27,9** 8,3	**100** 10,4
OU	**0,9** 7,0	**8,9** 29,2	**9,3** 19,4	**23,0** 38,6	**10,3** 42,0	**47,6** 50,7	**100** 37,2
Inconnue	**2,0** 1,5	**8,8** 2,7	**11,7** 2,3	**20,8** 3,2	**9,8** 3,7	**46,9** 4,6	**100** 3,4
Ensemble	**4,6** 100	**11,3** 100	**17,8** 100	**22,2** 100	**9,1** 100	**35,0** 100	**100** 100

Source : « Mobilité sociale – tome 1 et 2, enquête sur la formation et la qualification professionnelles », *INSEE Résultats, série emploi-revenus*, n° 86 à 91, , 1993, juin 1995, tome 1 p. 59, tome 2 p. 206. Les pourcentages ont été calculés par nos soins.
Champ : Hommes français et étrangers âgés de 40 à 59 ans en 1993, tranche d'âge où l'on peut estimer que la situation sociale de l'individu ne connaîtra plus de grand changement.
Lecture : dans chaque case, le chiffre du haut (en gras) indique les destinées : sur 100 fils d'agriculteurs, 24,6 deviennent eux-mêmes agriculteurs, 7,7 artisans, commerçants ou chefs d'entreprise, etc ; le chiffre du bas indique au contraire les origines : sur 100 agriculteurs, 84,8 sont fils d'agriculteurs, 4,5 fils d'artisans, de commerçants ou de chefs d'entreprise, etc.
Légende : AE = agriculteurs exploitants ; ACCE = artisans, commerçants et chefs d'entreprise ; CPIS = cadres et professions intellectuelles supérieures ; PI = professions intermédiaires ; EMP = employés ; OU = ouvriers. La catégorie sociale du père est celle occupée au moment de la fin des études du fils, soit en gros au même âge que les fils enquêtés ; la catégorie sociale du fils est celle occupée au moment de l'enquête (à défaut la dernière occupée).

à celle du chef de la famille à laquelle il appartient (on dit aujourd'hui « personne de référence ») ; et à attribuer au père (quand il existe) plutôt qu'à la mère ce statut de chef de famille ; ce qui vaut aux femmes mariées d'être systématiquement classées dans la catégorie sociale de leur mari. Cette exclusion tendait à minimiser la part globale d'immobilité sociale (notamment ascendante) : l'inégalité professionnelle entre les hommes et les femmes fait que, toutes choses égales par ailleurs (origine sociale identique, même niveau de formation, etc.), les filles accèdent moins souvent que leurs frères à une catégorie sociale donnée, et l'écart s'accentue au fur et à mesure que l'on s'élève dans la hiérarchie sociale ; si bien qu'en définitive l'immobilité des femmes ou leur mobilité descendante apparaît comme une des conditions de la mobilité ascendante des hommes[18].

2. Ce que l'on mesure ainsi, c'est la mobilité sociale brute (ou mobilité apparente). Or celle-ci inclut nécessairement une part de *mobilité structurelle*, résultant des transformations intervenues au sein de la structure sociale entre la génération des pères et celle des fils, affectant le poids relatif des différentes catégories sociales au sein de la population. Ainsi, en 1993, seuls 4,9 % des enquêtés étaient agriculteurs, alors que ceux-ci représentaient 16,8 % dans la génération des pères ; inversement, tandis que dans la génération précédente les cadres ne constituaient que 8,1 % de la population active, ils représentent 18,9 % de la génération des fils. Quand certaines catégories décroissent, tandis que d'autres croissent, il est inévitable que tous les fils ne puissent pas occuper la même place que leur père au sein de la hiérarchie sociale. Cela ne signifie pas pour autant que la *mobilité de circulation* entre les différentes catégories – ou *mobilité nette* – se soit du même coup accrue : que les différentes catégories sociales soient devenues plus perméables les unes aux autres. La mobilité structurelle est prépondérante au sein de la mobilité apparente : plus les modifications de la structure sociale sont importantes et rapides (comme cela a été le cas en France depuis 1945 et notamment pendant les trente glorieuses), plus sa part dans la mobilité apparente tend à augmenter.

3. Signalons enfin qu'une table de mobilité suppose que les positions hiérarchiques relatives des différentes catégories sociales n'aient pas changé d'une génération à l'autre ; et que l'appartenance à une catégorie donnée ait toujours le même sens. Or il n'en est rien dans une société en constante transformation. Ainsi le statut (notamment en termes de prestige) d'un instituteur ou d'un professeur de lycée n'est plus ce qu'il était au début du siècle ; de la même manière, on sait combien le statut de certaines catégories d'employés (par exemple les employés de commerce) s'est dégradé et dévalorisé au cours de ces quarante dernières années en termes d'emploi, de conditions de travail, de rémunération, etc. ; inversement, l'élimination des exploitations les moins rentables a élevé le

18. *Cf.* Dominique Merllié et Jean Prévot, *La Mobilité sociale*, Paris, La Découverte, 1991, p. 86-92. *Cf.* pour une analyse détaillée comparée de la mobilité sociale des hommes et des femmes : Alain Bihr et Roland Pfefferkorn, *Hommes-femmes, l'introuvable égalité*, Éditions de l'Atelier, 1996, p. 137-177. Cette analyse repose sur les résultats de la dernière enquête FQP 1993 qui fournit un grand nombre de tableaux faisant intervenir outre les fils et les pères, les filles et les mères : *cf. INSEE Résultats, série emploi-revenus,* n° 86 à 91, 2 tomes, juin 1995, *op. cit.*

statut moyen des agriculteurs. Dans ces conditions, une immobilité apparente (le maintien du fils dans la catégorie du père) peut en fait masquer une mobilité descendante ou ascendante, et une mobilité ascendante ou descendante apparente peut correspondre à une immobilité réelle. Ce qui complique nécessairement l'interprétation des tables de mobilité.

Ces restrictions et précisions étant apportées, que nous apprend malgré tout la dernière enquête de l'INSEE au sujet de la mobilité sociale ?

Les fils de cadres ou de membres des professions intellectuelles supérieures apparaissent les mieux lotis, puisque plus de cinq sur dix occupent des positions analogues à celles de leur père. Quand il leur est arrivé de déchoir, la plupart du temps, leur chute n'a pas été dramatique, puisqu'ils se retrouvent soit membres de professions intermédiaires (20,7 %) soit indépendants. Seule une minorité d'entre eux se sont prolétarisés en devenant ouvriers (6,8 %) ou employés (8,4 %) [19].

Si les cadres et assimilés constituent une catégorie dont on sort peu, il semble au contraire plus facile d'y entrer ; autrement dit, cette catégorie recrute largement au-delà de ses propres limites : un peu moins d'un cadre sur quatre est lui-même fils de cadre, tandis que près d'un sur trois est d'origine populaire (fils d'ouvrier ou d'employé). Cela s'explique par la forte croissance qu'a connue cette catégorie pendant la période retenue par le champ de l'enquête (hommes entrés dans la vie active entre le début des années soixante et le début des années quatre-vingt). Mais cette croissance s'est réduite au cours des deux dernières décennies et offre maintenant des débouchés plus limités aux enfants des autres catégories en espérance de mobilité ascensionnelle.

La mobilité sociale des fils des membres des professions intermédiaires apparaît moins favorable. Un bon tiers d'entre eux a certes accédé à la catégorie cadre ou profession intellectuelle supérieure (surtout dans le secteur public), tandis qu'un autre petit

---

19. Claude Thélot s'est penché sur le cas, paradoxal, de ces fils de cadre devenant ouvriers sur la base des données de l'enquête « Formation-qualification professionnelle » de 1977 (*cf. Tel père, tel fils ?*, Paris, Dunod, 1982, chapitre III). Hormis des erreurs de codage et des réponses vagues ou ambiguës, il a pu constater qu'il s'agissait la plupart du temps de « faux cadres » (autodidactes promus en cours de carrière aux franges inférieures de l'encadrement) et de « faux ouvriers » (relativement qualifiés et jeunes, donc susceptibles de connaître rapidement une promotion dans l'encadrement). Si bien que, loin de connaître une mobilité descendante, ces fils ne faisaient en quelque sorte que reproduire la trajectoire de leur père. Cet exemple montre bien l'utilité qu'il y aurait à croiser systématiquement les données sur la mobilité intergénérationnelle avec celles sur la mobilité intragénérationnelle.

tiers a dû se contenter d'occuper des positions analogues à celles des pères. En revanche, 1 sur 4 devient ouvrier ou employé. Les fils d'instituteur font cependant (presque) jeu égal avec les fils de cadres.

La catégorie des employés apparaît comme la plus mobile de toutes : à peine 1 fils d'employé sur 9 se retrouve lui-même employé et c'est dans une proportion proche que les employés sont fils d'employés. La mobilité des fils d'employés est cependant moins ascendante que celle des fils de membres des professions intermédiaires : s'ils ont accédé à ces dernières dans la même proportion qu'eux, leurs chances de devenir cadre se sont en revanche révélées nettement inférieures et le risque de se retrouver ouvrier a été près de deux fois plus élevé. Les fils d'employé administratif d'entreprise se distinguent cependant du reste de la catégorie, puisqu'ils connaissent plus fréquemment une mobilité ascendante.

La catégorie des professions intermédiaires et celle des employés recrutent pour moitié environ des fils d'ouvrier ou d'agriculteur. Elles apparaissent comme une sorte de catégorie de passage, qui permet notamment en deux générations à une partie des individus issus de milieux populaires d'accéder à des professions plus valorisées. Cependant la féminisation de ces catégories doit nous conduire à relativiser ces quelques remarques [20].

L'interprétation de la mobilité des fils d'artisan, de commerçant et de chef d'entreprise se heurte une fois de plus à l'hétérogénéité de cette catégorie. En fait, les enquêtes passées montrent que les fils d'artisan, ceux de commerçant et ceux de chef d'une entreprise de dix salariés ou plus n'ont pas connu le même destin. En 1985, ils se retrouvent ainsi respectivement 2,3 % et 3,1 % contre 20,2 % dans le statut de chef d'une entreprise de dix salariés et plus ; 14,6 %, 26,2 % et 30,6 % occupent une position de cadre supérieur ou assimilé ; inversement 28 %, 17,1 % et 10 % sont ouvriers. La trajectoire des fils de chef d'entreprise se rapproche ainsi de celle des fils de cadre ou de membre de professions intellectuelles supérieures, tandis que la trajectoire des fils d'artisan et de commerçant est plus proche de celle des fils de membre des professions intermédiaires (à cette différence près qu'ils se retrouvent bien plus souvent indépendants non agricoles et bien moins souvent membres des professions intermédiaires). Et ces trois catégories se distinguent aussi par leur recrutement, plus populaire parmi les artisans que parmi les commerçants et qu'*a fortiori* parmi les chefs d'entreprise.

20. *Cf.* Alain Bihr et Roland Pfefferkorn, *Hommes-femmes, l'introuvable égalité*, *op. cit.* notamment p. 77-82.

Plus d'un ouvrier sur deux est lui-même fils d'ouvrier ; et les fils d'ouvriers deviennent près d'une fois sur deux eux-mêmes ouvriers. Les autres ont accédé pour l'essentiel à la catégorie d'employé ou de profession intermédiaire. Cependant près d'un sur dix a connu une mobilité nettement ascendante en accédant à la catégorie cadres et professions intellectuelles supérieures, la plupart cependant comme salariés dans la fonction publique.

La mobilité sociale des exploitants agricoles présente deux traits caractéristiques. D'une part une chance de promotion limitée : deux fils d'agriculteur sur trois deviennent agriculteurs ou ouvriers ; les autres accèdent majoritairement aux catégories cadres ou professions intermédiaires. D'autre part, l'autorecrutement : on ne devient pratiquement jamais agriculteur si son père ne l'est pas déjà ; et pourtant à peine un fils d'agriculteur sur trois est lui-même agriculteur. Cela s'explique évidemment par le double jeu des règles de l'héritage (un seul fils reprend généralement l'exploitation) et de la contraction de la population active agricole.

Deux conclusions se dégagent de cette étude. Les possibilités de promotion sociale sont, elles aussi, très inégalement réparties entre les catégories : elles sont bien plus ouvertes pour les catégories moyennes que pour les catégories populaires. Ensuite, et plus généralement, la mobilité sociale apparaît dans l'ensemble beaucoup plus limitée qu'on ne le croit d'habitude. C'est bien davantage l'hérédité sociale qui domine, c'est-à-dire la conservation des positions, en particulier aux deux extrêmes de la hiérarchie sociale.

Ces remarques paraissent encore plus justifiées si l'on considère un regroupement entre les catégories précédentes. En effet, plus la nomenclature des catégories retenues est fine, plus la mobilité sociale apparaît importante, mais elle est alors le plus souvent réduite à la translation entre catégories proches, ce qui en limite singulièrement l'intérêt. Pour qu'elle ait un sens, objectivement et subjectivement, il faut que la mobilité s'effectue entre grands groupes de catégories sociales, en correspondant à des changements significatifs [21]. C'est en partant d'une telle hypothèse qu'a été élaboré le tableau 13.5 (voir p. 382). Nous avons procédé à un regroupement des catégories sociales en trois ensembles : les catégories dominantes (chefs d'une entreprise de 10 salariés ou plus, professions libérales, cadres supérieurs), les catégories moyennes (exploitants agricoles sur moyenne et grande exploitation, artisans

21. C'est notamment la thèse soutenue par Daniel Bertaux, *Destins personnels et structure de classe*, Paris, PUF, 1977.

et commerçants, professions intermédiaires), les catégories populaires (exploitants agricoles sur petite exploitation, ouvriers et employés)[22].

Il apparaît, tout d'abord, que l'hérédité l'emporte sur la mobilité : une majorité au moins relative des fils se retrouve dans le regroupement de catégories dans lequel se trouvait déjà leur père ; il est plus probable et donc aussi plus facile de rester à sa place que d'en changer. Et si mobilité il y a, elle concerne essentiellement les groupes socialement contigus, et ce qu'elle soit ascendante ou descendante ; c'est d'ailleurs là une conclusion commune à toutes les études de la mobilité sociale au sein des sociétés contemporaines[23]. Les trajets longs (ascension d'une catégorie populaire vers une catégorie dominante ou, inversement, chute d'une catégorie dominante dans une catégorie populaire) sont rares (un cas sur dix). Autrement dit, s'il existe des échelles favorisant le passage entre catégories proches, il existe aussi un véritable fossé entre les catégories extrêmes[24]. De ce fait, c'est parmi les catégories moyennes, qui offrent la double possibilité d'une ascension et d'une chute, que la mobilité est la plus forte. En conséquence, les inégalités entre catégories sociales face à la mobilité apparaissent elles aussi très grandes : un individu originaire d'une catégorie dominante a six fois plus de chances de rester dans cette catégorie que n'en a un autre, issu d'une catégorie populaire, d'y accéder ; et inversement il risque 5,5 fois moins que le second de se retrouver au sein d'une catégorie populaire. On est vraiment très loin de l'égalité des chances censée régner dans notre société !

Cette inégalité peut être mise en évidence d'une autre manière. En effet, si les chances de se retrouver au sein d'un des trois groupements de catégories distingués (A, B, C) étaient identiques pour tous les individus, autrement dit si elles ne dépendaient pas de leur groupement d'origine, alors le pourcentage dans un groupement donné (X) des individus issus de chacun des trois groupements (A, B, C) devrait être strictement identique au pourcentage représenté par le groupement X dans l'ensemble de la population enquêtée, pourcentage indiqué à chaque fois par la

22. Ce regroupement diffère de celui proposé, selon le même principe, par Michel Gollac et Pierre Laulhé *in* « La transmission du statut social », *Économie et Statistique*, n° 199-200, 1987, p. 86. Nous avons dû en rester aux résultats de l'enquête FQP 1985 car les résultats de l'enquête FQP suivante (1993) privilégient les groupes de PCS et ne rentrent pas dans le détail des catégories.

23. *Cf.* Dominique Merllié et Jean Prévot, *op. cit.*, p. 55-57.

24. Selon l'image suggestive de Michel Gollac et Pierre Laulhé, « La transmission du statut social », *op. cit.*, p. 85.

Tableau 13.5

Mobilité entre grands groupes de catégories sociales (en %)

Catégorie du père	Catégorie du fils		
	Catégories dominantes	Catégories moyennes	Catégories populaires
Cat. dominantes	60,7	29,1	10,2
Cat. moyennes	19,9	47,5	32,6
Cat. populaires	9,9	33,8	56,3
Ensemble	16,8	37,5	45,7

Source : INSEE, enquête « Formation et qualification professionnelles » 1985 *in* Dominique Merllie et Jean Prévot, *La Mobilité sociale*, Paris, La Découverte, 1991, p. 57-58. Les calculs ont été effectués par nos soins.

Tableau 13.6

Coefficients de passage entre grands groupes de catégories sociales

Catégorie du père	Catégorie du fils		
	Catégories dominantes	Catégories moyennes	Catégories populaires
Caté. dominantes	3,61	0,78	0,22
Caté. moyennes	1,18	1,26	0,71
Caté. populaires	0,59	0,90	1,23

Source : Calculs effectués par nos soins à partir des données figurant dans le tableau précédent.

dernière ligne du tableau 13.5. En divisant le pourcentage réellement observé par ce dernier, on calcule ce que les statisticiens nomment le « coefficient de passage » d'un groupe de catégories à l'autre. Ce coefficient mesure en quelque sorte le degré de dépendance de la position finale d'un individu par rapport à sa position initiale. S'il vaut 1, sa position initiale (son origine) n'influe pas sur sa position finale (sa destinée). Au contraire, plus il s'écarte de 1, plus l'influence de sa position initiale sur sa position finale est grande ; elle est d'autant plus favorable que le coefficient est supérieur à 1, d'autant moins favorable qu'il est inférieur à 1.

Le tableau 13.6 indique l'ensemble de ces coefficients sur la base des données figurant dans le tableau précédent. Il permet de confirmer tout en les précisant les résultats dégagés de ce dernier. Au sein de chaque groupement de catégories, l'hérédité l'emporte bien sur la mobilité : les trois chiffres de la diagonale sont supérieurs à 1 et supérieurs chaque fois aux deux autres chiffres de leur ligne respective ; et c'est de loin parmi les catégories dominantes que cette hérédité est la plus importante en favorisant le maintien dans la catégorie. De même, les positions extrêmes favorisent les trajets courts (passage d'un groupe au groupe contigu) plutôt que les trajets longs (passage entre groupes extrêmes). Enfin, il apparaît que les échanges entre catégories dominantes et catégories moyennes sont plus faciles qu'entre les catégories moyennes et les catégories populaires ; en particulier, on peut noter qu'il est plus facile d'accéder aux catégories dominantes en sortant des catégories moyennes (coefficient 1,18) que d'accéder à ces dernières en sortant des catégories populaires (coefficient 0,90) ; les échelles assurant le passage sont manifestement plus larges dans un cas que dans l'autre.

Considérée sur longue période, entre 1953 et 1977, la mobilité sociale apparente s'est accrue essentiellement du fait d'une augmentation de la mobilité structurelle : sur ces 25 ans, l'entrée de la France dans la modernité fordiste aura bouleversé toute la structure sociale, faisant décroître certaines catégories (agriculteurs et, dans une moindre mesure, artisans et commerçants), en gonflant d'autres (cadres, professions intermédiaires, mais aussi ouvriers et employés). Il semblerait cependant que cet accroissement des courants de mobilité entre catégories sociales ne s'explique pas seulement par une plus forte mobilité structurelle mais qu'il ait correspondu aussi à un assouplissement de la société française, donc à une réduction limitée des inégalités face à la mobilité sociale, celles-ci restant de toute façon très importantes, comme nous venons de le voir [25].

Les facteurs de l'hérédité sociale

Comment expliquer une telle hérédité sociale? Comment se fait-il que la mobilité sociale soit si limitée et si inégalitaire? Différents facteurs se conjuguent ici, qui tantôt se renforcent et tantôt s'atténuent, mais qui concourent tous en définitive à la reproduction de la hiérarchie sociale. L'hérédité sociale est avant tout une affaire d'héritage, au sens large du terme [26].

Des parents, on hérite (ou non), en premier lieu d'un *capital économique* : d'un ensemble de biens patrimoniaux (outils de production, biens immobiliers, valeurs mobilières, etc.). Nous

---

25. *Cf.* Richard Pohl et Jeanine Soleilhavoud, « La transmission du statut social sur deux générations », *Économie et Statistique*, n° 144, mai 1982, p. 35-48.
26. Parmi les études récentes sur ce thème, signalons *Économie et Statistique*, n° 306, 1997, 6, (Tout le numéro porte sur le thème : « Mobilité sociale : la part de l'hérédité et de la formation »), voir en particulier l'article de Dominique Goux et Éric Maurin « Destinées sociales : le rôle de l'école et de la formation » (p. 13-26) qui montre bien que l'hérédité sociale conserve un rôle déterminant.

avons vu au chapitre 7 que les patrimoines transmis et donc reçus (les héritages) sont très inégaux quant à leur montant mais aussi quant à leur composition d'une catégorie sociale à une autre. Que le volume du capital économique hérité contribue à déterminer la trajectoire des héritiers, cela est l'évidence même : on n'entre pas dans la vie de la même façon (au même niveau hiérarchique, avec les mêmes possibilités professionnelles, les mêmes chances de carrière ou même tout simplement les mêmes revenus) selon que l'on hérite d'une petite fortune ou que l'on ne compte que sur ses seules aptitudes pour « s'en sortir ». Cela n'est jamais aussi sensible qu'entre individus d'une même catégorie sociale, dont les chances de mobilité sont *a priori* statistiquement identiques. Or, précisément, nous avons vu dans le chapitre 7 que, à catégorie de départ donnée, l'héritage augmente en cas de mobilité sociale ascendante et diminue au contraire en cas de mobilité sociale descendante. Autrement dit, tout se passe comme si, à position de départ donnée, les chances d'ascension sociale des enfants augmentaient avec le volume du capital économique accumulé par les parents et mis à la disposition des enfants. Le rapport de causalité entre les deux est sans doute complexe. Il ne se réduit pas seulement au fait que la jouissance d'un plus grand patrimoine, en liaison sans doute avec des revenus plus élevés, mais ouvre aux enfants davantage de portes (par exemple la possibilité d'études plus longues et/ou plus coûteuses). L'accumulation d'un patrimoine économique plus important va probablement de pair avec celle d'un capital culturel, voire d'un capital social, plus fourni aussi. Surtout elle est indissociable de la formation d'un projet d'ascension sociale de la part des parents, dont les enfants héritent également en le poursuivant et en le parachevant.

Mais la structure du capital économique hérité (celui des parents) est tout aussi importante pour le destin des enfants. La présence dans ce capital de biens professionnels (d'outils de production) est déterminante ; et ce, d'autant plus que la valeur de ces biens est élevée. Ainsi, en 1985, 48 % des fils de chefs d'une entreprise de 10 salariés ou plus étaient installés à leur compte et 39 % étaient eux-mêmes chefs d'entreprise ; 40 % des fils de membres des professions libérales, 30 % des fils d'artisans et 28 % des fils de commerçants étaient travailleurs indépendants [27].

En second lieu, on hérite de ses parents d'un *capital culturel* : d'un ensemble de connaissances et d'aptitudes, acquises par les parents eux-mêmes au cours de leur existence, dans leur propre

27. *Cf.* Michel Gollac et Pierre Laulhé, « Les composantes de l'hérédité sociale », *op. cit.*, p. 101.

famille, à l'école, au cours de leur vie professionnelle, par leurs engagements dans la vie publique, dans leurs loisirs, etc., et qu'ils vont transmettre à leurs propres enfants par le biais de la vie familiale. Le capital scolaire n'en forme qu'une partie, celle qui est reconnue et légitimée par l'institution scolaire, celle que cette institution va convertir en diplômes et titres. Cet héritage culturel et scolaire détermine, tout d'abord, le cursus scolaire des enfants qui est étroitement déterminé par le niveau de formation scolaire des parents. En 1990, la proportion des individus possédant au moins le baccalauréat variait de 80% parmi les enfants d'enseignants, 76% parmi ceux de cadres, à 38% parmi les enfants d'employés, d'agriculteurs, d'artisans ou de commerçants, 24 % parmi ceux d'ouvriers, 22% parmi ceux des personnels de service, autant de catégories dont la grande majorité des membres n'a pas de titre scolaire ou dispose au mieux d'un certificat d'étude ou d'un diplôme professionnel (CAP ou BEP)[28]. Tenir compte simultanément du capital scolaire et de la position sociale du père se justifie d'autant plus que, « *à niveau de diplôme du père fixé, les chances de réussite scolaire du fils sont, à de rares exceptions près, plus élevées si le père appartient aux classes dominantes plutôt qu'à la petite bourgeoisie, et surtout que s'il fait partie des classes populaires*[29] ». Cela s'expliquerait moins par des inégalités de capital économique que par des inégalités de capital culturel, notamment sous la forme d'un plus grand investissement des catégories non populaires dans la réussite scolaire de leur enfant. Dans ces conditions, il n'y a rien d'étonnant à constater de fortes inégalités face à la réussite scolaire entre les différentes catégories sociales[30].

Et il est à peine nécessaire de rappeler combien la situation socio-professionnelle à laquelle un individu peut prétendre est fonction des titres et diplômes qu'il a pu acquérir : « *les fréquences d'accès à la position sociale la plus élevée – professions libérales, cadres supérieurs – décroissent en raison directe du diplôme, de 82 % pour les diplômés de niveau II et I à 0,6 % lorsqu'il y a absence de titre. En sens contraire, les fréquences d'accès à la catégorie ouvrière augmentent de 0,6 % à 54,2 % au fur et à mesure que le niveau scolaire décroît*[31] ». La métaphore de capital scolaire joue ici à plein : ce sont bien les titres qui le composent que l'on peut

28. *Cf.* Michel Gollac et Pierre Laulhé, « Les composantes de l'hérédité sociale », *op. cit.*, p. 98.
29. *Ibidem.*
30. *Cf.* plus haut chapitre 10.
31. Richard Pohl et Jeanine Soleilhavoud, *op. cit.*, p. 34. Ces chiffres portent sur l'enquête « Formation-qualification professionnelle » menée par l'INSEE en 1977.

faire valoir, monnayer, réaliser sur le marché de l'emploi. Ainsi, par le biais du capital culturel et scolaire qu'elle transmet, chaque catégorie sociale détermine puissamment le destin des individus qui en sont issus : plus l'origine sociale d'un individu est élevée, plus il aura de chances d'atteindre un niveau d'études élevé et, compte tenu de la liaison forte entre formation et emploi, plus il pourra atteindre lui-même une position sociale élevée. Et l'inverse se vérifie tout aussi bien : les enfants des milieux populaires sont ceux qui sont les plus dépourvus de diplômes ou qui doivent se contenter des diplômes les moins élevés et qui, partant, ont aussi le moins de chances d'accéder à des positions moyennes et *a fortiori* supérieures.

La catégorie sociale d'origine détermine aussi le rendement du capital scolaire sur le marché du travail. Car, sur ce marché, les diplômes n'ont pas la même valeur selon la catégorie sociale d'origine de leur titulaire. Ils donneront par exemple accès à des positions hiérarchiques d'autant plus élevées (et mieux rémunérées) que leurs titulaires sont eux-mêmes issus de catégories sociales plus élevées : « *Voici les bacheliers de 35-52 ans en 1970 ; fils d'employé et d'ouvrier, ils sont 25 % à être cadre supérieur ; fils d'artisan et de commerçant, 30 % ; fils de cadre moyen, 39 % ; fils de cadre supérieur, 46 %* [32]. » Tout semble se passer comme si, notamment pour l'accès aux fonctions de direction, l'origine sociale était plus importante en définitive que le titre scolaire. C'est dire combien nous sommes loin de la méritocratie censée régner grâce à l'école pour tous ! Mais la « loi » joue aussi en cas de mobilité sociale descendante : à diplôme égal, les fils des catégories dominantes et moyennes qui déchoient sur le plan scolaire, se retrouveront plus souvent dans des professions intermédiaires ou d'employés et moins souvent ouvriers que les fils d'ouvriers [33].

En d'autres termes, le rendement social des études (la position sociale à laquelle on peut espérer accéder sur la base d'un diplôme donné) dépend directement de la catégorie sociale d'origine. Cette dernière joue comme une sorte de « force de rappel » qui continue à exercer son influence la vie durant et tend à ramener l'individu vers une position sociale aussi proche que possible de sa position d'origine. Ce qui constitue évidemment un puissant facteur d'hérédité sociale et limite d'autant la mobilité [34].

32. *Cf.* Claude Thélot, « La mobilité sociale », *Données sociales 1984*, *op. cit.*, p. 464.
33. *Cf.* Richard Pohl et Jeanine Soleilhavoud, *op. cit.*, p. 34.
34. L'étude statistique de la transmission du capital social est évidemment difficile. Rappelons que Pierre Bourdieu entend par capital social « l'ensemble des ressources

En troisième lieu, les inégalités quant à la transmission du capital économique et du capital culturel et scolaire se trouvent renforcées, et avec elles celles face à la mobilité sociale, par un *facteur socio-démographique* : la taille inégale des familles selon les différentes catégories sociales.

Le nombre moyen d'enfants par famille a certes eu tendance à diminuer d'une manière générale au cours de ces dernières générations : alors que les femmes nées entre 1925 et 1929 ont eu en moyenne 2,8 enfants, celles nées entre 1940 et 1949 n'en ont eu que 2,2. Mais les écarts entre catégories sociales se sont maintenus sur ce plan comme sur d'autres : parmi les femmes nées entre 1940 et 1949, celles dont le mari est cadre ou exerce une profession intermédiaire ont eu en moyenne moins de 2,1 enfants, et celles dont le mari est agriculteur en ont eu 2,6 et celles dont le mari est ouvrier 2,7. De ce fait, dans cette même génération (celle des femmes nées entre 1940 et 1949), la proportion des familles nombreuses (trois enfants ou plus) ou très nombreuses (cinq enfants ou plus) est très inégale d'une catégorie sociale à l'autre ; et c'est dans les milieux populaires qu'elle est la plus importante : les ouvriers comptent 46,8 % de familles nombreuses (dont 12,5 % de très nombreuses), les agriculteurs comptent 47,9 % de familles nombreuses (dont 7 % de très nombreuses), alors que parmi les cadres ces pourcentages tombent respectivement à 29 % et 1,6 %, et que parmi les professions intermédiaires ils sont même ramenés à respectivement 26,9 % et 1,9 %[35].

La transmission d'un éventuel capital (économique, culturel et social) va être affectée par le nombre des enfants auxquels il est destiné ; en gros, pour chaque enfant, il s'en transmettra d'autant moins, ou d'autant plus mal, que le nombre d'enfants sera plus important. Cela est évident en ce qui concerne le capital économique.

Mais, à en croire le tableau 13.7, il semble bien qu'un phénomène analogue se produise dans les familles populaires, en ce qui concerne la transmission du capital scolaire : une famille ouvrière assure d'autant plus difficilement la réussite scolaire de sa

---

actuelles ou potentielles qui sont liées à la possession d'un *réseau durable de relations* plus ou moins institutionnalisées d'interconnaissance et d'interreconnaissance ; ou en d'autres termes, à *l'appartenance à un groupe* (*cf.* « Le capital social », *Actes de la recherche en sciences sociales*, n° 31, Paris, janvier 1980). Son rôle dans l'hérédité sociale n'en est pas moins certain : comme l'illustre l'exemple extrême du « piston », on ne réussit pas de la même façon selon le volume et la composition du capital de relations dont on hérite de ses parents.

35. Tous ces chiffres sont extraits de Guy Desplanques, « Taille des familles et milieu social », *INSEE Première*, n°296, février 1994.

Tableau 13.7

Taux de réussite scolaire en fonction de la taille de la famille et de la catégorie sociale (en %)

Nombre d'enfants dans la famille	1	2	3	4	5 ou plus
Taux de redoublement en primaire	24	25	31	42	56
Proportion d'élèves entrés en seconde	57	57	48	38	24
dont père					
– cadre sup.	86	85	87	90	90
– ouvrier qualifié	47	42	36	28	22
– ouvrier non qual.	39	36	29	20	18

Source : Ministère de l'Éducation nationale in Suzanne Thave, « Familles nombreuses. Un monde ouvrier », *Données Sociales 1990, op. cit.*, p. 308.

descendance que celle-ci est plus nombreuse ; alors que ce serait plutôt l'inverse pour une famille de cadre supérieur. Sous ce rapport, dans les catégories populaires (mais cela vaut aussi, dans une moindre mesure, pour les catégories moyennes), une famille a d'autant plus de mal à permettre à ses enfants de conserver leur statut social et *a fortiori* à leur assurer une mobilité ascendante que le nombre de ses enfants est élevé [36]. En ce sens, la plus grande mobilité ascensionnelle des catégories moyennes (notamment celle des professions intermédiaires) n'est pas étrangère au fait qu'elles soient aussi celles qui ont la descendance la moins nombreuse.

Relativement à ceux issus des catégories moyennes et supérieures, les enfants des catégories populaires (et tout particulièrement les enfants d'ouvriers) sont donc affectés d'un double handicap : non seulement les capitaux (économiques et culturels) dont ils héritent sont de moindre valeur (en volume comme en composition), mais encore la part que chacun peut s'en approprier se trouve réduite par une fratrie plus nombreuse.

Le *mariage* offre, enfin, une dernière possibilité d'ascension sociale, en particulier aux femmes. C'est du moins ce que l'on croit encore couramment. Pourtant l'homogamie (le mariage entre personnes de même milieu social) reste la règle, même si le nombre des exceptions a tendu à augmenter légèrement au cours de ces

36. *Cf.* Nicole Tabard, « Réflexions sur la relation fécondité-mobilité sociale », *Consommation*, n° 1983/3, Paris, Crédoc 1983 ; et « Mobilité, fratrie et descendance », *Consommation*, n° 1984/3, Paris, Crédoc, 1984. *Cf.* aussi *Insee Résultats, série emploi-revenus*, tome 2, n° 89 à 91, juin 1995, *op. cit.*, p. 180-203 et 304-306.

dernières décennies. C'est que, selon la formule désormais classique d'Alain Girard, *« on ne choisit pas un conjoint, on le trouve*[37] *»* ; et on le trouve nécessairement autour de soi, dans son milieu social d'origine ou dans son propre milieu socio-professionnel, les deux étant souvent proches, voire identiques[38].

Quoi qu'il en soit, l'homogamie constitue un puissant facteur d'hérédité sociale. C'est que le mariage aboutit la plupart du temps à la fondation d'une famille, creuset de la socialisation des enfants, donc lieu éminent de la transmission du capital culturel et social. En déterminant le « choix » du conjoint, la catégorie sociale d'origine détermine en fait le capital culturel et social qui sera transmis aux enfants, partant, là encore, leur réussite scolaire, leur accès aux différentes positions de la hiérarchie socio-professionnelle, et, par conséquent, leur propre mariage. Ainsi la boucle est-elle bouclée : l'homogamie permet en définitive que les trajectoires des ascendants se poursuivent dans celles de leurs descendants, que se constituent à la limite de véritables lignées, au sein desquelles capital économique, capital culturel et capital social s'accumulent de génération en génération, en perpétuant du même coup les inégalités sur lesquelles ils sont fondés ou qu'ils engendrent.

Et c'est bien l'existence de telles lignées, notamment aux deux extrémités de la hiérarchie sociale, que l'étude de la mobilité sur longue période fait apparaître[39]. La mobilité est marquée par le système des inégalités qu'elle tend d'ailleurs à reproduire. Et à justifier : tout en entretenant l'individualisme concurrentiel (le « chacun pour soi », la « guerre de tous contre tous », la « lutte des places »), plus que l'illusion d'une société ouverte, la mobilité sociale engendre l'apparence d'une société méritocratique, dans laquelle chacun occuperait en définitive la place qui lui reviendrait de droit, en fonction de ses vertus propres. Si bien que, sous son effet, les inégalités apparaissent légitimes à tous, quelle que soit leur place dans la hiérarchie sociale : à ceux qui en occupent les échelons supérieurs, parce qu'ils se perçoivent comme des « gagnants » ; à ceux qui en occupent les échelons inférieurs parce qu'ils se perçoivent comme des « perdants » ; à ceux enfin qui se situent entre les deux, parce qu'ils ne sont pas enclins à briser les échelles par lesquelles ils espèrent bien pouvoir atteindre eux aussi le sommet.

---

37. Alain Girard, *Le Choix du conjoint*, revue de l'INED, n°70, Paris, PUF, 3e édition, 1981.
38. Ce point est étudié dans le chapitre 4 de Alain Bihr et Roland Pfefferkorn, *Hommes-Femmes, l'introuvable égalité*, *op. cit.*, p. 150-163.
39. *Cf.* Richard Pohl et Jeanine Soleilhavoud, *op. cit.*, p. 38-42.

Conclusion

Pour réduire les inégalités

Nous l'avons dit en introduction : notre analyse des inégalités sociales est sous-tendue par le souci de contribuer à lutter contre elles. Seul ce projet lui donne sens. Tendanciellement, la principale inégalité est aujourd'hui liée à ce que nous avons nommé l'instabilité professionnelle. Sont ici en cause le développement du chômage, en particulier du chômage de longue durée, et celui de la précarité et du sous-emploi, notamment du temps partiel contraint.

Toutes les politiques prétendant résorber le chômage ont échoué. Du traitement économique à coups de diminutions du « coût du travail », jusqu'au traitement statistique à coups de radiations autoritaires des chômeurs, en passant par le « traitement social » à coups d'emplois aidés et de stages de toute sorte, les mesures mises en œuvre à l'initiative des divers gouvernements qui se sont succédé n'ont servi au mieux qu'à masquer le phénomène, voire à l'aggraver[1]. Si l'on veut échapper à l'absurdité et à l'inhumanité d'une situation où les uns sont voués à l'inactivité forcée, synonyme de paupérisation matérielle et d'exclusion sociale, tandis que les autres sont contraints à une activité forcée persistante, dont le degré d'aliénation est à la mesure de la privation du temps libre qu'elle implique, il est indispensable de « travailler moins pour travailler tous ».

De ce point de vue, la loi sur les 35 heures décidée en 1997 et adoptée en 1998 à l'initiative du gouvernement Jospin semble en rupture par rapport aux « politiques de l'emploi » menées par les gouvernements précédents. Mais, va-t-elle vraiment assez loin ? Les contreparties – notamment en termes de flexibilité – et les délais

1. *Cf.* Roland Pfefferkorn, « La faillite de la "politique de l'emploi" », *L'École émancipée*, n° 3, octobre 1997, p. 13-14.

d'application ne ruinent-ils pas ses effets positifs ? On ne peut manquer d'être sceptique au fur et à mesure que le temps passe.

C'est pourquoi il convient de rappeler la nécessité d'une réduction du temps de travail massive, rapide et générale :

– *Massive :* le développement des nouveaux équipements productifs, à base d'électronique et d'informatique, rend cette réduction possible tandis que l'objectif de travailler tous la rend nécessaire. Des évaluations indépendantes les unes des autres s'accordent sur les seuils, en l'espace d'une génération, de 25 heures hebdomadaires, de 1 000 heures par an, ou encore de 20 000 heures sur la durée d'une vie active [2]. Voilà l'objectif à atteindre ! Ce qu'il faut maintenant, c'est programmer rapidement les 32, voire les 30 heures hebdomadaires, sous peine d'échouer. Les 35 heures ne doivent en aucun cas devenir un butoir. Qu'on se rappelle les effets désastreux de la loi des 39 heures en 1982 !

– *Rapide :* la réduction du temps de travail n'a d'effet que si elle est supérieure aux gains de productivité : elle est donc trop lente à être mise en œuvre. L'idéal serait d'envisager un mouvement continu de réductions périodiques, dans les toutes prochaines années en fonction des priorités retenues (et résorber le chômage rapidement devrait bien sûr être la priorité des priorités) et des gains de productivité escomptés.

– *Générale :* elle doit s'appliquer dans tous les secteurs et branches, toutes les unités de production ou de service à la fois, de manière à tirer tous les bénéfices possibles, en termes de création d'emploi, de l'évolution différentielle de la productivité. En d'autres termes, la fonction publique (d'État et territoriale) ne doit pas être laissée à l'écart du processus.

Une telle politique est évidemment confrontée à la délicate question de son financement, qui renvoie elle-même, en dernière analyse, à la question centrale du partage des richesses produites.

Dans la perspective néo-libérale, toute compensation salariale est évidemment exclue : en cas de réduction du temps de travail, le coût salarial doit baisser en proportion du temps de travail pour ne pas compromettre la compétitivité des entreprises et l'ampleur des profits. La réduction du temps de travail aboutirait alors en fait non pas à créer de nouveaux emplois mais à partager les emplois existants, autrement dit à partager le chômage et la pauvreté, par

---

2. *Cf.* parmi d'autres ouvrages ADRET, *Travailler deux heures par jour*, Paris, Seuil, 1977 ; André Gorz, *Les Chemins du paradis*, Paris, Galilée, 1983 ; *Métamorphoses du travail. Quête du sens*, Galilée, 1988 ; *Misères du présent, richesse du possible*, Galilée, 1997 ; Jean-Pierre Chanteau et Denis Clerc (dir.), *Réduction du temps de travail : que faut-il croire ?*, Syros, 1998.

exemple sous la forme de la généralisation du temps partiel contraint. Différentes dispositions législatives récentes, de même que la pratique des entreprises, vont pourtant dans ce sens. Perspective évidemment inacceptable pour les salariés titulaires de salaires bas ou moyens, dont la situation s'aggraverait encore. Perspective qui tourne radicalement le dos à l'objectif de réduction des inégalités qui est le nôtre.

Mais il existe une alternative à cette solution conservatrice et réactionnaire du financement d'une politique de réduction du temps de travail. Elle passe par *une réduction des inégalités de revenu*, ce qui permettrait de faire d'une pierre deux coups. Les modalités de cette réduction peuvent être diverses et sont en discussion parmi les tenants de la compensation salariale[3]. Sans épuiser le débat, retenons simplement que la compensation salariale peut être variable selon le niveau des salaires – elle pourrait en effet être partielle et dégressive pour les salaires élevés, à condition bien sûr que la barre soit fixée suffisamment haut (par exemple à un niveau de trois fois le Smic) –, et devrait être totale pour les salaires bas et moyens. Cela aurait aussi pour effet de réduire la hiérarchie des salaires, particulièrement ouverte en France. De même, on pourrait envisager de socialiser le coût de la réduction du temps de travail. Outre les économies réalisées par la résorption du chômage, le financement pourrait être assuré en partie par une réduction des inégalités face aux prélèvements obligatoires, en mettant davantage à contribution les revenus professionnels non salariaux et les revenus de la propriété, notamment mobilière...

Les effets néfastes de la compensation salariale sur la valorisation du capital pourraient être maîtrisés par un aménagement du temps de travail, permettant d'augmenter et de flexibiliser la durée d'utilisation des équipements : *« Faire travailler plus les machines et faire travailler moins les hommes. »* C'est d'ailleurs, plus largement, la mise en œuvre de la réduction du temps de travail, au niveau des entreprises et des administrations elles-mêmes, qui supposerait des transformations importantes de l'organisation même du procès de travail. Car, pour pourvoir travailler moins et par conséquent tous, il faut aussi travailler autrement : la réduction du temps de travail suppose le réaménagement non seulement du temps du travail lui-même, mais aussi celui de l'organisation du

3. *Cf.* Guy Aznar, *Travailler moins pour travailler tous*, Paris, Syros, 1993 ; Jacques Rigaudiat, *Réduire le temps de travail*, Paris, Syros, 1996 ; Ac ! (Agir ensemble contre le chômage), *Données et arguments, tome 1 et 2*, Paris, Éditions Syllepse, 1994 et 1995 ; Gilbert Cette et Dominique Taddeï, *Réduire la durée du travail, de la théorie à la pratique*, Le Livre de Poche, 1998.

travail, et celui des qualifications, des processus de formation professionnelle, initiale et continue, etc. [4].

Nous abordons ainsi un troisième objectif que devrait se proposer une politique visant la réduction des inégalités : des avancées dans la voie de *l'autogestion du procès de travail*, de manière à réduire les inégalités quant au contenu concret du travail (des tâches à accomplir, de leurs rythmes et modalités, de leur complexité et de leur pénibilité) et plus encore quant au pouvoir dans et sur le procès de travail. Plus précisément, il s'agirait de chercher à progresser dans trois directions, celles :

– *du dépassement du taylorisme :* de la recomposition de l'unité entre travail manuel et travail intellectuel, entre fonctions d'exécution et fonctions de conception, d'organisation et de contrôle, non plus au niveau du travailleur isolé mais au sein d'équipes polyvalentes (composées d'ouvriers ou d'employés qualifiés, de techniciens, d'ingénieurs et de cadres) prenant en charge l'organisation du travail au niveau de l'atelier, du chantier ou du bureau. Ce qui implique qu'une partie du temps de travail soit réservée à l'élaboration collective des plans de travail et de production ;

– *d'une mutation dans les axes du changement technique*, impliquant l'élaboration de moyens de travail qui rendent possible, au niveau de leur mise en œuvre, la mobilisation de l'intelligence, de la capacité d'innovation et d'initiative des travailleurs immédiats. Ce qui suppose que ces derniers soient associés à la conception même de ces moyens, que celle-ci fasse d'emblée appel à leur savoir-faire et tienne compte de leur expérience professionnelle ;

– *d'une réorientation et une réorganisation de la formation aussi bien initiale que continue*. L'ensemble des objectifs précédents requiert en effet, de la part du plus grand nombre, un niveau élevé de formation initiale, générale et polyvalente ; par conséquent une lutte systématique contre l'échec scolaire, la remise en cause de la division et de la hiérarchisation entre filières scolaires, une démocratisation accrue de l'enseignement. Quant à la formation continue, elle devrait devenir partie intégrante du temps de travail, garante de la productivité et de la qualité.

Au demeurant, la mise en œuvre de l'automatisation rend ces transformations nécessaires. C'est ce dont témoignent les essais de

---

4. *Cf.* Dominique Taddeï, *Des machines et des hommes*, La Documentation française, 1987 ; *Le Temps de l'emploi*, Hachette, 1989 ; ou Pierre Veltz et Philippe Zarifian, « Vers de nouveaux modèles d'organisation et de la production », *Sociologie du travail*, n° 1, 1993.

recomposition des collectifs de travail en équipes polyvalentes semi-autonomes, la constitution de «cercles de qualité» discutant les objectifs de production et avançant des propositions en matière d'organisation du procès de travail mais aussi de conception des moyens de travail pour les atteindre, le développement de politiques patronales de requalification systématique de la force de travail de certaines catégories d'ouvriers et d'employés, etc., au cours de ces dernières années. Quelle que soit leur ambivalence, ces expériences signifient clairement que l'organisation du travail et ce qu'elle implique demeurent un terrain et un enjeu essentiels de toute politique visant la réduction des inégalités sociales.

Mais la réduction des inégalités de pouvoir ne saurait se limiter au seul terrain du procès de travail. Toute réduction des inégalités sociales passe, en quatrième lieu, par *la réorientation du procès social de production* dans le sens de la satisfaction prioritaire des besoins collectifs des classes populaires, en veillant à assurer à leurs membres les moyens monétaires et réglementaires d'accès aux équipements et services correspondants. C'est là l'un des moyens obligés de la réduction des inégalités face au logement, face à la santé, face à l'école comme face aux loisirs. Améliorer l'habitat populaire en le rendant moins dense, plus spacieux et moins bruyant, le redistribuer dans l'espace en le rapprochant des centres-villes, densifier le réseaux des équipements collectifs et de services publics de proximité ; réorganiser le système de santé à partir de réseaux de dispensaires de quartier polyvalents, dont l'accès serait gratuit et qui seraient chargés aussi bien de tâches de médecine préventive et curative que de l'éducation sanitaire de la population ; abaisser sensiblement le nombre d'élèves par classe de manière à faciliter leur suivi pédagogique, «humaniser» l'architecture scolaire, enrichir le matériel disponible de manière à favoriser la rénovation pédagogique, etc.: autant de moyens de lutter contre les inégalités persistantes dans ces différents domaines, qui supposent cependant une réaffectation importante des ressources sociales (du revenu national) [5], et par conséquent une rupture avec la logique néo-libérale européenne symbolisée par les traités de Maastricht et d'Amsterdam.

Évidemment, une telle réorientation supposerait la détermination, par des procédures démocratiques, des besoins individuels et

5. Cette réorientation du procès social de production s'impose simultanément pour d'autres raisons, au premier rang desquelles la nécessité de rompre avec la «logique» productiviste qui domine aujourd'hui ce procès, «logique» catastrophique en termes d'épuisement des ressources naturelles ou de destruction des équilibres écologiques comme en termes d'usure de la force de travail.

collectifs à satisfaire et des priorités en la matière ; mais aussi la participation directe des catégories populaires à la gestion des équipements collectifs et des services publics, par le biais de leurs organisations associatives ou syndicales, ce que la réduction du temps de travail et l'élévation du niveau de formation générale rendraient par ailleurs possible. Ce qui se profile ainsi, c'est donc un élargissement du champ de la démocratie en même temps qu'un renouvellement de ses formes, dans le sens du développement d'une démocratie directe et autogestionnaire étendue à l'ensemble des activités collectives. Ce qui ne manquerait pas de contribuer à la réduction des inégalités dans la participation à la vie publique.

Les propositions précédentes n'ont nullement la prétention d'être exhaustives, elles visent simplement à montrer que, même dans les conditions du développement actuel du capitalisme, une réduction des inégalités sociales est parfaitement possible. Une politique visant une telle réduction devrait, cependant, également réformer le système français de protection sociale, non seulement dans son financement mais aussi dans ses règles définissant les droits à prestations ; par exemple, en modulant l'âge ouvrant droit à la retraite selon la plus ou moins grande pénibilité des travaux effectués et des emplois occupés ; et, bien évidemment, en augmentant substantiellement les prestations dites de solidarité, particulièrement basses, ce que l'institution d'un véritable « revenu minimum garanti » rendrait de toute façon nécessaire. Les grèves de novembre-décembre 1995 ont montré qu'une majorité de salariés était attachée à une protection sociale digne de ce nom et opposée aux contre-réformes libérales. De même, le mouvement des chômeurs de l'hiver 1997-1998 a montré que la question des minima sociaux pouvait être mobilisatrice [6]. Devant l'échec des politiques de l'emploi menées jusqu'ici, c'est toute l'articulation entre revenus, protection sociale et marché du travail qui doit être revue [7].

Les propositions ci-dessus sont donc susceptibles de se concrétiser dans le cadre d'un nouveau compromis historique entre capital et travail, de type social-démocrate, analogue à ce qu'a été

6. Sur les grèves de novembre-décembre 1995 et les autres mobilisations et mouvements sociaux qui ont suivi, voir Christophe Aguiton et Daniel Bensaïd, *Le Retour de la question sociale. Le renouveau des mouvements sociaux en France*, Lausanne, Éditions Page Deux, 1997 ; et Sophie Béroud, René Mouriaux, Michel Vakaloulis, *Le Mouvement social en France. Essai de sociologie politique*, La Dispute, 1998.

7. Sur ces questions, que nous avons à peine effleurées *cf.* notamment Bernard Friot, *Puissances du salariat. Emploi et protection sociale à la française*, La Dispute, 1998 ; et Pierre Concialdi, « Faut-il attendre la fin du chômage pour relever les minima sociaux », *Droit social*, n° 3, mars 1998.

le compromis fordiste au cours de la période antérieure. C'est d'ailleurs dans les termes de ce compromis qu'elles ont reçu leur formulation la plus nette, et que nous les avons nous-mêmes reprises ici, au moins en partie[8]. Mais la réalisation d'un pareil compromis suppose une série de luttes résolues de la part des classes populaires, pour imposer aux élites dirigeantes des réformes qu'elles seront d'autant moins prêtes à accepter *a priori* qu'elles exigeront d'elles des sacrifices certains. Et ces réformes seront d'autant plus rapides et profondes que ces luttes seront radicales. Car ce n'est généralement que sous la menace d'une révolution que la classe dominante consent à des réformes véritables.

Si elles sont susceptibles de réduire les inégalités sociales que nous avons analysées, de pareilles réformes seront cependant incapables d'y mettre fin. Car tant que persisteront les structures fondamentales du mode de production capitaliste, à commencer par le capital lui-même comme rapport social de production fondé sur l'expropriation des producteurs, ces inégalités renaîtront, même réduites. Seule une transformation radicale de ces structures, autrement dit le passage à un autre mode de production, substituant au mécanisme aveugle du marché et au pouvoir séparé de l'État le contrôle collectif des producteurs associés, abolissant par conséquent les bases matérielles et institutionnelles de la division de la société en classes, pourra fournir à chacun d'égales conditions de développement personnel[9].

L'évocation d'une pareille perspective ne rencontre aujourd'hui, le plus souvent, que le scepticisme poli de l'interlocuteur, quand elle ne se heurte pas à son incompréhension stupéfaite ou à sa franche hostilité. Perspective qu'il ne manquera pas alors de qualifier d'utopique pour la déconsidérer, tant l'acceptation naïve ou cynique de la société actuelle, tenue pour un horizon indépassable, passe de nos jours pour une vertu théorique et politique majeure.

Contentons-nous simplement de rappeler qu'en leur temps, prêtres, philosophes, hommes politiques et réformateurs sociaux ont déclaré irréalisables, si ce n'est sataniques, les projets d'abolition de l'esclavage ou du servage, ou même simplement la substitution de la démocratie politique à la monarchie – à l'instar d'un Voltaire pour qui *« il [était] impossible dans notre malheureux globe*

8. Pour une présentation d'ensemble de ce compromis et une évaluation de ses chances de succès, *cf.* Alain Bihr, *Du Grand Soir à l'alternative*, *op. cit.*, chapitre XIII.

9. Pour une discussion des conditions et des formes d'une telle révolution, voir le dernier chapitre de l'ouvrage de Tony Andréani et Marc Féray, *Discours sur l'égalité parmi les hommes*, Paris, L'Harmattan, 1993.

que les hommes vivant en société ne soient pas divisés en deux classes, l'une de riches qui commandent, l'autre de pauvres qui servent[10] ». Ce sont des arguments souvent très proches que développent, aujourd'hui encore, nombre d'intellectuels et de personnages en vue pour discréditer l'idée d'une abolition du salariat et de l'institution d'une communauté humaine universelle – puisque c'est de cela qu'il s'agit en définitive. Dans l'un et l'autre cas, qu'auront-ils été, tous ces beaux esprits, si ce n'est les « chiens de garde » de régimes d'exploitation et de domination de l'homme par l'homme ? C'est au contraire du côté de tous ceux qui continuent la lutte contre l'oppression que gisent et la vérité et la justice. Luttes qui ont aujourd'hui comme hier pour slogan ce maître mot : égalité !

Strasbourg, novembre 1998.

---

10. Voltaire, article « Égalité », *Dictionnaire philosophique*, réédition, Paris, Imprimerie nationale, 1994, p. 235.

Annexes

Annexe 1 : Les catégories socio-professionnelles (actifs)

Tableau A.1 – **Anciennes catégories**

Les Csp (utilisées de 1954 à 1982)	1954	1962	1975	1982
0. Agriculteurs exploitants	3 966 000	3 045 000	1 651 000	1 448 000
1. Salariés agricoles	1 161 000	826 000	375 000	304 000
2. Patrons de l'industrie et du commerce	2 301 000	2 045 000	1 709 000	1 737 000
21. Industriels	91 000	81 000	60 000	71 000
22. Artisans	757 000	638 000	534 000	573 000
23. Patrons pêcheurs	19 000	19 000	16 000	13 000
26. Gros commerçants	182 000	173 000	187 000	210 000
27. Petits commerçants	1 253 000	1 134 000	913 000	870 000
3. Professions libérales et cadres supérieurs	554 000	766 000	1 459 000	1 810 000
30. Professions libérales	120 000	125 000	172 000	220 000
32. Professeurs, professions littéraires et scientifiques	80 000	125 000	377 000	479 000
33. Ingénieurs	76 000	138 000	256 000	347 000
34. Cadres administratifs supérieurs	277 000	378 000	654 000	764 000
4. Cadres moyens	1 113 000	1 501 000	2 765 000	3 254 000
41. Instituteurs, professions intellectuelles diverses	385 000 (41 + 42)	421 000	737 000	828 000
42. Services médicaux et sociaux		110 000	298 000	432 000
43. Techniciens	193 000	344 000	759 000	923 000
44. Cadres administratifs moyens	534 000	626 000	970 000	1 071 000
5. Employés	2 068 000	2 396 000	3 841 000	4 677 000
51. Employés de bureau	1 628 000	1 886 000	3 104 000	3 746 000
53. Employés de commerce	441 000	511 000	737 000	931 000
6. Ouvriers	6 490 000	7 061 000	8 207 000	8 266 000
60. Contremaîtres	3 053 000 (60 + 61)	306 000	443 000	464 000
61. Ouvriers qualifiés		2 286 000	2 986 000	3 292 000
63. Ouvriers spécialisés	1 816 000	2 394 000	2 947 000	2 605 000
65. Mineurs	239 000	192 000	73 000	49 000
66. Marins et pêcheurs	55 000	48 000	38 000	33 000
67. Apprentis ouvriers	201 000	251 000	107 000	124 000
68. Manœuvres	1 125 000	1 583 000	1 613 000	1 699 000
7. Personnels de service	1 018 000	1 047 000	1 243 000	1 531 000
70. Gens de maison	321 000	307 000	234 000	214 000
71. Femmes de ménage	239 000	222 000	154 000	112 000
72. Autres personnels de service	458 000	518 000	855 000	1 205 000
8. Autres catégories	514 000	564 000	524 000	498 000
80. Artistes	45 000	42 000	59 000	74 000
81. Clergé	171 000	166 000	117 000	61 000
82. Armée et police	297 000	356 000	348 000	363 000
Population active	19 185 000	19 251 000	21 775 000	23 525 000

Sources : Recensements et *Économie et Statistique*, n° 171-172, novembre-décembre 1984

Tableau A.2 – **Nouvelles professions et catégories socio-professionnelles**

Les Pcs (utilisées à partir de 1982)	1982	1998
1. Agriculteurs exploitants	1 475 000	685 000
11. Agriculteurs sur petite exploitation	690 000	124 000
12. Agriculteurs sur moyenne exploitation	450 000	176 000
13. Agriculteurs sur grande exploitation	335 000	385 000
2. Artisans, commerçants et chefs d'entreprise	1 835 000	1 670 000
21. Artisans	904 000	794 000
22. Commerçants	797 000	746 000
23. Chefs d'entreprise de 10 salariés ou plus	134 000	130 000
3. Cadres et professions intellectuelles supérieures	1 895 000	3 151 000
31. Professions libérales	239 000	345 000
33. Cadres de la fonction publique	244 000	300 000
34. Professeurs, professions scientifiques	353 000	710 000
35. Professions de l'information, des arts et des spectacles	117 000	219 000
37. Cadres administratifs et commerciaux d'entreprise	559 000	900 000
38. Ingénieurs et cadres techniques d'entreprise	383 000	676 000
4. Professions intermédiaires	3 971 000	5 107 000
42. Instituteurs et assimilés	777 000	803 000
43. Professions intermédiaires de la santé et du travail social	613 000	962 000
44. Clergé, religieux	59 000	17 000
45. Professions intermédiaires administratives de la fonction publique	278 000	395 000
46. Professions intermédiaires administratives et commerciales des entreprises	995 000	1 440 000
47. Techniciens	678 000	928 000
48. Contremaîtres, agents de maîtrise	571 000	560 000
5. Employés	6 247 000	7 611 000
52. Employés civils et agents de service de la fonction publique	1 703 000	2 134 000
53. Policiers et militaires	380 000	532 000
54. Employés administratifs d'entreprise	2 532 000	2 333 000
55. Employés de commerce	742 000	973 000
56. Personnels de services directs aux particuliers	890 000	1 636 000
6. Ouvriers	7 749 000	6 999 000
62. Ouvriers qualifiés de type industriel	1 602 000	1 663 000
63. Ouvriers qualifiés de type artisanal	1 509 000	1 632 000
64. Chauffeurs	567 000	648 000
65. Ouvriers qualifiés de la manutention, du magasinage et du transport	417 000	427 000
67. Ouvriers non qualifiés de type industriel	2 353 000	1 468 000
68. Ouvriers non qualifiés de type artisanal	1 007 000	876 000
69. Ouvriers agricoles	294 000	285 000
8.81. Chômeurs n'ayant jamais travaillé	353 000	354 000
8.82. Appelés au service national	–	178 000
Population active	23 525 000	25 755 000

Sources : Économie et Statistique, n°171-172, novembre-décembre 1984 ; et INSEE *Résultats*, série emploi-revenus, n° 141-142, septembre 1998.

Remarques :

1) Pour désigner de manière précise la nomenclature en usage de 1954 à 1982, par opposition à la nouvelle nomenclature, on parle d'abord de l'*ancienne classification des catégories socio-professionnelles* (CSP), ou de plus en plus de *la classification des CSP*; pour désigner la nomenclature en usage depuis le recensement de 1982, d'abord de la *nouvelle nomenclature des CSP*, ou de *la classification des professions et catégories socio-professionnelles* (PCS). Cependant, notamment quand il n'y a pas de risque de confusion entre les deux nomenclatures, la plupart des auteurs parlent généralement de CSP en référence à l'ancienne comme à la nouvelle classification.

2) En principe, pour toutes les statistiques récentes, on utilise dans ce livre la nouvelle classification, mais, jusqu'au début des années quatre-vingt-dix, certaines institutions ou certains auteurs continuaient à utiliser l'ancienne classification des CSP ; dans ces cas, notamment quand il n'y avait pas d'autres données disponibles, nous avons eu recours à cette dernière.

3) Des catégories à intitulés identiques ne regroupent pas forcément les mêmes individus, car les principes de construction ont changé en passant de l'ancienne à la nouvelle nomenclature, d'où des variations parfois importantes des effectifs. C'est le cas par exemple de la catégorie « employés », qui voit ses effectifs de 1982 « augmenter » de ce fait de 19,9 % à 26,6 % du total, ou celui de la catégorie « ouvriers » dont les effectifs diminuent en passant de 35,1 % à 32,9 %.

4) Les chômeurs n'ayant jamais travaillé étaient arbitrairement classés, avant 1982, parmi les employés ; tant qu'ils étaient peu nombreux cela ne posait pas trop de problèmes. Enfin, lors du recensement de 1982, les appelés du contingent étaient encore classés parmi les inactifs.

Les catégories socio-professionnelles (CSP) constituent le mode de représentation de la société le plus fréquemment utilisé en France : la quasi-totalité des statistiques sociales utilisent ce code. La nomenclature actuelle (tableau A.2) distingue, à un premier niveau (le niveau agrégé), 6 groupes de CSP d'actifs ayant un emploi et 2 groupes de CSP regroupant les personnes « sans activité professionnelles (les « retraités » et les « autres sans activité professionnelle ») ; à un second niveau (non reproduit ci-dessus), 24 postes dont 19 pour les actifs (niveau de publication courante) ; à un troisième niveau, 42 postes dont 32 pour les actifs (niveau détaillé). Au niveau le plus fin on rencontre 489 postes dont 455 postes d'actifs ayant un emploi [1]. Ces CSP sont utilisées pour

1. Elle figure en annexe de A. Desrosières et L. Thévenot, *Les Catégories socio-professionnelles*, La Découverte, 1992 (nouvelle édition), p. 112 à 121. Cet ouvrage constitue la meilleure introduction sur les CSP. Voir aussi INSEE, *Les Nomenclatures des professions et catégories professionnelles*, réédition, 1994.

classer les ménages, chaque ménage étant rattaché à une personne de référence (auparavant on disait chef de famille). C'est donc d'abord une notion statistique visant au classement univoque des personnes.

Le souci de l'INSEE a été de constituer des catégories ayant une forte homogénéité sociale. Le regroupement vise à faire apparaître des corrélations significatives entre milieux sociaux et différentes caractéristiques économiques, sociologiques, démographiques, etc. Par ailleurs, son objectif est de proposer une classification standard apte à satisfaire des utilisateurs variés (administrations, organismes de recherche, entreprises de marketing, etc.) qui étudient diverses questions. La notion d'homogénéité sociale renvoie par conséquent à l'idée que les membres d'un groupe sont présumés avoir des caractéristiques communes (comportements, opinion, etc.), se considèrent comme appartenant à un groupe et sont considérés comme tels par les autres.

La construction d'une telle nomenclature repose à la fois sur une méthode abstraite qui consiste à définir des catégories à partir de différents critères et sur une démarche plus empirique qui procède par assemblage de professions voisines. La profession exercée est le premier critère de classement des diverses nomenclatures qui se sont succédé depuis la fin du siècle dernier. Le deuxième critère est le statut, à savoir salarié ou patron. Ensuite ce peut être la qualification, la position hiérarchique, l'appartenance au secteur public ou privé, la taille de l'entreprise, voire le secteur d'activité. Ces critères sont combinés de façon variable, selon la CSP. Par exemple, pour les « agriculteurs exploitants », c'est l'appartenance au monde agricole et le statut d'indépendant qui sont les critères décisifs ; pour les « cadres et professions intellectuelles supérieures », c'est pour l'essentiel le niveau socioculturel ; pour les « techniciens », c'est la qualification et le statut de salarié, etc.

Pour mieux comprendre l'aspect plus empirique de la construction de la nomenclature, nous prendrons comme exemple le poste n° 64 (*cf.* tableau A.2) : « Chauffeurs ». Nous nous situons ici au troisième niveau de la nomenclature. Au deuxième niveau les chauffeurs sont regroupés avec les postes 62, 63, et 65 pour former le poste 61 qui regroupe tous les « ouvriers qualifiés » (dans l'ancienne qualification, les chauffeurs étaient regroupés avec les OS) ; à leur tour, ils sont regroupés avec les « ouvriers non qualifiés » et les « ouvriers agricoles » pour former au premier niveau, le plus agrégé, le groupe des « ouvriers ». Mais, à l'inverse, au quatrième niveau, le groupe des « chauffeurs » se subdivise en 5 postes : conducteurs routiers et grands routiers, salariés ; conducteurs de véhicules routiers de transport en commun, salariés ; conducteurs de taxi, salariés; conducteurs de voitures particulières, salariés; conducteurs livreurs, coursiers, salariés. C'est à ce niveau, le plus fin, que les statisticiens décident de regrouper un ensemble de professions autour d'un noyau qui rassemble des appellations très proches ou assimilées, en intégrant certains cas limites et en excluant d'autres. Par exemple, le poste 6 411 : «Conducteurs routiers et grands routiers, salariés» rassemble dans son noyau les camionneurs et les conducteurs assurant le transport de marchandises et assimile d'autres professions assurant le transport de marchandises, mais exclut toutefois, non seulement les professions assurant le transport de personnes, mais aussi les caristes, les chauffeurs livreurs et les chauffeurs de ramassage (de marchandises).

Les nomenclatures des CSP semblent combiner les grandes oppositions qui découpent notre société : l'opposition patron/salarié, l'opposition monde agricole/monde urbain, et l'opposition professions à fort capital culturel/professions à faible capital culturel. Cependant leur premier et principal défaut, dans l'ancienne comme dans la nouvelle nomenclature, consiste à ne pas faire apparaître clairement la classe capitaliste, c'est-à-dire les détenteurs des moyens de production. À la limite, ces nomenclatures permettent le camouflage des rapports de classe, dans la mesure où la classe capitaliste ne peut être repérée. On retrouve au niveau d'une nomenclature statistique la discrétion que ce groupe cultive dans ses rapport sociaux.

En deuxième lieu, la définition des grands groupes de CSP conduit à agréger des sous-ensembles très disparates, par exemple sur le plan des revenus, de la consommation ou du patrimoine. C'est pourquoi les statistiques selon les 6 groupes de CSP aboutissent à minimiser la réalité des inégalités du fait des moyennes qui s'effectuent au sein de chaque catégorie (voir annexe 2). Cet inconvénient majeur devrait s'effacer en passant à une nomenclature fine en 42 postes. Cependant, si certaines études publiées de l'INSEE se placent résolument à un niveau fin de la nomenclature et évitent ce type de défaut, d'autres, au contraire, abordant une question aussi sensible que les inégalités de patrimoine, s'obstinent, par exemple, à mêler les chefs d'entreprise aux artisans et aux commerçants et s'interdisent de ce fait de mesurer l'étendue des inégalités [2].

En troisième lieu, même à un niveau plus fin, le code des CSP repose, comme tout système de classement, sur un arbitraire inévitable pour classer les professions. Qu'est-ce qui distingue, par

2. *Données sociales 1993*, p. 385-394. Pour un développement critique plus détaillé de cette question voir *supra* chapitre 7.

exemple, un ouvrier hautement qualifié d'un technicien? Un professeur d'enseignement général de collège (classé parmi les «instituteurs et assimilés») de son collègue certifié (classé parmi les «professeurs et professions scientifiques»)? Pourquoi classer un «agent de maîtrise» dans les «professions intermédiaires» (nomenclature des Pcs) plutôt que parmi les «ouvriers» (nomenclature des Csp)? De même, la distinction «ouvriers qualifiés» et «ouvriers non qualifiés» n'est pas évidente : s'agit-il de la qualification de la personne, de la qualification du poste ou d'une qualification salariale reposant davantage sur le niveau de salaire obtenu compte tenu de la grille des rémunérations d'une entreprise? Pourquoi par exemple, les «chauffeurs» qui étaient classés parmi les Os dans l'ancienne classification sont-ils maintenant reconnus comme «ouvriers qualifiés», alors qu'ils ne l'étaient pas auparavant?

De plus, l'imprécision des réponses aux enquêtes conduit parfois l'Insee ou le service statistique concerné à classer une personne, tant bien que mal, dans une rubrique précise, malgré le flou des indications données. Comment déterminer, par exemple, si telle personne est salariée ou à son compte, quand la réponse n'est pas claire. Cette difficulté conduit parfois à «gonfler» démesurément les catégories «moyennes», notamment quand les statistiques sont récoltées par des services non spécialisés (c'est le cas pour un certain nombre de statistiques scolaires).

Enfin, le code des Csp repose sur des appellations en usage dans la société pour désigner notamment le métier ou le statut. Ces appellations renvoient aux représentations ordinaires du monde social, mais aussi à la représentation syndicale, voire politique, qu'un groupe travaille activement à consolider pour exister socialement en tant que groupe reconnu. En ce sens, les appellations sont le produit de l'histoire et traduisent en partie des rapports de force entre différents groupes sociaux. L'exemple de la constitution du groupe social des cadres dans la France de l'après-guerre, qui a été bien décrit par Luc Boltanski[3], est intéressant à ce propos. Le travail des organes représentatifs (syndicats d'ingénieurs et mouvements des classes moyennes) a été décisif pour imposer la reconnaissance sociale de ce groupe et de son appellation collective. La codification des Csp adoptée en 1954, qui se traduit par un usage certes encore flou du terme cadre, avec la distinction entre «cadres supérieurs» et «cadres moyens», prend acte de cet effort. Plus tard, la modification du code des Csp en 1982 a entériné les pratiques des entreprises en

3. *Les Cadres, la formation d'un groupe social*, Paris, éditions de Minuit, 1982.

réservant l'appellation « cadres » aux cadres précédemment dits « supérieurs », les « cadres moyens » devenant des « professions intermédiaires ». Cet exemple illustre les rapports étroits entre représentation statistique, comme forme de représentation savante, et représentation politique (ou syndicale) d'un groupe social.

Annexe 2 : À propos des statistiques

La notion de *moyenne* est utilisée tout au long de ce livre. On parle, par exemple, du revenu moyen de tel ou tel groupe social ; on calcule le nombre moyen de jours de vacances des différentes catégories socio-professionnelles, etc. Le recours à cette notion pour caractériser l'ensemble d'une population est nécessaire car on ne pourrait tirer la moindre conclusion d'un inventaire de données brutes individuelles occupant des centaines, voire des milliers de pages. Ainsi le calcul du revenu moyen des ouvriers revient à chercher le revenu qu'aurait pu avoir chaque ouvrier, en supposant que tous les ouvriers aient obtenu des revenus identiques. L'approche en termes de moyenne permet de résumer la position d'une catégorie sociale, les ouvriers, les cadres, les agriculteurs, etc., en quelques nombres significatifs. La moyenne n'a donc pas à refléter la situation d'un individu. Sa fonction est de permettre la comparaison de différentes catégories entre elles.

Mais la moyenne présente aussi des limites. Par construction, elle fait en effet disparaître tout ce qui touche à la dispersion. Raisonnons d'abord à partir d'un exemple chiffré fictif pour illustrer ce problème. Soient les revenus de deux populations (I et II) composées chacune de dix individus (voir tableau A3) :

Tableau A3

Population I		Population II	
Individu 1	80 000	Individu 1	60 000
Individu 2	110 000	Individu 2	70 000
Individu 3	100 000	Individu 3	50 000
Individu 4	85 000	Individu 4	75 000
Individu 5	95 000	Individu 5	55 000
Individu 6	120 000	Individu 6	600 000
Individu 7	90 000	Individu 7	500 000
Individu 8	105 000	Individu 8	400 000
Individu 9	100 000	Individu 9	800 000
Individu 10	115 000	Individu 10	390 000
Revenu moyen	100 000	Revenu moyen	300 000

Un individu du second groupe a donc, en moyenne, un revenu trois fois plus élevé, mais il n'est pas possible de dire, par exemple, que tous les individus du second groupe ont un revenu plus élevé que ceux du premier. Tout dépend précisément de la dispersion qui dans notre exemple est faible dans la première population et forte dans la seconde. Les individus formant la première population ont des revenus variant entre 80 000 et 120 000 F, les écarts par rapport à la moyenne sont relativement limités, on peut dire dans ce cas que la moyenne reflète bien la situation des individus de la population I. Les individus du second groupe ont des revenus allant de 50 000 à 800 000 F, les écarts à la moyenne sont considérables, et celle-ci ne reflète plus fidèlement la situation des individus de la population II. Elle n'établit ni la situation des plus pauvres, ni la situation des plus riches de cette population, elle établit plutôt une situation intermédiaire abstraite, cette moyenne ne correspondant même pas à la situation d'une partie des individus de la population concernée.

Par conséquent, quand les écarts entre les revenus des membres d'un groupe sont relativement faibles, la signification de la moyenne est forte. C'est le cas, par exemple, pour la catégorie socio-professionnelle des ouvriers. En revanche, si les écarts sont importants, si les groupes sont relativement hétérogènes, comme les « cadres et professions intellectuelles supérieures » ou les « artisans, commerçants et chefs d'entreprise », une partie de l'information disparaît. Dans ce dernier cas, le recours à la moyenne est forcément réducteur. Les moyennes concernant des CSP très hétérogènes sont donc à prendre avec précaution. L'idéal serait de pouvoir descendre au niveau de sous-groupes beaucoup plus homogènes, par exemple en distinguant les moyennes concernant les agriculteurs sur petite, moyenne et grande superficie ou celles relatives aux artisans et petits commerçants d'un côté et celles relatives aux chefs d'entreprise de l'autre.

Pour mesurer la *dispersion* autour de la moyenne, les statisticiens calculent l'*écart-type* (qui est la racine carrée de la moyenne des carrés des écarts à la moyenne). Cet indicateur n'apparaît cependant que très rarement dans les statistiques publiées.

Il est plus fréquent d'ordonner la population. On répartit alors la population en sous-groupes d'effectifs égaux : par exemple, on classe dans un premier *décile* (qui représente 10 % de la population) les 10 % qui ont les revenus les plus faibles, dans un second les 10 % suivants, et ainsi de suite jusqu'au 10e décile où on classera les 10 % les plus riches. On pourra alors, par exemple, comparer la moyenne du premier avec la moyenne du dernier décile. Le classement peut aussi se faire en *quartiles* (25 % de la population) ou en *centiles* (1 % de la population). La valeur qui partage la population exactement en deux est la *médiane* : le salaire médian est par exemple celui qui partage les salariés en deux parties égales, la moitié qui gagne plus et la moitié qui gagne moins ; le salaire médian est nettement plus faible que le salaire moyen car la moyenne est gonflée par les hauts et les très hauts salaires [1].

---

1. Pour en savoir plus, notamment sur les proportions, les différents types de moyennes, les pondérations, les indices, etc., voir par exemple, Michel, Louis Lévy, *Comprendre les statistiques*, Points-Seuil, 1979 ou Lévy, Ewenczyk, Jammes, *Comprendre l'information économique et sociale. Guide méthodologique*, Hatier, 1981.

Liste des tableaux

Chapitre 1 : Les inégalités face à l'emploi

Chapitre 2 : Les inégalités entre revenus primaires

Chapitre 3 : Les inégalités face aux prélèvements obligatoires

Chapitre 4 : Les inégalités face aux prestations sociales

Chapitre 5 : Les inégalités entre revenus disponibles

Chapitre 6 : Les inégalités face à la consommation

Chapitre 7 : Les inégalités de patrimoine

Chapitre 8 : Les inégalités face au logement

Chapitre 9 : Les inégalités face à la santé

Chapitre 10 : Les inégalités face à l'école

Chapitre 11 : Les inégalités face aux usages sociaux du temps

Chapitre 12 : Les inégalités face à l'espace public

Chapitre 13 : Le système des inégalités

Annexes

Collection « Alternatives économiques »
dirigée par Jean-Pierre Chanteau et Denis Clerc

La collection « Alternatives économiques » s'adresse à tous ceux qui ont besoin et envie de comprendre les enjeux de l'économie. Pour se former et pour s'impliquer, de façon personnelle ou professionnelle.

Précis, clairs et documentés, les livres « Alternatives économiques » se veulent accessibles à tous, simples mais sans simplisme, et proposent une réflexion ouverte sur l'avenir de l'économie que nous construisons.

Dans la collection :

Série « Déchiffrer » : ***pour savoir et comprendre...***

Le Chômage dans les pays industrialisés, Catherine André, Dominique Sicot
Reconstruire l'action publique, Pierre Bauby
Déchiffrer les inégalités, Alain Bihr, Roland Pfefferkorn
L'Aide publique au développement, Anne-Sophie Boisgallais, François-Xavier Verschave
L'Allemagne réunifiée, Corinne Bouchoux
Où va la protection sociale ? Isabelle Chapellière
La Mondialisation du capital, François Chesnais (nouvelle éd. 1997)
La Mondialisation financière, François Chesnais (dir.)
Déchiffrer l'économie, Denis Clerc (nouvelle éd. 1997)
Déchiffrer les grands auteurs- tome 1 Les Fondateurs, Denis Clerc
Déchiffrer les grands auteurs- tome 2 Les Héritiers, Denis Clerc
Inflation et croissance, Denis Clerc
Les Désordres financiers, Denis Clerc
Les Industrialisations du tiers monde, Claude Courlet
Le Royaume désuni, Richard Farnetti
Le GATT démystifié, Jean-Paul Frétillet, Catherine Véglio
Croissance et crise de l'industrie informatique, Christian Genthon
Les Ventes d'armes, Jean-Paul Hébert
Salaires et emploi, Hoang-Ngoc Liêm
Chine : de la révolution à la réforme, Diana Hochraich
Politique agricole et relations internationales, Jean-Christophe Kroll
La Construction européenne, Philippe Laurette

Déchiffrer la démographie, Michel Louis Lévv (nouvelle éd. 1997)
Les Banques face aux pays endettés, Philippe Norel
Crise et tiers monde, Philippe Norel
L'Endettement du tiers monde, Philippe Norel, Eric Saint-Alary
Le Développement local, Bernard Pecqueur
L'Épreuve améncaine, Jean Pisani-Ferry
L'Énergie dans l'économie, Louis Puiseux, Pierre Radanne
Réduire le temps de travail, Jacques Rigaudiat (nouvelle éd. 1996)
La Corruption, Jean-Louis Rocca
La Distnbution, Dominique Sicot, Alexandre Vatimbella
Le Capitalisme vert, Alexandre Vatimbella
Santé et économie, Alexandre Vatimbella
Les Exclus face à l'emploi, Simon Wuhl

Série « Défricher » : ***pour analyser et proposer...***

La Monnaie unique en débat. Appel des économistes pour sortir de la pensée unique (nouvelle éd. 1997)
Pour un nouveau plein emploi, Appel des économistes pour sortir de la pensée unique
V*ers une économie plurielle,* Guy Aznar, Alain Caillé, Jean-Louis Laville, Jacques Robin et Roger Sue
Réduction du temps de travail : que faut-il croire ? Jean-Pierre Chanteau, Denis Clerc, Hugues Bertrand, Pierre Boisard, Alain Lebaube, Jacques Lesourne et Dominique Taddéi (nouvelle éd. 1999)
La Légende de l'entrepreneur, Sophie Boutillier, Dimitri Uzunidis
L'Après-fordisme, Robert Boyer, Jean-Pierre Durand (nouvelle éd. 1998)
La Crise, Denis Clerc, Alain Lipietz, Joel Satre-Buisson
Tiers Monde : la fin des idées reçues, Michel Chauvin
Essai sur le marché, Hervé Defalvard
L'Enjeu alimentaire Nord-Sud, Bertrand Delpeuch
Dictionnaire des idées reçues sur l'agriculture, Bertrand Delpeuch (dir.)
La Fin du modèle suédois ? Jean-Pierre Durand
Vers un nouveau modèle productif, Jean-Pierre Durand
L'entreprise efficace — La seconde vie du taylorisme, Guillaume Duval
Sortir du piège – La gauche face à la mondialisation, Philippe Frémeaux
Réinventer la croissance – Les chemins de l'emploi en Europe, Michel Gaspard

Le Temps de travail, une histoire conflictuelle, François Guedj, Gérard Vindt

Nouvelle Croissance et emploi, Pierre Héritier

Agriculture : changer de politique, Jean-Christophe Kroll

Réinventer l'impôt, Jean-Christophe Le Duigou

Les Champs du possible — Plaidoyer pour une agriculture durable, André Pochon

La Faim ? Pourquoi, François de Ravignan

L'Écodéveloppement, Ignacy Sachs (nouvelle éd. 1998)

Les Entrepreneurs africains, Olivier Vallée

Imprimé en France par la Société Nouvelle Firmin-Didot
Dépôt légal : février 1999
N° d'impression : 45773